Informationstechnik
und
Datenverarbeitung

Bildschirmarbeit

Konfliktfelder und Lösungen

Herausgegeben von Ahmet E. Çakir

Mit 75, zum Teil farbigen Abbildungen

Springer-Verlag
Berlin Heidelberg New York Tokyo
1983

Dr.-Ing. Ahmet E. Çakir
ERGONOMIC
Kaiserdamm 12
D-1000 Berlin 19

ISBN-13: 978-3-540-12626-3   e-ISBN-13: 978-3-642-95441-2
DOI: 10.1007/978-3-642-95441-2

CIP-Kurztitelaufnahme der Deutschen Bibliothek
Bildschirmarbeit – Konfliktfelder und Lösungen/hrsg. von Ahmet E. Çakir. – Berlin;
Heidelberg; New York; Tokyo: Springer, 1983.
(Informationstechnik und Datenverarbeitung)

NE: Çakir, Ahmet [Hrsg.]

Gesamtherstellung: K. Triltsch, Würzburg
2145/3140-543210

Vorwort

Bildschirmgerät – Eine Entwicklung vom Datenendgerät zum bestimmenden Arbeitsmittel für die Informationsverarbeitung

Im Augenblick seines Entstehens hätten seine Entwickler dem Bildschirmgerät sicherlich nicht vorausgesagt, fast ein Jahrzehnt lang die sozialpolitische Diskussion in allen Industrieländern zu beherrschen. Es wurde in bescheidenen Stückzahlen produziert. Im Jahre 1975 waren in der BRD etwa 30 000 „Datensichtgeräte" im Einsatz, davon etwa die Hälfte in der Datenerfassung. Diese Zahl war verschwindend gering im Vergleich mit den damals eingesetzten Schreibmaschinen. Ein Gerät, das man nicht ernst genug nahm?

Glücklicherweise können wir diese Frage verneinen. Das Bildschirmgerät wurde ernster genommen als jedes andere Arbeitsmittel des Büros zuvor. So entstand eine breite Diskussion, die nicht auf wissenschaftliche Veranstaltungen beschränkt blieb.

Dieses Buch soll den Stand der Diskussion aus der Sicht der Benutzer, Anwender, Arbeitgeber- und Arbeitnehmerorganisationen sowie der Geräteentwickler und Wissenschaftler darstellen. Die einzelnen Beiträge wurden von den Autoren auf drei Tagungen präsentiert und im Jahre 1982 aktualisiert.

Der Vergleich der Originalbeiträge mit den aktualisierten zeigt, daß innerhalb eines kurzen Zeitraums von nur drei Jahren eine erhebliche Entwicklung stattgefunden hat. Viele Themen sind neu hinzugekommen, über viele Dinge denken wir jetzt bereits anders als vor ein oder zwei Jahren. Man kann mit Recht behaupten, daß die Diskussion fruchtbar war.

Die juristische Problemstellung, die vor wenigen Jahren völlig offen war, wurde in einer Reihe von Arbeitsgerichtsverfahren weitgehend geklärt. Viele Unternehmen haben Betriebsvereinbarungen abgeschlossen, wobei eine beachtliche Zahl der Vereinbarungen die Einrichtung einer paritätischen Kommission vorsieht.

In Kapitel I sind Beiträge zusammengefaßt, die die Problemlage aus sozialpolitischer und betriebswirtschaftlicher Sicht behandeln. Armin SCHULTE vom Bundesministerium für Arbeit und Sozialordnung beschreibt die Zielsetzung des Regierungsprogramms zur Humanisierung der Arbeitswelt. Dieses Programm, über das nicht weniger heftig diskutiert wurde als über die Bildschirmarbeitsplätze, hat eine Reihe von Erkenntnissen gebracht, die beispielsweise in den „Sicherheitsregeln für Bildschirmarbeitsplätze" ihren Niederschlag gefunden haben.

Die Frage, ob die technische Entwicklung einen Fortschritt für die Betroffenen bringt, ist auch das Thema des Beitrags von Marita ESTOR aus dem gleichen Ministerium. Da die zunächst betroffenen Arbeitsplätze, z. B. Schreib-, Sachbearbeiter- und Datenerfassungsplätze, vornehmlich mit Frauen besetzt sind, werden mittel- und langfristige Aussichten für Frauenarbeit beschrieben.

Jochen FUHRMANN stellt die gleiche Frage — Entwicklung und Fortschritt — aus soziologischer Sicht, wobei er eine deutliche Grenze für die Humanisierung bestimmter Tätigkeiten sieht. Sein Beispiel ist der Schreibdienst. Technische Entwicklungen, die z. T. auch als echte Verbesserungen für die Betroffenen bewertet werden können, stellen vielfach auch die Grenze der Humanisierung dar. Besteht bei manchen Arbeitsplätzen die einzige Chance der Humanisierung darin, daß man sie abschafft?

Auch Ralf REICHWALD zeigt Gefahren für die technisch-organisatorische Entwicklung des Büros. „Es gibt genügend Anlaß zu Befürchtungen, daß Modelle der Fertigung auf Büroarbeit übertragen werden."

Seine Ausführungen zeigen jedoch auch eine Chance für folgende günstige Entwicklung: Es ist bereits erkannt, daß tayloristische Arbeitsformen, nach FUHRMANN eben der Grund für die Inhumanität in gewissen Bereichen, nicht nur nachteilig für die betroffenen Menschen sind, man kann vielmehr auch zeigen, daß sie auch betriebswirtschaftlich gesehen Nachteile bringen. Zentralistische Lösungen, verbunden mit arbeitsteiligen Organisationsformen, stellen „schlechte Lösungen" aus betriebswirtschaftlicher Sicht dar. Sie bringen allenfalls einen Erfolg als „Scheinrationalisierung". Da Wirtschaftlichkeitsüberlegungen eine steuernde Wirkung in der Organisationsentwicklung zukommt, ist ein Umdenken in dieser Hinsicht zu erwarten.

Die Beiträge im Kapitel II behandeln die Technik der Geräte und die Anforderungen des Menschen an den Arbeitsplatz. Der Gegenstand der Betrachtungen von Theo GRONENBORN sind übergeordnete Aspekte der Arbeitsplatzgestaltung aus der Sicht eines Designers: Umweltbezogenheit, Menschenbezogenheit, Ganzheitlichkeit. Bernhard EDEL beschreibt als Entwickler und Konstrukteur die Entstehung eines Bildschirmgerätes von der Planung bis zur Untersuchung und Entwicklung von Details.

Friedrich NOLLE und Ahmet ÇAKIR beurteilen Displays nach ihren technischen Eigenschaften, z. B. nach Farbe, Kapazität und Verträglichkeit mit der Umwelt.

Petter DANIELSEN, Entwickler eines erfolgreichen Bildschirmgerätes, führt an, wie ein Hersteller wissenschaftliche Erkenntnisse bei der Produktgestaltung berücksichtigen kann. Besonders interessant an seiner Darstellung sind die Zusammenhänge der Entwicklungsphasen eines Gerätes und der Möglichkeiten, Erkenntnisse einfließen zu lassen.

Im Kapitel III kommen Anwender zu Worte. Eckhard FUCHS, Leiter einer öffentlichen EDV-Dienstleistungsorganisation, zeigt die Problematik des Bildschirmeinsatzes in den öffentlichen Verwaltungen, die sich von Programmieranwendungen bis zur „bürgernahen Verwaltung" erstreckt.

Die Beiträge von Inge JAHNKE und Martin BALLEER behandeln die Probleme der Einführung bei Großanwendern im Bereich der Privatwirtschaft. Obwohl der erste Beitrag die Sachlage aus Arbeitnehmersicht und der zweite aus

Arbeitgebersicht darstellt, sind trotz der unterschiedlichen Standpunkte auch erhebliche Übereinstimmungen feststellbar. Insbesondere die Übereinstimmung in den Ausführungen der letzten drei Beiträge hinsichtlich der Zielsetzung in der Anwendung der Informationstechnologie, die Arbeitsteiligkeit der Tätigkeiten überwinden zu wollen, verdient besondere Aufmerksamkeit. Thomas KIESMÜLLER beschreibt die Vorgehensweise eines Großanwenders, der die Problemlage nicht nur in der Arbeitsplatzergonomie gesehen, sondern umfassend analysiert hat. So war es möglich, neben der Gestaltung der Arbeitsplätze und der Arbeitsumgebung auch die Schulung und Einweisung der Mitarbeiter zu verbessern, die Softwaregestaltung unter die Lupe zu nehmen und die Arbeitsabläufe günstiger zu gestalten.

Im Kapitel IV werden die in der Verbandsebene entstandenen Fragen der Einführung und Entwicklung der DV-Anwendungen behandelt. Erfreulicherweise herrscht Einigkeit unter den Autoren über die Regelung aller anstehenden Probleme im Rahmen der Tarifhoheit der Sozialpartner. Die Arbeitgeberseite sieht in der Erfüllung der „Sicherheitsregeln für Bildschirmarbeitsplätze" einen ausreichenden Schutz der Mitarbeiter für gewährleistet, wie Peter KNEVELS in seinem Beitrag beschreibt. Über das Betriebsverfassungsgesetz hinausgehende kollektivrechtliche Regelungen werden abgelehnt. Ebenso abgelehnt wird eine Diskussionsführung, die sich ausschließlich am „Bildschirmarbeitsplatz" orientiert, da der Bildschirm lediglich das gemeinsame Arbeitsmittel für viele unterschiedliche Tätigkeiten darstellt. Dieser Punkt bezieht sich auf eine tatsächliche Fehlentwicklung in der Bundesrepublik Deutschland. Während man in Skandinavien sich relativ früh mit den DV-Anwendungen und deren Einfluß auf die *gesamte Arbeitssituation* beschäftigt hat, wurden in der BRD Probleme der *Arbeitsplatz*ergonomie in den Vordergrund gestellt. Die Beiträge von Rolf WALTHER und Reiner BURGER zeigen deutlich, daß das Interesse der Gewerkschaften sich besonders auf Fragen der *Arbeitsgestaltung* konzentriert.

Wenn man die Beiträge aus Anwender-, Arbeitgeber- und Arbeitnehmersicht auf Gemeinsamkeit prüft, kristallisiert sich ein Punkt deutlich heraus: An einer weiteren Arbeitsteilung im Büro- und Verwaltungsbereich besteht kein Interesse. Es ist nur zu deutlich herausgekommen, daß stark arbeitsteilige Organisationsformen für die Beschäftigten eine große Belastung und für die Arbeitgeber eine wenig effiziente Form der Technikanwendung darstellen. Die Ausführungen von Rolf WALTHER und Heinz VOIGTLÄNDER zeigen, wie sich die Sozialpartner die zukünftige Entwicklung vorstellen. In den Worten „Besitzstandssicherung ist kein Fortschritt, sondern Mindestforderung" (WALTHER) und „. . . natürlich können Qualifikationsverschiebungen eintreten, es wird gar nicht bestritten, daß Minderungen eintreten können.

. . . das in unserer Wirtschaftsordnung geltende Leistungsprinzip kann doch nicht bedeuten, daß einseitig − bezogen auf den Arbeitgeber − dessen Leistungen mindestens erhalten bleiben müssen, auch dann, wenn sich − bezogen auf den Arbeitnehmer − deren Leistungen mindern." (VOIGTLÄNDER) macht sich das Spannungsfeld im sozialen Bereich deutlich bemerkbar. Selbst wenn man annimmt, daß sich die Informationstechnologie langfristig für alle Beteiligten positiv auswirken wird, sind also kurz- oder mittelfristig problematische Entwicklungen möglich.

Eine Darstellung des Standes der Rechtsprechung über die Fragen der Mitbestimmung und Mitwirkung gibt Lothar ALTVATER aus gewerkschaftlicher Sicht. In diesem Beitrag sind die Auswirkungen des Betriebsverfassungsgesetzes deutlich zu sehen, das hinsichtlich der DV-Anwendungen keine speziellen Regelungen beinhaltet. Entsprechende gesetzliche Regelungen wurden in Skandinavien bereits vor langer Zeit getroffen. Aus heutiger Sicht läßt sich jedoch noch nicht beantworten, ob das Fehlen spezieller gesetzlicher Regelungen sich langfristig negativ oder positiv auswirkt.

ALTVATER zeigt die Unterschiede bezüglich der Regelung der Mitbestimmungsfragen im Gültigkeitsbereich des Betriebsverfassungsgesetzes, des Bundespersonalvertretungsgesetzes und der Länderpersonalvertretungsgesetze auf.

Kapitel V ist den Normen und den Sicherheitsregeln gewidmet. Zwei Institutionen, der Normenausschuß „Informationsverarbeitungssysteme" und der Fachausschuß „Verwaltung", haben sich um Regelungen bemüht, um für Anwender und Benutzer bestimmte Grundlagen zu schaffen. Beide Institutionen haben, mittelbar oder unmittelbar, einen großen Einfluß auf die technische Gestaltung der Arbeitsmittel und der Arbeitsumwelt ausgeübt. Die Bundesrepublik Deutschland ist das erste Industrieland, in dem von beiden Sozialpartnern anerkannte, von Herstellern zunehmend stärker beachtete Qualitätsnormen für Bildschirmgeräte existieren. Harald KOCH und Klaus BUHMANN behandeln in ihren Beiträgen die entsprechenden Regelwerke.

Bei den Bemühungen um eine Regelung ist es auch gelungen, arbeitsmedizinische Grundsätze für Vorsorgeuntersuchungen aufzustellen. Obwohl es seit Jahrzehnten bekannt war, daß das Sehvermögen einer Alterung unterliegt, und obwohl es bekannt war, daß 90% der Information bei der Büroarbeit visuell aufgenommen wird, wurden die daraus entstehenden Probleme in der Vergangenheit kaum beachtet.

In Kapitel VI sind Beiträge zusammengefaßt, die sich mit der physischen und psychischen Beanspruchung des Menschen befassen. Der Beitrag von HÜNTING und LÄUBLI vergleicht die Beanspruchung des Menschen bei der Arbeit am Bildschirmgerät mit den Folgen der Arbeit an traditionellen Büroarbeitsplätzen. Dieser Beitrag – Ergebnis einer umfangreichen Untersuchung – zeigt deutlich, daß die Arbeit am Bildschirm spezifische Belastungen hervorruft.

Edelbert SCHAFFERT setzt sich mit der Büroakustik mit dem Ziel des Schallschutzes auseinander. Der Schutz des Menschen vor Lärm hat durch die Verlagerung der Belastungen von der effektorisch-motorischen Seite hin zu kognitiv-regulativen eine neue Bedeutung gewonnen.

Der Beitrag von Wolfgang DZIDA behandelt den Problemkreis der Software-Produktion. Die sonst so normungsfreudige Industriegesellschaft hat in drei Jahrzehnten EDV-Entwicklung keine allgemein gültigen Prinzipien für die Software-Gestaltung finden können. Die Ausführungen von DZIDA sind einerseits eine Auseinandersetzung mit den Ideen von TAYLOR und andererseits ein Weg zur Entwicklung nicht-tayloristischer Arbeitssysteme. Er versucht, unabhängig vom jeweiligen DV-System gültige Prinzipien für die Software-Gestaltung zu finden, die auf der Handlungstheorie basieren. Ob man die neue Richtung als „kognitive Ergonomie" oder „Software-Ergonomie" oder aber auch

zutreffender als „Kommunikations-Ergonomie" bezeichnen sollte, ist von geringer Bedeutung. Wichtig ist die Zielsetzung, aus dem Computer ein Werkzeug für seine Benutzer zu entwickeln, ein Werkzeug, das seine Benutzer beherrschen.
Die Aussagen dieses Buches lassen sich kurz wiedergeben:

1. Es ist gelungen, die Anforderungen der Benutzer in die Praxis umzusetzen. Die Ziele der Hardware-Ergonomie sind klar umrissen, zu einem erheblichen Teil auch realisiert.
2. Im Bereich der Sozialpartner sind gewisse Übereinstimmungen, aber auch erhebliche Spannungsfelder vorhanden.
3. Auf dem Gebiet der Software-Gestaltung befinden wir uns noch in der Phase der Definition der Zielvorstellungen.

Berlin, September 1983   A. Çakir

Inhaltsverzeichnis

Kapitel I

Technisierung der Informationsverarbeitung – Gefahr oder Chance?

Technischer Fortschritt und soziale Verantwortung

A. SCHULTE

Nicht erst heute führt der technische Fortschritt zu heftigen Diskussionen über seine Auswirkungen für den Menschen; denken Sie an die Maschinenstürmer im vorigen Jahrhundert oder an die Diskussionen über Fließbänder in den zwanziger Jahren. Heute sind es die Auseinandersetzungen über die Kernenergie, eine bessere Umwelt und nicht zuletzt über neue Technologien im Bürobereich.

Technischer Fortschritt ist für uns unverzichtbar; er muß aber auch − und in erster Linie − die Lebens- und Arbeitsbedingungen der Menschen verbessern. Der Mensch in seiner körperlichen und geistigen Unversehrtheit muß als zentraler Bezugspunkt unser Handeln bestimmen.

Die technische Entwicklung führt nicht von selbst zu diesem Ziel. Es bestand und besteht vielmehr immer die Gefahr, daß neue Technologien zu Lasten der Menschen angewendet werden. Verantwortliches Handeln verlangt daher, die Auswirkungen der technischen Veränderungen rechtzeitig im voraus zu erkennen und möglichen inhumanen Folgen wirksam zu begegnen.

Neue Technologien werden heute in großem Umfang in den Büro- und Dienstleistungsbereich eingeführt. Das Datensichtgerät ist hierfür geradezu zum Symbol geworden. Mit der Einführung des Datensichtgeräts ist eine Fülle unterschiedlicher physischer und psychischer Belastungen verbunden. Das Datensichtgerät verändert berufliche Tätigkeiten. Über die unmittelbaren organischen und psychischen Beschwerden hinaus kann es das Selbstverständnis und die beruflichen Grundlagen für die Arbeitnehmer entscheidend beeinflussen. Auf der anderen Seite bietet das Datensichtgerät jedoch auch die Chance, vernünftige Arbeitsbedingungen zu schaffen und mehr Arbeitszufriedenheit zu erreichen. Die notwendigen Gestaltungsspielräume sind vorhanden; sie müssen nur genutzt werden.

In jüngster Vergangenheit ist bereits eine Vielzahl von Verbesserungen an Bildschirmarbeitsplätzen erreicht worden. Die Hersteller von Datensichtgeräten werben inzwischen mit dem Argument einer menschengerechten Gestaltung ihrer Einrichtungen. Man sollte dies positiv werten, zumal Verbesserungen tatsächlich unübersehbar sind. Doch bleiben − und das ist die andere Seite − auch noch viele Wünsche offen.

Einige allgemeine Ausführungen zur Politik der Bundesregierung zur humaneren Gestaltung des Arbeitslebens seien vorangestellt.

Humanisierung des Arbeitslebens, das bedeutet zunächst einmal, den klassischen Arbeitsschutz auszubauen. Der Schutz der Arbeitnehmer vor gesundheitlichen Schädigungen am Arbeitsplatz − seien sie nun physischer oder psychischer Natur – muß nach wie vor allererste Priorität haben. Ich erinnere hier an einige besonders bedeutsame staatliche Regelungen der letzten Jahre, die dem Arbeitsschutz über die Schutzfunktion im engeren Sinne hinaus eine neue Dimension gegeben haben.

Mit dem Arbeitssicherheitsgesetz 1973 wurden die Arbeitgeber verpflichtet, Fachleute für den Arbeitsschutz einzustellen. Das sind Sicherheitsingenieure, Sicherheitstechniker, Sicherheitsmeister und Betriebsärzte. Innerhalb weniger Jahre ist eine bemerkenswerte innerbetriebliche Arbeitsschutzorganisation entstanden. Arbeitsschutz wird durch Fachleute zunehmend in betriebliche Planungs- und Produktionsüberlegungen einbezogen. Wenn auch noch vieles zu tun bleibt, wir sind hier auf dem richtigen Wege.

Durch die Arbeitsstättenverordnung mit den dazu erlassenen rund 30 Arbeitsstätten-Richtlinien ist ein modernes, übersichtliches und einheitliches Regelwerk für die menschengerechte Gestaltung und Einrichtung aller Arbeitsstätten entstanden.

Zur Durchführung des Arbeitssicherheitsgesetzes und der Arbeitsstättenverordnung sind allerdings auch einige kritische Anmerkungen zu machen: Das Arbeitssicherheitsgesetz wird in weiten Bereichen des öffentlichen Dienstes entgegen dem Gesetzesauftrag nicht oder zumindest nicht umfassend genug angewendet. Die Arbeitsstättenverordnung erlangt bisher nur über Dienstvereinbarungen Geltung im öffentlichen Bereich. Die Beschäftigten im öffentlichen Dienst werden dadurch eindeutig benachteiligt.

Eine dritte und wichtige staatliche Regelung stellt die Arbeitsstoffverordnung dar; sie ist vor kurzem erneut an die technische Entwicklung angepaßt worden. Ihre Schutzvorschriften wurden ausgeweitet und erfassen jetzt auch den Umgang mit krebsgefährdenden Stoffen.

Schließlich weise ich in diesem Zusammenhang auf das Betriebsverfassungsgesetz von 1972 hin, das den Betriebsräten bei der Gestaltung der Arbeitsbedingungen wichtige Mitbestimmungsrechte gegeben hat. Die §§ 90, 91 mit der Inbezugnahme der gesicherten arbeitswissenschaftlichen Erkenntnisse verdeutlichen gleichzeitig die neue Dimension des Arbeitsschutzes.

Neben der Verbesserung der staatlichen Regelungen hat die Bundesregierung erstmals in größerem Umfang die Forschung in den Dienst des Arbeitsschutzes gestellt: 1974 haben der Bundesminister für Arbeit und Sozialordnung und der Bundesminister für Forschung und Technologie gemeinsam ein Aktionsprogramm „Forschung zur Humanisierung des Arbeitslebens" veröffentlicht. Dieses Aktionsprogramm hat zu Erfolgen in der Lärmbekämpfung, zu mehr Schutz beim Umgang mit gefährlichen Arbeitsstoffen, zur Verbesserung der Arbeitsbedingungen im Bergbau und in anderen Industriezweigen – um nur einiges zu nennen – und nicht zuletzt auch zu besser gestalteten Bildschirmarbeitsplätzen beigetragen.

Auf zwei Gesichtspunkte möchte ich allerdings aufmerksam machen:
- Die Forschung ist nur eines von vielen Elementen im Instrumentenkasten der Humanisierungspolitik.
- Forschungsgelder sind, selbst wenn sie in geplantem Umfang zur Verfügung stehen sollten, im Vergleich zum Investitionsvolumen der deutschen Wirtschaft immer nur ein Tropfen auf den bekannten heißen Stein.

Trotz umfangreicher Forschung und trotz der daraus gezogenen Nutzanwendung wird uns die technisch-organisatorische Entwicklung in den Betrieben immer wieder vor neue Probleme stellen, wie das Beispiel der Datensichtgeräte hinreichend deutlich macht. Praxis und Forschung werden immer wieder neue Belastungen und Gefahren aufdecken. Wir müssen daher Wege finden, die es uns ermöglichen, unliebsame Überraschungen zu vermeiden. Das wird nur durch die Zusammenarbeit aller Beteiligten, insbesondere durch intensive Zusammenarbeit mit den Arbeitnehmern und den Betriebs- und Personalvertretungen gelingen.

Viele Forschungsergebnisse sind bisher lediglich in die Bücherregale gewandert. Um den Weg für die praktische Anwendung zu ebnen, wird die Bundesanstalt für Arbeitsschutz und Unfallforschung die Ergebnisse der Humanisierungsforschung für die Praxis aufbereiten und daraus

- praxisorientierte Handlungsanleitungen
- Ausbildungsmaßnahmen
- betriebliche Beratung

ableiten und durch gezielte Öffentlichkeitsarbeit verbreiten.

Das Datensichtgerät entspricht äußerlich so gar nicht den Vorstellungen, die man von einem Arbeitsmittel hat, das „die Menschen kaputt macht". Und doch hat die neue Technologie zu viel Ärger, Protest und Erregung in den Betrieben und Verwaltungen geführt. Tatsächlich ist man mit Hilfe des Datensichtgeräts dabei, die Arbeitsbedingungen für viele Millionen Arbeitnehmer grundlegend zu verändern. Würde man schlagartig in unseren Büros alle heute technisch machbaren Neuerungen einführen — ich nenne hier nur die automatische Textverarbeitung, Telefax, Datensichtgeräte mit eigenem Speicher und Drucker — bedeutete das sicher auch für die meisten von uns ein entscheidendes Umdenken und wohl auch einschneidende berufliche Veränderungen.

Wir haben im Bundesarbeitsministerium schon vor einigen Jahren die Entwicklung richtig eingeschätzt und den Forschungsauftrag vergeben, der sich mit der menschengerechten Gestaltung von Bildschirmarbeitsplätzen befaßte. Mit der Veröffentlichung dieses Ihnen bekannten Forschungsberichts konnten Antworten auf einige Fragen gegeben werden. Das Forschungsvorhaben ist auf wichtigen Teilgebieten gleichsam als eine Speerspitze des Arbeitsschutzes in unbekanntes Gebiet eingedrungen. Die Leistungen der Forscher möchte ich hier noch einmal ausdrücklich hervorheben.

Wie Sie wissen, haben die Forschungsergebnisse Eingang gefunden in eine Handlungsanleitung über Bildschirmarbeitsplätze, die die Bundesanstalt für Arbeitsschutz und Unfallforschung 1979 veröffentlicht hat. Die Handlungsanleitung enthält kurzgefaßte, für den Praktiker aufbereitete Ergebnisse des Berichts; sie gibt den Betrieben Hinweise, wie sie ihre Probleme lösen können. Sie stellt ein Informationsangebot dar.

Es ist konsequent weitergearbeitet worden, so daß man feststellen kann: Wir verfügen inzwischen über gesicherte arbeitswissenschaftliche Erkenntnisse, soweit es die Gestaltung der Arbeitsmittel und der Arbeitsplätze angeht. Wir wissen, wie die Arbeitsumgebung auszusehen hat. Über die Notwendigkeit ärztlicher Vorsorgeuntersuchungen besteht weitgehende Einigkeit.

Erkenntnisse über Datensichtgeräte sind in „Sicherheitsregeln für Bildschirmarbeitsplätze im Bürobereich" eingegangen, über die an anderer Stelle noch ausführlicher berichtet wird.

Einen wichtigen Beitrag leisten auch die Normen, die Teilgebiete abdecken. Mit dem Thema haben sich Institutionen und Fachleute in Veröffentlichungen auseinandergesetzt. Ohne einzelne herauszuheben, möchte ich eine solche breit angelegte Diskussion, gemessen an den bis heute vorliegenden Ergebnissen, als ausgesprochen fruchtbar bezeichnen.

Nach wie vor gibt es aber noch große Lücken in unserem Kenntnisstand. Längst sind nicht alle Fragen beantwortet.

Die ergonomisch richtige Gestaltung der Datensichtgeräte, der Arbeitsplätze und der Arbeitsumgebung ist eine − noch dazu selbstverständliche − Grundbedingung. Die Arbeitsstrukturen, die Arbeitsinhalte und Arbeitsabläufe müssen noch eingehend untersucht werden. Auch die meisten Fragen zum Komplex „Beanspruchung am Bildschirmarbeitsplatz" sind offen.

Hier spielt vor allem eine Rolle, daß es den Bildschirmarbeitsplatz als einheitlichen Typ nicht gibt; denn das Datensichtgerät ist vielseitig verwendbar. Es wird bei der Beratertätigkeit eingesetzt; im Dialog benutzen es Sachbearbeiter, die mit mehr oder weniger großen Unterbrechungen daran arbeiten. Wir haben schließlich die Arbeitsplätze in der Datenerfassung, wo nahezu ununterbrochen mit dem Datensichtgerät umgegangen wird und wo die größten Klagen der Arbeitnehmer herrühren.

Fragen der Beanspruchung führen uns zur Diskussion über Arbeitszeit- und Pausenregelung. Gerade zu Fragen der Begrenzung der Arbeitszeit und der regelmäßigen Pausen liegen bisher keine gesicherten arbeitswissenschaftlichen Erkenntnisse vor. Die Klagen der Arbeitnehmer und warnende Feststellungen der Arbeitsmediziner müssen wir gerade deshalb besonders ernstnehmen.

Das Risiko, daß bei Einführung neuer Technologien negative Auswirkungen übersehen werden können, darf nicht den Arbeitnehmern aufgebürdet werden. Arbeitszeit- und Pausenregelung, aber auch die betriebsärztliche Betreuung, die nach Umfang und Häufigkeit noch nicht abschließend geklärt ist, müssen „auf der sicheren Seite" bleiben.

Ich begrüße es ausdrücklich, daß in einigen Branchen Tarifverträge abgeschlossen wurden, die die Arbeitszeit am Datensichtgerät einschränken und zusätzliche Pausen vorsehen. Stellt sich nach gründlichen Untersuchungen und Beobachtungen heraus, daß wir zu vorsichtig waren, lassen sich Arbeitszeiten aufstocken und Pausen verkürzen. Gesundheitsschäden lassen sich nachträglich nicht mehr beheben.

Viele Betriebs- und Personalräte haben diese technische Entwicklung aufmerksam verfolgt und sind aktiv geworden. In einigen Betrieben und Verwaltungen konnten sie im Interesse der Arbeitnehmer Betriebs- bzw. Dienstvereinbarungen mit ihren Arbeitgebern abschließen, die u. a. Gestaltungsgrundsätze und Mitspracheregelungen für den Betriebs- bzw. Personalrat und Pausenregelungen beinhalten.

Die Tarifverträge und Betriebsvereinbarungen sind in meinen Augen ein praktikabler Weg, um im Vorfeld gesicherter arbeitswissenschaftlicher Erkenntnisse das Gesundheits- und Belastungsrisiko für die Arbeitnehmer zu verringern.

Bei der raschen technologischen Entwicklung mit ihren weitgehenden Konsequenzen halte ich es zumindest für verfrüht, staatliche – und damit doch wohl sicherlich für eine längere Zeit geltende – Vorschriften zu erlassen. Die Bundesregierung denkt zur Zeit nicht an eine staatliche Regelung über Datensichtgeräte. Ob wir sie überhaupt nötig haben, wird die Zukunft zeigen.

Die Handlungsanleitung der Bundesanstalt für Arbeitsschutz und Unfallforschung, die veröffentlichte Check-Liste, die Sicherheitsregeln der Berufsgenossenschaften zusammen mit Normen, Sachhinweisen und Veröffentlichungen sollten zunächst genügen. Die Praxis rufe ich auf, Erfahrungen zu sammeln und zusammen mit der Wissenschaft noch bestehende Mängel zu beseitigen und Wissenslücken zu schließen.

Wir haben gesehen: Probleme, die mit der Arbeit am Bildschirmgerät verknüpft sind, lassen sich nicht auf ergonomische Aspekte reduzieren. Wir müssen das Datensichtgerät in seinem Umfeld, in der Büroorganisation betrachten. Maschinen mit „Intelligenz" – und damit auch das Datensichtgerät als Verbindungsstelle zum Menschen – werden immer kleiner und preiswerter. Datensichtgeräte können so an jedem Arbeitsplatz installiert werden; der einzelne braucht sich nicht mehr an ein zentrales Rechenzentrum zu wenden, sondern hat seinen eigenen Rechner am Schreibtisch.

Die Maschinen werden richtig eingesetzt, wenn man ihre „Intelligenz" nutzt und qualifizierte Arbeitsplätze schafft, an denen sich der Mensch dieser Maschinen als Hilfsmittel bedient, um höherwertige Arbeiten zu verrichten. Sie wären falsch eingesetzt, wenn man den Menschen zum „Maschinenbediener mit Hilfsfunktionen" herabqualifizieren würde. Daraus leitet sich die Forderung ab, neue Arbeitsplätze mit Datensichtgeräten so einzurichten, daß der einzelne Arbeitnehmer höherqualifizierte Aufgaben wahrnehmen kann.

Das darf jedoch nicht dazu führen, daß „am anderen Ende" dieser Organisationskette nur niederqualifizierte Arbeit – oder überhaupt kein Arbeitsplatz – übrig bleibt. Datensichtgerät und Mikroprozessor müssen vielmehr den Taylorismus – die Zerstückelung der Arbeitsvorgänge – stoppen. Die neue Technologie bietet die Möglichkeit dazu.

Anhand einiger praktisch erprobter Modelle läßt sich zeigen, welche Möglichkeiten bestehen:

Mischarbeitsplätze bieten vielseitigere Tätigkeiten und vermeiden Monotonie und Unzufriedenheit. Mit Phantasie lassen sie sich in den meisten Verwaltungen einrichten.

Autonome oder teilautonome Gruppen können innerhalb eines bestimmten, vom Betrieb vorgegebenen Rahmens Selbstbestimmungsrechte und Entscheidungsfreiheiten erhalten. Das gilt für die Erledigung der Arbeitsaufgaben, für die Gestaltung der Arbeitszeit, bei der Personalorganisation und bei Fehlerkontrollen.

Im zentralen Schreibdienst eines mittleren Unternehmens wechselt die Angestelltengruppe monatlich zwischen acht verschiedenen Arbeitsplätzen: Dem

Anlaufplatz, an dem die Arbeit verteilt wird, der Arbeitsvorbereitung, dem Fernschreibplatz, dem Phonoplatz, der Speicherschreibmaschine, zwei Textautomatenplätzen und dem Postausgang.

Diesen beispielhaft vorgestellten Organisationsformen ist gemeinsam, daß sie den Arbeitnehmer besser erkennen lassen, welchen Sinn und Stellenwert seine Arbeit und die seiner Gruppe im Gesamtbetrieb hat. Soziale Kontakte während der Arbeitszeit bleiben erhalten. Beides führt zu einer größeren Arbeitsmotivation und Arbeitszufriedenheit, die letztlich auch dem Betriebe zugute kommt.

Ich verkenne nicht, daß diese neuen Organisationsformen bei vielen ein Umdenken erfordern: Sie verlangen teilweise andere Führungsmethoden von den Vorgesetzten, weil Hierarchie abgebaut wird; die Arbeitnehmer müssen Kooperation lernen und sich daran gewöhnen, Mitspracherechte wahrzunehmen.

Bei nahezu allen Forschungsprojekten zur Humanisierung des Arbeitslebens im Bürobereich hat sich gezeigt: Bei grober Abschätzung der Kosten ergeben sich keine offensichtlichen betriebswirtschaftlichen Nachteile der neuen Organisationsform. Dabei wurden höhere Motivation und Arbeitszufriedenheit der Arbeitnehmer wegen der Bewertungsprobleme noch gar nicht in der Rechnung berücksichtigt. Humanisierung des Arbeitslebens kann sich demnach für den Arbeitgeber auszahlen.

Es genügt nicht, die Geräte nur hinzustellen, eine kurze und knappe Einführung durch den Hersteller geben zu lassen und dann zu sagen: „Nun macht mal schön." Der Arbeitnehmer muß am Gerät gründlich ausgebildet werden und auch genügend Zeit zur Einarbeitung bekommen. Diese gerätespezifische Unterweisung ist ein Aspekt der Weiterbildung der Arbeitnehmer.

Immer weniger Arbeitnehmer beenden ihr Arbeitsleben in dem Beruf, für den sie ausgebildet worden sind. Mobilität und Flexibilität werden erwartet. Es gilt daher, Arbeitnehmer auf diese veränderten Anforderungen des Berufslebens vorzubereiten. Dazu gehört, daß Aus- und Weiterbildung auf eine breitere Basis gestellt werden; Fortbildung während des Berufslebens muß selbstverständlich sein.

Solche Vorschläge verlangen geradezu die aktive Mitwirkung der Arbeitnehmer. Ich bin so optimistisch, die Bereitschaft dazu bei der überwiegenden Mehrzahl der Arbeitnehmer und Betriebs- und Personalräte vorauszusetzen. Firmen und Verwaltungen, die die Arbeitnehmer und Betriebs- und Personalräte rechtzeitig bei der Einführung neuer Technologien beteiligt und ihnen Gelegenheit gegeben haben, eigene Vorstellungen zu äußern, sind nicht schlecht dabei gefahren; denn die Planer übersehen am grünen Tisch häufig betriebliche Probleme, und gegen innere Vorbehalte lassen sich Neuerungen schlecht durchsetzen.

Ich plädiere deshalb nachdrücklich dafür, die Betriebs- und Personalräte und die betroffenen Arbeitnehmer schon in der Planungsphase zu beteiligen.

Die Probleme bei der Einführung neuer Technologien im Bürobereich gehen über ergonomische Aspekte weit hinaus. Es ist wichtig, daß wir die Wissenslücken schließen, um den Beteiligten ein verantwortliches Handeln zu ermöglichen und damit unserer sozialen Verantwortung gegenüber den Betroffenen – das sind die Arbeitnehmer – gerecht zu werden.

Technische Entwicklung – Gefahren und Chancen für die Frauenerwerbsarbeit.

M. Estor

Rund 2,3 Millionen Frauen in der Bundesrepublik Deutschland sind in Organisations-, Verwaltungs- und Büroberufen beschäftigt. Das sind knapp 30 v. H. aller sozialversicherungspflichtig beschäftigten Frauen [1].

Haben diese Frauen von der technischen Entwicklung nur Schlimmes, genauer den Verlust ihres Arbeitsplatzes zu befürchten? Eine Äußerung des Siemens-Prokuristen Ernst Hofmeister läßt solche Ängste als begründet erscheinen: In den Büros und im öffentlichen Dienst würden in den 80er Jahren etwa 1,25 Millionen Männer und Frauen ihren bisherigen Arbeitsplatz verlieren, wenn auch nur kurzfristig, weil die Produktion von Minicomputern generell zu einem Konjunkturaufschwung und speziell zu einem neuen Personalbedarf führe [2].

Führt also die technische Entwicklung, insbesondere im Bürobereich in dem Augenblick zur Arbeitsplatzvernichtung, wo immer mehr Frauen eine Erwerbstätigkeit suchen?

Oder liegen in einer solchen Entwicklung auch Chancen für eine zunehmende und qualifizierte Frauenerwerbsarbeit?

I. Struktur und Entwicklungstendenzen der Frauenerwerbsarbeit

Wie in allen industrialisierten Ländern hat die Frauenerwerbsarbeit auch in der Bundesrepublik in den letzten Jahren kontinuierlich zugenommen. 10,3 Millionen Frauen stehen im Arbeitsleben. 38 v. H. aller Erwerbstätigen sind Frauen. Vor allem hat sich die Erwerbsbeteiligung der verheirateten Frauen erhöht. Nahezu die Hälfte von ihnen ist heute erwerbstätig. Ein Drittel von ihnen hat Kinder unter 15 Jahren zu versorgen. Jede neunte erwerbstätige Frau hat Kinder unter sechs Jahren.

Die vom Bund und einigen Ländern geförderten Modellversuche zur Ausbildung der Mädchen in gewerblich-technischen Berufen haben eine Signalwirkung gehabt. Sie führten zu einem erheblichen Anstieg der weiblichen Auszubildenden in den sog. Männerberufen, d. h. den Berufen mit einem Frauenanteil von unter 20 v. H. (1977: 11 500, 1980: 35 000).

Insbesondere hat sich die Zahl der teilzeitbeschäftigten Frauen kontinuierlich erhöht. Der Anstieg der Teilzeitbeschäftigten betrug von 1976 bis 1980 rd. 17 v. H. 1980 waren 93 v. H. der 1,6 Millionen Teilzeitbeschäftigten Frauen.

Vor diesem Hintergrund der steigenden Erwerbsbeteiligung der Frauen muß auch die hohe Arbeitslosenzahl von rd. 620 000 Frauen (1981) gesehen werden; von denen ein Drittel Teilzeitarbeitsplätze suchen.

Die allgemeine Entwicklung auf dem Arbeitsmarkt für Frauen gilt auch und sogar verstärkt für „Schreibtischberufe". Nach einer Berechnung des Instituts für Arbeitsmarkt- und Berufsforschung erhöhte sich der Anteil der in diesen Berufen erwerbstätigen Frauen von 22 v. H. in 1961 auf 34 v. H. in 1976[3]. Die Zunahme der Teilzeitbeschäftigten in diesem Bereich ist ebenfalls hoch. Allein im öffentlichen Dienst erhöhte sich ihre Zahl von 1974 bis 1979 um 20 v. H. auf fast 600 000. Allerdings ist auch der Bürobereich von Arbeitslosigkeit betroffen. Ein Fünftel der arbeitslosen Frauen sind in der Gruppe der Organisations-, Verwaltungs- und Büroberufe.

Überblickt man die Entwicklung der Frauenerwerbsarbeit, läßt sich sagen:

Mehr Frauen als früher sehen die Erwerbstätigkeit als eine kontinuierliche Lebensaufgabe. Sie bleiben trotz familiärer Aufgaben erwerbstätig oder unterbrechen die Erwerbstätigkeit nur für einige Jahre.

Diese Entwicklungen, die sich trotz angespannter Lage auf dem Arbeitsmarkt und in allen Industrieländern gleichlaufend vollzogen haben, verweisen auf tiefgreifende Veränderungen unserer sozialen Wirklichkeit. Sie sind Ausdruck eines neuen Rollenverständnisses der Frauen. Frauen wollen und müssen vielfach zum Familienunterhalt beitragen. Frauen wollen ihr Leben eigenverantwortlich in die Hand nehmen, ihre Fähigkeiten entfalten. Sie wollen finanziell unabhängig sein und für ihre eigene Zukunft, für ihre Rente selbst sorgen. Frauen entscheiden heute zunehmend selbst und mit ihren Partnern, wie sie ihr familiäres und berufliches Leben gestalten und die Aufgaben untereinander verteilen können.

Hierzu hat die Verbesserung der Beteiligung der Mädchen im allgemeinen Bildungswesen nicht unerheblich beigetragen. Ihre Beteiligungsquoten haben die der Jungen im Gymnasium fast erreicht, in der Realschule sogar überschritten. Nicht nur quantitativ erscheint die Situation der Mädchen im allgemeinbildenden Schulsystem günstig, sondern auch qualitativ, vom Schulerfolg her: Deutlich weniger Mädchen als Jungen verfehlen die Versetzung in die nächste Klasse. Mehr Mädchen als Jungen erreichen den Haupt- und Realschulabschluß. Vielfach sind ihre Durchschnittsnoten in den Abschlußzeugnissen besser.

Die Hauptschwierigkeiten entstehen jedoch heute noch beim Übergang ins Erwerbsleben. Dann stehen den jungen Frauen überwiegend nur Ausbildungsgänge für „typische Frauenberufe" zur Verfügung, die lediglich begrenzt verwertbare Qualifikationen vermitteln. Dann wird auch bei den jungen Frauen selbst sichtbar, wie einseitig ihre Erziehung immer noch auf die Familie ausgerichtet ist.

Der Bundeskanzler hat noch kürzlich vor dem Deutschen Bundestag nachdrücklich darauf hingewiesen: „Was einer 15- oder 16jährigen, die aus der Schule kommt, an Ausbildung verweigert wird, das kann nur im Ausnahmefall später im Leben nachgeholt werden."

Die vom Bund und in einigen Ländern geförderten Modellversuche zur Ausbildung der Mädchen in gewerblich-technischen Berufen haben schon jetzt zu einem erheblichen Anstieg der weiblichen Auszubildenden in diesen Berufen geführt (1977: 11 500, 1982: 41 500).

Die ersten Erfahrungen mit den Modellen zeigen, daß die Leistungen der jungen Frauen denen der jungen Männer ebenbürtig sind. Die verbreitete Vorstellung, Frauen seien technisch weniger geeignet und aufgrund ihrer körperlichen Konstitution nicht in der Lage, qualifizierte handwerklich-technische Tätigkeiten auszuüben, erweist sich nach den vorliegenden Erkenntnissen als Vorurteil. Auffällige Unterschiede im technischen Bereich konnten zwischen Jungen und Mädchen nicht festgestellt werden.

Auch wenn die Ausweitung des Berufsspektrums der Frauen nur langsam erfolgt, tendenziell ist mit einer steigenden, kontinuierlichen Erwerbstätigkeit von Frauen zu rechnen. Sie werden breiter und besser qualifiziert sein als die jetzt im Erwerbsleben stehenden Frauen, und immer mehr Frauen werden immer weniger bereit sein, sich mit Hilfstätigkeiten und Zuarbeit zufrieden zu geben, Benachteiligungen hinzunehmen.

Kann die technische Entwicklung dazu beitragen, daß Frauen in Zukunft mehr berufliche Chancen haben? Oder liegt es nicht in dieser Entwicklung, vor allem in der Büroautomatisierung, daß Arbeitsplätze in großem Umfang vernichtet werden und die verbleibenden noch geringere Anforderungen stellen als das schon heute der Fall ist?

II. Technische Entwicklung – ihre Bedeutung für die Frauenerwerbsarbeit, vor allem im Bürobereich

Die wichtigste technologische Entwicklungslinie der achtziger Jahre ist nach weitgehender Übereinstimmung die Mikroelektronik in Verbindung mit der Datentechnik und der Nachrichtentechnik. Sie wird Umfang und Inhalt der Tätigkeiten im Bürobereich entscheidend bestimmen und damit auch die Frauenerwerbstätigkeit in diesem Bereich.

Die Bundesregierung verfolgt seit langem die technologische Entwicklung und prüft die damit verbundenen wirtschaftlichen, sozialen und gesellschaftlichen Folgen.
- So hat sie bereits 1971 die „Kommission für wirtschaftlichen und sozialen Wandel" berufen, und beauftragt, ein Gutachten über die mit dem technischen, wirtschaftlichen und sozialen Wandel zusammenhängenden Probleme im Hinblick auf eine Weiterentwicklung der Gesellschaftspolitik zu erarbeiten. Das 1976 vorgelegte Gutachten enthält in bezug auf die Frauenerwerbstätigkeit Forderungen, die auch heute noch aktuell sind[4].
- 1978 hat die Bundesregierung zwei gleichlautende Forschungsprojekte vergeben, um Chancen und Probleme des technischen Fortschritts für Wirtschaft und Arbeitsmarkt umfassend zu untersuchen[5]. 1980 wurden die Forschungsergebnisse vorgelegt, die beide eine revolutionäre Entwicklung des technischen Fortschritts zwar verneinen, wohl aber in Zukunft mit der Möglichkeit von erheblichen Strukturveränderungen in der Wirtschaft rechnen.
Insbesondere in den Büro- und Organisationstechniken würden die Auswirkungen der Verwendung der Mikroelektronik bereits bis 1985 deutlich fühlbar sein, wenngleich die Breitenwirkungen erst danach zu erwarten sei.

– Zu demselben Ergebnis kommt eine Untersuchung des Batelle-Instituts im Auftrag des Bundesministers für Bildung und Wissenschaft „Mikroprozessoren und Bildungswesen"[6].

Was läßt sich nun inzwischen über die Auswirkungen der voraussehbaren Entwicklung im Bürobereich sagen:

1. Die derzeit anlaufende Büroautomatisierung betrifft in ihrer ersten Stufe die Ebene der Bürofachkräfte und anderer, vor allem mit Frauen besetzter Büroberufe mit mittleren Qualifikationsanforderungen.
2. Immer wieder entstehen, durch die jeweilige technische Entwicklung bedingt, Interimstätigkeiten, die bei Vollautomatisierung wieder entfallen. Diese Tätigkeiten werden vor allem von Frauen ausgeübt.
3. Auch im Verwaltungsbereich wird die Mikroprozessor-Technologie eher den bisherigen Trend des Abbaus von ungelerntem Personal verstärken, gleichzeitig aber auch die Nachfrage nach qualifiziertem Personal für die der Produktion vor- und nachgelagerten Bereiche erhöhen[7].
4. Die von der Mikroelektronik begünstigten Berufe (vorwiegend technische und informationstechnische Berufe) sind zu 99 v. H. Männerberufe, während die gefährdeten Berufe (vorwiegend kaufmännische Berufe und technische Zeichner) zu etwa 53 v. H. traditionelle Frauenberufe sind[8].
Zu letzteren gehören insbesondere die Ausbildungsberufe Bürogehilfin, Bürokaufmann und technische Zeichner. Bei den begünstigten Berufen sind die Frauen lediglich bei dem neugeschaffenen Ausbildungsberuf des Datenverarbeitungskaufmanns mit einem Drittel vertreten.
5. Die Automatisierung des Bürobetriebes führt vor allem zu einem Wegfall von Routinearbeiten bzw. von Hilfstätigkeiten. So werden die Bürogehilfinnen durch die Einführung von Textautomaten besonders betroffen. Die Stenosekretärinnen werden durch die Zunahme neuer Kommunikationsmittel ebenfalls weniger stark in Anspruch genommen. Dafür entstehen „potentiell neue Freiräume für kreative, kommunkative sowie entscheidungsorientierte Tätigkeitsinhalte", so die Batelle-Studie[9].
6. Die neuen technischen Möglichkeiten der Telekommunikation ermöglichen die Auflösung des Zusammenhangs von Arbeitsleistung und Arbeitsort. Damit sind neue Formen von Erwerbsarbeit mit hoher Freizügigkeit in bezug auf Arbeitszeit und Arbeitsort durchführbar. Dies wird insbesondere Frauen neue Möglichkeiten der Erwerbstätigkeit bieten. In England gibt es im Bereich der Datenverarbeitung bereits derartige Versuche, die allerdings auch Hinweise auf die damit verbundene Problematik, z. B. neuer Formen von Heimarbeit, geben.

Zusammenfassend läßt sich sagen: Die technische Entwicklung, d. h. die Auswirkungen der Mikroelektronik im Bürobereich, in der Verwaltung führt zu Veränderungen in bezug auf das Angebot und die Struktur der Arbeitsplätze, auf den Inhalt der Tätigkeiten, die Arbeitsorganisation und möglicherweise auch zu Veränderungen der Geschlechtsstruktur dieses Bereiches des Arbeitsmarktes, wenn Frauen ihre Chancen zu nutzen verstehen.

Denn mit der technischen Entwicklung (insbesondere der Mechanisierung und Automatisierung) verringern sich die Unterschiede zwischen vormals körperlich anstrengenden, vorwiegend von Männern ausgeführten Tätigkeiten, und körperlich (und auch meist geistig) anspruchslosen, vorwiegend von Frauen ausgeübten Tätigkeiten.

Damit verringern sich die geschlechtsspezifischen Differenzierungen bei der Tätigkeitsausübung. Statt dessen scheinen die Anforderungen an funktionale und extrafunktionale Qualifikationen zu steigen. Bei weiterem technischem Wandel werden die Beschäftigungsmöglichkeiten für Frauen deshalb vorwiegend von ihrem Qualifikationsniveau und ihrer Qualifikationsstruktur abhängen.

III. Strategien zur konstruktiven Bewältigung möglicher Konflikte

In den achtziger Jahren ist realistischerweise von einer steigenden Erwerbsbeteiligung der Frauen auszugehen. Die Automatisierung und Rationalisierung im Bürobereich wird aber das Angebot an bisher typischen Frauenarbeitsplätzen einschränken. Dieser Konflikt darf nicht dadurch gelöst werden.
– daß Frauen das Recht auf Arbeit streitig gemacht wird, und
– daß allgemein notwendige Arbeitszeitverkürzungen nur Frauen in Form von Teilzeitarbeitsplätzen zugemutet werden mit allen bekannten negativen Folgen für berufliches Fortkommen und die künftige soziale Sicherung.

Von entscheidender Bedeutung für die Bewältigung dieses Konfliktes ist die Qualifizierung weiblicher Arbeitnehmer, die Erweiterung des Berufsspektrums über die typischen Frauenberufe und Frauentätigkeiten hinaus. Auch im schulischen Bereich sind noch Verbesserungen möglich und nötig. Vor allem gilt es, Mädchen gezielter mathematische und naturwissenschaftliche Grundkenntnisse zu vermitteln, ihr Berufsinteresse durch Arbeitslehre und Betriebspraktiken zu erweitern.

Da Mädchen häufig über höhere Bildungsabschlüsse verfügen, die spezifischen Anforderungen der Mikroelektronik – wie abstraktes Denken und Kreativität – die Eingangsvoraussetzungen der Berufsausbildung jedoch erhöht, sollten Mädchen ermutigt werden, diese Chancen zu nutzen. So beträgt der Anteil der Mädchen in dem neuen Ausbildungsberuf Datenverarbeitungskaufmann erfreulicherweise bereits ein Drittel. Eine qualifizierte berufliche Erstausbildung ist auch für das weitere Erwerbsleben von ausschlaggebender Bedeutung.

Im Bereich der Mikroelektronik kommt der Fortbildung eine besonders wichtige Funktion zu. Nach der Batelle-Studie befindet sich diese noch im Anfangsstadium. Erst langsam konnte der Anteil der Frauen an den beruflichen Bildungsmaßnahmen des Arbeitsförderungsgesetzes überhaupt auf ein knappes Drittel gesteigert werden. Über die Beteiligung der Frauen an betrieblichen Bildungsmaßnahmen ist wenig bekannt. Vermutlich bedingt die familiäre Situation ein geringeres Interesse der Frauen selbst an solchen Maßnahmen, aber auch der Betriebe, in deren Augen die Frauenerwerbstätigkeit häufig immer noch als eine vorübergehende Tätigkeit angesehen wird. Hier sind die Instrumente des Arbeitsförderungsgesetzes mehr als bisher zugunsten der Frauen zu nutzen.

Sobald Frauen den ihnen traditionell zugewiesenen Tätigkeitsbereich verlassen und eine tatsächliche *Gleichstellung mit Männern* fordern, wird deutlich, wie einseitig ihnen auch heute noch die Familienaufgaben angelastet werden. Aber abgesehen von Schwangerschaft, Geburt und Mutterschaftsurlaub sollten Frauen und Mütter, Männer und Väter die Chance haben, familiäre und berufliche Aufgaben gleichermaßen zu übernehmen. Die Möglichkeiten zu flexiblerer und dezentralisierter Arbeitsorganisation, die in der technischen Entwicklung liegen, sollten hierfür genutzt werden. Dazu gehört auch die Einführung eines Elternurlaubs für Mütter oder Väter von Kleinstkindern, den es in mehreren Industrieländern bereits gibt und der auch in unserem Land gefordert wird.

Insgesamt muß auch von der Wirtschaft stärker eine Berücksichtigung der Familie aus gesellschaftspolitischer Verantwortung gefordert werden, damit für Männer und Frauen Familie und Beruf besser vereinbar wird.

Die *flexiblere Arbeitsgestaltung und Arbeitszeit* kann hierzu aus familienpolitischen wie wirtschaftspolitischen Gründen einen Beitrag leisten. Der Arbeitsstab Frauenpolitik beim BMJFG hat deshalb einen Forschungsauftrag zur familienfreundlichen Gestaltung der Arbeitszeit vergeben. Es sollen die Be- und Entlastungsfaktoren im Arbeitsleben von Frauen und Männern mit Familienpflichten herausgearbeitet werden. Gemeinsam mit den Tarifvertragsparteien sollen anschließend in einigen Betrieben auf freiwilliger Basis Möglichkeiten einer familienfreundlicheren Arbeitsorganisation erprobt werden. Übereinstimmend haben die genannten Gutachten zum Technischen Fortschritt darauf hingewiesen, daß Arbeitszeitverkürzungen entsprechend den jeweiligen Branchenverhältnissen flankierend zur Lösung der Beschäftigungsprobleme beitragen können. Nur sehr bedingt ist Teilzeitarbeit als Lösung der Konflikte zwischen Familie und Beruf tauglich, da sie neben Vorteilen auch eine Reihe gravierender Nachteile bringt, wie z. B. geringerwertige Tätigkeit, geringes Einkommen, fehlende Berufsaussichten und auch größere Unsicherheit wegen verstärkter Rationalisierungstendenzen. Höchst problematisch ist das Angebot von gesundheitsgefährdenden Arbeitsplätzen in Teilzeitform aus Gründen der Arbeitsschutzvorschriften, wie dies zum Teil bei Bildschirmarbeitsplätzen der Fall sein soll. Hier besteht die Gefahr, daß die Notlage der Frauen, die lediglich teilzeitarbeiten können, im Interesse der Kostensenkung ausgenutzt wird.

Das *arbeitsrechtliche EG-Anpassungsgesetz* zur Gleichbehandlung von Männern und Frauen bei der Begründung und Beendigung eines Arbeitsverhältnisses sowie beim beruflichen Aufstieg hat zwar nicht alle Erwartungen erfüllt. Aber es kann dazu beitragen, eklatante Ungleichbehandlung von Frauen, nur weil sie Frauen sind, zu unterbinden. Dazu gehört auch der gesetzliche Anspruch auf gleichen Lohn für gleichwertige Arbeit.

Diese rechtliche Gleichstellung mag im Bürobereich nicht das vorrangige Problem sein. Dort gibt es noch eine sehr traditionelle Aufgaben- und Funktionsverteilung, die durch die technische Entwicklung verfestigt oder verstärkt zu werden droht. So ist beispielsweise dann ein Geschlechtswandel eines Berufes zu beobachten, wenn die Buchhaltung von mechanischen Buchungsmaschinen auf DV-Buchungsautomaten umgerüstet und eine bisher „typische weibliche Tätigkeit" dann eher von einem Mann übernommen wird. Hierbei taucht die Frage auf, ob man Frauen von vornherein nicht auf Arbeitsplätze mit hoher Kapitalausstattung beschäftigen, bzw. für den Umgang mit neuentwickelten Geräten und Maschinen deshalb nicht qualifizieren will, weil diese

„Bildungsinvestition in das weibliche Humankapitel" durch die unterstellte oder tatsächliche Familienbindung von Frauen zu riskant ist.

Einen besonderen Problembereich stellt der Einfluß der technischen Entwicklung auf die *Arbeitsbedingungen* dar. Die Umstrukturierung der Arbeitsorganisation, z. B. durch die Einrichtung von zentralen Schreibdiensten und Bildschirmarbeitsplätzen, durch Einführung neuer Arbeitszeit- und Personalbemessungssysteme, führt neben einer weiteren Entfremdung von den Inhalten der Arbeit zu einer inhumanen Leistungsverdichtung. Daß dies letztlich auch ökonomisch wenig effizient ist, hat die viel diskutierte Studie einer Berliner Forschergruppe unter Leitung von Professor Pirker[10] über die Organisation der Schreibdienste bei den obersten Bundesbehörden in Bonn gezeigt.

An diesem Beispiel wird auch deutlich, daß die Gestaltung der Arbeitsbedingungen durch gesetzliche Maßnahmen allein nicht in den Griff zu bekommen ist. Die Bundesregierung hat dann auch in ihrer Erklärung zu den Studien „Technischer Fortschritt – Auswirkungen auf Wirtschaft und Arbeitsmarkt" darauf hingewiesen, daß es „in unserer Wirtschafts- und Sozialordnung in erster Linie *Aufgabe der Tarifvertragsparteien* ist, die Bedingungen für ein ausgewogenes Verhältnis zwischen Technischem Fortschritt, Verbesserung der Arbeitsbedingungen, Verkürzung der Arbeitszeit sowie der Schaffung und Sicherung von Arbeitsplätzen zu bestimmen". Mitbestimmungsgesetz und Betriebsverfassungsgesetz sind für einen kooperativen Interessenausgleich zwischen Arbeitnehmern und Arbeitgebern wichtige Voraussetzungen.

Die sozialen Auswirkungen und die gesellschaftspolitischen Gestaltungsmöglichkeiten, die sich aus den technischen Entwicklungen ergeben, stellen der *Humanisierungs- und der Technologie-Forschung* neue Aufgaben. Bisher befaßten sich die Forschungsprojekte im Rahmen der Humanisierungsforschung eher reaktiv mit den Auswirkungen der technischen Entwicklung auf typische Frauenarbeitsplätze, wie z. B. im Fall der Bildschirm- oder Kassenarbeitsplätze. Notwendig sind Untersuchungen über Einflüsse der technischen Entwicklung auf die Beschäftigung von Frauen allgemein, um davon Lösungsansätze zur Verhinderung bzw. zum Abbau von Frauenarbeitslosigkeit ableiten zu können. Notwendig sind aber auch Untersuchungen über die Auswirkungen des technischen Wandels auf die Arbeitsplätze von Frauen. Dabei sollte sowohl die quantitative Seite Beachtung finden wie qualitative Veränderungen der Beschäftigungssituation von Frauen, ihre wachsende Erwerbsneigung wie ihre zunehmende Qualifizierung. Im Rahmen des Forschungsprogramms des BMFT und in enger Zusammenarbeit mit der Humanisierungsforschung wird hierzu ein größeres Forschungsprojekt vorbereitet.

Im Aktionsprogramm „Humanisierung des Arbeitslebens" sieht das Kapitel IV Forschungen über die „Wechselbeziehungen zwischen Arbeitswelt und anderen Lebensbereichen vor". Für die überwiegend männlich geprägte Forschungswelt mag hier keine Priorität bestehen. Für Frauen ist es aber wichtig, wie sich vor allem die Wechselbeziehungen zwischen Familie und Beruf gestalten. Hier sind verstärkt Aktivitäten zu entfalten.

IV. Zusammenfassende Schlußbemerkungen

Angesichts der Vielschichtigkeit der Problematik, die sich nicht weniger aus sozialen wie aus technischen Veränderungen entwickelt, sollen abschließend die Gefahren und Chancen der Frauenerwerbsarbeit infolge der technischen Entwicklung zusammengefaßt werden:

1. Kurzfristig bedeutet technische Entwicklung, auch im Bürobereich, eine Gefährdung der Frauenarbeitsplätze, und zwar insbesondere solcher, die nur geringe Qualifikationsanforderungen stellen.

   Mittel- und langfristig bieten sich aber den Frauen neue Chancen in qualifizierteren Tätigkeiten. Die dafür erforderlichen Fähigkeiten und Fertigkeiten sind kulturell Männern und Frauen gleichermaßen zugänglich und sicher weniger durch Vorurteile belastet. Tatsächlich erfordert der Umgang mit den neuen Technologien sogar Fähigkeiten, die traditionell eher Frauen zugeschrieben werden: Wie Kommunikation, Team-Arbeit, Durchhaltevermögen, Beachtung der Details, Learning by doing. Eine Studie der EG-Kommission zur „Mikroelektronik und berufliche Bildung in der Europäischen Gemeinschaft" hat hierzu festgestellt, daß sich der Unterschied in den Fähigkeiten und Fertigkeiten, die allgemein im Leben und im Beruf gebraucht werden, durch die neuen Technologien verringert[11]. Auch dies erleichtert es den Frauen, in den neuen Tätigkeiten Fuß zu fassen.

2. Die technische Entwicklung ermöglicht und erfordert zumindest in bestimmten Bereichen Arbeitszeitverkürzungen. Hierin liegt für Männer und Frauen eine Chance, Familie und Beruf besser miteinander vereinbaren zu können.

3. Wichtige Voraussetzungen sind von seiten der Frauen die Bereitschaft zur Qualifizierung, von seiten der Männer die Bereitschaft zur Partnerschaft in Beruf und Familie und von seiten der Gesellschaftspolitik eine Gestaltung der technischen Entwicklung, die die berechtigten Interessen der Frauen als Arbeitnehmerinnen respektiert und einbezieht.

Bemerkungen

1 Sozialversicherungspflichtig beschäftigte Arbeitnehmer Ende Juni 1969, ANBA Nr. 4/1980, S. 600

2 Vgl. Diehl-Tiele, Peter: „Die Mikroelektronik" in: Süddeutsche Zeitung, Januar 1981

3 Schreibtischberufe im Wandel. Materialien aus der Arbeitsmarkt- und Berufsforschung 8/1978, Hrsg. vom Institut für Arbeitsmarkt- und Berufsforschung der Bundesanstalt für Arbeit

4 Vgl. Wirtschaftlicher und sozialer Wandel in der Bundesrepublik Deutschland. Veröffentlicht durch die Bundesregierung. Der Bundesminister für Arbeit und Sozialordnung. 1976. S. 536−542

5 Vgl. Gröbner, G.: Rationalisierung − Risiko und Chancen. In: Bundesarbeitsblatt 4/1981, S. 5−11

6 Gizycki, R. V.; Weiler, U.: Mikroprozessoren und Bildungswesen. − Auswirkungen einer breiten Einführung von Mikroprozessoren auf die Bildungs- und Berufsqualifizierungspolitik − Oldenburg Verlag München/Wien 1980

7 Gizycki, R. V.; Weiler, U.: a.a.O., S. 87

8 Ebd., S. 107

9 Ebd., S. 111−112

10 Pirker, Theo: Vergleichende Untersuchung der Schreibdienste in obersten Bundesbehörden (wurde veröffentlicht im Juni 1981)

11 Hayes, Chr. F.; Edwards-Stuart, F.: Micro-Electronics and Vocational Training in the European Community. Studie im Auftrag der EG-Kommission No. 80/35

Grenzen der Technisierung auch Grenzen der Humanisierung? oder Schnittstelle einmal anders betrachtet

J. Fuhrmann

Bei einer zusammenfassenden Betrachtung der Ergebnisse vieler (eigener und anderer) sozialwissenschaftlicher Untersuchungen zum Thema Textverarbeitung und Textverarbeiter bekommt man, bekomme ich, vor allem einen dominierenden Eindruck: hier, im Bereich der Textbe- und -verarbeitung, scheinen sich wie unter einem Brennglas die bereits vorhandenen und die zukünftigen Probleme und Schwierigkeiten, die mit der Rationalisierung (im weitesten Sinne) zusammenhängen, zu konzentrieren.

Zwar gibt es bei den Büro- und Verwaltungstätigkeiten auch noch andere problematische Bereiche (angefangen von der mit der Einführung der mittleren Datentechnik notwendig gewordenen software − Erstellung bis hin zu dem Mißverhältnis zwischen Sachbearbeiterqualifikation und Kunden − oder Publikumsanforderungen im öffentlichen Dienst und, etwa, bei den Sozialversicherungsträgern −), aber gerade der sogenannte Schreibdienst zeigt meiner Ansicht nach die Problematik bestimmter traditioneller Verwaltungsberufe in nuce.

Wer gestern und heute aufmerksam durch ein Stück Berlin gegangen ist, der wird gewiß an Litfaßsäulen knall-orange Plakate gesehen haben, mit denen die BVG, die Berliner Verkehrsbetriebe, um Schreibkräfte werben. Andere Organisationen und Institutionen werben auch, aber nicht so öffentlich und auffällig.

Die Arbeitslosenquote in der Bundesrepublik und in Berlin (West) ist bekannt. Ebenso bekannt ist die Zahl der offenen Stellen und ihre Verteilung. Nach der Gastronomie ist der Schreibdienst in der Statistik der offenen Stellen am meisten gefragt. Allem Anschein nach kann die Nachfrage hier auch nicht befriedigt werden, obwohl es aller Wahrscheinlichkeit nach, anders als in der Gastronomie, relativ viele Menschen geben dürfte, die die entsprechenden Qualifikationen für den Schreibdienst besitzen und obwohl die äußeren Arbeitsbedingungen (Arbeitszeit, Pausenregelung, Verdienst) − auch immer wieder verglichen mit denen im Gaststättengewerbe oder bei Kassiererinnen im Warenhaus − so schlecht ja nun auch nicht sind.

Andererseits − und auch das sollte man in eine Betrachtung einbeziehen − können sich die zahlreichen offiziellen und privaten Institutionen, die Zeitkräfte vermitteln, über Mangel gerade an Schreibkräften (sie sagen ja Teilzeitsekretärinnen) nicht beklagen.

Die Tätigkeit Schreiben ist ein geradezu klassisches Produkt der Rationalisierung in der Verwaltung nach tayloristischen Gesichtspunkten. Der konsequent durchgeführte Prozeß von Arbeitsteilung und Arbeitszerlegung muß ganz einfach zu einem solchen Arbeitsplatz, muß zu einer solchen Tätigkeit führen. Aus der allgemeinen Sekretariats- und Verwaltungstätigkeit wurden be-

stimmte Bereiche, vor allem eben das Schreiben, ausgegliedert und je für sich,
als abzuarbeitendes Arbeitspaket, bestimmten arbeitenden Menschen überantwortet. (Es ist vielleicht ganz nützlich anzumerken, daß in zahlreichen Großverwaltungen der übrig bleibende Rest an qualifizierten Sekretariatsarbeiten
ebenfalls wieder gebündelt zu einem neuen Arbeitsplatz gemacht wurde, daß
aber dieser neue reine Sekretariats-Arbeitsplatz häufig jetzt von Männern ausgefüllt wird.)

Auch ein anderer, aus der Produktion bekannter Grundsatz einfacher organisatorischer Rationalisierung ist aufs Schreiben angewandt worden. Etwa vor
80 Jahren wurden in vielen deutschen (wie vorher in englischen) Industriebetrieben gleiche oder ähnliche Arbeitsmaschinen örtlich zusammengefaßt. Es
entstanden auf diese Weise die klassischen Meistereien: Spinnerei, Spulerei,
Weberei, Appretur in der Textilindustrie, Dreherei, Fräserei, Schlosserei, Galvanik in der metallverarbeitenden Industrie, um nur einige Beispiele zu nennen.
Auf ähnliches haben sich die Organisationsspezialisten anscheinend vor ungefähr 10−12 Jahren besonnen, als sie die bis dahin über eine Verwaltung verteilten Textbearbeitungsmaschinen, Schreibmaschinen, Buchungsmaschinen, ähnlich konzentrierten und die Maschinenbedienerinnen natürlich auch.

Mit einer solchen Konzentration erreichte ich zunächst einmal die gleichen
oder ähnliche Rationalisierungseffekte wie vorher in der Produktion auch. Ich
erleichtere die ständige Kontrolle über Maschinenauslastung und Menschenauslastung; ich kann bei Schwachstellen leicht eingreifen; ich verkürze Kommunikations- und Transportwege; ich schaffe schließlich, ohne große Investitionen oder andere Anstrengungen, ein ganz anderes Arbeitsklima.

Überall, wo mehrere Menschen in Sichtweite voneinander das Gleiche tun,
fragt sich jeder beinahe unwillkürlich, was denn der andere tut, was er schafft
und wie man selbst im Vergleich zu anderen „dasteht". Es entwickelt sich Konkurrenz. Diese Konkurrenz aber ihrerseits führt wieder ganz selbsttätig gewissermaßen zu Leistungsverdichtung, zu mehr Leistung, ohne daß dazu besondere, möglichst auch noch kostenintensive Maßnahmen nötig wären.

Der Bundesrechnungshof hat in einer viel diskutierten Ausarbeitung (die
nebenbei auch Anlaß zu Humanisierungsmaßnahmen in der öffentlichen Verwaltung geworden ist) den auf diese Weise erreichten Grad der Produktivitätssteigerung in der Textverarbeitung auf 28−35 Prozent geschätzt.

Ohne große Investitionen, ohne spektakuläre Maßnahmen, nur durch eine
simple Veränderung der Organisation ist es möglich, aus einem Menschen bis
zu einem Drittel mehr Leistung − in gleicher Zeit und bei gleicher Bezahlung −
herauszuholen.

Außerdem wird auf diese Weise noch ein erheblicher Rationalisierungseffekt erzielt: Einsparung von etwa einem Drittel der bisher für die Textbearbeitung notwendigen Arbeitskräfte.

Die Arbeitsverdichtung führt nun ihrerseits wieder zu einem auch vom einzelnen, von der einzelnen Schreiberin unmittelbar erfahrenen, erheblichen Arbeits- und damit Leistungsdruck. Kommen dann noch Leistungserfassung und
Prämiensysteme hinzu, dann wird die Tätigkeit „Schreiben" auch von daher
betrachtet einfach inhuman. Sie wird Gegenstand, heute jedenfalls und gut,
daß das so ist, sie wird Gegenstand von Humanisierungsüberlegungen.

Hier aber glaube ich bei zahlreichen sozialwissenschaftlichen Untersuchungen der letzten Jahre festgestellt zu haben: Humanisierung reicht in diesem Bereich genau so weit wie die Technik, wie die Technisierung reicht. Alles, was man mit Normen und Richtlinien fassen kann, alles was sich durch Gesetz, Verordnung, Satzung (etwa einer Berufsgenossenschaft) und Vereinbarung technisch regeln läßt, wird, wenn auch oft zäh und langsam, getan. Licht, Luft, Klima, Tisch und Stuhl, überhaupt der ganze Arbeitsplatz − heute werden ja nicht mehr Maschinen und Geräte verkauft, heute werden Arbeitsplätze mit Maschinen und Geräten verkauft. (Das gilt übrigens für den Bildschirmarbeitsplatz ebenso.) Was technisch an Arbeitserleichterungen möglich ist, wird vielerorts getan. Die einzelne Schreiberin soll sich an ihrer Maschine richtig wohlfühlen, sie soll sich voll auf ihre Tätigkeit Schreiben konzentrieren können, ohne daß sie die Technik, oder besser gesagt, ohne daß sie die Mängel der Technik stören. Da kommt es dann zum sogenannten Probesitzen bei der Auswahl von Stühlen, zu Reihenversuchen bei der Auswahl von schalldämmenden Boden- und Deckenbelägen, alles unter Mitarbeit der jeweils Betroffenen, der Textverarbeiterinnen.

Aber selbst bei einer so erreichten Verbesserung äußerer Arbeitsbedingungen und bei teilweise ganz erheblichen Erleichterungen für die so Arbeitenden bleibt der Kern der Tätigkeit unverändert. Und der ist, so sage ich zunächst einmal als eigenes Urteil, inhuman.

Die Tätigkeit Schreiben, eingespannt in ein Mensch-Maschine-System, ausgeübt unter sehr hoher Dauerkonzentration, aber ohne Kenntnis der Zusammenhänge und ohne die Möglichkeit, allein von der Zeit her solche Kenntnis zu erhalten, diese Tätigkeit Schreiben als Endprodukt tayloristischer Rationalisierung ist eng, sie ist arm (wurde systematisch verarmt), sie ist bei hoher Konzentration und Anspannung repetitiv. Sie ist für mich inhuman.

Die Arbeitsmediziner haben zwar ganz erhebliche Anstände und Schwierigkeiten der Schreibkräfte aufgelistet und auch nachgewiesen. Wieviel aber etwa von den Verspannungen auf Konto einer über lange Zeiträume eingenommenen ungünstigen Arbeitshaltung und wie viel auf die eher psychische Belastung durch eine inhumane Tätigkeit geht, ist bisher bestenfalls manchmal in der Diskussion bei den Experten.

Zur Humanisierung im Bereich dieser Tätigkeit muß ich sie eigentlich auflösen. Ich sollte sie auf bestimmte regulierbare Zeiten beschränken. Ich sollte Mehrstellenarbeitsplätze und Wechselstellen einführen, ich sollte die tayloristisch verarmte Tätigkeit anreichern und erweitern. (Die entsprechenden amerikanischen Fachausdrücke fallen jedem selbst ein.) Und hier muß ich nun eine Feststellung treffen, die für mich sehr schwer wiegt.

Bei allen Humanisierungsprojekten in der Verwaltung, an denen ich selbst mitgearbeitet habe, sind wir genau an dieser Stelle sehr schnell an die Grenze gekommen, haben wir, um es deutlich zu sagen, Schiffbruch erlitten. Selbst in Bereichen, wo sich eine solche Anreicherung wegen der vorhandenen Qualifizierung und wegen der fachlichen Kenntnisse vom „Fundus" her relativ leicht hätte erreichen lassen (Sozialversicherungsträger, Versicherungen überhaupt) ist es nicht dazu gekommen.

Die Betroffenen selbst hatten dabei nach meinen Erfahrungen eigentlich „keine Aktien drin". Sie waren zum überwiegenden Teil bereit und willens, Arbeitserweiterung und Arbeitsanreicherung mitzumachen. Sie haben die im Zusammenhang damit angebotenen Qualifizierungs- und Weiterbildungsmöglichkeiten genutzt, und das oft mit erheblichem persönlichem Aufwand. (Selbst in der öffentlichen Verwaltung kann nicht alles in der normalen Arbeitszeit erledigt werden.)

Wenn ich also diese Tätigkeit Schreiben anreichern will, brauche ich den Zugriff auf andere, qualifizierte Tätigkeiten in Reichweite des Schreibens. Die gibt es, aber über die verfügt bereits ein anderer. Der darüber verfügt, hat sie sich häufig — wenigstens im Bereich der öffentlichen Verwaltung — in jahrelangen Bemühungen gewissermaßen „an Land gezogen", die machen heute seine „Stelle", seinen Dienstposten aus. Will ich also im Interesse der Humanisierung hier zugreifen, dann nehme ich auch etwas weg. Ich bemühe mich gewissermaßen, jemandem etwas von seinen wohlerworbenen gehobenen Tätigkeiten unter dem Hintern wegzuziehen. Solches Bemühen aber erzeugt heftigen Widerstand. Da derjenige, dem ich etwas wegziehen will, zudem auch sowohl in der öffentlichen als auch in der Industrieverwaltung etwas höher in der Hierarchie angesiedelt ist, kann er erfolgreich Widerstand leisten.

Daher meine Feststellung: Grenze der Humanisierung insbesondere bei der Textverarbeitung ist die Hierarchie. Ich kann ganz einfach nicht Arbeit anreichern, ich kann Arbeit nicht qualifizieren, ohne mich bestimmter Tätigkeiten zu bedienen, die bisher eben einem — wenn auch kleinen — Hierarchen zukommen. Wo kämen wir denn da hin? Damit rührt Humanisierung, wenn und weil sie notwendig an diese Schnittstelle kommt, auch an eine von vielen Hierarchien heute für unabdingbar gehaltene Organisationsform menschlicher Arbeit, sie rüttelt gewissermaßen an den Grundfesten einer Wirtschaftsordnung und grenzt damit, lassen Sie mich das einmal überspitzt sagen, an Hochverrat. Aber wahrscheinlich haben die, die sich zuerst um die Humanisierung der Arbeitswelt Gedanken machten, dabei auch ein Element der Demokratisierung im Sinn gehabt; der Demokratisierung in einem Bereich, in dem dieser Begriff bisher klein geschrieben wird.

Was also wäre zu tun? Ich sehe auf der einen Seite, daß ein bestimmter Bereich menschlicher Tätigkeit, hier die Textverarbeitung, inhuman ist. Ich kann aber nach allen bisherigen Erfahrungen gerade diese Tätigkeit nicht aus ihrer Inhumanität herausführen, die Widerstände dagegen lassen sich normal nicht überwinden. Zwar kann ich die technischen Arbeits- und Arbeitsplatzbedingungen verbessern. Das ist bereits eine erhebliche Erleichterung für den so arbeitenden Menschen, aber, ich betone das nochmals, es ist kein Ende der Inhumanität. Wenn ich jetzt etwas zynisch in die Zukunft schauen wollte, würde ich sagen: da wäre es doch das beste, man schafft diese Art der Textverarbeitung überhaupt ab. Die technischen Möglichkeiten dazu gibt es ja, Büro 1990 ist papierlos und menschenleer. Viele Unternehmer und ihre Gehilfen, viele Verwalter im Bereich der öffentlichen Verwaltung argumentieren ja auch so. Die Inhumanität wäre ich damit mit einem Schlage gewissermaßen los, und Vorwürfe brauchte ich mir auch keine mehr machen zu lassen. Und hier kommen wir an ein gewissermaßen klassisches Dilemma der Humanisierung überhaupt. Auf der einen Seite habe ich inhumane Tätigkeiten. Ich kann diese Tätigkeiten in sich nicht so verändern, daß sie human werden. Ich kann sie aber durch Technik ersetzen. Darf ich das? Darf ich Mengen von Arbeitsplätzen vernichten, weil ich sie für inhuman halte, obwohl ich den bisher dort arbeitenden Menschen keine Chance für eine andere Beschäftigung einräumen kann? Die fallen bei uns ja in das soziale Netz, wird gesagt. Das könnte manchen vielleicht beruhigen. Ich lasse das Problem ganz bewußt als Frage stehen.

Weiter: Ich habe es vorhin schon einmal angedeutet und möchte diese Seite des Problems nun etwas weiter ausführen. Betroffene dieses Prozesses der tayloristischen Rationalisierung, der in unserem Fall zum Endprodukt Schreiben geführt hat, sind Angestellte. Angestellte aber waren bisher weithin aus der Rationalisierung ausgenommen. Für viele von ihnen ist diese Zusammenstreichung auf Schreiben und nichts als Schreiben auch ihre erste Rationalisierungserfahrung. Solches aber paßt überhaupt nicht zur sogenannten Angestelltenmentalität. (Ich meine dabei ein wenig mitreden zu können, wenn es um die Angestelltenmentalität geht.) Die lückenlose Einbindung in ein Mensch-Maschine-System, wie sie im Schreibdienst erfolgt, paßt nicht zur traditionellen, von Leitbildern geprägten Sicht von Angestelltentätigkeiten. Die Arbeitssituation von Schreibkräften ähnelt in dieser Hinsicht eher der von deutschen und mitteleuropäischen Industriearbeitern in den Jahren 1880 bis 1938. Das aber paßt nicht in den normalen Kontext von Verwaltungstätigkeiten, solche Erfahrungen passen nicht in die Tradition von Angestellten. Sie, die Erfahrungen, können daher auch zu neuen Überlegungen über die eigene Rolle im Produktions- und Verwaltungsprozeß führen. Ergebnisse dieses Denkprozesses ist nach unseren Auskünften häufig die Erkenntnis: Ich werde in einem Maße ausgebeutet, das mir nicht mehr paßt.

Weiter: Objekte dieses tayloristischen Prozesses der Arbeitsverdichtung, der Vereinzelung und der Verarmung sind beinahe ausnahmslos Frauen und Mädchen. Experten haben gesagt, wenn wir mehr Maschinenschreiber als Maschinenschreiberinnen hätten, dann wäre es soweit mit der Taylorisierung gar nicht gekommen, dann hätten die Gewerkschaften schon früher etwas verändert. Mag sein. Wie lange haben wir die sogenannten Leichtlohngruppen für Frauen bei gleicher Tätigkeit gehabt. Jedoch: Gerade Frauen und Mädchen erhalten oder erringen in der letzten Zeit zunehmend mehr Möglichkeiten, sich zu qualifizieren und machen auch Gebrauch davon. Gerade Mädchen und Frauen haben in der letzten Zeit auch zunehmend gelernt, sich zu artikulieren und machen auch davon Gebrauch, sehr zum Leidwesen einiger Männer. Es gibt einige Langzeitvergleiche über die Weiterbildungs- und Qualifizierungsanstrengungen von Männern und Frauen in Angestelltentätigkeiten bei gleicher Ausgangssituation. Hier ergeben sich für die Frauen wesentlich mehr Bemühungen als für vergleichbare Männer. Es ergibt sich allerdings auch, daß immer noch Männer auch ohne solche Bemühungen „weiterkommen", Frauen, wenn überhaupt, aber nur bei ständiger Weiterqualifizierung.

Der individuell angestellte Vergleich zwischen der eigenen Qualifikation, zwischen dem, was man sich unter einer einigermaßen befriedigenden Tätigkeit vorstellt, und der Realität Schreibdienst führt bei vielen Frauen heute zur Ablehnung einer solchen Tätigkeit. Daher der Arbeitskräftemangel in diesem

Bereich. Auf der anderen Seite führt die unbefriedigende Tätigkeit Schreiben, tayloristisch zusammengestrichen auf das bloße Schreiben eben, bei vielen Frauen heute zu einer neuen Art des Nachdenkens und, diese Beispiele kennen wir vor allem aus dem Bereich Druck und Papier, zu einer neuen Solidarisierung. Solidarisierung in einer Ecke, wo man sie bisher gar nicht vermutete. Die eigene private und individuelle Ohnmacht gegenüber inhumanen Arbeitssituationen, das bekannte und bewußt gewordene Unvermögen, hier selbst etwas zu verändern, führt zu dieser neuen Art von Solidarisierung. Ob allerdings unsere Gewerkschaften das erkennen und etwas daraus zu machen vermögen, möchte ich eher skeptisch beurteilen.

Zusammengefaßt haben wir, so meine ich, also folgende Phänomene: Gerade im Bereich Schreiben, gerade im Bereich des auf das bloße Schreiben zusammengestrichenen Schreibdienstes gibt es einen nicht zu befriedigenden Arbeitskräftebedarf, während von den Qualifikations-, von den Einstiegsvoraussetzungen her dieser Arbeitskräftebedarf eigentlich befriedigt werden könnte.

Im Bereich Schreibdienst beschränkt sich Humanisierung bis heute auf eine Veränderung und Verbesserung der materiellen Arbeitsbedingungen, der Technik.

Im Bereich Schreibdienst scheitert eine weitergehende, eine echte Humanisierung bis heute daran, daß es nicht gelingt, die Arbeit anzureichern und zu erweitern, weil eine solche Anreicherung und Erweiterung einen Zugriff auf Tätigkeiten bedeuten würde, die heute der Hierarchie „gehören". Sie müßte also, vielleicht zu Recht, vielleicht auch nur in der Vorstellung der Betroffenen zu Lasten der Hierarchen gehen.

Betroffene sind weithin in erster Linie Angestellte und Frauen. Das gibt dem Problem eine besondere Qualifikation; stößt auf stellenweise besonders heftige individuelle und (in den Anfängen) kooperative Reaktionen.

Gerade bei den unmittelbar Betroffenen ist die Diskrepanz zwischen der täglichen Tätigkeit (Schreiben, wie oben beschrieben) und der gesellschaftsbezogenen Tätigkeit oft sehr groß. Die, die schreibt, kann durchaus „sonst" Schöffin oder Jugendschöffin, Arbeitsrichterin, Elternvertreter, Gemeinderatsmitglied einer Kirchengemeinde ... sein. Sie wird also die Diskrepanz zwischen ihrem Broterwerb Schreiben mit seinem Stellenwert und ihrer gesellschaftsbezogenen Tätigkeit mit ihrem Stellenwert besonders deutlich empfinden.

Wenn irgend möglich, wird sich daraus die Einstellung ergeben, die zu intensiven Veränderungen für den Schreibdienst führen muß.

Zur weiteren Information empfohlene Literatur

Bayerisches Staatsministerium f. Arbeit und Sozialordnung (Hrsg.): Rationalisierung im Büro
  — wo bleibt der Mensch. München 1981
Frese, Saupe, Semmer: Streß am Arbeitsplatz von Schreibkräften. Huber, Bern 1981
Gaugler, Althauser, Kolb, Mallach: Rationalisierung und Humanisierung von Büroarbeiten.
  Ludwigshafen 1979
Grünewald, Koch: Informationstechnik in Büro und Verwaltung, Bundesinstitut f. Berufsbildungsforschung. Berlin, Heft 32, 1981
Weltz, Jacobi, Lullies, Becker: Menschengerechte Arbeitsgestaltung in der Textverarbeitung.
  BMFT, Bonn 1978

Bürotechnik, Bürorationalisierung und das Zentralisierungsproblem — Grundüberlegungen zur Gestaltung der Büroarbeit

R. Reichwald

Vorspann: Subjektive Orientierungen

Erster Organisator:
> „Meine Erfahrung ist es, daß es zunächst wichtig ist, Neuerungen mit den Mitarbeitern zu diskutieren, was sie belastet, was zusätzliche Arbeit erzeugt, und daran anknüpfend, daß man dann die Maßnahmen entwickelt, dann kommt man auch zu vernünftigen, tragfähigen Lösungen."

Zweiter Organisator:
> „Das ist doch utopisch; bei den Mitarbeitern fehlt doch das Know-how. Man kann doch nicht Blinde zum Führer machen. Nach meiner Erfahrung kommt von unten nichts . . ."

Erster Organisator:
> „Man soll die Mitarbeiter nicht für dumm verkaufen. Die Ängste sind ja zum Teil nicht unberechtigt. Mein Problem ist eigentlich: Die älteren, erfahrenen Mitarbeiter, die seit 30 Jahren das Unternehmen getragen haben. Die lehnen natürlich die EDV ab, aber gerade die brauche ich . . ."

Zweiter Organisator:
> „Das muß doch alles professionell gemacht werden, von den Organisatoren. Und dann ist es wichtig, daß man die volle Unterstützung von oben, dem Vorstand hat, daß da ein sanfter Druck ausgeübt wird. Wir müssen jedoch die Abläufe vorschreiben, z. B. bei Vertretungen, sonst klappt doch nichts. Auch müssen wir aufpassen, ob die Maßnahmen wirklich eingehalten werden."

Erster Organisator:
> „. . . oder Sinn haben."

(Entnommen aus: Weltz, F.; Lullies, V.: Die Orientierung der Textverarbeitung im betrieblichen Kräftefeld, Forschungsbericht Humanisierung des Arbeitslebens im Auftrag des Bundesministers für Forschung und Technologie, Dezember 1981, S. 290)

1. Bürorationalisierung, Technikeinsatz und Strukturierungsalternativen der Büroarbeit

Mit dem Aufkommen neuer Informationstechnologien für Büro und Verwaltung verstärkt sich die Diskussion um Zentralisierungs- und Dezentralisierungstendenzen in der Büroorganisation als Folge des Technikeinsatzes. Diese Diskussion findet auf unterschiedlichen Ebenen statt, wobei die Bezüge nicht immer klar erkennbar sind. Teilweise werden Strukturfragen für die organisatorische Aufgabenerfüllung angesprochen, teilweise technische Lösungskonzepte für die Informationsverarbeitung und teilweise Regelungen für die organisatorische Entscheidungsfindung. Aufgabenstrukturierung, Entscheidungsregelung und Sachmitteleinsatz in Organisationen hängen eng zusammen. In der Empirie gibt es aber keine einheitlichen Befunde über kausal bedingte Zwangsläufigkeiten. Zentraler und dezentraler Technikeinsatz, Zentralisierung und Dezentralisierung in der Aufgabenbildung ebenso wie Entscheidungszentralisation bzw. -dezentralisation sind für sich genommen keine isolierbaren Alternativen der Organisationsgestaltung. Sie lassen sich auch auf sehr unterschiedliche Bestimmungsgrößen zurückführen, was im einzelnen in der Diskussion bisher wenig Berücksichtigung gefunden hat.

Zentralisation und Dezentralisation sind Strukturierungsprinzipien, die in der Arbeitswelt eine Anordnungsrichtung der zu strukturierenden Arbeitselemente angeben. Gegenstand, Ziel und Bedingungen der Strukturierung können angesichts der Heterogenität von Arbeitsprozessen äußerst vielfältig sein. Erst wenn alle Größen bestimmt werden, gewinnen Aussagen über Zentralisierung und Dezentralisierung an Gehalt (RICHTER 1951; BLEICHER 1966, S. 33 ff.; WEGNER 1971, S. 38 ff.).

Die Erfahrung der Büro- und Verwaltungspraxis zeigt überwiegend, daß in der Vergangenheit Zentralisierung als Folge des Technikeinsatzes, z. B. der elektronischen Datenverarbeitung und der elektronischen Textverarbeitung aufgetreten ist. Neuerdings zeigen sich in Verbindung mit dem Einsatz neuer Kommunikationstechnik eher Dezentralisierungstendenzen. Vor dem Hintergrund dieser Erfahrungen wird die Diskussion um strukturelle Auswirkungen der Mikroelektronik mit besonderer Vehemenz geführt, da die bürotechnologischen Entwicklungen eine neue Phase der Technisierung der Büroarbeit eingeleitet haben (BIETHAHN/STAUDT 1981).

Um die Zusammenhänge zwischen Technikeinsatz und Technikfolgen im Bürobereich einer näheren Analyse zu unterziehen, ist es erforderlich, zunächst eine Präzisierung der zentralen Begriffe vorzunehmen.

1.1. Büroarbeit und Bürotechnik

Als Büro- oder Verwaltungsbereich wird der Teil privatwirtschaftlicher und öffentlicher Organisationen verstanden, in dem überwiegend Informationen verarbeitet werden (GROCHLA 1971). Der Umgang mit Informationen vollzieht sich in sehr unterschiedlicher Form. Im Industrieunternehmen etwa sind Bürotätigkeiten alle Arbeiten, die dem Prozeß der Leistungserstellung vor- bzw. nachgelagert sind. In der öffentlichen Verwaltung oder im Dienstleistungsunternehmen werden nahezu alle Tätigkeiten, die in Erfüllung eines Sachprogramms anfallen, als Büroarbeiten eingestuft. Bürotätigkeiten sind sehr vielfältig und umfassen heterogene Inhalte je nach Branche und Sachprogramm einer Büroorganisation (MAG 1971).

Die Informationstechnologie hat als technischer Produktionsfaktor nahezu alle Bereiche der Arbeitswelt erfaßt. Die speziell für den Bürobereich entwikkelten Systeme werden unter dem Begriff „Neue Bürotechnik" zusammengefaßt

(REICHWALD (Hrsg.) 1982). Neben herkömmlicher Bürotechnik wie Schreibmaschine, Telefon oder Fernschreiber nehmen die Systeme der elektronischen Datenverarbeitung, die Textverarbeitungstechnologie und neuerdings elektronisch arbeitende Systeme der Bürokommunikation eine dominierende Rolle in der Büroausstattung ein.

Unter dem Einfluß dieser neuen technischen Möglichkeiten unternimmt die Organisationspraxis intensive Anstrengungen, die Büroarbeit auf allen Ebenen neu zu gestalten. Die operative und administrative Ebene sind bevorzugtes Rationalisierungsobjekt. Aber auch die Leitungsebene ist Gegenstand der Neugestaltung, allerdings mehr im Zusammenhang mit der Konzipierung und Weiterentwicklung integrierter Entscheidungs-, Informations- und Kommunikationssysteme (KIRSCH/KLEIN 1977).

Der Einsatz neuer Technik im Büro, verbunden mit Änderungen in der Aufgabengestaltung und Entscheidungsregelung erfolgt mit dem Ziel, die Organisation nach betriebswirtschaftlichen Kriterien zu rationalisieren. Mit dem Begriff der Rationalisierung, speziell der Bürorationalisierung, werden heute eher Negativassoziationen verbunden (STAUDT 1981), d. h. es werden negative Folgewirkungen für den arbeitenden Menschen (z. B. Verlust des Arbeitsplatzes; schlechtere Arbeitsbedingungen) erwartet. Deshalb dient es der Versachlichung eines ökonomischen und gesellschaftlichen Gesamtproblems, Wesen und Ziel des Rationalisierungsbegriffs betriebswirtschaftlich auszuleuchten.

1.2. Bürorationalisierung als technisch-organisatorisches Gestaltungsprogramm

Der Büro- und Verwaltungsbereich steht unter einem erheblichen Rationalisierungsdruck. Die Forderung nach Effizienzsteigerung wird im öffentlichen wie im privatwirtschaftlichen Bereich relativ global formuliert und als undefiniertes Gestaltungsprogramm vorgegeben. Zielsetzungen und Strategien der Rationalisierung bleiben in der Regel sehr vage (WELTZ/LULLIES 1981, S. 316 ff.). Die Situation ist dadurch gekennzeichnet, daß einerseits ein vielfältiges Technikangebot besteht, dessen Anwendungsspektrum für die Organisationsgestalter kaum übersehbar ist, auf der anderen Seite fehlen klare Vorstellungen über änderungsbedürftige Strukturen und Abläufe in der Büroarbeit. Das Gestaltungsprogramm ist deshalb in seiner Gesamtheit nur schwer operationalisierbar (SCHÖNECKER 1982).

Die Rationalisierungsdiskussion bewegt sich in einem Wildwuchs verschiedenartiger inhaltlicher Interpretationen und Vorstellungen über die Zielsetzungen und Auswirkungen von Gestaltungsprozessen. Es überwiegt die Vorstellung von Kosteneinsparungen durch Arbeitskräftesubstitution (z. B. WIESNER 1979). Andere Ansätze betonen die Notwendigkeit, in Rationalisierungsbemühungen nicht nur die Kostenseite, sondern auch die Leistungsseite zu berücksichtigen, um insgesamt die Funktionstüchtigkeit von Organisationen zu verbessern (HACKL 1981; STAUDT 1980; SIEMENS 1982).

In der betriebswirtschaftlichen Betrachtung des Rationalisierungsbegriffes bestehen unterschiedliche Auffassungen (vgl. z. B. IHDE 1970; SCHWEIZER/KÜPPER 1970; v. LILIENSTERN 1980; PFEIFFER 1979; PICOT 1979; STAUDT 1981). Im wesentlichen läßt sich aus der betriebswirtschaftlichen Betrachtung heraus das Rationalisierungsstreben mit nachfolgenden Merkmalen beschreiben:

1. Rationalisierung ist ein *Vorgang der Veränderung von Struktur und Abläufen* des organisatorischen Leistungsvollzuges.
2. Rationalisierung dient dem *Bestreben nach Optimierung* des Gütereinsatzes im Sinne des ökonomischen Prinzips.
3. Rationalisierung ist ein *organisationaler Prozeß,* der vor dem Hintergrund von Informationen über organisatorisch-ökonomische Zusammenhänge abläuft.

Für das *Programm der Bürogestaltung* durch Einsatz neuer Bürotechnik lassen sich aus diesen Wesensmerkmalen des Rationalisierungsbestrebens drei Schlußfolgerungen ableiten:

ad 1: Bürorationalisierung kann mit und ohne Einsatz neuer Technik erfolgen. Soll Technikeinsatz im Büro einen Beitrag zur Verbesserung der Zielerreichung im Sinne des Rationalisierungsbestrebens leisten, so bedingt ein Gestaltungsprogramm präzise Kenntnisse über die bestehenden Organisationsstrukturen, prozessualen Abläufe, Kooperations- und Kommunikationsbeziehungen und über deren Gestaltungsalternativen. In der Organisationspraxis benötigt man daher geeignete Analyseverfahren, um die genannten Ablauf- und Strukturzusammenhänge für die Büroarbeit zu erfassen und auf dieser Informationsgrundlage Gestaltungskonzepte zu entwickeln. Schwierig ist die Abgrenzung von Rationalisierungs- zu betrieblichen Anpassungsprozessen an veränderte Umweltbedingungen, insbesondere bei Konzepten einer langfristigen flexiblen Planung. Rationalisierung ist eher der bewußt induzierte, fallbezogene Vorgang der Organisationsgestaltung unter Ausschöpfung gegebener und zusätzlich technischer, personeller und materieller Produktionsfaktoren.

ad 2: Rationalisierung zielt auf eine Erhöhung der organisatorischen Zielerreichung ab. Produktivität und Wirtschaftlichkeit sind (nach betriebswirtschaftlichem Verständnis) dominierende Zielsetzungen der Rationalisierung; sie können aber durch weitere Ziele ergänzt werden (KUPSCH 1979; HEINEN 1976). Qualitative Zielsetzungen wie z.B. Flexibilität, Funktionstüchtigkeit, Unabhängigkeit können ebenso als Rationalisierungsziele angesehen werden wie Verbesserungen der Arbeitsqualität, was mit dem Begriff „Qualitative Rationalisierung" zum Ausdruck gebracht wird (REICHWALD 1980b). Das Streben nach Verbesserung der Zielerreichung, insbesondere nach Erhöhung von Produktivität und Wirtschaftlichkeit verlangt nach geeigneten Überprüfungsverfahren. Mit ihnen wird der Rationalisierungserfolg festgelegt. Produktivitäts- und Wirtschaftlichkeitsrechnungen spielen daher eine wichtige Rolle für die Legitimation von Rationalisierungsaktivitäten in der Planungs-, Entscheidungs- und Kontrollphase.

Das Legitimationsproblem stellt die Organisationspraxis vor besondere Schwierigkeiten, da ein betriebliches Rechnungswesen für den Bürobereich bisher nur in Ansätzen entwickelt ist. Dieses gilt in gleicher Weise für die private Wirtschaft wie für die öffentliche Verwaltung (REINERMANN 1977).

ad 3: Ohne Bezugnahme auf den Prozeßcharakter von Rationalisierungsvorgängen, die Vielfalt und das Konfliktpotential von Interessensgegensätzen zwischen den Zielsetzungen der Organisation, den Zielen der Organisationsmitglieder und anderer Interessensgruppen (z. B. der Hersteller) bleiben wesentliche Einflußgrößen der Rationalisierung unbeleuchtet (RKW 1982). Hierzu gehört neben einer Betrachtung der Abläufe kollektiver Prozesse der Konflikthandhabung in Organisationen (auf die hier nicht näher eingegangen werden soll; vgl. KIRSCH 1971; MARR/STITZEL 1979) auch das Kompetenzproblem. Die Regelung von Entscheidungsprozessen (SCHELLHAAS/SCHÖNECKER 1983) in der Organisationsgestaltung und die Auswahl von relevanten Informationen und Entscheidungsinstrumenten wirken auf die Richtung des Rationalisierungsprozesses. Entscheidungsträger können − sowohl bei der Beschaffung von Technik als auch bei deren Einsatz − über die Auswahl von Verfahren der Arbeitsanalyse, der Rationalisierungsziele und der Überprüfungskriterien den Rationalisierungsprozeß entscheidend beeinflussen.

Auf der Grundlage dieser Überlegungen zum betriebswirtschaftlichen Rationalisierungsbegriff und seiner Konkretisierung für Rationalisierungsprogramme der Büroarbeit kann vorab festgestellt werden, daß Rationalisierung nicht notwendigerweise:

− mit einer Veränderung von Arbeitsstrukturen im Sinne einer Verschlechterung der qualitativen Arbeitsbedingungen;
− mit dem Ziel einer arbeitsplatzbezogenen Produktivitätssteigerung und schließlich
− mit Arbeitskräftefreisetzung durch Technikeinsatz verbunden sein muß.

In der jüngsten Vergangenheit haben dennoch Rationalisierungsprozesse die Büroarbeit eher in Richtung auf tayloristische Arbeitsstrukturen verändert, wurden primär Produktivitätssteigerungen am Büroarbeitsplatz angestrebt, wurde die Neugestaltung der Büroarbeit vielfach ohne Einbeziehung der Betroffenen „von oben durchgesetzt". Diese negativen Erfahrungen sind ein verständlicher Grund für die heute dominierende Negativeinstellung der Menschen in der Büroarbeitswelt zu technikorientierten Gestaltungsprogrammen. Teilweise liefern sie auch die Erklärung für die Diskreditierung des Rationalisierungsbegriffs in der öffentlichen Diskussion, ohne daß hierzu aus betriebswirtschaftlicher Sicht ein zwingender Anlaß besteht.

1.3. Zentralisierung und Dezentralisierung als Gestaltungsprinzipien

Technikeinsatz und die Strukturierung von Arbeitsabläufen in Büro- und Verwaltungsorganisationen haben in Rationalisierungsprozessen instrumentellen Charakter. Sie sollen einen Beitrag zur Verbesserung der organisatorischen Zielerreichung leisten. Im arbeitswissenschaftlichen Schrifttum wird Technikeinsatz und Arbeitsstrukturierung im Zusammenhang mit den Bedürfnissen des arbeitenden Menschen gesehen. Technik gilt als gestaltbar. Es gilt das Ziel, die Belastung am Arbeitsplatz (Monotonieproblematik, Über- und Unterforderung) möglichst zu minimieren. Beziehungen zum Arbeitsobjekt und zum Handlungsspielraum (Arbeitsentfremdung, Motivationsproblematik, Arbeitszufriedenheit). Qualifikation und Persönlichkeitsentfaltung stehen im Vordergrund der arbeitswissenschaftlichen Zentralisierungsdiskussion (Institut für angewandte Arbeitswissenschaft, Hrsg. 1982).

Die betriebswirtschaftliche Technikeinsatzdiskussion orientiert sich am organisationstheoretischen Ansatz. Technik wird als Bedingungsfaktor betrachtet (Wegner 1971; Bleicher 1980; Kieser/Kubicek 1974). Zentralisierungs- bzw. Dezentralisierungsobjekt ist die Aufgabenbildung und -zuweisung zu Organisationseinheiten. Im allgemeinen Fall geht es um die Zuordnung von Aufgaben auf Stellen (Acker 1960; Kosiol 1962), im speziellen Fall um die Zuordnung von Entscheidungskompetenz (Bleicher 1966). Problemstellungen wie Macht, Mitbestimmung, Führungsstil, Leitungsorganisation und deren optimale Wirkungsweise stehen im Vordergrund der Betrachtung (Berg 1981, S. 101ff.; Staehle 1980). Die betriebswirtschaftliche Arbeitsstrukturierungsdiskussion sucht nach optimalen arbeitsteiligen Strukturen, wobei die Arbeitssynthese nach drei Richtungen einer Aufgabe, nach Rang (Entscheidung und Ausführung), Phase (Planung, Vollzug, Kontrolle) und Sachcharakter (Beschaffung, Produktion, Absatz) organisiert werden kann (Heinen 1982, S. 55).

Nach dieser Vorgehensweise kann prinzipiell jedes Aufgabenelement als Zentralisierungsgegenstand betrachtet werden. Die im Schrifttum geführte Diskussion über zentrale und dezentrale Planungs- und Kontrollsysteme, über die Organisation von Prozessen der Leistungserstellung (Objekt- bzw. Vorrichtungsprinzip) und die Zentralisierung und Dezentralisierung von Entscheidung und Ausführung verdeutlichen die Richtungsvielfalt der Diskussion um organisatorische Strukturierungsalternativen, besonders im Hinblick auf die Nutzungsmöglichkeiten neuer Informationstechnologie (z.B. Grochla/Szyperski (Hrsg.) 1971). Den Zusammenhängen von Sachmitteleinsatz und Organisationsstruktur, von Technisierung und Arbeitsinhalt wurde in der empirischen Organisationsforschung intensiv nachgegangen. Zentralisierungs- wie Dezentralisierungsfolgen des Technikeinsatzes im Büro (besonders im Zusammenhang mit dem Einsatz der elektronischen Datenverarbeitung) wurden nachgewiesen (zur Zentralisierungsthese vgl. Whisler 1967; zur Dezentralisierungsthese z.B.: Klatzky 1971; Kroppenberg 1979). Mehrheitlich wird heute davon ausgegangen, daß die Folgewirkungen des Technikeinsatzes für die Organisation unbestimmt und gänzlich offen sind (Bleicher 1980, Sp. 2415f.).

Für die jüngere Entwicklung der Bürotechnisierung, etwa der Textverarbeitung, lassen sich dennoch Beziehungen nachweisen, die einen Zusammenhang von Technikeinsatz und Organisationsstrukturierung nahelegen. Diese Beziehungen leiten sich primär aus zwei Ursachenbereichen ab, die eng mit den Wesensmerkmalen der Büroarbeit zusammenhängen. *Eine* Erklärungsgröße ergibt sich aus dem arbeitswissenschaftlichen Instrumentarium der Arbeitsanalyse, die *andere* aus dem betriebswirtschaftlichen Instrumentarium der Planung, Kontrolle und Unternehmensrechnung. Beide Komponenten beeinflussen die Prozesse der Bürorationalisierung. Um die ökonomischen Hintergründe von Rationalisierungsprozessen zu beleuchten und offenzulegen, müssen diese Argumente in der organisations- und arbeitswissenschaftlichen Rationalisierungsdiskussion stärkere Beachtung finden.

Die nachfolgende Betrachtung ist deshalb zunächst analytisch angelegt. Zentralisierungs- und Dezentralisierungstendenzen in der Organisationsgestaltung werden auf drei Ebenen diskutiert, die in der Realität nicht unabhängig voneinander sind. Es sind die Ebenen:

– Sachmittelbereich,
– Verrichtungsbereich und
– Entscheidungsbereich.

Ausgehend von den drei Untersuchungsebenen wird nach den jeweils bestimmenden Einflußgrößen der Zentralisierung gefragt. Darüber hinaus wird der Zusammenhang von Zentralisierung und Dezentralisierung zur organisatorischen Zielerreichung (Organisationsziele, Humanziele) aufgezeigt. Auf der Grundlage dieser Beziehungen wird schließlich die Frage nach den zu erwartenden Entwicklungen aufgeworfen.

2. Die Bestimmungsfaktoren der Zentralisierung im Rationalisierungszusammenhang

2.1. Sachmittelzentralisierung

Technik kann nicht in jeder beliebigen Form in die Arbeitswelt integriert werden. Vielmehr müssen Beschränkungen gesetzlicher Art (z. B. Arbeitsstättenverordnung), vertraglicher Art (z. B. Tarifvertrag) oder technischer Art (z. B. Versorgungs-, Entsorgungssystem) Berücksichtigung finden. Technische Eigenschaften (Gerätemerkmale) können die Einsatzmobilität entscheidend beschränken. Gestaltungsmerkmale wie Abmessungen, Farbe, Gewicht und Prozeßmerkmale („innere Eigenschaften"), die die Art und Weise der Interaktion des Menschen mit der Technik bestimmen (z. B. Bedienkomfort und Komplexitätsgrad, Determiniertheitsgrad der Arbeitsabläufe, Softwarelogik), determinieren den Einsatz der Technik. Nach den Vorschriften des Betriebsverfassungsgesetzes (§ 90, 91) bilden technisch-organisatorische Kriterien wesentliche Bestimmungsfaktoren für die organisatorische Nutzung. Unter technischen Gesichtspunkten sind Kompatibilität, Probleme der Teilbarkeit und Funktionalität weitere Begrenzungsfaktoren für den Technikeinsatz in der Arbeitswelt.

Für die Fertigungs- wie auch für die Bürotechnik lassen sich Beispiele für die Bindung an bestimmte Organisationsformen aufzeigen. Hochofen und Fließband in der industriellen Fertigung sind ebenso an bestimmte Organisationsformen der Arbeit gebunden wie die Telefonvermittlung oder der mechanische Fernschreiber im klassischen Büro. Schmiede, Gießerei oder andere Werkstattorganisationen sind ebenso wie Fernschreib- oder Telefonzentrale zumindest für bestimmte historische Phasen eher das Ergebnis technischer Bedingtheiten als das Resultat organisatorischer Entscheidungen über die optimale Ausstattung. Auch für die elektronische Datenverarbeitung in Büro und Verwaltung kamen zumindest für die ersten Gerätegenerationen aufgrund höchst aufwendiger technischer Anforderungen (Temperatur, Raumbeschaffenheit, Ausmaße) neben zentralen Konzepten des Sachmitteleinsatzes kaum Alternativen in Betracht. In späteren Phasen, etwa seit Beginn der dritten Datenverarbeitungsgeneration, wurden die technischen Restriktionen abgebaut; ökonomische Größen wurden entscheidend für die Konzeption des Technikeinsatzes in Organisationen. Alternative Einsatzformen der Datenverarbeitung oder der Textverarbeitung führten zu unterschiedlichen Beiträgen für die betriebliche Zielerreichung. Zunehmend konnte der Sachmitteleinsatz unter dem Gesichtspunkt von Amortisation, Kapazitätsauslastung und Kapitalbindung entschieden werden. Die Zentralisierungstendenz im Sachmittelbereich verstärkte sich mit zunehmender Kapitalbindung. Hohe Sachmittelinvestitionen verlangen nach schneller Amortisation durch hohe Auslastung. Monofunktionalität und hohe Investitionskosten sind dominierende ökonomische Gründe für Zentralisierung im Sachmittelbereich (WEGNER 1971, S. 43 f.).

Je mehr strukturelle Freiheitsgrade ein Sachmittel aufweist (Multifunktionalität, räumliche und technologische Ungebundenheit, geringe Kapitalbindung), desto mehr kann der Sachmitteleinsatz aus den Wechselbeziehungen zwischen organisatorischer Aufgabenerfüllung, technisch-organisationaler Funktionalität und Arbeitsbedingungen bestimmt werden.

2.2. Verrichtungszentralisierung

Von Verrichtungszentralisierung wird gesprochen, wenn Tätigkeiten, die in unterschiedlichen Aufgabenzusammenhängen vorkommen, organisatorisch zusammengefaßt und zentral abgewickelt werden.

Mit Verrichtungszentralisierung ist immer eine Ausgliederung von Teilaufgaben aus einem Gesamtprozeß der Aufgabenerfüllung verbunden. Der Herauslösung von Aufgabenteilen und deren organisatorischer und räumlicher Konzentration sind technische, organisatorische und ökonomische Grenzen gesetzt. Die Herauslösung von Teilaufgaben aus kontinuierlich ablaufenden Prozessen ist i. d. R. technisch unmöglich. Aus ökonomischen Gründen ist die Verrichtungszentralisierung dann abzulehnen, wenn die Vorteile der Arbeitsteilung durch den Aufwand der Reintegration von Arbeitselementen überkompensiert wird (MANFRAS 1961, S. 126; STAUDT 1982). Wesentliche Voraussetzungen für eine Verrichtungszentralisierung sind deshalb:

1. die formale und inhaltliche Gleichartigkeit der Verrichtungen,
2. die Isolierbarkeit der Verrichtungen vom Aufgabenobjekt,
3. das Vorhandensein eines Transport- und Verteilungssystems für die Aus- und Wiedereingliederung in den Aufgabenkontext.

Die Vorteile der Verrichtungszentralisierung liegen in der Möglichkeit, durch Wiederholung gleichartiger Vorgänge Übungsgewinne und Lernerfolge in Produktivitätssteigerungen umzusetzen und in der Kontinuität des Produktionsprozesses, die eine hohe Auslastung der technischen Arbeitsmittel gewährleistet. Hinzu kommen geringe Leerzeiten und in der Regel auch eine störungsfreie Arbeitsabwicklung bei abgeschirmten Arbeitssituationen. Es können in der Regel Arbeitskräfte mit geringer Qualifikation eingesetzt werden, weil das Aufgabenspektrum sich auf wenige Verrichtungsarten beschränkt. Niedrige Personalkosten, hohe arbeitsplatzbezogene Produktivitäten und optimale Auslastungen der Investitionsgüter sind die ökonomisch dominierenden Größen, die eine Verrichtungszentralisierung im Bereich der industriellen Fertigung funktional legitimieren und auch für die Organisation von Büroarbeiten attraktiv erscheinen lassen (HARUTUNIAN u. a. 1978).

2.3. Verrichtungszentralisierung im Schreibdienst (Exkurs)

Die Verrichtungszentralisierung spielt als Strategie der Rationalisierung eine besondere Rolle. Sie dominiert in der Textverarbeitung. Das Modell dieser Rationalisierungsstrategie, läßt sich über nachfolgende Schritte skizzieren (vgl. WELTZ u. a. 1979):

— Tätigkeitsanalyse im Schreib- und Sekretariatsdienst nach den arbeitswissenschaftlichen Verfahren des Arbeitsstudiums,
— Ausgliederung der Schreibtätigkeiten aus dem organisatorischen Aufgabenkontext,
— räumliche und organisatorische Konzentration des Maschinenschreibens,
— Einrichtung einer organisatorischen Leitung des zentralisierten Schreibdienstes,
— Formalisierung der Informationsbeziehungen und Lenkung über die organisatorische Leitung (Schriftgutaustausch zwischen Schreibdienst und Auftraggebern),
— technische Ausstattung mit Textverarbeitungssystemen (häufig mit Spezialfunktionen) und schließlich
— Einführung eines leistungsbezogenen Lohnanreizsystems.

Dieses Rationalisierungsmodell hat in der Schreibdienst-Praxis sehr unterschiedliche Varianten erfahren, denn der Textverarbeitungsbereich umspannt eine Vielzahl unterschiedlicher Büroarbeitsplätze.

„Etwa 2,5 Millionen Angestellte sind ausschließlich vorwiegend oder teilweise mit Sekretariats- und Schreibarbeiten befaßt. Hinzu kommt, daß die organisatorische und technische Gestaltung dieses Bereichs auch alle anderen Bereiche der Verwaltung unmittelbar berührt: Praktisch jeder Chef und jeder Sachbearbeiter ist bei der Bewältigung seiner Aufgaben auf die Erledigung von Schreib- und Sekretariatstätigkeiten angewiesen. Gerade weil es sich hier um Dienstleistungen handelt, sind die Auswirkungen von Veränderungen so allgemein. Jede Rationalisierung in der Verwaltung wird diesen Bereich mitbetreffen, wie umgekehrt jede Rationalisierung in der Textverarbeitung auch Auswirkungen auf die Verwaltung insgesamt haben wird." (WELTZ/LULLIES 1981, S. 16).
Möglichkeiten und Grenzen der Verrichtungszentralisierung im Büro werden bestimmt durch die Art der Aufgabe, die Prozeßstruktur der Informationsverarbeitung und durch den inhaltlichen Bezug von Verrichtungs- und Aufgabenstruktur. Die aus der Fertigung bekannten Vorzüge der Verrichtungszentralisierung (niedrige Qualifikationsanforderungen, Übungs- und Lehrgewinne) lassen sich auf die Büroorganisation nur teilweise übertragen. Die Schreibdienstrationalisierung hat diesen Sachverhalt deutlich gemacht. Überall dort, wo die Zusammenfassung von Schreibarbeiten im Pool die aufgabenbedingten Unterschiedlichkeiten im Prozeß der Informationsverarbeitung nicht berücksichtigte, haben die Nachteile der Rationalisierung die Vorzüge überlagert. Das man-

gelnde Wissen über die Zusammenhänge von Textverarbeitung und Aufgabenerfüllung, über die Art der Kooperation von Schreibkräften und Sachbearbeitern hat zu ökonomischen Fehlentwicklungen geführt, die nicht nur Nachteile
für die Situation der Arbeitskräfte, sondern auch für die Organisation selbst
mit sich brachten. Das Zustandekommen dieser Entwicklung erklärt sich vorwiegend aus dem Instrumentarium der Arbeitsanalyse und aus dem betriebswirtschaftlichen Bedürfnis nach Quantifizierung des Betriebsgeschehens.

Die Verfahren des klassischen Arbeitsstudiums, der Zeitanalyse und Bewegungsanalyse orientieren sich an den beobachtbaren Teilen von Arbeitsprozessen
(Refa-Methodenlehre 1973). Auf die realitätsgestaltende Wirkung dieser Verfahren, die durch sie bewirkte Trennung von dispositiver und ausführender Arbeit und die tendenzielle Begünstigung der Arbeitsentmischung hat die Taylorismuskritik sehr frühzeitig verwiesen (SCHUMM-GARLING 1970; THOMAS 1968;
MENDNER 1975). Dennoch empfiehlt z. B. die AWV-Schrift „Stufenplanmodell"
– organisatorische Maßnahme der Textverarbeitung noch im Jahre 1975:

„Durch die Einrichtung eines organisierten Schreibdienstes werden die
Mischarbeitsplätze aufgelöst, also die schreibenden von den verwaltenden Arbeiten getrennt. Deshalb (!) ist es notwendig, vor der Einführung der Schreibdienstorganisation eine Ist-Analyse durchzuführen. Sie bildet die Grundlage für
den Erfolg der Reorganisation. Bei der Analyse des Ist-Zustandes wird jeder
Schreibplatz genau durchleuchtet, über vier bis sechs Wochen werden Arbeitsabläufe und -anfälle für jeden Platz exakt analysiert. Dadurch werden die Arbeitsabläufe transparent, die Zusammenhänge und die Einzelleistung sichtbar
und Verlustzeiten aufgezeigt. Es kristallisieren sich Schreibzeit und Leistung
sowie Häufigkeit von Nebenarbeiten – wie Ablegen, Fotokopieren, Karteiführen, Telefonieren usw. – heraus."

Für die Humanisierung am Schreibarbeitsplatz zeigten sich Verschlechterungen in den Arbeitsbedingungen vorwiegend dort, wo Arbeitsentmischung
einherging mit Abkoppelung der Tätigkeiten von Inhalten und Personen (vgl.
REESE u. a. 1978). Änderungen der Arbeitsstrukturen im Sinne einer Verarmung
von Aufgaben, der Abkoppelung vom Kooperationspartner führten zu erhöhter
psychischer und physischer Belastung, sozialer Isolierung und entmotivierter
Ausführung zusammenhangloser Prozesse (Institut für angewandte Arbeitswissenschaft 1981). Auch unter Wirtschaftlichkeitsaspekten bewirkte die Zentralisierung im Verrichtungsbereich nicht selten negative Effekte. Die mit der Zentralisierung von Schreibarbeitsplätzen verbundene Produktivitätsrechnung basiert in der Regel auf der Messung von Anschlagleistungen, d. h. auf einem verkürzten Wirtschaftlichkeitsverständnis (RKW 1982). Produktivitäts- und Wirtschaftlichkeitsmessungen am Arbeitsplatz sind nicht ausreichend, um zu beurteilen, ob Rationalisierungsmaßnahmen für eine Organisation insgesamt mit
Verbesserungen des Kosten-Leistungs-Verhältnisses verbunden sind. Wirtschaftlichkeitsrechnungen haben eine Abbildungsfunktion des gesamten Unternehmenskreislaufs zu leisten (HEINEN 1978). Da jedoch jede Abbildung der
Realität mit Selektion, d. h. mit Auswählen und Weglassen verbunden ist,
kommt es im Rechnungswesen darauf an, die wesentlichen Effekte zu erfassen,
damit das Betriebsgeschehen nicht verzerrt wiedergegeben wird. Ist der Auswahlprozeß von Kosten- und Leistungsgrößen verkürzt, z. B. durch Beschrän

kung auf arbeitsplatzbezogene Größen, so liefern Wirtschaftlichkeitsrechnungen keine vollständigen Informationen über das zu beurteilende Organisationsmodell.

2.4. Entscheidungszentralisierung

Zentralisierung und Dezentralisierung als spezielles Problem der Zuordnung von Entscheidungskompetenz bestimmt die Arbeitsteilung im organisatorischen Leitungssystem und das Partizipationsmaß, d. h. die Art und Weise der Beteiligung der Organisationsmitglieder an betrieblichen Entscheidungsprozessen. Im großen und ganzen werden Partizipationsrechte bereits durch die gesetzlichen Rahmenbedingungen und die Unternehmensverfassung festgelegt. Darüber hinaus wirken organisationsindividuelle Regelungen der kollektiven Entscheidungsfindung.

Die organisatorische Entscheidungsregelung wird inhaltlich bestimmt durch die Art der Arbeitsteilung und den mit ihr verbundenen Koordinationsbedarf (KIESER/KUBICEK 1977). Mit zunehmendem Differenzierungsgrad, zunehmender Abkopplung der Tätigkeiten vom Arbeitsinhalt und der damit verbundenen Spezialisierung der Aufgabenträger wächst der Bedarf nach Zusammenführung durch zentrale Instanzen und nach stärkerer Formalisierung der Informationsbeziehungen zwischen leitenden und ausführenden Instanzen. Unter Effizienzgesichtspunkten sind der Entscheidungszentralisierung aber auch Grenzen gesetzt. Mit zunehmender räumlicher Distanz zwischen Entscheidungsfindung und Ausführung, zwischen Problemerkennen und Problemlösen wachsen die Nachteile der Entscheidungszentralisierung. Der Verlust an Basisinformationen und Sachkompetenz wirkt effizienzmindernd. Die bekannten Nachteile der Entscheidungszentralisierung sind: eingeschränkte Reagibilität, Verzerrung der Informationsinhalte, mangelnde Sachkompetenz und Bürokratisierung (BLEICHER 1980).

Während Entscheidungszentralisierung dem organisatorischen Bedürfnis nach Integration und Zusammenführung der Informationen entgegenkommt, ist die Delegation von Entscheidungsbefugnis mit dem Vorzug behaftet, daß Probleme dort gelöst werden, wo Basiserfahrung genutzt werden kann. Entscheidungsdelegation muß zudem unter dem Gesichtspunkt der Partizipation gesehen werden. Im Schrifttum wird der Zusammenhang von Partizipation und Handlungsfähigkeit von Organisationen kontrovers diskutiert.

Versteht man Handlungsfähigkeit einer Organisation als Fähigkeit zur Problemlösung (Entscheidungsfindung und Entscheidungsdurchsetzung), so setzt sie voraus, daß aus einer Anzahl von Möglichkeiten hinsichtlich gesetzter Ziele eine optimale Alternative ausgewählt und realisiert werden kann. Vorherrschend wird hierzu die These vertreten, daß Partizipation zwar die Durchsetzung von Entscheidungen erleichtert, die Entscheidungsfindung dagegen erschwert (dazu: KIRSCH/SCHOLL 1981). Je mehr Personen eine Entscheidung mittragen, desto weniger bleiben übrig, gegen die sie durchgesetzt werden muß. Partizipation behindert aber den Prozeß der Entscheidungsfindung, denn je mehr Personen an einer Entscheidung beteiligt sind, „desto mehr Sichtweisen und Konflikte" werden relevant, desto schwieriger wird es auch, eindeutige

Entscheidungen zu treffen, d. h. mehrdeutige, unterschiedlich interpretierbare Kompromißformeln zu vermeiden. In dieser Beziehung wird eine Erklärung dafür gefunden, weswegen Unternehmen bei tiefgreifenden Reorganisationsprozessen (z. B. Einführung neuer Informationstechnologie) – die sog. Bombenwurfstrategien wählen. „In Unternehmen werden tiefgreifende Reorganisationen meist im allerkleinsten geplant und dann in einer Strategie des Bombenwurfs oder der vollendeten Tatsachen verbindlich für alle in Kraft gesetzt. Bei tiefgreifenden Veränderungen gibt es besonders viele Betroffene, und das Konfliktpotential ist hoch. Beide Bedingungen erschweren partizipative Entscheidungsprozesse offensichtlich erheblich" (KIRSCH/SCHOLL 1981, S. 214). Bezieht man diese Argumentation auf Partizipation in Prozesse der Bürorationalisierung, so stellen sich die Zusammenhänge eher gegenteilig dar. Die Entscheidungssituation für Gestaltungsprozesse im Büro ist gekennzeichnet durch hohe Komplexität und Vielfalt der zu berücksichtigenden Informationen, durch zunehmende Innovationsdynamik im technischen Bereich und durch mangelnde Prognostizierbarkeit von Folgewirkungen des Technikeinsatzes. In dieser Situation ist die Handlungsfähigkeit des Organisationsmanagements heute erheblich eingeschränkt. Fehlendes Wissen über die Schwachstellen der Büroorganisation, über Technikbedarf, Kooperations- und Kommunikationsbeziehungen kann nur auf dem Weg einer intensiven Beteiligung der Basis am Gestaltungsprozeß aufgefüllt werden. Die Undefiniertheit des Rationalisierungsprogramms für den Bürobereich, die Schwierigkeiten der Entscheidungsfindung im Organisationsmanagement auf der Grundlage fehlender Transparenz über Technikangebot, Schwachstellen der Arbeitsorganisation und den möglichen Folgen des Technikeinsatzes lassen die Frage aufkommen, ob nicht erst durch Partizipation eine Verbesserung der Informationsbasis und damit eine gewisse Rückgewinnung von Handlungsfähigkeit für die Organisation erzielt werden kann. Die Frage nach der Notwendigkeit einer partizipativen Büroarbeitsgestaltung stellt sich somit nicht nur aus der Interessenssicht der Betroffenen, sondern auch aus ökonomischer Sicht geradezu als möglicher Ausweg aus der Orientierungskrise, in der sich das Organisationsmanagement heute befindet.

2.5. Zentralisierung, Funktionalität und neue Formen der Arbeitsorganisation

Betrachtet man die Entwicklungen des Technikeinsatzes in der Büroarbeit aus heutiger Sicht, so muß zusammenfassend eine Sachgesetzlichkeit von Technikeinsatz und Technikfolgen abgelehnt werden. Überwiegend wirken ökonomische Beziehungen, wenn es darum geht, die Zentralisierungstendenzen im Sachmittel-, Verrichtungs- und Entscheidungsbereich auf ihre Ursachen zu überprüfen.

Es hat sich aber auch gezeigt, daß die Zentralisierung langfristig erhebliche Nachteile sowohl für die ökonomische Zielerreichung und insbesondere für den Menschen in der Arbeitswelt mit sich bringt.

Als Beitrag zur Humanisierung des Arbeitslebens haben zunächst im Fertigungsbereich Bemühungen eingesetzt, durch die Einführung sogenannter neuer Formen der Arbeitsorganisation Zentralisierungsentwicklungen rückgängig zu machen (GAUGLER u. a. 1979). Mit der Einführung der sogenannten Job-Konzeptionen wurde der Versuch unternommen, inhaltlich zusammengehörende Aufgaben durch organisierten Arbeitsplatzwechsel, durch Arbeitsbereicherung oder -erweiterung zusammenzufassen. In stärkster Ausprägung zeigt sich diese Entwicklung bei der Arbeitsorganisation der teilautonomen Gruppen.

Die Bereitschaft, zu neuen Formen der Arbeitsorganisation auch aus betriebswirtschaftlicher Sicht überzugehen, hat sich besonders dort eingestellt, wo zentralistische Arbeitsorganisationen die Funktionalität ganzer Organisationsbereiche in Frage gestellt haben. Besonders in der Fertigung zeigten sich die Nachteile der Zentralisierung überall dort, wo, bedingt durch externen bzw. internen Flexibilitätsbedarf, organisatorische Anpassungsprozesse mit Schwierigkeiten verbunden waren. Technischer Fortschritt, sensible Marktsituationen und ein gesellschaftlicher Wertewandel haben die Flexibilität als organisatorische Zielsetzung in den Vordergrund rücken lassen. Zahlreiche Beispiele organisatorischer Umstellungsprozesse in Richtung auf neue Formen der Arbeitsorganisation belegen, daß durchaus Produktivitätseinbußen hingenommen wurden, um Flexibilitätsvorteile an deren Stelle zu erzielen.

Angesichts dieser Entwicklungen in der industriellen Arbeitsorganisation sind die Zentralisierungstendenzen der jüngeren Vergangenheit in der Büroarbeitswelt ein Phänomen, das kaum aus einem Begründungszusammenhang heraus erklärt werden kann. Wesentlich dürfte die Fehleinschätzung der Bedeutung des Rechnungswesens und der Wirkung traditioneller Arbeitsanalyseverfahren für die Konsequenzen in der Büroarbeitswelt sein. Solange die Zusammenhänge verkürzten Wirtschaftlichkeitsdenkens und selektiv vorgehender Arbeitsanalyseverfahren nicht transparent sind, werden auch in Zukunft Zentralisierungstendenzen im Bereich der Büroarbeitsgestaltung kaum zu vermeiden sein. Deshalb wird die Diskussion um neue Formen der Arbeitsorganisationen im Büro- und Verwaltungsbereich ihre grundsätzliche Berechtigung auch in Zukunft nicht verlieren. Von Interesse dürfte allerdings sein, in welcher Weise neuere technologische Entwicklungen der Bürokommunikation und darüber hinaus der sogenannten integrierten Bürotechnik einen tendenziellen Schub in Richtung auf Dezentralisierungsentwicklungen mit sich bringen. Diesen Sachverhalt und die damit verbundenen ökonomischen Zusammenhänge sollen die nachfolgenden Überlegungen aufgreifen.

3. Dezentralisierungstendenzen in der Bürorationalisierung — Konsequenzen einer technologischen Entwicklung?

3.1. Integrationstendenzen in der Bürotechnik

Die Technikentwicklungen auf dem Gebiet der Bürosysteme befinden sich stark im Fluß. Ein Schlüsselwort ist „technische Integration". Mit der allgemeinen Verwendung des Integrationsbegriffs werden jedoch sehr unterschiedliche Inhalte verbunden (REICHWALD/HELLMANN 1982).

Eine erste Interpretation ist stark von der Verfügbarkeit technischer Arbeitsmittel und ihrer hardwaremäßigen Verschmelzung bestimmt. Ein Beispiel bilden kommunikationsfähige Speicherschreibmaschinen, mit deren Hilfe Texterstellung als auch -versendung technisch abgewickelt werden können, ein anderes Beispiel bietet die Zusammenführung von Kommunikations- und Datentechnik (Compunication).

Eine zweite Interpretation des Integrationsbegriffs stellt nicht die technische Verschmelzung von Arbeitsmitteln in den Vordergrund, sondern die Zusammenführung ablaufbezogener und inhaltlich verbundener Arbeitsprozesse. Diese Integration ist zwar mit technischer Integration von Arbeitsmitteln verbunden, die Argumentation konzentriert sich jedoch primär auf die an konkreten Arbeitsplätzen vorgefundenen, inhaltlich aufeinander bezogenen Tätigkeiten und deren bestmögliche Koordination und Abwicklung. Fragen der individuellen Arbeitsökonomie erlangen für diese Entwicklungsrichtung zentrale Bedeutung.

Technische Integration und aufgabenbezogene Integration zeigen Wechselwirkungen und bestimmen das künftige Programm der Bürorationalisierung. Besonderes Gewicht für diese Entwicklung wird dabei den Systemen der technischen Bürokommunikation eingeräumt. Schon heute ist die Texterzeugung und Textspeicherung mit der Möglichkeit der elektronischen Übertragung (Textkommunikation) in verschiedenartiger Form realisiert. Eine Version bildet die kommunikationsfähige Speicherschreibmaschine, eine andere Version computergestützte sog. „In-House-Systeme" der Text- und Bildkommunikation in lokalen Netzen (EIBL/WIMMER 1982).

Kommunikationssysteme werden mit unterschiedlichen Anwendungsphilosophien in Verbindung gebracht (WITTE 1977). Für die künftige Entwicklung wird der Ausbau der Infrastruktur der neuen institutionalisierten bzw. der noch vorgesehenen Dienste in öffentlichen Netzen (Teletex, Telefax, Bildschirmtext) mittel- und längerfristig von ausschlaggebender Bedeutung sein. Eine vorgesehene Erweiterung von Netzübergängen, d. h. eine Integration der Kommunikationsdienste gehört zum festen Bestandteil des Programmes für die Weitergestaltung der öffentlichen Dienste. Man kann damit rechnen, daß mit dem Ausbau der Infrastruktur in Form von Breitbandvermittlungsnetzen besondere Innovationsimpulse für die Technikintegration und für deren Anwendungen im Büro und im gesellschaftlichen Leben verbunden sein werden (SEETZEN 1982).

Mit der neuen Kommunikationstechnik wird vielfach die Erwartung verbunden, daß durch ihren Einsatz eine spürbare Erhöhung der Effizienz der Managementarbeit erzielt werden kann, da sie eine Technisierung der fallbezogenen individuellen Informationsverarbeitung begünstigt, die auf Kooperationsprozesse angewiesen ist. Dieser Tendenz ist nach den ersten Erfahrungen mit der Anwendung von Kommunikationssystemen im Managementbereich zuzustimmen. Ein großer Teil von Bürokommunikationssystemen, die auf die Managementsituation zugeschnitten sind, wird mit dem Begriff „computergestützte Bürokommunikation" belegt. Sie dienen weniger der elektronischen Unterstützung von offiziell geregelten Kommunikationsprozessen oder der Abwicklung von Massen- und Standarddatenübertragungen. Vielmehr steht die Unterstützung der individuellen Kommunikationsaufgaben des Managements im Vordergrund. Die zuvor genannten Möglichkeiten verstehen sich gewissermaßen am Rande (WITTE 1979). Die Anwendungsszenarien, die bezüglich solcher Kommunikationssysteme entwickelt werden, lassen sich in diesem Rahmen nicht erschöpfend beschreiben. Angefangen von der individuellen, unformatierten Kommunikation bis hin zur Bildung von Gesprächsrunden (Konferenzen), „Schwarzen Brettern", privaten und öffentlichen Dokumentationssystemen scheint generell jede Form der Textdokumentation und -kommunikation sinnvoll und möglich (HILTZ/TUROFF 1978; NAGEL (Hrsg.) 1982; SEETZEN 1982).

Die erwarteten tiefgreifenden Auswirkungen neuer Telekommunikationstechnik lassen sich am Beispiel von Computer-Konferenz-Systemen besonders gut verdeutlichen. Solche Systeme sollen die Abwicklung von Gruppenkommunikationsprozessen erleichtern, die traditionell eine persönliche Begegnung aller Beteiligten erforderlich machen. Ein naheliegender Vorteil wird zunächst darin gesehen, daß Entscheidungsträger den notwendigen Austausch von Informationen und Argumenten zur Lösung anstehender Probleme räumlich und zeitlich entkoppelt vornehmen können. Darüber hinaus wird jedoch auch eine neue Diskussionssituation erwartet: Der Kreis der Diskussionspartner kann erweitert werden, die Sachdienlichkeit bzw. die Qualität der Beiträge ist klarer erkennbar, die Gefahr des Einschleichens sachfremder Erwägungen oder persönlichkeitsgebundener Verzerrungen wird verringert (SZYPERSKI 1979).

Die Entwicklung von Systemen, die solche Konferenzen ermöglichen, ist bereits soweit gediehen, daß die ersten kommerziellen Anbieter in privaten und öffentlichen Organisationen Fuß gefaßt haben. Nicht unwesentlich dürfte zu den hohen Erwartungen an diese Art der Gruppenkommunikation die Verfügbarkeit von integrierten Bürosystemen in Arbeitsplatznähe sein. Die derzeit angebotenen Mail- und Konferenzsysteme bilden jedoch offensichtlich noch nicht den Endpunkt der Entwicklung (KARCHER 1982).

Für die räumlich entkoppelte Durchführung von Gesprächsrunden stehen mittlerweile sowohl die Möglichkeiten des Audio-Conferencing als auch die des Video-Conferencing zur Verfügung. Audio-Conferencing ist bereits als offiziell verfügbare Dienstleistung der Bundespost eingerichtet. Demgegenüber sind Video-Conferencing-Systeme in Deutschland nur als Experimental-Systeme verfügbar.

In Anbetracht der Entwicklungen neuer Systeme und der Zusammenführung von Einzelsystemen zu technisch integrierten Systemen wird die Frage der Büroarbeitsgestaltung, zunehmend verbunden mit der Entscheidung für ein technisch-organisatorisches Architekturkonzept für die Bürogestaltung. Die Technisierung der Büroarbeit stellt immer weniger ein Problem der prinzipiellen Verfügbarkeit technischer Unterstützungsleistungen dar. Demgegenüber gewinnen Anwendungsfragen an Bedeutung, insbesondere Fragen . . .

– der Identifizierung und organischen Verkettung individueller Teilarbeitsprozesse (STAUDT 1982),
– der Identifizierung und Ausgestaltung multipersonaler Kommunikations- und Kooperationsprozesse (REICHWALD/SORG 1982),
– der Entwicklung von Systemen, mit deren Hilfe eine Unterstützung dieser Ansätze erfolgen kann, und die einen anwendergerechten Zugang zu den Systemleistungen ermöglichen (DZIDA 1980).

Angesichts der Vielfalt von denkbaren Systemalternativen läßt sich die Frage, welche Richtungen in der technisch-organisatorischen Entwicklung der Büroarbeit künftig dominieren werden, heute nicht beantworten. Das Wissen um die Randbedingungen und aufgabenbezogenen Zusammenhänge von Büroarbeitsprozessen dürfte für die Systemgestaltung und die Nutzungschancen zukünftiger Bürosysteme eine Schlüsselgröße sein.

3.2. Die Aufhebung technischer und ökonomischer Restriktionen durch den Sachmitteleinsatz

Analog zur Zentralisierungsdebatte werden auch heute eher Dezentralisierungstendenzen im Organisationsbereich auf technische Faktoren zurückgeführt. Auf der Sachmittelebene sind die neueren Entwicklungen gekennzeichnet durch:

- Miniaturisierung, Verbilligung und erhöhte technische Flexibilität infolge der Basisinnovationen in der Mikroelektronik;
- Technikintegration, vorwiegend der Datentechnik, Textverarbeitung und Übertragunstechnik und damit Multifunktionalität von Bürosystemen;
- Variabilität in der Handhabung von Technik im Sinne einer leichten Bedienbarkeit für unterschiedliche Anwendergruppen.

Angesichts dieser Entwicklung treten technische, ergonomische und auch betriebswirtschaftliche Nebenbedingungen für den Sachmitteleinsatz in den Hintergrund. Technik wird für den Menschen und seine Bedürfnisse mehr und mehr zum Gestaltungsobjekt (MEYER-ABICH 1982). Durch die Multifunktionalität der Technik verlieren Fragen der Spezialisierung, durch die Miniaturisierung Fragen der räumlichen Integrationsfähigkeit und durch die Verbilligung der Technik Fragen der Auslastung und des Amortisationszwangs an Bedeutung.

Gründe für eine Zentralisierung des Sachmitteleinsatzes verlieren sich, Möglichkeiten für einen dezentralen Sachmitteleinsatz bieten sich als Chance, die Büroarbeit auf ein höheres qualitatives Niveau anzuheben. Allerdings kann dezentralisierter Sachmitteleinsatz mit unterschiedlichen Architekturkonzepten verbunden sein. Eine wichtige Einflußgröße bildet z. B. die technische Infrastruktur. Durch den Ausbau von (Schmal- und) Breitbandvermittlungssystemen wird das Anwendungsspektrum der Technik vielfältiger, das Alternativenfeld die Büroarbeitsgestaltung größer.

3.3. Dezentralisierungstendenzen im Verrichtungsbereich

Die Mikroelektronik und ihr Einfluß auf die Entwicklungen in der Bürotechnik zeigen geteilte Zukunftsperspektiven für die Büroarbeit. Einerseits wird eine Substitution menschlicher Arbeit durch Technik erwartet, andererseits verbessern sich die Bedingungen für die verbleibende Büroarbeit. Es wird eine an ganzheitlichen Strukturen orientierte Arbeitswelt erwartet, eine Reintegration in vertikaler wie auch in horizontaler Richtung, die vorwiegend mit den technischen Integrationsentwicklungen begründet wird (HACKL 1981).

Die Entwicklungsrichtungen in der Büroarbeitsgestaltung auf der operativen Ebene werden vor dem Hintergrund der bürotechnischen Integration heute eher optimistisch beurteilt (Bundesminister für Forschung und Technologie 1982). Mehrheitlich wird davon ausgegangen, daß die Technikintegration eine gewisse Form der Reintegration von Tätigkeiten im Aufgabenzusammenhang nach sich zieht. Die im Zuge der Schreibdienstzentralisierung eingetretene Entmischung dürfte längerfristig rückläufig sein, zumal die heute realisierten Bürosysteme für den Schreib- und Sekretariatsarbeitsplatz später durch die Einbeziehung einer elektronischen Ablageorganisation und Informationsverwaltung unterstützt werden können.

Wo arbeitsteilige Büroarbeit mit kooperativer Interaktion verbunden ist, hat sich die Schaffung künstlicher Schnittstellen zum Zwecke der Technisierung von Tätigkeiten nicht bewährt (MAKLER 1979; STAUDT 1982). Hier dürfte sich am ehesten infolge des dezentralen Einsatzes multifunktionaler Bürosysteme eine Reintegration zusammengehörender Arbeitselemente einstellen. Eine Abkehr vom Spezialistentum am entmischten Arbeitsplatz und die Rückkehr zur gemischten Tätigkeit und ganzheitlichen Aufgabenabwicklung dürfte auch positive Auswirkungen für die Qualifikation in der Büroarbeit nach sich ziehen. In der Qualifikationsdiskussion überwiegt deshalb heute auch unter Bezugnahme auf die Integrationstendenzen in der Bürotechnik die Höherqualifizierungsthese (DIRRHEIMER 1981). Es wird dabei unterstellt, daß Anforderungen an das inhaltliche Verständnis und die technische Handhabung der Arbeitsmittel eine höhere Qualifizierung vom Aufgabenträger auch auf der operativen Ebene der Büroarbeit erforderlich macht. Diese Entwicklungen müssen jedoch nicht zwangsläufig eintreten. Ob es tatsächlich dazu kommt, wird weitgehend davon abhängen, inwieweit es gelingt, Analyse, Bewertung und Gestaltung von Arbeitsorganisationen nach ganzheitlichen Konzepten zu betreiben. Erste Anwendererfahrungen mit integrierter Kommunikationstechnik geben hierzu in der Tat optimistische Anlässe (REICHWALD/SORG 1982). Aufgrund von Piloterfahrungen kann nachgewiesen werden, daß eine Effektivierung für die Gesamtorganisation erst bei dezentralem Technikeinsatz und ganzheitlichen Aufgabenstrukturen voll zum Tragen kommt. Eng angelegte Analyseverfahren, Wirtschaftlichkeitsberechnungen und quantitativ ausgerichtete Planungsmethoden, wie sie heute noch üblich sind, werden in Zukunft das primäre Handicap für die Durchsetzung ganzheitlicher Rationalisierungsstrategien in der Büropraxis sein.

3.4. Dezentralisierung im Entscheidungsbereich

Ein Gestaltungsprogramm der Bürorationalisierung, das auf ganzheitliche Aufgabenbewältigung abzielt, verlangt Dezentralisierung nicht nur auf der Sachmittel- und Verrichtungsebene, sondern auch auf der Entscheidungsebene. Die Diskussion über die Auswirkungen der neuen Bürotechnik auf den Entscheidungsbereich beziehen sich heute primär auf die technische Bürokommunikation. Prognosen über Möglichkeiten einer Entscheidungsdezentralisierung als Folge der technischen Kommunikation beschreibt z. B. Witte mit optimistischen Perspektiven (WITTE 1979).

Die Auswirkungen der Kommunikationstechnik auf das Entscheidungsgefüge können allerdings in verschiedene Richtungen gehen. Zum einen bieten sich Chancen für eine Verbesserung von Transparenz der Arbeitsabwicklung, Abbau bürokratischer Prozeduren und einer Intensivierung von Abstimmungs- und Kooperationsprozessen durch Nutzung der Möglichkeiten organisationsinterner Intensivierung von Kommunikationsprozessen, durch den schnellen Austausch individueller Informationen oder deren Beschaffung. Andererseits kann durch technische Kommunikation auch das Kontrollniveau steigen.

Verbesserte technische Entscheidungsmöglichkeiten und deren Nutzung zur Effektivierung von Entscheidungsprozessen verlangen die Unmittelbarkeit der Entscheidungskompetenz über den Informationsaustausch. Witte weist darauf hin, daß der Einsatz kommunikationstechnischer Medien im Büro ohne Verlagerung von Handlungsautonomie keine Effektivität im gewünschten Maße bringen kann. Gefordert wird die Überprüfung fester Institutionen wie Prokura oder Handlungsvollmacht, um den Nutzer von Kommunikationssystemen Möglichkeiten zu bieten, innerorganisatorisch wie außerorganisatorisch in kompetente Abstimmungs- und Kooperationsbeziehungen eintreten zu können. Szyperski sieht eine Verbesserung der Handlungsfähigkeit von Organisationen in der Erweiterung des Kreises der Entscheidungsträger für die Nutzung technischer Kommunikationssysteme im Managementbereich (SZYPERSKI 1979). So besteht etwa durch Nutzung von Computer-Konferenz-Systemen die Möglichkeit, große Entscheidungsgremien an Entscheidungsprozessen teilnehmen zu lassen, ohne daß dadurch Effizienzeinbußen entstehen.

Dennoch muß die skizzierte Entwicklung eher als kritisch betrachtet werden. Ungelöst sind bis heute die Fragen der Akzeptanz neuer Technik im Managementbereich, der Neuordnung von Kompetenzen und der Qualifikationszuwächse auf allen Ebenen.

3.5. Problematik der Bewertung von Zentralisierung bzw. Dezentralisierung

Dezentralisierung und Zentralisierung als Gestaltungsprinzipien sind für sich genommen weder ökonomisch noch arbeitswissenschaftlich bewertbar. Es hat sich gezeigt, daß die Zentralisierungsdebatte auf getrennten Ebenen zu führen ist und daß die Bestimmungsfaktoren von Zentralisierungs- bzw. Dezentralisierungsprozessen auf den drei Ebenen recht unterschiedlich sind.

Zentralisierung im Sachmittelbereich aber auch im Aufgabenbereich hat durchaus positive organisatorische Effekte mit sich gebracht, wenn man aus heutiger Sicht etwa Bezug nimmt auf die Reorganisation des Beschaffungs-, Lagerhaltungs- oder auch des Rechnungswesens im Zuge der Einführung der EDV im Verwaltungsbereich. Hier konnten durch Systematisierung und Neugestaltung der Ablauforganisation verwaltungsmäßiger Arbeitsprozesse erhebliche Wirtschaftlichkeitsverbesserungen erzielt werden, ohne daß die Arbeitssituation negativ verändert wurde. Auch in der Textverarbeitung hat organisatorische Zentralisierung nicht grundsätzlich zur Verschlechterung der Arbeitssituation geführt. Es gibt Beispiele für die Einführung der organisierten Textverarbeitung mit Modellen, die durchaus positive Effekte für die Arbeitssituation am Schreibtischplatz mit sich brachten. Ebenso findet man im traditionellen Modell des Schreibdienstes Beispiele für dezentrale Arbeitsorganisationen, die – angefangen von der Arbeitsplatzausstattung bis zur Art der organisatorischen Eingliederung und Aufgabenzuweisung – in mancher Hinsicht unzumutbar sind. Zentralisierte Arbeitsorganisationen erhalten ihre qualitative Ausprägung erst mit Festlegung der gesamtorganisatorischen Eingliederung, der Beziehungen zum Arbeitsobjekt, zur organisatorischen Umwelt und zum Handlungsspielraum. Entsprechend verhält es sich mit dezentralen Arbeitsorganisationen. Zwar begünstigen Konzeptionen eines dezentralen Technikeinsatzes tendenziell solche Formen der Arbeitsorganisation, die durch positive strukturelle Merkmale gekennzeichnet sind. Räumliche Dezentralisierung neuer Bürotechnik allein bewirkt jedoch weder die erwünschten Effekte für ablaufmäßige und organisationsstrukturelle Verbesserungen im wirtschaftlichen Sinne noch die erwünschten arbeitssituativen Effekte im Bereich monotoner oder entfremdeter Arbeitsplätze. Integrative Entwicklungen in der Mikroelektronik, z. B. die gerätebzogene, netzbezogene und dienstbezogene Integration der Bürokommunikation mit Datenverarbeitung und Textverabeitungstechnik bewirken gewisse Zentralisierungseffekte auf der Sachmittelebene. Miniaturisierung und Verbilligung von Endgeräten bewirken dagegen eher dezentrale, d. h. arbeitsplatzbezogene Einsatzkonzepte. Welche arbeitsorganisatorischen und organisationsstrukturellen Effekte diese Entwicklungstendenzen nach sich ziehen werden, hängt vom ökonomischen Verständnis ab. Die Integration inhaltlich zusammengehörender Aufgabenelemente zu ganzheitlichen Einheiten, die Verbesserung der Infrastruktur für Teamarbeit bzw. die Erleichterung zur Durchführung ganzheitlicher Aufgabenabwicklung wird auf der Grundlage des Verständnisses für ökonomisch-organisationale Zusammenhänge entschieden. Welche Richtung für die Neugestaltung der Büroarbeit dominierend sein wird, hängt auch davon ab, welche Verfahren der Arbeitsanalyse, der Wirtschaftlichkeitsrechnung und der Arbeitsgestaltung in der Praxis zum Einsatz kommen.

Es ist nicht zu übersehen, daß vor allem die Neugestaltung der technischen Bürokommunikation ein Denken in Netzstrukturen, in Teilgesamtheiten, in Kooperations- und Arbeitsbeziehungen verstärken wird. Aus wirtschaftlicher Sicht sind Kommunikationssysteme als stand-alone-Systeme bewertbar. Kommunikation verlangt Informationsaustausch zwischen mindestens zwei Aufgabenträgern, d. h. im Verbund. Ökonomische Effekte im Sinne einer Beschleunigung des Informationstransfers oder einer Verbesserung von Abstimmungsbedingungen können sich auch auf weitere Organisationseinheiten ausdehnen, die im Umfeld der eingesetzten Kommunikationstechnik liegen. Die Bewertung von Arbeitssystemen in der Wirtschaftlichkeitsargumentation und im Entwurf von Rationalisierungskonzepten für die Büroarbeit verlangt deshalb ganzheitliche Ansätze.

Es müssen Instrumente der Arbeits- und Funktionsanalyse entwickelt und eingesetzt werden, die Arbeitsbeziehungen und integratives Zusammenwirken in der Aufgabenerfüllung in den Mittelpunkt stellen. Es müssen ganzheitliche Verfahren der Wirtschaftlichkeitsrechnung entwickelt und eingesetzt werden, um Rationalisierungsprogramme unter qualitativen *und* quantitativen Aspekten zu bewerten. Nicht zuletzt wird es darauf ankommen, ob und inwieweit Organisationen und deren Mitglieder ganzheitlich in Prozesse der Neugestaltung einbezogen werden. Der technisch-organisatorischen Entwicklung, die ganzheitliches Analysieren, Bewerten und Gestalten von Arbeitsorganisationen verlangt, kann möglicherweise nur über eine zunehmende Aktivierung des Basiswissens und der Erfahrung in partizipativen Gestaltungsansätzen begegnet werden. Die damit verbundene Form der Dezentralisierung könnte am ehesten zu geeigneten Konzepten der Effektivierung der Büroarbeit führen, ohne daß Bürorationalisierung auf dem Rücken der Arbeitskräfte ausgetragen wird.

4. Literaturverzeichnis

Acker, H. B. (1960): Die organisatorische Stellengliederung im Betrieb, Wiesbaden 1960

Autorenkollektiv (1974): Rationelle Schriftgutregistratur, hrsg. von der Akademie für Staats- und Rechtswissenschaft der DDR, Institut für Verwaltungsorganisation und Bürotechnik, Berlin (Ost) 1974

Autorenkollektiv (1978): Verwaltungsarbeit, hrsg. von der Akademie für Staats- und Rechtswissenschaft der DDR, Institut für Verwaltungsorganisation und Bürotechnik, Berlin (Ost) 1978

AWV (1975): Stufenplanmodell − Organisatorische Maßnahmen der Textverarbeitung, Ausschuß für wirtschaftliche Verwaltung, AWV-Merkblatt „Textverarbeitung", 2. Ausg., Oktober 1975

Bair, J. H. (1979): Communication in the Office of the Future; Where the Real Payoff May Be, in: Business Communications Review, January−February 1979, S. 3−11

Bayerisches Staatsministerium für Arbeit und Sozialordnung (Hrsg., 1981), Rationalisierung im Büro − wo bleibt der Mensch?, München 1981

Benz, C. (1982): Ergonomische Gestaltung der Mensch-Maschine-Schnittstellen bei Systemen der Bürokommunikation, in: Reichwald, R. (Hrsg., 1982), Neue Systeme der Bürotechnik − Beiträge zur Büroarbeitsgestaltung aus Anwendersicht, Berlin 1982, S. 71−91

Biethahn, J.; Staudt, E.; u. a. (1981): Auomation in Industrie und Verwaltung, Berlin 1981

Bleicher, K. (1966): Zentralisation und Dezentralisation von Aufgaben in der Organisation der Unternehmungen, Berlin 1966

Bleicher, K. (1980): Zentralisation und Dezentralisation, in: Handwörterbuch der Organisation, hrsg. von E. Grochla, 2. Aufl., Stuttgart 1980, Sp. 2405−2418

Bodem, H.; Hauke, P.; Zangl, H. (1982a): Zur Wirtschaftlichkeit der Teletex-Bürokommunikation, in: Office-Management 1982, S. 248−256

Bodem, H.; Hauke, P.; Zangl, H. (1982b): Bürokommunikation im Teletex-Dienst − Chancen für Produktivitätssteigerungen im Bürobereich durch beschleunigten Nachrichtenaustausch, in: Zeitschrift für Organisation 1982, S. 11 ff.

Böhrs, H. (1972): Produktive Büroarbeit, Bern und Stuttgart 1972

Brandstätter, H. (1978): Organisationsdiagnose, in: Mayer, A. (Hrsg., 1978), Organisationspsychologie, Stuttgart 1978, S. 43−71

Bravermann, H. (1977): Die Arbeit im modernen Produktionsprozeß, Frankfurt und New York 1977

Bullinger, H. J. (1981): Arbeitswissenschaft zwischen Humanisierung und Rationalisierung, in: Ropohl, G. (Hrsg., 1981), Interdisziplinäre Technikforschung − Beiträge zur Bewertung und Steuerung der technischen Entwicklung, 1981, S. 83−97

Bundesminister für Forschung und Technologie (Hrsg., 1974): Forschung zur Humanisierung des Arbeitslebens, Aktionsprogramm, Bonn 1974

Bundesminister für Forschung und Technologie (Hrsg., 1978): Entwicklungen der technischen Kommunikation, Programm der Bundesregierung 1978−1982, Bonn-Bad Godesberg 1978

Bundesminister für Forschung und Technologie (Hrsg., 1980): Informationstechnologie und Beschäftigung; eine Übersicht über int. Studien. Schriftenreihe: Technologie und Beschäftigung, Band 3, Düsseldorf und Wien 1980

Bundesminister für Forschung und Technologie (Hrsg., 1981): Schriftenreihe: Humanisierung des Arbeitslebens, Band 16, Bonn 1981

Bundesrechnungshof (Hrsg., 1975): Bericht über den Einsatz von Schreibkräften bei Bundesbehörden, Frankfurt am Main 1975

Burlingame, J. F. (1961): Information Technology and Decentralisation, in: Harvard Business Review, 39 Jg., 1961, S. 121–126

Çakir, A.; Reuter, H. J.; Schmude, L. v.; Armbruster, A. (1978): Anpassung von Bildschirmarbeitsplätzen an die physische Funktionsweise der Menschen, Forschungsbericht, Bonn 1978

Çakir, A.; Hard, C. J.; Stewart, T. F. (1980): Bildschirmarbeit, Berlin-Heidelberg 1980

Dirrheimer, A. (1981): Der Einfluß des Einsatzes neuer Informationstechnik auf Tätigkeiten in der Verwaltung – eine empirische Untersuchung, Arbeitsbericht des JJM/LMP 81–23, Wissenschaftszentrum Berlin, Berlin 1981

Dzida, W. (1980): Kognitive Ergonomie für Bildschirmarbeitsplätze, in: Humane Produktion – Humane Arbeitsplätze, 10/1980

Gaugler, E.; u.a. (1979): Rationalisierung und Humanisierung von Büroarbeiten, hrsg. vom Bayerischen Staatsministerium für Arbeit und Soziales, München 1979

Gebert, D. (1974): Organisationsabwicklung, Stuttgart u.a. 1974

Grochla, E. (1969): Zur Diskussion über die Zentralisationswirkung automatischer Datenverarbeitungsanlagen, in: Zeitschrift für Organisation, 38 Jg., 1969, S. 48

Grochla, E. (Hrsg., 1971): Das Büro als Zentrum der Informationsverarbeitung, Wiesbaden 1971

Grochla, E. (Hrsg., 1978): Betriebswirtschaftslehre, Teil 2: Betriebsführung, Instrumente und Verfahren, Stuttgart 1978

Hackl, C. (1981): Humanisierung der Büroarbeit durch Informationstechnik, in: Der Volks- und Betriebswirt, 1981, S. 18–28

Hansen, H. R.; Schröder, K. T.; Weihe, H. J. (Hrsg., 1979): Mensch und Computer – Zur Kontroverse über die ökonomischen und gesellschaftlichen Auswirkungen der EDV, München und Wien 1979

Harutunian, M. (1978): Der Organisierte Schreibdienst, Mannheim, Wien und Zürich 1978

Harutunian, M.; Kruse, H.; Mangelsen, H.; Weimann, H. (1978): Einführung in die moderne Textverarbeitung, Mannheim, Wien und Zürich 1978

Heinen, E. (1976): Grundlagen betriebswirtschaftlicher Entscheidungen – das Zielsystem der Unternehmung, 3. Aufl., Wiesbaden 1976

Heinen, E. (1982): Einführung in die Betriebswirtschaftslehre, 6. verb. Auflage, Wiesbaden 1982

Heinen, E. (1978): Betriebswirtschaftliche Kostenlehre, 5. Auflage, Wiesbaden 1978

Heinen, E. (1980): Einführung in die Betriebswirtschaftslehre, 7. Aufl., Wiesbaden 1980

Heinen, E. (Hrsg., 1978): Betriebliche Führungslehre, Wiesbaden 1978

Heinen, E.; Sabathil, P. (1978): Informationswirtschaft, in: Heinen, E. (Hrsg., 1978): Industriebetriebslehre – Entscheidungen im Industriebetrieb, 6. Aufl., Wiesbaden 1978, S. 767 ff.

Heinisch, I.; Sämann, W. (1973): Planzeitwerte im Büro, Berlin, Köln und Frankfurt am Main 1973

Heinrich, L. J. (Hrsg., 1978): Computerleistung am Arbeitsplatz – Benutzerorientiertes Distributed Data Processing (DDP), München und Wien 1978

Hiltz, S. R.; Turoff, M. (1978): The Network Nation, Human Communication via Computer, Reading (MA) u.a. 1978

Hinz, H. (1979): Vollbeschäftigung und gewerkschaftliche Innovationspolitik, hrsg. von der IG Metall, o.O. 1979

Hofmann, F. (1976): Entwicklung der Organisationsforschung, Band 1, Wiesbaden 1976

Ihde, G. B. (1970): Grundlagen der Rationalisierung – Theoretische Analyse und praktische Probleme, Berlin 1970

Institut für angewandte Arbeitswissenschaft (Hrsg., 1982): Folgewirkungen neuer Technologien in der Textverarbeitung, Köln 1982

Karcher, H. (1982): Büro der Zukunft – Einflußfaktoren der Marktentwicklung für innovative Bürokommunikations-Terminals, Diss., München 1982

Kieser, A.; Kubicek, H. (1977): Organisation, Berlin und New York 1977

Kirsch, W. (1977): Einführung in die Theorie der Entscheidungsprozesse, Band 1–3, Wiesbaden 1977

Kirsch, W.; Klein, H. K. (1977): Management-Informationssysteme II, Auf dem Weg zu einem neuen Taylorismus?, Stuttgart u. a. 1977

Kirsch, W.; Scholl, W. (1981): Demokratisierung – Gefährdung der Handlungsfähigkeit organisatorischer Führungssysteme, in: Unternehmenspolitik: Von der Zielforderung zum strategischen Management, hrsg. von W. Kirsch, München 1981, S. 206–232

Klatzky, S. R. (1970): Automation, Size, and the Locus of Decision Making: the Cascade Effect, in: Journal of Business, 43. Jg., 1970, S. 141–151

Kosiol, E. (1962): Organisation der Unternehmung, Wiesbaden 1962

Kroppenberg, U. (1979): Dezentralisierungstendenzen der Datenverarbeitung durch neue Informationstechnologie, Frankfurt 1979

Krückeberg, Wißkirchen (1982): Entwicklungstendenzen auf dem Gebiet der Bürokommunikation, unveröffentlichtes Manuskript, St. Augustin, Juli 1982

Kubicek, H. (1979): Informationstechnologie und Organisationsforschung, in: Hansen, H. R.; Schröder, K. T.; Weihe, H. J. (Hrsg., 1979): Mensch und Computer – zur Kontroverse über die ökonomischen und gesellschaftlichen Auswirkungen der EDV, München und Wien 1979, S. 53 ff.

Lorenz, G. (1982): Technische und wirtschaftliche Möglichkeiten und Betroffenheit durch Mikroelektronik, in: Meyer-Abich, K. M.; Steger, K. (Hrsg., 1982), 1982, S. 39 ff.

Levin, H. S. (1956): Die Automation und das Büro, Frankfurt am Main 1956

Mag, W. (1974): Das Büro als Zentrum der Informationsverarbeitung (Besprechungsaufsatz), in: Zeitschrift für betriebswirtschaftliche Forschung, 1974, S. 480–498

Manfras, W. (1961): Möglichkeiten und Durchführung der Zentralisierung von Rechenarbeiten, in: Bürowirtschaftliche Forschung, hrsg. von E. Kosiol, Berlin 1961

Manz, U. (1980): Auswirkungen des Einsatzes neuer Technologien auf die Beschäftigungsstruktur – vorwiegend im Angestelltenbereich, in: Beitrag AB 52, Institut für Arbeitsmarkt und Berufsforschung der Bundesanstalt für Arbeit, Nürnberg 1980, S. 71–151

Marcuse, H. (1970): Kultur und Gesellschaft 2, Frankfurt am Main 1970

Marr, R.; Stitzel, M. (1979): Personalwirtschaft – Ein konfliktorientierter Ansatz, München 1979

Mendner, J. H. (1975): Technologische Entwicklung und Arbeitsprozeß, Frankfurt am Main 1975

Mertens, P.; Schrammel, D. (1980): Ein Leistungs- und Wirtschaftlichkeitsvergleich zwischen Klein- und Großcomputern, in: Angewandte Informatik 22/1980, S. 443 ff.

Meyer-Abich, K. M.; Steger, U.; u. a. (1982): Mikroelektronik und Dezentralisierung, Berlin und Bielefeld 1982

Mokler, A. (1979): Zur Realisierung eigenintelligenter und integrierter Büroinformationssysteme, in: Angewandte Informatik, 12/1979, S. 542–549

Munter, H. (1982): Überlegungen zur Wirtschaftlichkeit und zur Rationalisierung der Textverarbeitung – Ökonomische Bedingungen für die Nutzung neuer Systeme der Bürokommunikation, in: Reichwald, R. (Hrsg., 1982): Neue Systeme der Bürotechnik – Beiträge zur Büroarbeitsgestaltung aus Anwendersicht, Berlin 1982, S. 347–364

Nagel, K. (Hrsg., 1982): Bürokommunikation heute und morgen, München und Wien 1982

Pfeiffer, W.; Randolph, R. (1979): Rationalisierung, betriebliche, in: Handwörterbuch der Produktionswirtschaft, hrsg. von H. Kern, Stuttgart 1979, Sp. 1757–1776

Picot, A. (1979): Rationalisierung im Verwaltungsbereich als betriebswirtschaftliches Problem, in: Zeitschrift für Betriebswirtschaft, 1979, S. 1145 ff.

Picot, A. (1982): Zur Steuerung der Verwaltung in Unternehmen – Notwendigkeit, Probleme, Ansätze, in: Reichwald, R. (Hrsg., 1982): Neue Systeme der Bürotechnik – Beiträge zur Büroarbeitsgestaltung aus Anwendersicht, Berlin 1982, S. 365–396

Picot, A.; Reichwald, R.; u. a. (1979): Untersuchung zur Wirtschaftlichkeit der Schreibdienste in Obersten Bundesbehörden, Forschungsbericht im Auftrag des Bundesministers für Forschung und Technologie, Hannover und München 1979

Picot, A.; Reichwald, R.; u. a. (1980): Untersuchung der Auswirkungen neuer Kommunikationstechnologien im Büro auf Organisationsstruktur und Arbeitsinhalte, Zwischenbericht zu einem öffentlich geförderten Forschungsprojekt, Hannover und München 1980

Pirker, Th. (1962): Büro und Maschine, Basel 1962

Queisser, H. J. (1982): Entwicklung der Mikroelektronik; Impulse aus Politik, Wissenschaft und Industrie, in: Meyer-Abich, K. M.; Steger, U. (Hrsg., 1982), Berlin und Bielefeld 1982, S. 21 ff.

Reese, J.; Kubicek, H.; Lange, B. P. (1979): Gefahren der informationstechnologischen Entwicklung, Perspektiven der Wirkungsforschung, hrsg. von der Gesellschaft für Mathem. und Datenverarbeitung GMD, Frankfurt/New York 1979

Refa-Verband für Arbeitsstudien und Betriebsorganisation e.V. (Hrsg., 1976): Methodenlehre des Arbeitsstudiums, Teil 2, 6. Aufl., München 1976

Reichwald, R. (1977): Arbeit als Produktionsfaktor, ein kritischer Grundlagenbeitrag zur betriebswirtschaftlichen Produktionstheorie, München und Basel 1977

Reichwald, R. (1978): Zur Notwendigkeit der Akzeptanzforschung bei der Entwicklung neuer Systeme der Bürotechnik, Bd. 1 der Arbeitsberichte „Die Akzeptanz neuer Bürotechnologie", Hochschule der Bundeswehr München, München 1978

Reichwald, R. (1980a): Technologische Entwicklungen und Wirtschaftlichkeitsbeschränkungen für eine humane Arbeitsgestaltung im Verwaltungsbereich, in: Humanisierung der Arbeitswelt – vergessene Verpflichtung?, hrsg. von v. Rosenstiel, L.; Weinkamm, M.; Stuttgart 1980, S. 203–220

Reichwald, R. (1980b): Neue Systeme der Bürokommunikation und die Möglichkeiten einer qualitativen Bürorationalisierung, in: Korrespondenz im Wandel – Elektronische Textkommunikation heute und morgen, hrsg. von der Siemens AG, Berlin und München 1980

Reichwald, R. (1981): Überlegungen zur Effektivität neuer Kommunikationstechnologien im Verwaltungsbereich, in: Reinermann, H., u.a. (Hrsg. 1981): Organisation informationstechnikgestützter öffentlicher Verwaltungen, Berlin, Heidelberg und New York 1981, S. 526ff.

Reichwald, R. (1982): Neue Systeme der Bürotechnik und Büroarbeitsgestaltung – Problemzusammenhänge, in: Reichwald, R. (Hrsg., 1982): Neue Systeme der Bürotechnik – Beiträge zur Büroarbeitsgestaltung aus Anwendersicht, Berlin 1982, S. 11–48

Reichwald, R. (Hrsg., 1982): Neue Systeme der Bürotechnik – Beiträge zur Büroarbeitsgestaltung aus Anwendersicht, Berlin 1982

Reichwald, R.; Hellmann, R. (1982): Aktuelle Entwicklungen der Bürokommunikation, Arbeitsbericht Nr. 5 „Die Akzeptanz neuer Bürotechnologie", hrsg. von Reichwald, R., Hochschule der Bundeswehr, München 1982

Reinermann, H. (1977): Erfolgskontrolle im öffentlichen Sektor – Beiträge des Rechnungswesens als Brücke zwischen Nutzen-Kosten-Untersuchung und Evaluierung, in: Die Betriebswirtschaft, 1977, S. 399–416

RKW (Hrsg., 1982): Mikroelektronik in der Textverarbeitung, Eschborn 1982

Richter, G. (1951): Zentralisation oder Dezentralisation als Kernproblem der Betriebsorganisation, Dissertation, Berlin 1951

Rühle von Lilienstern, H. (1980): Rationalisierung, in: Handwörterbuch der Organisation, hrsg. von E. Grochla, 2. Aufl., Stuttgart 1980, Sp. 1975–1980

Ruffner, A. (1970): Wirtschaftlichkeit; in: Handwörterbuch des Rechnungswesens, hrsg. von E. Kosiol, Stuttgart 1970, Sp. 1921–1928

Schellhaas, H.; Schönecker, H. (1983): Kommunikationstechnik und Anwender, München 1983

Schuler, H.; Stehle, W. (Hrsg., 1982): Psychologie in Wirtschaft und Verwaltung, Stuttgart 1982

Seetzen, J. (1982): Telekommunikation – Neue Medien und wirtschaftliche Perspektiven, in: Meyer-Abich, K. M.; Steger, U.; u.a.: Mikroelektronik und Dezentralisierung, Berlin und Bielefeld 1982, S. 75ff.

Siemens (Hrsg., 1975): Büro 1980 – Studie der Siemens AG, München 1975

Staudt, E. (1980): Rationalisierung durch neue Automatisierungstechnologien in Industrie und Verwaltung, in: Zeitschrift für Organisation, 1980, S. 421ff.

Staudt, E. (1981): Ursachen und Einflußfaktoren des Einsatzes neuer Automationstechnologien in Industrie und Verwaltung, in: Biethahn, J.; Staudt, E.; u.a. (1981): Automation in Industrie und Verwaltung, Berlin und Bielefeld 1981, S. 11ff.

Staudt, E. (1982): Entkoppelung im Mensch-Maschine-System durch neue Technologien als Grundlage einer Flexibilisierung von Arbeitsverhältnissen, in: Meyer-Abich, K. M.; Steger, U.; u.a., 1982, S. 53ff.

Szyperski, N. (1970): Rechnungswesen als Informationssystem; in: Handwörterbuch des Rechnungswesens, hrsg. von E. Kosiol, Stuttgart 1970, Sp. 1510–1523

Szyperski, N. (1979): Computer-Conferencing – Einsatzformen und organisatorische Auswirkungen, in: Grün, O.; Rössl, J. (Hrsg., 1979): Computergestützte Textverarbeitung, München und Wien 1979, S. 151ff.

Szyperski, N. (1981): Bürosysteme der Zukunft, in: IBM-Nachrichten, Heft 253, 1981, S. 7ff.

Thomas, U. (1969): Analyse der Arbeit — Möglichkeiten einer interdisziplinären Erforschung industrialisierter Arbeitsvollzüge, Bd. 16 der Göttinger Abhandlungen zur Soziologie und ihrer Grenzgebiete, hrsg. von H. Plessner und H. P. Bahrdt, Stuttgart 1969

Vergin, R. C. (1971): Computer-induced Organizational Changes, in: The Impact of Information Technology on Management Operation, hrsg. von W. C. House, Princeton u. a. 1971, S. 178—189

Wagner, G. (1969): Sachmittel in der Organisation, in: Handwörterbuch der Organisation, hrsg. von E. Grochla, Stuttgart 1969, Sp. 1475f.

Weltz, F.; Jacobi, U.; Lullies, V.; Becker, W. (1979): Menschengerechte Arbeitsgestaltung in der Textverarbeitung (3 Bde.), Studie im Auftrag des BMFT (HdA), München 1979

Weltz, F.; Lullies, V. (1981): Fortschritt in der Sackgasse? Die Organisation der Textverarbeitung im betrieblichen Kräftefeld, Forschungsbericht Humanisierung des Arbeitslebens, Dez. 1981

Wiesner, H. (1979): Rationalisierung, Problem- und Konfliktfeld unserer Zeit, Köln 1979

Witte, E. (1977): Organisatorische Wirkungen neuer Kommunikationssysteme, in: Zeitschrift für Organisation, 1977, S. 361ff.

Witte, E. (1979): Text — Telekommunikation, in: Grün, O.; Rössl, J. (Hrsg., 1979): Computergestützte Textverarbeitung, München und Wien 1979, S. 175ff.

Wondracek, J. (1980): Dynamization of Employees God Criteria, in: Dlugos, G.; Dorow, W.; Grünwald, W.; Lilge, H. G.; Wondracek, J. (Hrsg., 1980): Management under differing Value Systems, Berlin 1980, S. 71ff.

Kapitel II

Technik und Umwelt

Designanforderungen an den Arbeitsplatz

Th. Gronenborn

Zu den Designanforderungen an einen Arbeitsplatz hätten in früherer Zeit sicherlich ein Teil von Anforderungen gehört, die heute eindeutig dem Gebiet der Arbeitswissenschaften zuzuordnen sind.

Das Design hatte sich dieses Gebietes angenommen, weil es kein anderer vertrat und weil Arbeitswissenschaft im wesentlichen im Bereich der Fertigung betrieben wurde und weniger am Produkt.

Wenn man aber als Designer bei der Entwicklung und Gestaltung von Produkten und Anlagen den potentiellen Benutzer, den Menschen, zum Ausgangspunkt seiner Überlegungen macht, kommt man an den Erkenntnissen der Arbeitswissenschaft, der Ergonomie, der Anthropometrie und Anthropotechnik nicht vorbei.

Heute hat der Designer in dem Arbeitswissenschaftler einen kompetenten Partner, der ihn mit gesicherten Daten beraten und unterstützen kann. Arbeitswissenschaft und Design haben die gleiche Zielrichtung. Es ist die Berücksichtigung der Maße, Kräfte, Sinne, der Bedürfnisse und der Erwartungen des Menschen bei der Entwicklung der vom Menschen benötigten und benutzten Produkte und Anlagen.

Und so, wie der Designer gelernt hat, die Erkenntnisse der Arbeitswissenschaft als die Grundlagen seiner Arbeit zu betrachten, so scheint es mir naheliegend, die Arbeitswissenschaftler und diejenigen, die mit diesem Thema in anderen Bereichen befaßt sind, mit den Anforderungen, die sich aus dem Arbeitsgebiet des Designs ergeben, bekannt zu machen.

Ein Arbeitsplatz ist für den Designer ein Designobjekt, das nach den gleichen Kriterien behandelt wird wie jedes andere Objekt, mit der ihm zukommenden Gewichtung der produktbestimmenden Faktoren.

Hiermit ist gesagt, daß auch der Arbeitsplatz Anforderungen unterliegt, die sich aus den Grundbedürfnissen des Menschen ergeben, genau wie bei jeder anderen, auf den Menschen abzielenden Gestaltung auch.

Man weiß heute, daß es ein Irrtum war, wenn man eine Zeitlang so getan hat als habe der Mensch am Arbeitsplatz andere Bedürfnisse als in der Freizeit, als sei er am Arbeitsplatz vorwiegend von rationalen Momenten bestimmt und als würden seine emotionalen Bedürfnisse nur in der Freizeit eine Rolle spielen. Wir müssen davon ausgehen, daß die Bedürfnisstruktur des Menschen am Arbeitsplatz prinzipiell die gleiche ist wie in der Freizeit, wie in den übrigen Lebensbereichen. Das heißt, daß das „Gesamtgebilde" Arbeitsplatz, denn nur als solches kann man es als Designer sehen, möglichst die gesamte Bedürfnisstruktur des daran arbeitenden Menschen berühren muß, wenn die technische Leistungsfähigkeit des Arbeitsplatzes und seine ergonomischen Ausprägungen voll zur Geltung kommen sollen.

Die Befriedigung von Grundbedürfnissen erfolgt auf verschiedene Weisen entsprechend der menschlichen Wahrnehmungs- und Erlebnisstruktur.

Der Mensch nimmt bekanntlich seine Umwelt auf verschiedenen Bewußtseinsstufen und Informationskanälen wahr. Wir unterscheiden drei Bewußtseinsstufen und drei Wahrnehmungsphasen. Die drei Bewußtseinsstufen sind: Die sinnliche Wahrnehmung, die Erfahrung und das Denken.

Die Wahrnehmungsphasen sind: Die selektive Phase, die synthetische Phase und die analytische Phase.

In der *selektiven Phase* wählt der Mensch aus den ihm zufließenden Informationen einen bestimmten Teil aus, wobei die Informationsaufnahme und -verarbeitung auf dem Wege der sinnlichen Wahrnehmung erfolgt und weitgehend unbewußt geschieht.

In der *synthetischen Phase* erkennt der Mensch Ordnungsbeziehungen und setzt bestimmte Einzelelemente zu Gestalten, Strukturen und Figuren, zu sogenannten Superzeichen zusammen. Die Informationsverarbeitung erfolgt auf der Grundlage gespeicherter Erfahrungen. Es kommt zum Wiedererkennen von Bekannten, zum „Aha-Erlebnis". Voraussetzung: Die Informationen werden so präsentiert, daß sie als Ganzheit erfaßt werden können.

In der *analytischen Phase* unterzieht der Mensch die Umweltsituation einer verstandesmäßigen Analyse und wählte bestimmte Detailinformationen aus, die er mit Hilfe des operationalen Denkens verarbeitet, logisch miteinander verbindet und in zielgerichtetes rationales Handeln umsetzt.

Eine Verknüpfung dieser anthropologischen Grundbedingungen mit den Erkenntnissen der Kommunikationstheorie und Semiotik (Zeichentheorie) zeigt, daß den verschiedenen Bewußtseinsstufen und Wahrnehmungsphasen drei verschiedenen Arten von Informationen entsprechen, nämlich: Die atmosphärische Information, die Objektinformation und die Detailinformation.

Die atmosphärische Information

Sie wird über die sinnliche Wahrnehmung aufgenommen, weitgehend unbewußt verarbeitet und vorwiegend *emotional* erlebt.

Die atmosphärische Information vermittelt dem Menschen spontan das Gefühl des Wohlbehagens bzw. Mißbehagens, das Gefühl: „Hier fühle ich mich wohl" bzw. „Hier fühle ich mich nicht wohl."

Die Objektinformation

Sie spricht die Erfahrung des Menschen an und wird teils emotional, teils rational verarbeitet.

Die Objektinformation ermöglicht es dem Menschen, aufgrund seiner allgemeinen Erfahrungen eine spezielle Situation intuitiv zu erfassen, sich in ihr zu orientieren.

Die Detailinformation

Sie wird rational erfaßt und verarbeitet und erfordert die Fähigkeit zum operationalen Denken.

Die Detailinformation nötigt den Menschen, eine vorhandene Situation zu analysieren und die notwendigen logischen Schritte zur Bewältigung der Situation oder Lösung des Problems zu vollziehen. Sie ermöglicht ihm, exakte, rational, d. h. weitgehend abstrakt formulierte Handlungsanweisungen zu verstehen und entsprechend in rationales Handeln umzusetzen.

Die dem Menschen eigenen rationalen und emotionalen Bedürfnisse verlangen ein ausreichendes Angebot auf allen Informationsstufen.

Die Informationen können unter Berücksichtigung oben genannter Erkenntnisse bewußt gestaltet und gezielt angeboten werden. Darin liegt eine Möglichkeit, die „Humanqualität" unserer Umwelt zu erhöhen.

Wenn man nun davon ausgeht, daß dieser Vorgang millionenfach immer wieder von oben nach unten abläuft und nie von unten nach oben, dann stellt man fest, daß der Mensch sich während seiner täglichen Arbeit mehr emotional erlebt als er intuitiv erfaßt oder gar rational versteht.

Es macht aber auch deutlich, daß das „Erfassen" und auch das „Verstehen" von dem „Erleben" vorbereitet und gefördert werden kann, da hier die Basis liegt für die Stimmigkeit einer Wahrnehmung bzw. Information, für die notwendige Übereinstimmung der verschiedenen Informationen von Atmosphäre, Objekt und Detail. In der atmosphärischen Information wird das Vertrauen zum Objekt geschaffen. In der Objektinformation wird das Vertrauen verstärkt und der Detailinformation bestätigt.

Hiermit wird klar, was für den Designer neben den wissenschaftlichen Unterlagen wesentlich für seine Arbeit ist. Es ist das nicht Rechenbare an den Dingen. Es ist das Ungegenständliche aber nicht Gegenstandslose, es ist das Nicht-Meßbare aber das, woran die Gesamtqualität eines Dinges gemessen wird, es ist das Nicht-Quantifizierbare, aber das Quentchen, das den Ausschlag gibt über Gefallen und Nichtgefallen.

Um nun zu den Design-Anforderungen an dem Arbeitsplatz zu kommen, lassen Sie mich darstellen, welche Einflüsse über das Design auf ein Produkt und somit auch auf einen Arbeitsplatz einwirken.

Bei der Entwicklung eines Arbeitsplatzes bringt das Design diejenigen Forderungen ein, die aus den Bezügen des Arbeitsplatzes (Objektes) zum *Menschen* zur *Umwelt* und zur *Zeit* entstehen.

Die Beziehung zum Menschen verlangt eine Anpassung an die menschlichen Bedürfnisse, an die menschlichen Maße, Kräfte und Sinne. Somit heißt die Forderung: Der Platz muß sich an den Menschen *anpassen*.

Die Beziehung zur Umwelt verlangt Integrationsfähigkeit, Kompatibilität, Ausgliederung/Eingliederung. Forderung: Der Platz muß sich zur Umwelt/ Umfeld *angemessen verhalten*.

Die Beziehung zur Zeit verlangt seine Ausrichtung an den herrschenden Weltvorstellungen der Zielgruppe. Forderung: Der Platz muß den jeweiligen Erwartungen seiner Zeit entsprechen.

Die Frage nach den Anforderungen des Design an den Arbeitsplatz läßt sich anhand der hier dargestellten Bezüge eines Designobjektes – denn auch ein Arbeitsplatz ist ja ein solches – beantworten. Die Antwort lautet: Berücksichtigung aller aus diesen verschiedenen Bezügen entstehenden Forderungen; also

Berücksichtigung auch der Forderungen, die über diejenigen der Arbeitswissenschaften hinausgehen bzw. außerhalb davon liegen.

Das beginnt schon in der Spalte 1 beim Bezug des Produktes zum Menschen. Es gibt eine Reihe von menschlichen Grundbedürfnissen, die von den Arbeitswissenschaften kaum oder gar nicht berührt werden, aus verständlichen Gründen nicht berührt werden, denn sie sind nicht quantifizierbar und exakt meßbar, lassen sich also mit den üblichen Methoden der Wissenschaft nicht erfassen.

Ich nenne als Beispiel solche Grundbedürfnisse des Menschen wie das ästhetische Bedürfnis und das Bedürfnis nach Orientierung.

Aus der Kulturanthropologie wissen wir, da die sogenannte „ästhetische Funktion", wie das heute bei uns heißt, keineswegs als der „Gebrauchsfunktion" nachgeordnet zu betrachten ist, dergestalt, daß entwicklungsgeschichtlich immer erst der praktische Nutzen, die Zweckfunktion gesucht wurde und später sozusagen als Luxus und als „Zusatznutzen" das Schöne dazu kam, sondern daß beide Dinge, beide Momente und Aspekte bei allen „Artefakten" des Menschen, allen von den Menschen geschaffenen „Werkzeugen" stets in gleicher Weise und mit gleichem Gewicht vorhanden waren. Und es ist explizit die Aufgabe des Designers, diesem ästhetischen Bedürfnis des Menschen Rechnung zu tragen.

Von besonderer Wichtigkeit für eine menschengerechte Gestaltung ist auch das menschliche Orientierungsbedürfnis. Der Mensch möchte seine Umwelt erkennen und überschauen, er möchte sich orientieren können, denn erst eine ausreichende Orientierung macht sinnvolles, wirksames Handeln in der Welt möglich. Orientierung bedeutet Angstabbau, psychische Entlastung und Beruhigung und kommt somit einem weiteren Grundbedürfnis des Menschen, dem Bedürfnis nach Sicherheit und Geborgenheit entgegen.

Sich orientieren, setzt Informationen über die Umwelt voraus. In einer künstlich geschaffenen Umwelt, mit einer solchen haben wir es ja beim Arbeitsplatz zu tun, müssen diese Informationen vom Gestalter am Designobjekt Arbeitsplatz kodiert werden, wie es in der Sprache der Kommunikationstheorie heißt, denn kommunikationstheoretisch betrachtet ist jedes Designobjekt ja ein Sender von Informationen. Die drei hier erwähnten menschlichen Grundbedürfnisse spielen auch in die Spalte 2 — Bezug des Produktes zur Umwelt — hinein.

Das ästhetische Bedürfnis des Menschen führt hier zu der Forderung nach angemessenem Verhalten des Produktes zur Umwelt, das heißt nach Integration, nach Harmonie, nach ästhetisch befriedigendem Verhältnis der Teilbeschaffenheiten, der Einzelelemente zum Ganzen, nach Eingliederung bzw. Ausgliederung. Letzteres dient wiederum gleichzeitig der Orientierung, ebenso das Vorhandensein eines erkennbaren Bezugssystems, das Beruhigung und Vertrauen vermittelnde Wiedererkennen von Bekanntem, wie es ein System mit Raster und Modul bewirkt oder solche Elemente wie ein bestimmter Firmenstil mit seiner Kontinuität und bestimmten Symbolen.

Alles das betrifft grundsätzliche menschliche Bedürfnisse, man kann sie auch anthropologische Konstanten nennen. Die Antworten auf diese Grundbedürfnisse sind jedoch nicht immer gleichbleibend, sondern sie wandeln sich mit der Zeit — Spalte 3 —.

Im Laufe des gesellschaftlichen Wandelns verändern sich Bewußtsein und Wertvorstellungen. Bestehende Leitbilder und Symbole wie auch das ästhetische Maß verlieren ihre Gültigkeit. Andere treten an ihre Stelle. Die Produkte müssen diesem Wandel der Wertvorstellungen entsprechen, das heißt sie verlangen eine zeitgemäße Gestaltung, eine Gestaltung, ausgerichtet an den neuen Orientierungswerten. Allen beschriebenen Faktoren, dem Menschen, der Umwelt und der Zeit, muß der Designer Rechnung tragen. Seine Aufgabe ist die Zusammenschau, die sinnvolle Koordination und Integration der Einzelaspekte zu einem gestalterischen Ganzen. Denn ein guter Arbeitsplatz ist letzten Endes nicht nur die Summe von richtig eingesetzten, mehr oder weniger gesetzlich fixierten und gewerkschaftlichen einklagbaren Meßwerten, sondern erfordert schon bei der Konzeption den Blick auf das Ganze!

Neuentwickelte Geräte mit ergonomisch günstigen Eigenschaften

B. EDEL

Die Grundbausteine des Bildschirmarbeitsplatzes sind in erster Linie das Bildschirmgerät und die Tastatur. Ihre Gestaltung beeinflußt in hohem Maße die anderen Komponenten des Gesamtsystems Bildschirmarbeitsplatz, wie Arbeitstisch, Beleghalter, Arbeitsstuhl und Arbeitsraum mit Raumbeleuchtung, Arbeitsklima, Arbeitsgeräusch und damit Arbeitshaltung und Arbeitsanforderungen an den Menschen.

Welche Anstrengungen und Überlegungen vom Geräteentwickler und Gerätehersteller gemacht wurden − und werden −, um die neuesten Erkenntnisse auf dem Gebiet BAP und die Erfahrungen mit den im Einsatz befindlichen Ge-

Abb. 1. Datensichtstation 9750

räten in Neuentwicklungen umzusetzen und ergonomisch günstige Geräte auf den Markt zu bringen, beweist unsere Datensichtstation 9750.

Bei der Neugestaltung der Anzeige wurde den folgenden ergonomischen Gesichtspunkten die erste Priorität gegeben:

— optisch einwandfreie Darstellung der Information auf dem Bildschirm
— geringe Gerätegröße und damit freizügige Aufstellmöglichkeit
— richtige Einbettung der Anzeige in das Umfeld
— minimale Wärmeentwicklung und geringe Geräuschabgabe
— Arbeitserleichterung durch Bedienerführung

Für die *optisch einwandfreie Darstellung der Information* auf dem Bildschirm sind folgende voneinander abhängige, physikalische Größen von Bedeutung:

— Anzahl der darzustellenden Zeichen,
— Anzahl der Bildelemente je Zeichen und
— die Bildelementfolgefrequenz.

Diese physikalischen Größen sind einander gegenüberzustellen und abzustimmen. Bestimmt werden diese Größen im wesentlichen von dem Auflösungsvermögen des menschlichen Auges und dem Informationsumfang, den der Anwender bzw. Kunde auf dem Bildschirm sehen möchte. Für die DSS 9750 wurden diese Bestimmungsgrößen mit 2000 Zeichen in 25 Zeilen im Punktrasterverfahren in einem Raster von 16×8 Gitterpunkten festgelegt. Die Darstellung erfolgt auf einem CRT-Bildschirm mit einer Bildelementfolgefrequenz von 60 Hz in Negativschrift, d. h. helle Zeichen auf dunklerem Grund; sie kann aber für bestimmte Bereiche oder ganz in dunkle Zeichen auf hellem Grund auf Kundenwunsch umgeschaltet werden.

Um diese hohe Bildelementfolgefrequenz bei den 2000 Zeichen erreichen zu können, wurde eine Monitorschaltung mit einer Zeilenfrequenz von 25 kHz entwickelt. Bei dieser Neuentwicklung wurde gleichzeitig die Randschärfe, d. h. die Kantenkontur der Zeichen, durch Ausnutzung weiterer Oberwellen verbessert.

Verwendet werden Bildröhren mit dem Leuchtstoff P 31, also im gelbgrünen Bereich. Damit können die von der Berufsgenossenschaft geforderten 10 cd/m² Leuchtdichte des Zeichenuntergrundes bei einer Nennbeleuchtungsstärke von 500 lx eingehalten werden.

Die Leuchtdichte der Zeichen ist von 60—160 cd/m² einstellbar. Zur Codierung lassen sich Formatinformationen mit verringerter Leuchtdichte darstellen. Für diese Formatdarstellungen ist die Leuchtdichte der Zeichen getrennt regelbar.

Die Schriftgröße der Großbuchstaben beträgt ca. 4 mm und hat ein Höhen-, Seitenverhältnis von 1:0,6 bzw. 1:0,8. Die Mindestabstände der Zeichen in der Zeile betragen 15% der Schriftgröße.

Durch diese Schriftgröße, die ca. ⅓ über der Mindestschriftgröße aus der Normempfehlung DIN 66 234 T1 liegt, ist ein ausreichender Aufstellungsspielraum um den Beobachtungsabstand von 500 mm gegeben.

Die Richtigkeit der Informationsdarstellung wurde durch umfangreiche Untersuchungen im eigenen Hause, speziell in unserem Ergonomielabor Erlangen erhärtet.

Eine dieser Untersuchungen galt der Farbauswahl des Leuchtstoffs sowie dem Einstellbereich der Zeichenleuchtdichte für die Textverarbeitung.

Bei diesem Versuch konnten Testpersonen in einem mit einer Nennbeleuchtungsstärke [1] von 500 lx versehenen normalen Arbeitsraum an 11 verschiedenen Geräten arbeiten, darunter an Bildschirmgeräten mit den Leuchtstoffen P 4, P 31 und GH.

Jedes der Testgeräte konnte von Negativ- auf Positivschrift umgeschaltet werden. Dabei standen Geräte mit nackter oder entspiegelter und mit verschiedenen Mikro-Mesh-Gittern versehenen Bildschirmen zur Verfügung.

Die Zeichenleuchtdichte war bei Negativschrift von $40-200$ cd/m² regelbar.

Neben den auf eine Farbe fest eingestellten Geräten war ein Farbmonitor als Vergleichsgerät mit in dem Versuch eingebaut. An diesem Farbmonitor konnte jede der Versuchspersonen sich den von ihr gewünschten Farbton und die Zeichenhelligkeit selbst einstellen.

Die Mehrzahl der Versuchspersonen bevorzugten Negativschrift, also helle Zeichen auf dunklerem Grund. Dies ist eine Feststellung, die wir auch auf der Visiodata in München bei Besuchertests machten.

Die Einstellung der Helligkeit lag zwischen $100-120$ cd/m².

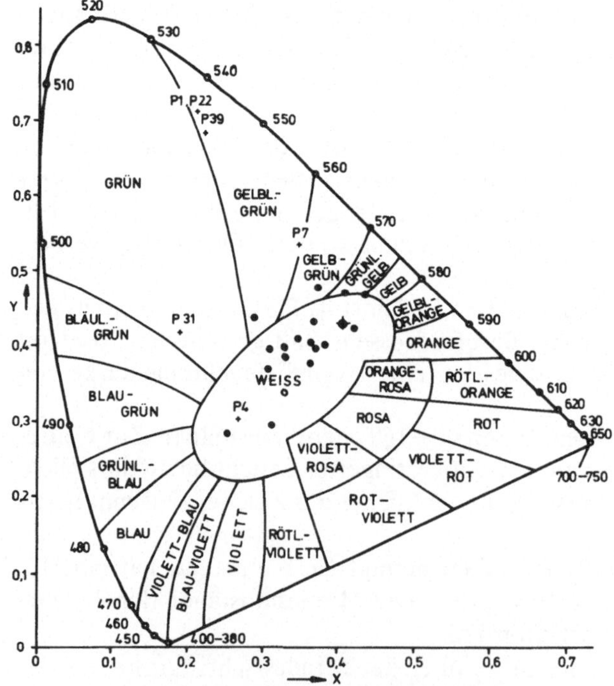

Abb. 2. Das Ergebnis der Testreihe, eingetragen in das Farbortdiagramm der verschiedenen Leuchtstoffe, zeigt eine Bevorzugung der Monitoreinstellung in dem weißen bis weißgelben Bereich, für Textverarbeitung

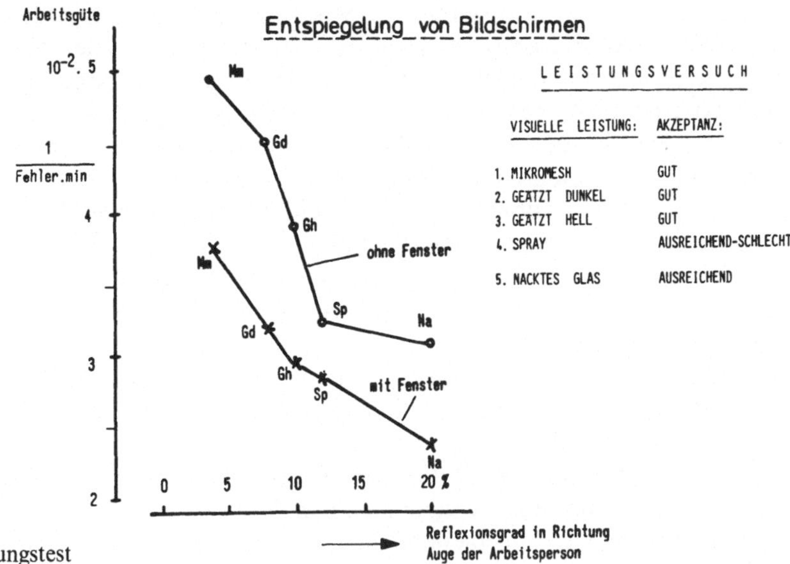

Abb. 3. Leistungstest

Ein wichtiges Thema ist die Entspiegelung von Bildschirmen. Dabei ist zu unterscheiden, in Spiegelungen mit hoher Leuchtdichte z. B. der Raumbeleuchtung und Spiegelungen mit geringer Leuchtdichte. Daß die Blendung am Bildschirmarbeitsplatz in erster Linie ein Problem der Beleuchtung des Arbeitsraumes sowie der Aufstellung des Bildschirmgerätes ist, ist allgemein bekannt.

Am Bildschirm selbst kann man nur Spiegelungen mit geringer Leuchtdichte durch Filter vermeiden. Dabei stellt jede Art der Entspiegelung einen Kompromiß zwischen dem Anteil des transmittierten Lichts der Information und der Umwandlung von gerichtetem Licht aus dem Raum in blendfreies diffuses Licht am Bildschirm dar.

Um dem Anwender eine möglichst gute Anpassung der Bildschirme an seine speziellen Licht- und Aufstellungsverhältnisse zu ermöglichen, wird die DSS 9750 in 3 Varianten angeboten.

1. Mit nackter Röhre für Arbeitsräume mit diffusem Licht z. B. Arbeitsräume mit Bildschirmarbeitsplatzleuchten.
2. Mit einer Röhre, die durch eine davorgesetzte aufgerauhte, beschichtete Grauglasscheibe als Filter entspiegelt wird, für Arbeiten mit sehr kontrastreichen Belegen in hellen Räumen.
3. Und Röhren mit einem Vorsatzfilter aus Mikro-Mesh von 40% Lichtdurchlässigkeit für Arbeitsräume mit höheren Leuchtdichten.

Variante 2 kann nur auf Wunsch angeboten werden.

Diese Entscheidung wurde ebenfalls durch einen Text erhärtet. Dabei wurden nicht nur wie bei den allgemein bekannten Versuchen − über Blendung − reine Lichtmessungen gemacht, sondern mit ausgewählten Versuchspersonen Leistungstests mit verschiedenen Bildschirmoberflächen durchgeführt. Man wollte wissen, was in der Praxis passiert.

Das Versuchskriterium war die Arbeitsgüte, d. h. die Fehlerhäufigkeit bezogen auf die Zeit, und eine Akzeptanzbefragung der Versuchspersonen.

Getestet wurden Bildröhren mit Mikro-Mesh-Filtern, dunklen oder hellen Vorsatzscheiben, die geätzt wurden, Röhren die mit bernsteinfarbenem Spray behandelt wurden und nacktes Glas. Die Geräte standen einmal direkt am Fenster und einmal in der Raummitte bei 500 lx Nennbeleuchtungsstärke. Beide Male standen die Anzeigen mit Blickrichtung parallel zur Lichtquelle mit entsprechend langen Lichtbändern hinter dem Bildschirm.

Das Ergebnis war überraschend. In beiden Fällen wurde Mikro-Mesh-Filter bevorzugt und hatte eine gute Akzeptanz.

Für die *Festlegung der Gerätegröße* ist in erster Linie die Größe der Schriftzeichen, die Anzahl der darzustellenden Zeichen je Zeile und die Anzahl der Zeilen ausschlaggebend.

Aufgrund der guten Erfahrung mit der Darstellung von 2000 Zeichen in 25 Zeilen bei unseren bisherigen Sichtgeräten blieben wir auch beim DSS 9750 bei dieser Zeichenzahl.

Bei einer ebenfalls bewährten Schriftgröße von ca. 4 mm ergibt das einen Anzeigenbereich mit einer Diagonalen von 290 mm. Um Verzerrungen der Zeichen am Rande des Anzeigebereiches zu vermeiden, sollte man hierfür eine Bildröhrengröße mit mindestens 31 cm Diagonale oder 38 cm einsetzen.

Neben diesem Anzeigenbereich sollen nur noch einige wenige Stellteile, die unmittelbar zur Bedienung und Steuerung der Informationsdarstellung dienen, angeordnet werden.

Die zum Betrieb einer Anzeige erforderlichen elektronischen Baugruppen wie Stromversorgung, Digital-Elektronik für die Speicherung und Umsetzung

Abb. 4. Innenansicht der DSS 9750

Abb. 5. Ergonomiezusatz und Datensichtstation 9750

der Information in lesegerechte Zeichen sowie der erforderlichen Analogumsetzung mit dem Hochspannungsteil, sollen die Gerätegröße nicht bestimmen.

Es wäre wesentlich einfacher und auch billiger, die Stromversorgung und ein Standardaufbausystem von der Stange zu nehmen und neben oder hinter der Anzeige anzuordnen.

Um jedoch die Freizügigkeit der Aufstellung der Anzeige zu gewährleisten, wurden die elektronischen Baugruppen tangierend zum Röhrenprofil angeordnet.

Durch diese raumsparende enge Bauweise ist es möglich geworden, die Anzeige mit Hilfe des Ergonomiezusatzes so anpassungsfähig zu gestalten, daß an ein und demselben Arbeitsplatz verschieden große Benutzer arbeiten können.

Dieser Ergonomiezusatz, der speziell auf die mit ca. 650 mm Radius gewölbte Bildröhre abgestimmt ist, läßt eine Höhenverstellung von 110 mm zu. Die Anzeige kann 20° nach hinten in die günstigste Leseneigung und bis 5° nach vorne zur Vermeidung von Blendung geneigt werden.

Um das ganze Gerät schwenken zu können, ist der Sockelfuß um 360° drehbar. Durch die entsprechende Dimensionierung der Ausgleichsfedern ist zur Höhenverstellung nur ein sehr geringer Kraftaufwand erforderlich. Mit einem Hebel kann die Höhenverstellung zusätzlich fixiert werden.

Die richtige *Einbettung der Geräte in das Umfeld* und damit in das Gesamtsystem Bildschirmarbeitsplatz ist ein weiterer wichtiger Punkt, dem die Designer und Konstrukteure der DSS 9750 besondere Beachtung schenkten.

So wurde bei der Gestaltung der Form und Farbe nicht ein werbewirksames exotisches Gebilde geschaffen, sondern eine schlichte und einfache, fast kubische Form bevorzugt. Der Designer spricht hier von einer wertfreien Form. Dies ist nach unserer Meinung erforderlich, um dem Benutzer die Signifikanz der Information zu verdeutlichen.

Abb. 6. Anzeigeeinheit der Datensichtstation 9750

Ausgangspunkt für die Farbgestaltung, sieht man von den für extreme Lichtverhältnisse erforderlichen Mikro-Mesh-Filtern ab, war der graugrüne Untergrund der Bildröhre mit dem Leuchtstoff P 31. Die Gehäuse und Frontteilfarben sind dazu im Kontrastverhältnis von 3:1 bzw. 1:3 festgelegt.

Zur Fixierung des Informationsfeldes wurde das Frontteil mit einer graubraunen Farbe mit einem Reflexionsgrad von ca. 30% versehen. Das Gehäuse wurde durch die hellgraue Farbe von 60% Reflexion dem Umfeld angepaßt.

Die Oberflächen sind fein strukturiert, um gerichtetes Licht aus dem Raum in diffuses Licht für das Auge des Betrachters umzuwandeln. Der Glanzgrad aller von uns verwendeten Oberflächen ist seidenmatt.

Neben den optischen Aspekten wollten wir der DSS 9750 auch einen reinen psychologischen Effekt mit auf den Weg geben. Die DSS 9750 soll nicht als knalliges Monster in einer sonst meist recht freundlichen und gefälligen Bürolandschaft, einer Fabrik oder einem Verkaufszentrum stehen und beim Benutzer Angst und Unbehagen hervorrufen. Sie soll vom Menschen angenommen werden.

Um eine *minimale Wärmeentwicklung und damit eine geringe Geräuschabgabe* bei den Lüftern erreichen zu können, wurde die Leistungsaufnahme durch Weiterentwicklung der Elektronik, sowohl im digitalen als auch im analogen Teil der Anzeige und der Tastatur weiter reduziert.

Die Wärmeabgabe entspricht etwa der eines Menschen. Das Lüftergeräusch wurde mit 30 dB gemessen.

Arbeitserleichterungen durch *Bedienerführung*. Hierunter sind in erster Linie Arbeitsanweisungen zu verstehen, die dem Benutzer direkt in Klartext auf dem Bildschirm in der 25. Zeile angeboten werden. Also möglichst keine

Leuchtanzeigen oder Symbole, die einen Lernvorgang erfordern oder mit Hilfe von Codetabellen entziffert werden müssen. Bei der 9750 wurde besonders darauf geachtet, daß Gerätezustände nur dann angezeigt werden, wenn sie ein Eingreifen des Bedieners notwendig machen.

Durch das Voranstellen der hier aufgezeigten ergonomischen Gesichtspunkte haben wir eine flexible Anzeige geschaffen, die es erlaubt, sich verschiedenen Arbeitsbedingungen und verschiedenen Benutzern anzupassen.

Für die Neugestaltung der Tastatur waren die 30 mm Höhe für die C-Reihe Ausgangspunkt des Gesamtkonzepts.

Neben dieser Grundforderung wurden folgende Faktoren beachtet:

- Beibehaltung der freizügigen Aufstellung
- Einhaltung der Normen für die Belegung
- Herabsetzung der Blendwirkung
- Erkennbarkeit der Schriftzeichen
- Einbettung der Tastatur in das Umfeld durch Farbgebung
- Erfüllung von Kundenwünschen
- Erhaltung der hohen Schreibqualität unserer bisherigen Produkte

Die *freizügige Aufstellung* der Tastatur war in unseren bisherigen Sichtstationen 8150 und 8160 ein wichtiger Grundsatz. Dieser wurde in der Zwischenzeit auch in den meisten Untersuchungen z. B. in der TU Berlin als richtig bestätigt.

Um diese Freizügigkeit auch bei einer 30 mm flachen Tastatur verwirklichen zu können, sind zwei Maßnahmen erforderlich:

1. Der Einsatz von Tastaturen mit niedrigeren Tastelementen und
2. eine Verringerung der Tastaturneigung.

Beide Punkte stellen zunächst eine rein technisch-geometrisch zu lösende Aufgabe dar, werden aber sehr schnell zur reinen Frage der Ergonomie, wenn man den Kraftwegverlauf des Tastenelementes mit einbezieht.

Nimmt man die Frage der Gestaltung der Tastenoberfläche „geneigt" oder „nicht geneigt" dazu, so hat man die Abhängigkeit von 4 Komponenten untereinander abzustimmen.

Durch Schreibversuche, auf die im Abschnitt Schreibqualität noch eingegangen wird, wurde ein Kraftwegverlauf mit einem Tastweg von 4 mm als günstig ermittelt. Nimmt man diese 4 mm Hubhöhe als Ausgangspunkt für die Abstimmung der anderen 3 Faktoren, so ergibt sich eine Tastaturneigung von 6° und eine parallel zur Neigung verlaufende Tastenoberfläche. Dabei wurde der theoretische Wert für die genormte Tastenteilung von 19 mm, der bei einem Hub von 4 mm eine Tastaturneigung von 12° haben sollte, geteilt.

Die sich bei 6° ergebende Höhendifferenz pro Tastenreihe von nur 2 mm muß dann durch die Tastenform ausgeglichen werden. Zieht man Hubhöhe und unbedingt notwendige Konstruktionswerte, wie z. B. Gehäusedicke, Isolierstrecken zu stromführenden Elementen und die Leiterplattendicke von den 30 mm ab, so ergibt sich die Bauhöhe des Tastenelementes von ca. 16 mm– 19 mm einschließlich Tastenkappe.

Die für diese Bauhöhe geeigneten Tasten mit einem Tastenhub von 3,5–4,5 mm wurden sowohl von reinen Tastenherstellern, als auch in unserem Hause neu entwickelt. Damit ist man heute in der Lage, frei aufzustellende, flache, ergonomisch richtige Tastaturen herzustellen.

Die konstruktive Ausführung der Tastatur erlaubt *die Einhaltung aller vorhandenen Belegungsnormen*. Sie kann jedoch nicht gleichzeitig mehreren Normen [2] gerecht werden.

Der Wechsel für die Bedienpersonen von der Schreibmaschine zum Buchungssystem, zur Rechenmaschine und zum Sichtgerät ist nach wie vor noch ein Problem und wird es auch in nächster Zeit noch bleiben. Abhilfe kann hier nur eine baldmögliche Vereinheitlichung der einschlägigen Normen schaffen.

Die *Vermeidung der Blendung* des Benutzers durch die Tastatur und die Vermeidung von Spiegelungen der bewegten Tasten – die durch die Bewegung der Tasten besonders hervorgehoben wird – ist eine Aufgabe für den Geräteentwickler. Dabei sind im wesentlichen 2 Dinge zu lösen:

– Die Beschaffenheit der Tasten- und Gehäuseoberflächen sowie
– die Gestalt der Tastenkappen

Für beide Punkte gibt es bereits eine Reihe von Untersuchungen und Normempfehlungen, die klare Aussagen über Reflexionsgrad und Glanzgrad machen. Diese Werte, z. B. eine Reflexion von 40–60% mit dem Glanzgrad „seidenmatt" ist bei entsprechender Ausgestaltung der Werkzeugoberflächen machbar. Man muß jedoch berücksichtigen, daß dies auch ein Problem der Sauberkeit ist.

Durch Fingerschweiß und Fette wird jeder Kunststoff glänzend. Man kann diese Verschmutzung durch sogenannte Antistatikeinstellungen des Kunststoffes etwas verzögern, aber nicht auf Dauer verhindern.

Zur Formgestaltung der Tasten liegen ebenfalls eine Reihe von Untersuchungen, z. B. die von Dr. Çakir vor. Hier wird allgemein die Mesataste hervorgehoben, da sie die geringste Spiegelfläche aufweist und ein Tastzentrum besitzt.

Bei der DSS 9750 wurde eine Tastenform gewählt, die der Mesataste weitgehend entspricht, aber die scharfe Kante vermeidet. Wir haben in Videoaufzeichnungen festgestellt, daß sehr oft der Tastenrand – sowohl der zu betätigenden Taste als auch der der Nachbartaste – getroffen wird und die scharfe

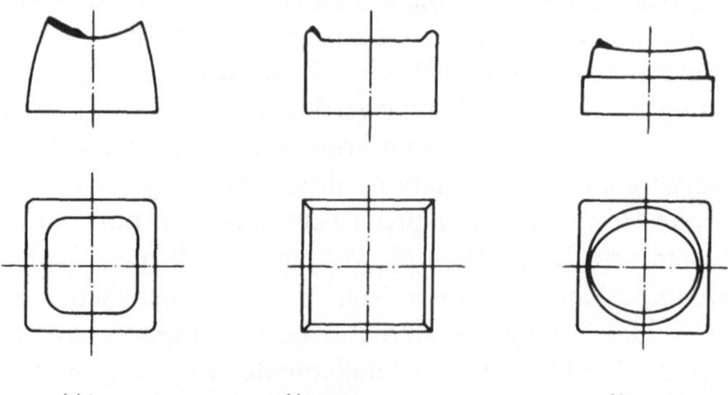

Abb. 7. Tastenformen

Kante vor allen Dingen bei den sehr schnell schreibenden Damen Beschwerden hervorrufen können. Das ist sicher ein Kompromiß zur Mesataste für die Blendung; aber er ist zur Betätigung erforderlich.

Die Darstellung der Zeichen auf der Taste erfolgt in Positivdarstellung, d. h. dunkle Zeichen auf hellem Grund.

Nimmt man für die Tastenkappe Farben mit einem Reflexionsvermögen von 40−60% und für die Zeichendarstellung ein schwarz mit 5−8% Reflexionsvermögen, so ergibt sich ein Tasten-Zeichen-Kontrast von etwa 5:1.

Dieser Kontrast ermöglicht nicht schnell schreibenden Benutzern und vor allen Dingen sporadischen Benutzern auch bei Nennbeleuchtungsstärken von 300 lx ein einwandfreies Lesen der Tastenzeichen. Da der Anteil der Zeichenoberfläche relativ gering ist, gemessen am Anteil der Tastenkappenoberfläche, verändert er den Gesamtreflexionsgrad der Taste nur sehr minimal.

Für die Einbettung der Tastatur in das Umfeld gelten die gleichen Gesichtspunkte wie bei der Anzeigeeinheit, d. h. die Abstimmung hinsichtlich der Gehäusefarbe, der Gehäuseform, der Tastenfelder und der freizügigen Aufstellung der Tastatur.

Abb. 8. Tastatur der Datensichtstation 9750

Besonderes Augenmerk ist dem Einsatz von Signalfarben zu Codierungen im Tastenfeldbereich zu widmen, damit keine unterschwelligen Belastungen beim Benutzer hervorgerufen werden.

Die anfangs von Kunden geäußerten Bedenken gegen die gewählte Farbgebung, wie z. B. die Tastatur ist zu lau oder zu trist, wurden bereits nach sehr kurzer Benutzungsdauer immer in positive Aussagen umgewandelt. Die Tastatur hat sich gerade auch in dieser Hinsicht bewährt.

Kundenwünsche können selbstverständlich auch bei der Tastatur 9750 hinsichtlich Belegungen und Farben sowie Schriftzeichen − z. B. nationale Buchstaben und Zeichen − erfüllt werden. Doch stellen wir dem Kunden unsere Kenntnisse und Einrichtungen über die Ergonomie BAP zur Verfügung und beraten ihn über die einschlägige Normung. Da die Kunden sehr ergonomiebewußt denken, ergeben sich in der Regel auch für spezielle Aufwendungsfälle ergonomisch richtige Lösungen. Diese können in den meisten Fällen unserem Standardprogramm entnommen werden.

Die Erhaltung der hohen Schreibqualität unserer DSS 8160 mit ca. 30 000 Stück im Einsatz befindlichen Tastaturen war ein entscheidender Punkt bei der Neugestaltung der Tastatur. Um diese Schreibqualität auch bei der flachen Tastatur erhalten zu können, wurden umfangreiche und teuere Untersuchungen sowie Designstudien durchgeführt.

Die von Ergonomen und Soziologen sorgfältig ausgewählten Versuchspersonen bestanden aus exzellenten Schnellschreiberinnen mit langer Schreibmaschinen-Erfahrung, aus Damen mit langen Fingernägeln, aus Sachbearbeitern und aus Personen, die im 2-Finger-System schreiben . . . Ebenfalls wissenschaftlich ausgesucht wurden die Versuchstexte. Die Versuche wurden über einen größeren Zeitraum, als eine Art Dauertest und mehrere Male durchgeführt. Zur Entscheidung wurde die Fehlerhäufigkeit bei verschiedenen Fehlern und die Fehlerhäufigkeit in Summe ausgewertet. Dazu kam mit Hilfe von Fragebogen, die die Versuchspersonen ausfüllen mußten, eine reine Akzeptanzbefragung.

Verglichen wurde die Tastatur der DSS 8160 mit der flachen Tastatur unserer DSS 9750. Dabei wurden Tasten mit einem Druckpunkt und druckpunktlose Tasten gegenübergestellt.

Der Kraftwegverlauf der Tasten steigt bis 0,7 N an, fällt auf etwa 0,5 N bis zum eigentlichen Schaltpunkt ab und steigt dann wieder an bis zum Anschlag. Dabei ist ein entsprechender Leerhub nach dem Schaltpunkt zu spüren. Interessant war eine Feststellung der Versuchspersonen, vor allem der Normalschreiber, daß sie das Tastwegverhältnis der Tasten mit Druckpunkt den Tasten der DSS 8160 zuordneten, die einen Tastenweg von fast 6 mm haben. Es lag also eine taktile Täuschung vor, die den Benutzern eine gewisse Sicherheit gab. Das Ergebnis hinsichtlich der Fehlerhäufigkeit und der Akzeptanz zeigen folgende Bilder:

– Die Gesamtfehlerzahl, sieht man von der 3. Stelle nach dem Komma ab, zeigt, daß alle 3 Tastaturen gleichwertig sind.
– Die Gleichheit der personenbedingten Fehler beweist die Richtigkeit der Auswahl der Versuchspersonen.

Abb. 9. Tastaturen der Datensichtstation 8160 und 9750

FEHLERART \ TASTATUR	TA 1 (8160)	TA 2 (9750, OHNE DRUCKPUNKT)	TA 3 (9750, MIT DRUCKPUNKT)
ANZAHL DER ANSCHLÄGE	32 368	34 725	32 396
PERSONENBED. FEHLER	110 = 0,34 %	108 = 0,31 %	107 = 0,33 %
VERWECHSELN MIT NACHBARTASTE	27 = 0,08 %	12 = 0,03 %	23 = 0,07 %
BERÜHREN BENACHBARTER TASTEN	111 = 0,34 %	146 = 0,42 %	102 = 0,31 %
SHIFT-TASK VERFEHLT RECHTS	4 = 0,01 %	6 = 0,02 %	4 = 0,01 %
LINKS	10 = 0,03 %	16 = 0,05 %	15 = 0,05 %
DOPPELBUCHSTABEN	12 = 0,04 %	20 = 0,06 %	23 = 0,07 %
DOPPELBUCHSTABEN EINFACH	13 = 0,04 %	6 = 0,02 %	2 = 0,01 %
TASTE NICHT AUSGELÖST	36 = 0,11 %	38 = 0,11 %	42 = 0,13 %
ZEILENUMSCHALTUNG NICHT GEFUNDEN	0 = 0 %	3 = 0,01 %	2 = 0,01 %
SONSTIGE	5 = 0,02 %	2 = 0,01 %	11 = 0,03 %
Σ	328 = 1,00 %	357 = 1,03 %	331 = 1,02 %

Abb. 10. Testergebnis, ausgewertet nach Fehlerhäufigkeit

- Verwechseln mit der Nachbartaste: ein deutliches Plus für die Taste ohne Druckpunkt. Eine Tatsache, die wir nicht genau interpretieren konnten. Es könnten eigentlich nur personenbedingte Fehler sein.
- Berühren der Nachbartaste Pluspunkte für den Druckpunkt. Durch die Verzögerungsphase wird bei Fehltastung die Möglichkeit gegeben, den Tastvorgang abzubrechen, und es erfolgt keine Fehlausgabe von Zeichen. Dies trifft vor allem bei Normalschreibern zu.
- Shifttaste verfehlt: etwa gleichwertig. Für beide Tastaturen gilt jedoch die Schwierigkeit der nicht einheitlichen Lage der Shifttaste links. Schreibmaschine – Dateneingabe.
- Alle anderen Fehler ergaben keine unterschiedlichen Werte.

Interessant, daß sich diese Werte mit Untersuchungen, die vor mehr als 10 Jahren von Dr. KOCH bzw. der TU Berlin gemacht wurden, ziemlich genau deckten.

Ein Vergleich, der bereits damals gemacht wurde, zeigte auch, daß Personen an Fernschreibmaschinen nur etwa ⅕ der Fehler von Schreibmaschinenschreibern machen.

Das Bewertungsprofil nach Auswertung der Fragen – Bedienbarkeit, Schreibgeschwindigkeit, Fehlerhäufigkeit, Betätigungskraft, sowie subjektive Schreibsicherheit – zeigt eindeutig den Vorrang der ergonomisch gestalteten Tastatur 9750. Es gibt gleichzeitig, wenn man das Mittel bildet, der Taste mit dem Druckpunkt Vorteil. Dies bestätigt auch ein weiterer Versuch, bei dem wir festgestellt hatten, daß für sehr schnellschreibende Benutzer die Taste ohne Druckpunkt etwas günstiger ist. Wenn man den Durchschnitt aller Anwender

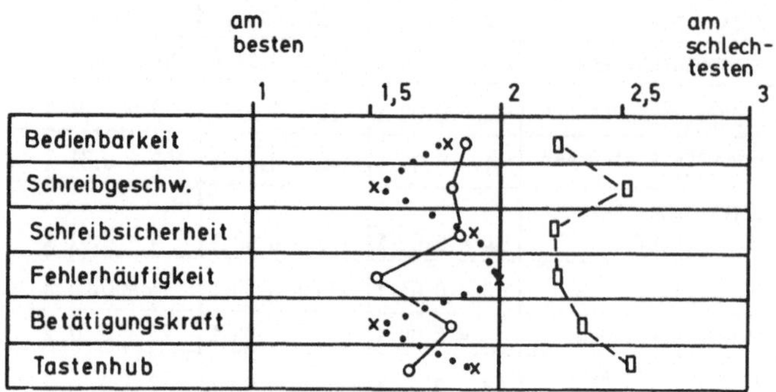

Abb. 11. Bewertungsprofil nach der Akzeptanzbefragung

nimmt, ist jedoch die Fehlerhäufigkeit bei Tasten mit Druckpunkt wesentlich geringer.

Dies trifft jedoch nur für Tasten zu, die einen sehr engen Schaltbereich und genügend Überweg haben. Bei Schaltbereichen von mehr als 0,5 mm beenden gerade sehr geübte Kräfte den Schaltvorgang zu früh und bekommen dadurch Auslassungsfehler im Text.

Diese ganzen Untersuchungen über Tastaturen wurden neben der reinen Textauswertung mit einer Videokamera verfolgt. Diese Filme wurden so gedreht, daß mit Hilfe eines Rechners jede Phase registriert wurde, um in Zeitdehnungsabläufen jede kleinste Bewegung studieren und bewerten zu können.

Abb. 12. Bildschirmarbeitsplatz

Wie genau wir dabei vorgegangen sind, kann man an der Länge der Aufzeichnungen erkennen. Die Filmlänge beträgt 40 km.

Selbstverständlich sind wir bei allen anderen hier nicht aufgeführten Untersuchungen genau so sorgfältig vorgegangen. Die Summe aller Überlegungen darf ich Ihnen abschließend im letzten Bild aufzeigen.

Ein Bildschirmarbeitsplatz mit den Modulen – Anzeige, Tastatur – der Datensichtstation 9750, aufgebaut auf einem in unserem Hause neu entwickelten Arbeitstisch mit 30 mm Tischplattenstärke.

Diesen Tisch, der in den Farben zu den Geräten nach den Empfehlungen von DIN und der Berufsgenossenschaft geliefert werden kann, gibt es als Festausführung mit 720 mm Höhe und als höhenverstellbaren Tisch von 600–780 mm Einstellbereich. Mit diesem Tisch und einem hier nicht sichtbaren Beleghalter für Formatpapier haben wir die sogenannte ergonomische Hardware des BAP abgerundet und alle derzeit bekannten Forderungen erfüllt.

Schrifttum

[1] DIN 5035 T1: Innenraumbeleuchtung mit künstlichem Licht; Begriffe und allgemeine Anforderungen
[2] DIN 2127: Büro- und Datentechnik. Alphanumerische Tastaturen. Tastenanordnung für elektromechanisch angetriebene Schreibmaschinen
[2] DIN 2137 T1, T2, T3: Büro- und Datentechnik. Alphanumerische Tastatur. Schreibmaschinen-Tastatur
[2] DIN 2139: Büro- und Datentechnik. Alphanumerische Tastatur. Tastenordnung für Dateneingabe
[2] DIN 2145: Büro- und Datentechnik. Funktionstasten in Tastaturen
[2] DIN 9753: Büro- und Datentechnik. Numerische Tastaturen
[2] DIN 9755: Büro- und Datentechnik. Rechenmaschinen. Tastenfeld
[2] DIN 9758: Büro- und Datentechnik. Numerische Tastaturen. Tastenanordnung für den numerischen Bereich

Die mehrfarbige Anzeige von Zeichen, Graphiken und Symbolen bei Bildschirmgeräten

F. NOLLE

1. Einleitung

Die Darstellung der Information auf Bildschirmanzeigen erfolgt z. Zt. noch überwiegend in Form von einfarbigen Buchstaben und Ziffern. Im täglichen Leben sehen wir jedoch unsere Umwelt meist in mehrfarbigen Bildern. Bei technischen Medien wie z. B. Film, Photographie, Fernsehen und Druck erfolgt immer mehr die Darstellung in bunten Farben. Im Berufsleben werden Farben in vielen Bereichen zur Belebung, Kennzeichnung und Orientierung eingesetzt.

Die Hersteller von Bildschirmgeräten gehen verstärkt dazu über, Geräte mit mehrfarbiger Anzeige von Zeichen, Graphiken und Symbolen anzubieten (Abb. 1). In der folgenden Ausarbeitung sollen die Grundlagen, Möglichkeiten und die Ergebnisse der Verwendung von Farbe, Graphiken und Symbolen für die Informationsanzeige erläutert werden.

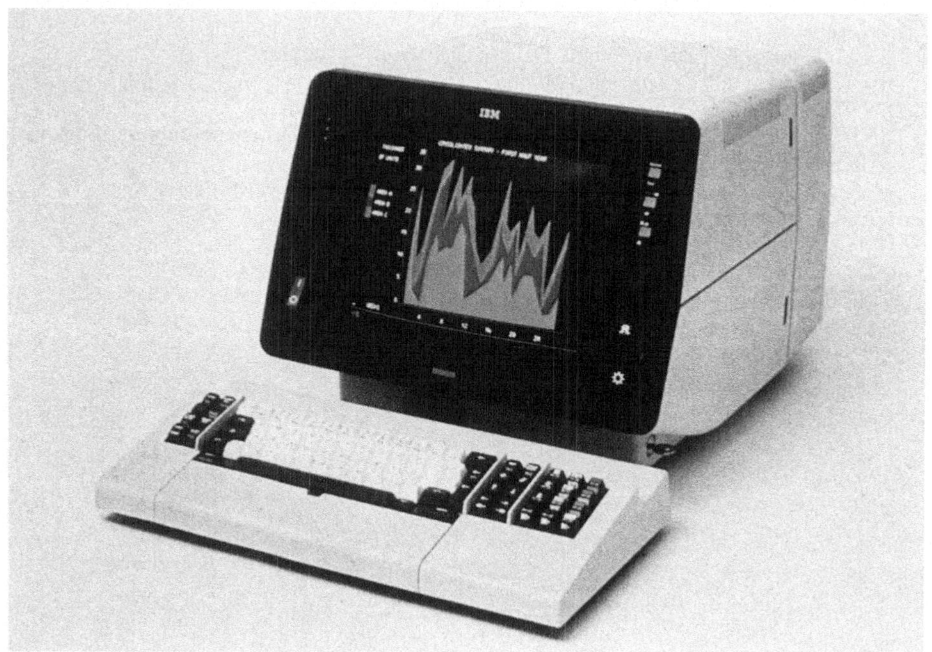

Abb. 1. Bildschirmgerät zur mehrfarbigen Anzeige von Zeichen, Graphiken und Symbolen

2. Die Farbe

Farbe ist eine Sinnesempfindung, die von Lichtstrahlen ausgelöst, im Auge in Nervenerregungen umgewandelt und zum Gehirn geleitet wird und dort als Farbe ins Bewußtsein des Menschen tritt. Da Farbe eine Sinnesempfindung ist, ist Messen nur durch Vergleichen möglich. Zur Kennzeichnung der Farbe wird nach „Buntton", „Sättigung" und „Helligkeit" unterschieden.

Die Normfarbtafel nach DIN 5033 [1], auch CIE-Farbdreieck genannt [2], veranschaulicht in einer zweidimensionalen Darstellung Buntton und Sättigung der Farbe (Abb. 2). Auf dem Rand des Farbdreiecks liegen die gesättigten Spektralfarben, ausgehend von violett mit einer Wellenlänge ab 380 nm (Nanometer) über blau, grün, gelb, orange zu rot mit bis zu 750 nm. Die unterschiedlichen Sättigungen liegen auf der Verbindungslinie einer Spektralfarbe mit dem Punkt E, dem Farbort für „unbunt", zu dem alle Farben zwischen weiß über grau bis schwarz gehören. Der Ort einer Farbe im Farbdreieck wird durch die x- und y-Koordinaten angegeben. Die dritte Kennzeichnung der Farbe, die Helligkeit, muß man sich als dritte Dimension, die aus dem Papier herausragt, vorstellen.

Das Farbsystem nach DIN 6164 [3] teilt die bunten Farben in 24 Bunttöne mit bis zu 10 Sättigungsstufen „S" und bis zu 7 Helligkeitsstufen „D" ein (Abb. 3). So entstehen etwa 2000 Farben.

Additive Farbmischungen liegen auf der Verbindungsgeraden zweier Farben im Farbdreieck. Mit drei Farben lassen sich alle Farben herstellen, die innerhalb der Verbindungsgeraden dieser drei Farben im Farbdreieck liegen. Abb. 4 zeigt

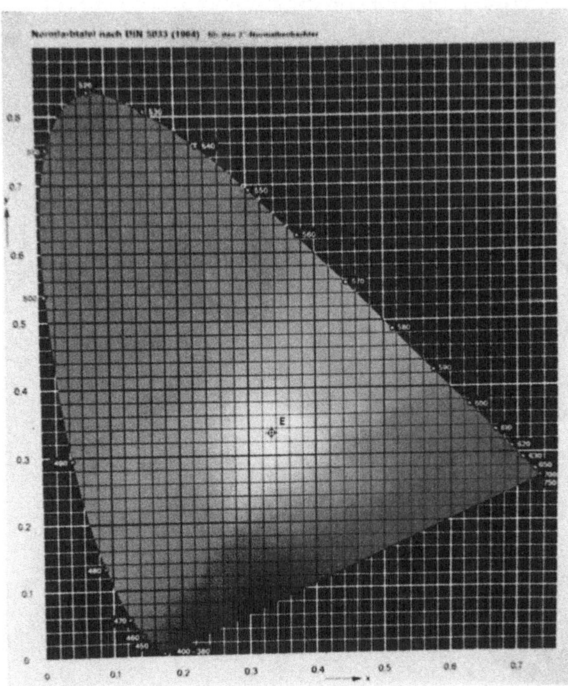

Abb. 2. Normfarbtafel nach DIN 5033

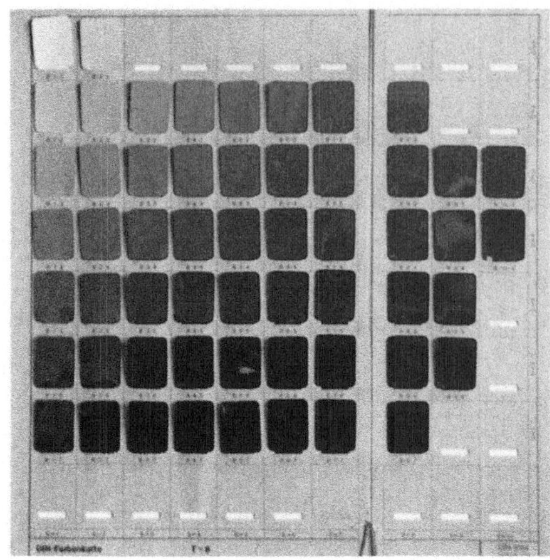

Abb. 3. Das Farbensystem nach
DIN 6164

den Zusammenhang zwischen den Primärfarben blau, grün und rot, den Mischfarben türkis, gelb und rosa und der Farbe weiß, die bei mehrfarbigen Fernse-
hern und Bildschirmen gegeben ist. Auch das Auge erkennt die verschiedenen
Farben durch drei verschiedene Sehzapfenarten in der Netzhaut, bei denen jeweils der Schwerpunkt der Empfindlichkeit in den Bereichen blau, grün oder
rot liegt. Dabei kann bei der Wahrnehmung der Farben nicht unterschieden
werden, ob der farbige Gegenstand Licht einer Wellenlänge oder eine Mischung von Licht mit verschiedenen Wellenlängen aussendet. Man kann z. B.
bei genauer Betrachtung einer weißen Fläche auf dem Fernseher mit dem bloßen Auge sehen, daß nur Licht mit blauer, grüner und roter Farbe ausgesendet
wird, obwohl das Auge von größerer Entfernung den Eindruck einer geschlosse-
nen weißen Fläche hat.

Wissenschaftler haben festgestellt, daß der Mensch bis zu eine Million
Farbschattierungen durch Vergleichen unterscheiden kann. Soll die Farbe jedoch ohne Vergleichsmöglichkeit als Codierungsgröße absolut sicher erkannt

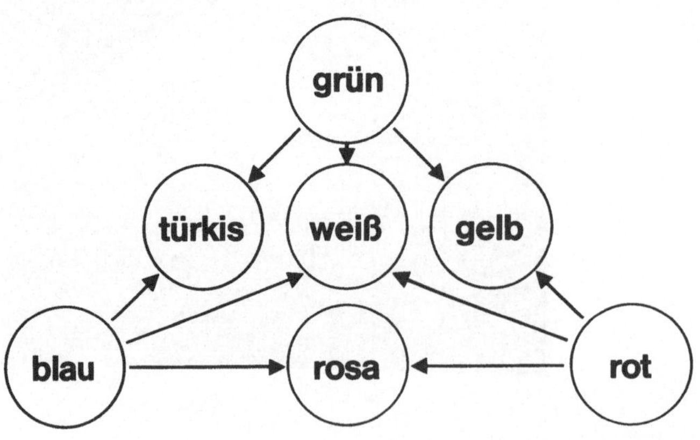

Abb. 4. Die Primärfarben
und ihre Mischung

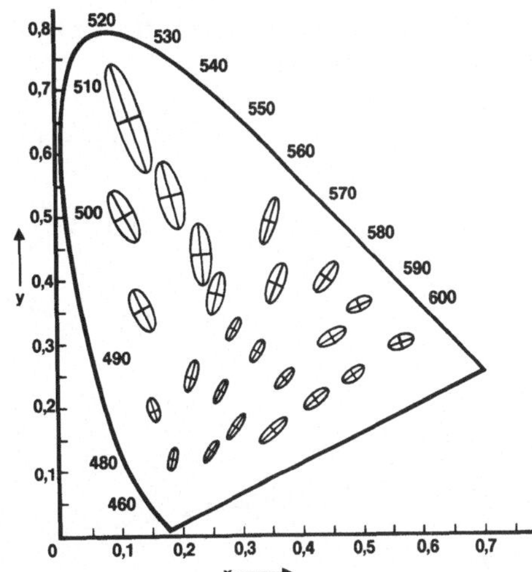

Abb. 5. Normfarbtafel mit den Schwellen-Ellipsen nach MACADAM

werden, dann dürfen nach HÄUSSING [4] neben Unbunt nur die drei Primärfarben blau, grün und rot mit ihren Mischfarben türkis, gelb und rosa verwendet werden. Auch „DIN 66 234-Bildschirmarbeitsplätze-Codierung von Informationen" [5] empfiehlt die Verwendung von höchstens 6 verschiedenen bunten Farbtönen neben der unbunten Farbe.

Das CIE-Farbdreieck (Abb. 2) hat den Nachteil, daß geometrisch gleich große Farbortabstände nicht gleich groß empfundenen Farbunterschieden entsprechen. MACADAM [6] hat diese Zusammenhänge experimentell untersucht. Abb. 5 zeigt das Ergebnis, die sogenannten MacAdamschen Ellipsen. Die Grenze der Ellipsen ist die Schwelle der Unterscheidbarkeit der benachbarten Farborte zum Mittelpunkt der Ellipse. Zu beachten ist, daß im Bild 5 die Ellipsen gegenüber dem Maßstab der Koordinatoren x, y zehnfach vergrößert sind. Um eine Farbtafel zu erhalten, bei der gleich große geometrische Abstände den gleich groß empfundenen Farbunterschieden entsprechen, wurden von MacAdam und anderen Wissenschaftlern Transformationen der Koordinaten vorgeschlagen. CIE [7] hat zuletzt 1976 folgende Umrechnung vorgeschlagen.

$$u' = \frac{4\,x}{-2\,x + 12\,y + 3}$$

$$v' = \frac{9\,y}{-2\,x + 12\,y + 3}$$

Abb. 6 zeigt die von CIE 1976 empfohlene UCS-Farbtafel (UCS = Uniform Chromaticity Scale). In diesem Farbdreieck entsprechen die geometrischen Abstände etwa den empfundenen Farbunterschieden.

Für die Unterscheidbarkeit von Sehobjekten verschiedener Farbe ist neben anderen Faktoren vor allem der Farbkontrast und der Leuchtdichtekontrast maßgebend. A. MARTIN [8] hat ein Verfahren vorgeschlagen, bei dem in eine Unterscheidungskennziffer (Discrimination Index ID) eine Unterscheidung des

Farbkontrastes (IDC) und des Leuchtdichtenkontrastes (IDL) gleichgewichtig eingehen. Dabei ist

$$ID = (IDL^2 + IDC^2)^{1/2},$$

$$IDL = \frac{\log^{L1/L2}}{0,15},$$

$$IDC = \frac{(\Delta u^2 + \Delta v^2)^{1/2}}{0,027}.$$

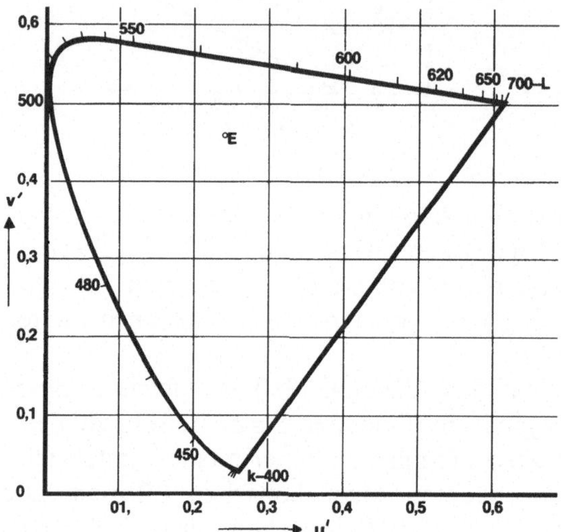

Abb. 6. UCS-Farbtafel nach CIE 1976

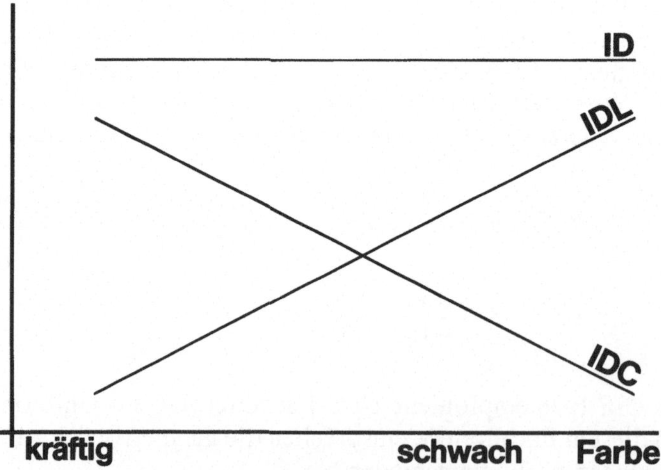

Abb. 7. Zusammenhang zwischen den Kennziffern für Farbkontrast, Leuchtdichtekontrast und Unterscheidung für verschiedenfarbige Objekte.
ID   = Unterscheidungskennziffer für verschiedenfarbige Objekte
IDC = Unterscheidungskennziffer für Farbe
IDL = Unterscheidungskennziffer für Leuchtdichte

Untersuchungen an mehrfarbigen Bildschirmen haben gezeigt, daß die Unterscheidbarkeit verschiedenfarbiger Sehobjekte gleich bleibt, wenn kräftige Farben mit hohem Farbkontrast einen geringeren Leuchtdichtekontrast haben, während schwache Farben mit einem hohen Leuchtdichtekontrast dargestellt werden (Abb. 7).

Bei farbigen Objekten ist neben der physiologischen Unterscheidbarkeit auch die psychologische Wirkung von großer Bedeutung. Von E. GRANDJEAN [9] wird folgende Wirkung einiger Farben angegeben.

Farbe	Distanzwirkung	Temperaturwirkung	psychische Stimmung
blau	Entfernung	kalt	beruhigend
grün	Entfernung	kalt bis neutral	sehr beruhigend
rot	Nähe	warm	sehr aufreizend und beunruhigend
orange	sehr nahe	sehr warm	anregend
gelb	Nähe	sehr warm	anregend
braun	sehr nahe, einengend	neutral	anregend
violett	sehr nahe	kalt	aggressiv, beunruhigend, entmutigend

Die psychologische Wirkung der Farben ist zwar individuell unterschiedlich stark, aber doch meist in etwa der gleichen Art.

3. Die Verwendung mehrerer Farben bei Bildschirmgeräten

Bildschirmgeräte mit der Möglichkeit der mehrfarbigen Informationsdarstellung (Bild 1) verwenden im allgemeinen Bildröhren mit hoher Qualität und Auflösung. Sie haben wie übliche Fernsehröhren meist die drei Primärfarben blau, grün und rot. Die Farben werden jedoch leicht modifiziert, um den speziellen Anforderungen der Datenanzeigen, vor allem bei farbenfehlsichtigen Benutzern (ca. 8% aller Männer und ca. 0,5% aller Frauen), zu entsprechen. Typisch dafür ist, daß die Farbe rot in Richtung orange verschoben wird und blau sehr ungesättigt, also mit hohem Weiß-Anteil dargeboten wird. Damit ist genügend Leuchtdichte und Farbkontrast für die Unterscheidung der verschiedenen Farben, auch für Farbenfehlsichtige, vorhanden.

Das Bildschirmgerät nach Abb. 1 wird hinsichtlich der Farben in zwei Versionen angeboten. Die erste Version verwendet als Farbe neben weiß die drei Primärfarben blau, grün und rot, die zweite Version darüber hinaus die drei Mischfarben türkis, gelb und rosa. Für farbige Unterlegung von Feldern und graphische Darstellungen lassen sich bis zu 64 Farbschattierungen anwenden. Die Zuordnung der Farbe zu den angezeigten Informationen kann bei vorhandenen Programmen für Bildschirmanzeigen nach den für einfarbige Darstellung schon vorhandenen Feld-Attributen erfolgen. Dies ermöglicht die mehrfarbige Anzeige von Informationen ohne Änderung vorhandener Programme. Folgende Zuordnung ist beispielsweise möglich.

Feld-Attribut	verwendet als	Farbzuweisung
geschützt/normal	Anzeigenfeld/Maske	blau
ungeschützt/normal	Eingabefeld	grün
geschützt/intensiv	Aufmerksamkeitsfeld	weiß
ungeschützt/intensiv	Aufmerksamkeitsfeld	rot

Abb. 8 zeigt als Beispiel die vierfarbige Anzeige bei einer Auftragsbearbeitung. Die blauen Beschriftungen sind die sogenannte Maske. Sie kennzeichnen die einzelnen Felder. Weiß sind die vom System angezeigten Felder mit variablen Daten. Grün werden die manuell eingegebenen Daten dargestellt. Rot sind Informationen, die die besondere Aufmerksamkeit des Benutzers erregen sollen.

Die Zuordnung der Farbe zu den Anzeigefeldern kann auch durch eine Festlegung der Feld-Attribute entsprechend der eingesetzten Farbstrategie erfolgen. Dies erfordert bei vorhandenen Programmen unter Umständen Änderung der Feld-Attribute. Bei Verwendung von mehr als vier Farben ist dies im allgemeinen immer notwendig, da vorhandene Programme meist nur vier Feld-Attribute verwenden.

Bei der Festlegung einer Farbstrategie für die Anzeigen auf den Bildschirmen ist vor allem auf folgendes zu achten:

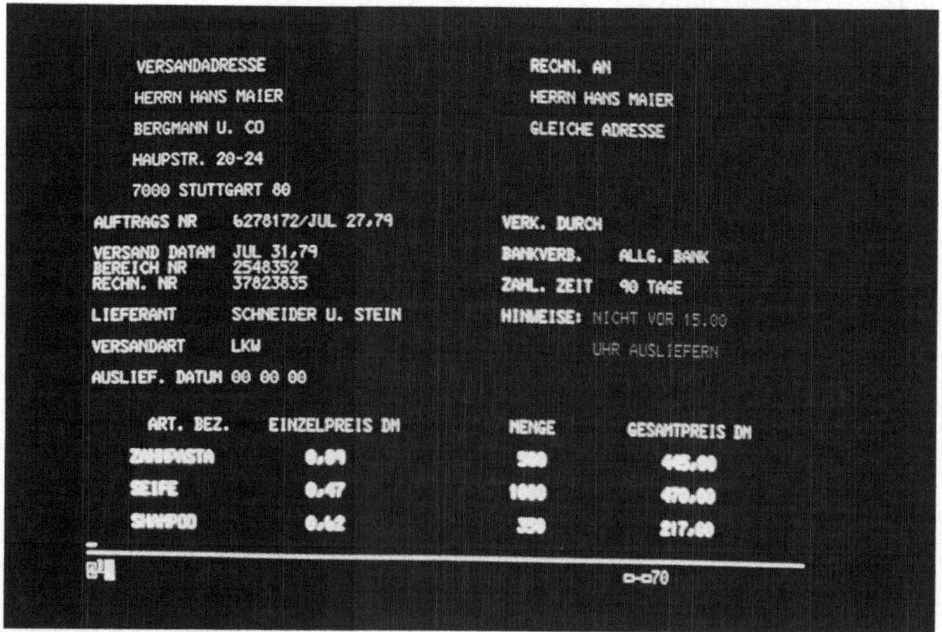

Abb. 8. Vierfarbige Anzeige einer Auftragsbearbeitung

- Zur Codierung sollten Farben sehr sparsam angewandt werden
- Die Farben sollten innerhalb gleichartiger Abläufe gleichartig verwendet werden
- Die Bedeutung der Farbe sollte den allgemein angewandten Regeln entsprechen, z.B. rot für „Gefahr" oder „Aufmerksamkeit", grün für „Freigabe" oder „in Ordnung" usw.
- Der Kontrast zwischen Zeichen und Untergrund muß genügend groß sein. Dies wird im allgemeinen durch helle Zeichen auf dunklem Untergrund besser erreicht, als durch dunkle Zeichen auf hellem Untergrund
- Die Farben von Zeichen und Untergrund sollen aufeinander abgestimmt sein.

In diesem Zusammenhang sind psychologische und ästhetische Gesichtspunkte mit zu berücksichtigen.

Für die Anwendung von mehreren Farben sprechen u. a. folgende Gesichtspunkte:

- Unterschiedliche Informationskriterien werden voneinander getrennt
- Beziehungen zwischen unterschiedlichen Informationskriterien werden hergestellt
- Informationen werden gewichtet dargestellt
- Gleichartige Informationen werden zur Übersichtlichkeit aufgegliedert oder gruppiert
- Das Suchen, Finden und Abzählen von Informationen wird erleichtert
- Die Aufmerksamkeit des Benutzers wird auf bestimmte Informationen gelenkt

Wissenschaftliche Untersuchungen und Erfahrungen in der Praxis [10, 11, 12] haben gezeigt:

- Der große Vorteil der Farbe zeigt sich vor allem bei Suchoperationen
- Die Wahrnehmungsdimension „Farbe" eignet sich besser zur Codierung als die Dimension „Helligkeit" oder „Form"
- Farbe ist von besonderem Interesse, wenn die Dimension „Position" nicht angewandt werden kann, da die Aussage vom Ergebnis der Verarbeitung abhängt

4. Der Einsatz von Graphik

Im Vergleich zur tabellarischen Darstellung von Informationen werden bei graphischer Darstellung, vorzugsweise mit mehrfarbiger Anzeige,

- die Größenordnungen schnell erfaßt
- qualitative Vergleiche von Zahlen einfach möglich
- ein leichtes Erkennen von Abweichungen, zeitlichen Verläufen, zyklischen Veränderungen und Tendenzen erlaubt.

Abb. 9 zeigt dies sehr anschaulich. Mit einem Blick auf die Graphik erkennt man Zeiten, Dauer und Ausmaß der Überschreitung einer vorgegebenen Richt-

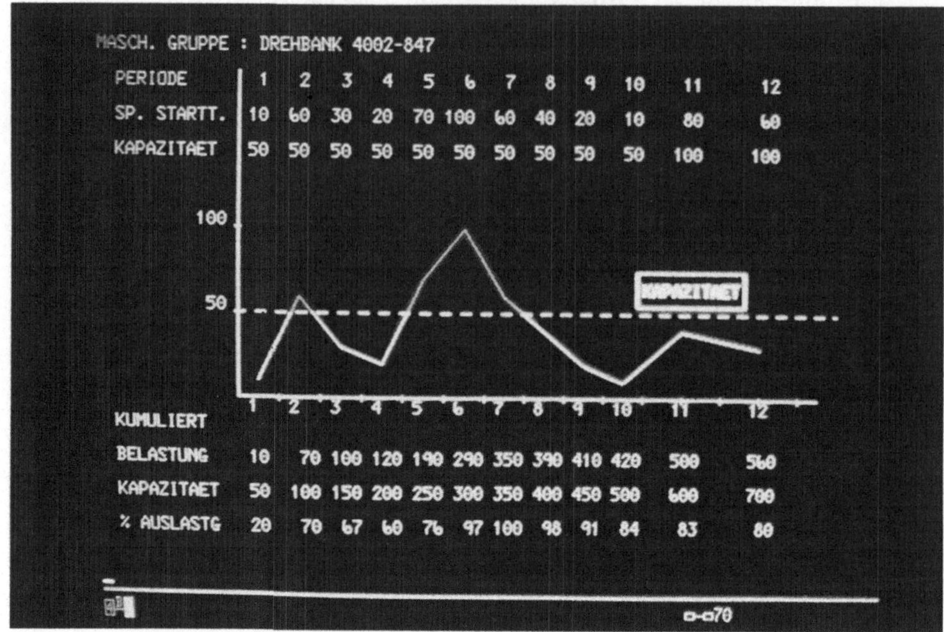

Abb. 9. Vergleich von tabellarischer und graphischer Darstellung

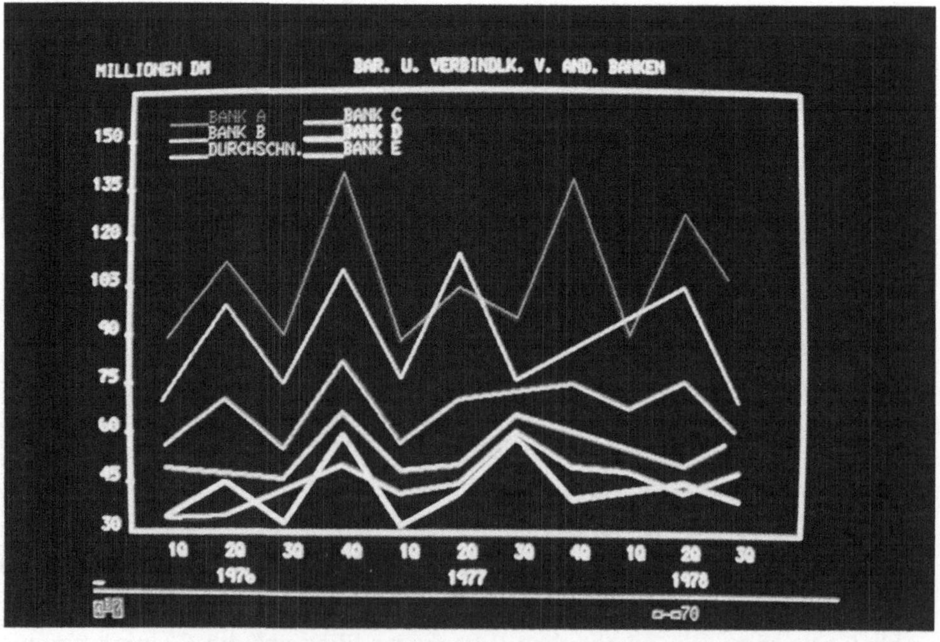

Abb. 10. Verwendung einer größeren Zahl von Farben bei graphischer Darstellung

größe. Die Ableitung derselben Erkenntnis aus der tabellarischen Darstellung ist ein aufwendiger und zeitraubender Vorgang.

Bei graphischen Darstellungen kann die Verwendung einer größeren Zahl von Farben sinnvoll sein. Dies ist vor allem auch möglich, wenn kein absolutes Erkennen der Farbe notwendig und ein Vergleich mit Mustern möglich ist (Abb. 10).

Für die Darstellung der Information sind u. a. folgende Diagrammarten möglich:

- Kurven, mit zusätzlicher Kennzeichnung wichtiger Punkte, vor allem zur Darstellung zeitlicher Abläufe
- Balken in waagrechter oder senkrechter Anordnung, mit farbiger Kennzeichnung und zusätzlicher Beschriftung, zum Vergleich von Zahlen
- Kreissektor-Diagramme, vor allem zur Darstellung von (prozentualen) Anteilen

Studien, die den Einsatz graphischer Darstellung untersucht haben, ergaben:

- Die Suchzeit war bei untersuchten Anwendungen bis zu 60% kürzer
- Die Fehlerrate ging dabei bis zum Faktor 4,5 zurück
- Die Benutzer empfinden graphische Darstellung in Farbe effizienter, freundlicher, sicherer und weniger ermüdend.

Für den Einsatz der graphischen Darstellung spricht

- die deutliche Datenreduktion und Platzersparnis
- die hohe Informationsdichte
- die schnelle Erfaßbarkeit und sichere Interpretierbarkeit
- das leichte Abschätzen und Vergleichen
- das schnelle Erkennen von Anomalien und Fehlern
- die günstige Darstellung zeitlicher Abläufe
- die übersichtliche Darstellung räumlicher Verläufe
- die Darstellung dynamischer Vorgänge
- die leichte Erkennung von Zyklen und Tendenzen
- die Möglichkeit, bildhafte Symbole zu verwenden.

5. Die Anwendung bildhafter Symbole

Bildhafte Symbole, häufig auch Piktogramme genannt, vermitteln die Information durch selbsterklärende bildliche Darstellung. Abb. 11 zeigt einige Beispiele von bildhaften Symbolen, wie sie uns im täglichen Leben immer häufiger begegnen. Die alte Weisheit, daß „ein Bild mehr sagt als tausend Worte" wird hier praktisch angewandt.

Bei Bildschirmgeräten werden bildhafte Symbole sehr vorteilhaft auch für die Bedienerführung angewandt. Bildschirmgeräte, vor allem solche für graphische Datenverarbeitung, erlauben jedoch auch die Anwendung von individuellen bildhaften Symbolen im Bereich der Datenanzeige. Diese sind

- leicht zu lernen
- schnell zu erkennen
- sehr einprägsam
- unabhängig von Sprache und Wissensstand.

Abb. 11. Bildhafte Symbole aus dem täglichen Leben

6. Zusammenfassung

Zur Darstellung der Informationen auf Bildschirmanzeigen wird bisher überwiegend die Dimension „Gestalt" (Buchstaben, Ziffern, Zeichen) und „Ort"
(Position und Gruppierung der Anzeige) verwendet. Die Weiterentwicklung
der Hard- und Software erlaubt heute auch die wirtschaftliche Anwendung der
Dimension „Mehrfarbigkeit" und „bildhafte Darstellung". Diese Dimensionen
kommen dem natürlichen Empfinden sehr entgegen. Sie sind bei richtiger Anwendung augenfreundlich, erleichtern und beschleunigen die Informationsaufnahme, erhöhen die Verarbeitungsgüte und verkürzen die Verarbeitungszeit.
Sie sind also ein wesentlicher Schritt zur Verbesserung der Arbeitsbedingungen
und damit zur Humanisierung der Arbeitsgestaltung.

Schrifttumsverzeichnis:

[1] DIN 5033, Teil 1 bis 8: Farbmessung
[2] Commission Internationale de L'Eclairage
[3] DIN 6164: DIN-Farbenkarte
[4] Häussing M.: Color Coding of Information on Electronic Displays
[5] DIN 66 234, Teil 5: Bildschirmarbeitsplätze, Codierung von Informationen (März 1981)
[6] MacAdam D. L.: Visual Sensibilities to Color Differences in Daylight. J. opt. Soc. Amer.
    32 (1942), S. 247—274
[7] CIE: Empfehlungen für empfindungsgemäß gleichförmige Farbenräume, Farbabstands-
    formeln und zugehörige Begriffe. Suppl. Nr. 2, Publ. CIE Nr. 15 (1978)
[8] Martin A., CRT/Observer Interface. Electro-optical Systems Design, June 1977, S. 35—41
[9] Grandjean E.: Physiologische Arbeitsgestaltung. Ott-Verlag Thun 1979, S. 331—333
[10] Christ R. E.: Review and Analysis of Color Coding Research for Visual Displays. Human
    Factors *17* (1975), S. 542—570
[11] Prof. Dr. Müller-Limmroth: Gedanken zur Arbeitspsychologie. IBM Nachrichten *253*,
    S. 23—27
[12] Prof. Dr. Krüger H.: Arbeitsplatz mit Bildschirm. IBM Nachrichten *253*, S. 29—31

Beurteilung verschiedener Technologien für elektronische Displays für Textsysteme und Anforderungen an die Raumbeleuchtung

A. ÇAKIR

1. Einleitung

Die Einführung von Maschinen zur Umwandlung akustisch oder optisch dargebotener Information in gedruckte Zeichen war einer der ersten Schritte bei der Maschinisierung der Büroarbeit.

Durch den Einzug der Schreibmaschinen, die fast ausschließlich von Frauen bedient wurden, in die Büros verloren in den zwanziger Jahren über 100 000 männliche Kalligraphen ihren Arbeitsplatz.

Mit Hilfe der Schreibmaschine wurde somit aus einer Männerarbeit eine Frauenarbeit.

Die ersten Maschinen waren z. T. recht abenteuerlich aufgebaut. Ihr Aufbau ergab sich vorwiegend aus mechanischen Sachzwängen.

Trotzdem stand der heute vorherrschende Aufbau der Schreibmaschine ziemlich früh fest:

— Tastatur   — Druckwerk   — Papierführung

Aus mechanischen Gründen wurde alles zusammen in ein Gehäuse eingebaut.

Auch die Verteilung der Tasten ist seit etwa 100 Jahren (QWERT) unverändert geblieben. Sie wurde nicht etwa mit Rücksicht auf die Belastung der Benutzer entworfen. Die Verteilung wurde so gewählt, daß die gebräuchlichsten Zeichenfolgen der *englischen* Sprache von damals möglichst wenig „Typenhebelsalat" ergab.

Obwohl bereits 1909 der Kugelkopf erfunden wurde, der den Grund für die Anordnung aufhob, blieb es bis heute bei dieser Verteilung der Tasten. Ein modernes Bildschirmgerät weist also Merkmale eines Arbeitsmittels auf, das vor mehr als hundert Jahren entstand. Man hat zwar seit Jahrzehnten umfangreiche Untersuchungen mit dem Ziel der Verbesserung des Tastatur-Layouts durchgeführt, die „Macht des Faktischen" erwies sich jedoch als stärker.

Die heute übliche Schreibmaschine weist viele Rudimente dieser Art auf; Dinge, die mittlerweile überflüssig oder gar hinderlich geworden sind.

2. Moderne Entwicklung der Maschinen

In der Mitte der sechziger Jahre entstanden die ersten *Speicher*-Schreibmaschinen. Sie besaßen neben den Elementen einer Schreibmaschine einen Textspeicher und ein bescheidenes Leitwerk.

Sie waren jedoch „blind", d. h. es war kein Display vorhanden. Die Ausgabe der Schrift konnte nur auf dem Papier erfolgen. Dieser Nachteil wurde erkannt und z. B. durch die Einführung kleiner Displays beantwortet.

Neben der Weiterentwicklung der Speicherschreibmaschine entstand die sog. „elektronische" Schreibmaschine. Der wesentliche Unterschied zu der „elektrischen" Schreibmaschine ist die weitere Zurückdrängung der Mechanik.

Die „elektrische" Schreibmaschine war eigentlich eine elektro-mechanische Maschine, die dem Menschen im wesentlichen Kraft sparen half. Die elektronische Maschine hingegen ist mit der mechanischen nicht mehr zu vergleichen. Sie besitzt bereits ein kleines Leitwerk, das elektronisch arbeitet und viele Funktionen bietet, die die elektrische nicht hatte. Die obere Grenze der technischen Hilfsmittel, die noch mit den Schreibmaschinen in ein Verwandtschaftsverhältnis gebracht werden können, sind Textsysteme mit größeren Bildschirmen. Sie besitzen bereits ein Rechenleitwerk wie ein Computer sowie eine oder mehrere Speicherstationen. Manche von diesen Systemen können ihre direkte Verwandtschaft mit Computern nicht leugnen.

3. Displaytechniken und ihre Entwicklung

3.1. Die Bedeutung der visuellen Informationsdarbietung

Die Maschine, die lediglich den Fingerdruck in ein gedrucktes Zeichen umwandelte, brauchte kein elektronisches Display, ihr „Display" war das Papier.

Die Speichermaschinen jedoch sollten sinnvollerweise ein Display besitzen, um dem Benutzer den Inhalt des Speichers anzeigen zu können. Zu dieser Frage gibt es keine Meinungsverschiedenheiten. Man ist sich nur nicht einig, wie dieses Display beschaffen sein soll.

Die Frage sollte nicht primär aus technischer Sicht gestellt werden, sondern aus der Sicht des Benutzers. Für ihn ist das Display ein Fenster in den Speicher. Wie groß und wie gut muß dieses Fenster sein?

Hierzu muß man wissen, wie ein Mensch Informationen sucht und sortiert:

1. *Serielles Suchen:* Beispiel OHR
   Bei der Suche mit dem Ohr kann man z. B. gespeicherte Informationen auf einem Tonband nur hintereinander abspielen und suchen.
   Das serielle Suchen ist:
   mühsam, ineffizient.
2. *Wahlfreies Suchen:* Beispiel AUGE
   Das Auge sieht nur einen Bruchteil einer DIN A 4-Seite (einige Zeichen!) scharf, deren Umgebung jedoch unscharf. Es kann aber sehr schnell das Sehobjekt wechseln.
   Das wahlfreie Suchen ist:
   schnell, effizient, zielgenau.

Das Auge ist beim Suchen sehr viel schneller als das Ohr.

Um die Suchgeschwindigkeit des Auges auszunutzen, muß relativ viel Information *parallel* dargeboten werden.

Aus dieser Aussage folgt:

Das Display muß so groß wie möglich werden.

Diese Größe ist allerdings beschränkt durch die Eigenschaften unserer Augen.

Der optimale Bereich, in dem man ohne Kopfbewegungen sehen kann, hat in der horizontalen eine Ausdehnung von 30°. Mit einer Fixierung sehen wir in einem Kegel von 2° Öffnung scharf.

Weiterhin müssen wir das Angebot an Information auf das *Notwendige* beschränken, weil zu viel Information *irritierend* wirkt! Niemand wäre in der Lage, aus einem vollgeschriebenen Blatt im Zeitungsformat ohne Gliederung kleine Teilinformationen in kurzer Zeit auszusuchen.

Die obere Grenze dessen, was wir mit einem Blick *übersehen* können, liegt etwa bei DIN A 3.

Die untere Grenze liegt ziemlich genau dort, wo der „Text" aufhört und die „Zeichenkombination", also der *Code,* anfängt.

Als Text bezeichnen wir eine Folge von Zeichen, die sinnhaltig fließend lesbar sind. Als Code können beliebige Zeichenfolgen gelten.

Der Mensch liest Text in Zusammenhängen, in GANZHEITEN und nicht in Buchstabenfolgen. Die untere Grenze der Displaykapazität wird also dadurch bestimmt, daß dort die GANZHEIT verloren geht.

Das ist mit Sicherheit dann der Fall, wenn man z. B. nur 8 Zeichen darstellt. Man kann in solchen Displays nur verstümmelte Wort- oder Satzfetzen wiedergeben.

Je kleiner das Fenster wird, desto schwieriger wird die Suche.

Hat ein elektronisches Display mit ungenügender Zeichenkapazität auch noch aus technischen Gründen eine Zeichendarstellung, bei der die Unterlängen der Buchstaben g, j, p, q, y nicht ausgeführt worden sind, so dürfte die erhoffte Funktion kaum erfüllt werden. Im Minimum sollte ein Display aus einer Schreibzeile bestehen.

3.2. Technische Entwicklung des Mediums Bildschirm

Der Bildschirm ist so wie das Papier ein Medium zur zweidimensionalen Darstellung von digitaler und analoger Information. Es ist zu bemerken, daß auch ein reiner Fließtext nicht nur digitale Information (Buchstaben), sondern in erheblichem Maße auch analoge Information (Layout) beinhaltet. Obwohl für die meisten Büroanwendungen von heute ein alpha-numerischer Bildschirm ausreicht, wird man künftig zunehmend auch Grafik-Funktionen benutzen.

3.2.1. Bildschirmgeräte mit Kathodenstrahlröhren (CRT).

3.2.1. Bildschirmgeräte mit Kathodenstrahlröhren (CRT). Die Bildschirmanwendungen im Bürobereich werden derzeit im wesentlichen durch die CRT-Technik beherrscht. Welche Entwicklung in technisch-ergonomischer Sicht in den letzten 15 Jahren stattgefunden hat, kann man aus einem Vergleich eines heute üblichen Bildschirmgerätes mit einem älteren Gerät sehen (s. Abb. 1).

Die CRT-Bildschirme werden als Refresh-(Bildwiederhol-) oder als Speicher-Röhren angeboten. Für spezielle Anwendungen werden auch gemischte Röhren (Speicher-Röhre mit teilweise Refresh-Eigenschaften) eingesetzt.

Abb. 1. Elektronische Schreibmaschine mit Bildschirm (um 1965). Die fehlende Software wurde mit der Fülle von Funktionstasten ausgeglichen. Als Anzeige dienten außer einer 22-Zoll-Röhre etwa 50 Lampen (aus POOLE)

Die physikalische Größe der angebotenen Röhren liegt zwischen 7-Zoll- und 19-Zoll-Diagonale, wenn man von ausgesprochenen Spezialanwendungen absieht. Wichtiger als die physikalische Dimension der Röhre ist jedoch die maximal darstellbare Informationskapazität. Sie beträgt beispielsweise beim:

Refresh-CRT (Fernsehqualität)   150 000 Punkte
Refresh-CRT (Monitor-Qualität)   1 000 000 Punkte
Speicher-CRT   12 000 000 Punkte

Die Speicher-Röhren haben neben ihren positiven Eigenschaften auch negative. Sie sind lichtschwach und können deswegen nicht ohne besondere Schutzmaßnahmen in Tageslichträumen benutzt werden. Man setzt sie dort ein, wo die große Auflösung und die große Bildpunktzahl unerläßlich erscheint. In der Textverarbeitung im Büro werden diese Röhren nicht eingesetzt.

Für allgemeine Anwendungen haben sich zwei Röhren-Typen durchgesetzt: 12-Zoll- und 15-Zoll-Röhren mit einer gegenüber der Fernsehröhre verbesserten Auflösung von ca. 250 000 Bildpunkten. Die entscheidende Verbesserung betrifft jedoch die Bildstabilität, die Bildschärfe, die Bildwiederholrate und die

Fokussierungseigenschaften der Ablenkeinheit. Diese Entwicklung wurde nur dadurch möglich, indem die Elektronik der Geräte den ungleich höheren Anforderungen der DV-Anwendungen entsprechend geändert wurde. Beispielsweise stößt ein handelsübliches Fernsehgerät mit 5 MHz Video-Bandbreite bei 30 Bildwiederholungen mit jeweils 150 000 Bildpunkten an die Grenze seiner Leistungsfähigkeit. Man muß allerdings auch dieses relativ einfache Display mit etwa 4,5 Millionen bit je Sekunde füttern, damit sein nicht flimmerfreies Bild sichtbar bleibt. Um ein flimmerfreies Bild mit 60 Hz und einer verbesserten Auflösung von 250 000 Bildpunkten zu erhalten, muß die Bitrate auf 18 Mio. erhöht werden.

Die derzeit laufenden Entwicklungen mehrerer DV-Hersteller lassen erkennen, daß in der nächsten Generation der Bildschirmgeräte die CRT-Röhre ihre beherrschende Rolle weitgehend behalten wird. Neuere technologische Entwicklungen werden sich erst in der übernächsten Generation auswirken können.

3.2.2. Andere Techniken der Informationsdarstellung. Lange bevor man einen brauchbaren CRT-Bildschirm für DV-Anwendungen gebaut hat, wurde versucht, seine entscheidenden Nachteile — großes Volumen, hohes Gewicht, gekrümmte Oberfläche — durch die entsprechende Entwicklung neuer Displays zu überwinden. Einige zunächst erfolgreich anmutenden Entwicklungen haben jedoch allgemein keinen Durchbruch geschafft. In den letzten Jahren hat die zunehmende Anwendung von elektronischen Displays für DV-Anwendungen neue Randbedingungen geschaffen, die die Zukunftschancen einiger Entwicklungen erhöht haben.

Die für relativ große Displays als geeignet geltende Techniken waren u. a.

— Leuchtdiodenanzeigen
— Vakuumfluoreszenzanzeigen
— Flüssigkristallanzeigen
— Plasmaanzeigen.

Die Leuchtdiodenanzeigen sind alleine wegen ihres hohen Energieverbrauchs aus technischen Gründen auf eine Größe von ca. 10 000 Punkte beschränkt. Die Fluoreszenzanzeigen haben u. a. wegen ihrer geringen Helligkeit bisher keine große Bedeutung erlangen können. In der Textverarbeitung spielen diese Techniken keine Rolle.

Die Meinungen über die Chancen von Flüssigkristallanzeigen (LCD) sind geteilt. Während in der Bundesrepublik eine große Firma die Entwicklung eingestellt hat, wird an anderen Stellen intensiv geforscht. Beispielsweise hat die TU Berlin einen universitären Forschungsbereich für Grundlagenforschung auf diesem Gebiet eingerichtet. Es gilt, passive Anzeigen zu entwickeln, die flach, einfach zu entspiegeln und kontrastreich unter üblichen Beleuchtungsbedingungen sind. Hierbei werden nicht nur monochrome Displays entwickelt, sondern auch Farbbildschirme.

Die einzige Technik, die bislang einen bescheidenen Erfolg aufweisen kann, ist die Plasma-Technik. Plasma-Bildschirme können mit vertretbar wirtschaftlich-technischem Aufwand bis zu einer Kapazität von 512 × 512 Bildpunkten hergestellt werden, die auch für Grafik-Anwendungen interessant ist. Auch bei

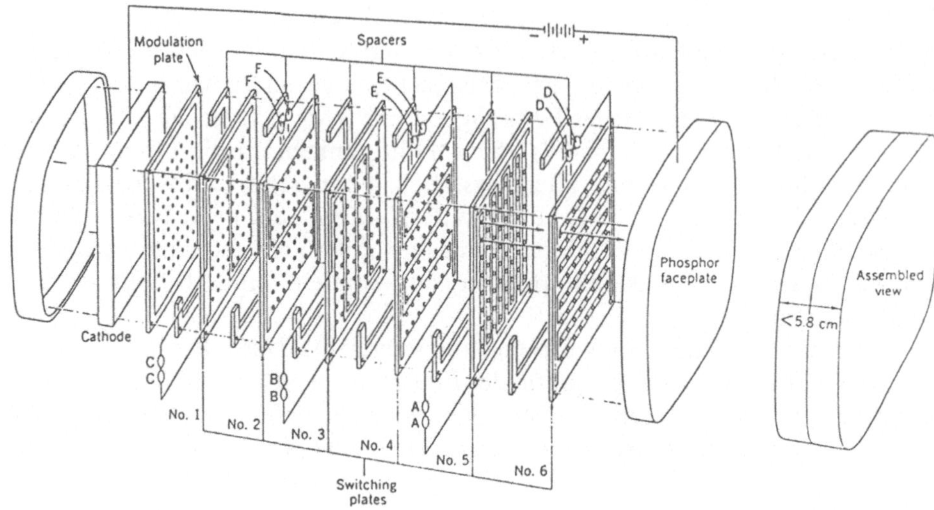

Abb. 2. Aufbauschema des DIGISPLAY. Die Elektronen werden von einer großflächigen Kathode erzeugt, nach Durchlaufen eines Plattensatzes gelangen sie auf den Phosphor, wo sie das Zeichen erzeugen. Auf der Anzeige erscheinen nur solche Punkte, für die alle Platten auf Durchlaß gepolt sind (nach SHERR)

dieser Technik sind die Zukunftschancen ungewiß. Eine Reihe von Firmen haben die Entwicklung eingestellt. Andere setzen Plasma-Bildschirme nur noch dort ein, wo ein Flachbildschirm unerläßlich ist (z. B. als Anzeige beim Kassenterminal). Plasma-Anzeigen mit großer Kapazität sind für Textverarbeitungszwecke (z. B. Layout-Herstellung) als zusätzliche Anzeigen benutzt worden.

Als zukunftsweisend gelten zwei Techniken, die mit der CRT-Technik eng verwandt sind. Beide arbeiten mit einer großflächig verteilten Kathode anstelle der theoretisch punktförmigen Elektronenquelle der CRT-Röhre. Dadurch wird es möglich, Displays mit einer Tiefe von etwa 60 mm zu bauen.

Die erste Entwicklung wurde von Northrup Corporation in den USA begonnen und wird derzeit von Texas Instruments weitergeführt. Die Anzeige trägt den Namen Digisplay (s. Abb. 2). Die Adressierung ist technisch einfach und läßt erwarten, daß Displays bis 1000 × 1000 Punkte technisch realisiert werden können. Leider ist z. Zt. nur ein einfarbiges Display möglich, obwohl auch farbige Anzeigen als realisierbar gelten.

Die zweite zukunftsweisende Entwicklung wird von der Siemens AG durchgeführt. Auch hier ist die entscheidende Neuerung die Art der Elektronenerzeugung (s. Abb. 4). Ein Flachbildschirm in dieser Technik mit über 300 000 Bildpunkten wurde 1982 auf der Hannover-Messe vorgeführt.

Die Vorteile der zuletzt angeführten Techniken sind u. a.

- geringe Bautiefe
- gute Auflösung
- geringer Energieverbrauch
- guter Kontrast
- einfache Helligkeitsregelung

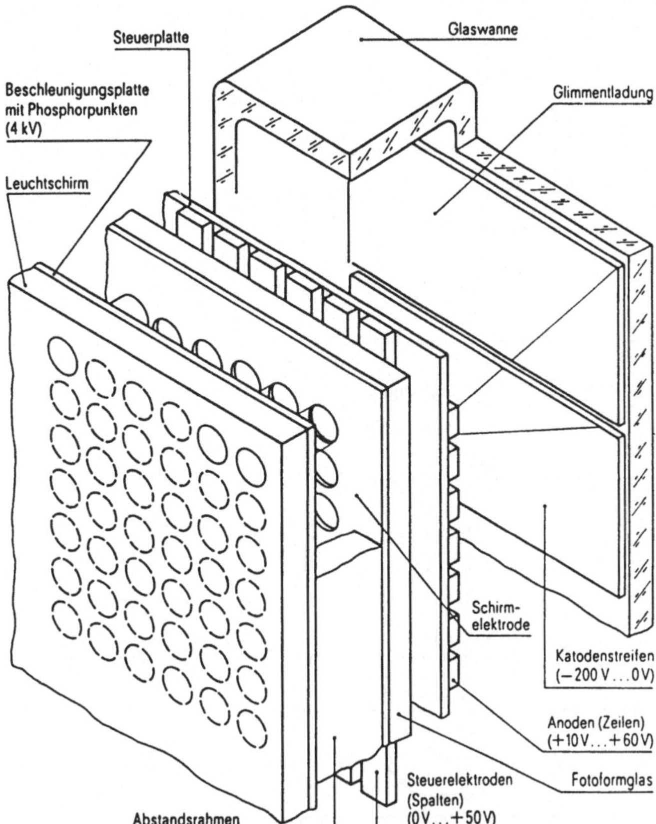

Abb. 3. Aufbau eines Flachbildschirms. Dieser Bildschirm arbeitet auch mit einer großflächigen Kathode. Die Elektronen werden durch eine Steuerplatte mit einigen Hunderttausend Löchern gelenkt und anschließend mit einer Beschleunigungsspannung von 4000 V auf den Phosphor geworfen. Dieser Bildschirm vereint Vorteile der Plasma-Anzeige (ortsfestes Bild ohne Verzerrungen) mit den Vorteilen der CRT-Röhre (frei wählbare Farbe je nach Phosphor, gute und einfache Helligkeitssteuerung). Durch die relativ geringe Beschleunigungsspannung wird die Entstehung einer Röntgenstrahlung vermieden

– gleichmäßig scharfes Bild
– einfache Entspiegelung

3.3. Technische Ausführungen

Man kann heute auf dem Markt folgende Displays finden:

1. Korrekturdisplays:
   Kapazität 8 bis 20 Buchstaben (manchmal als „Zeilendisplay" tituliert, ohne echte Zeilenlänge zu haben)
2. echte Zeilendisplays:
   ca. 80 Zeichen
3. Halbseitenbildschirme:
   bis 24 Zeilen à 80 Zeichen

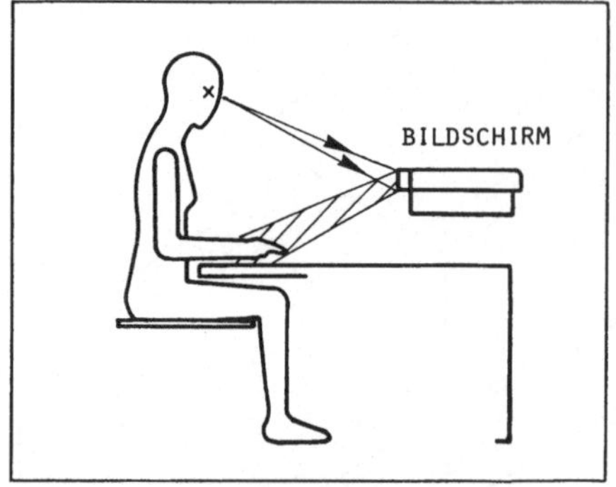

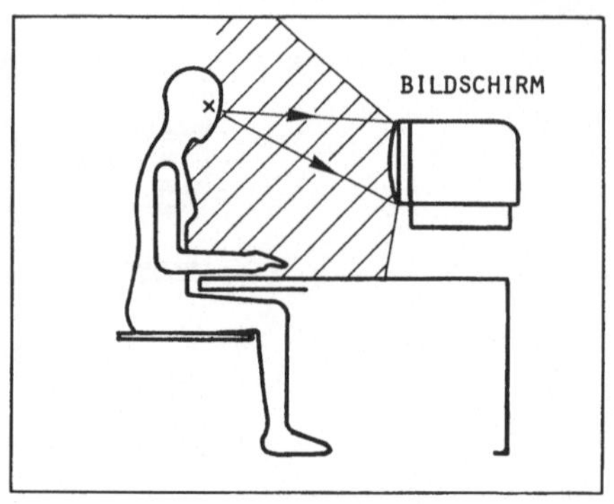

ZEILENDISPLAY MIT
KLEINER ZEICHENZAHL

CRT-DISPLAY MIT GROSSER
GEKRÜMMTER OBERFLÄCHE

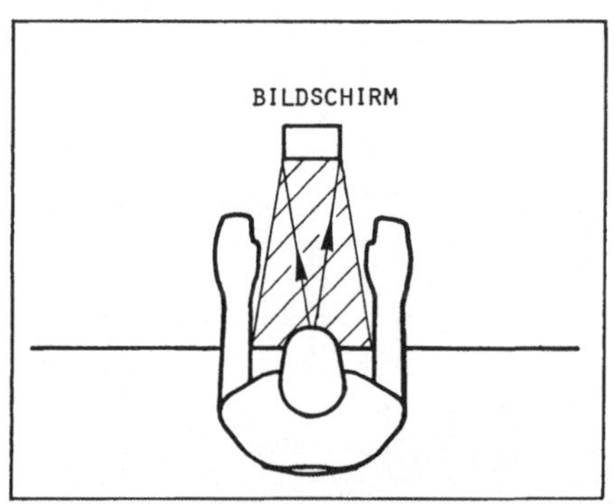

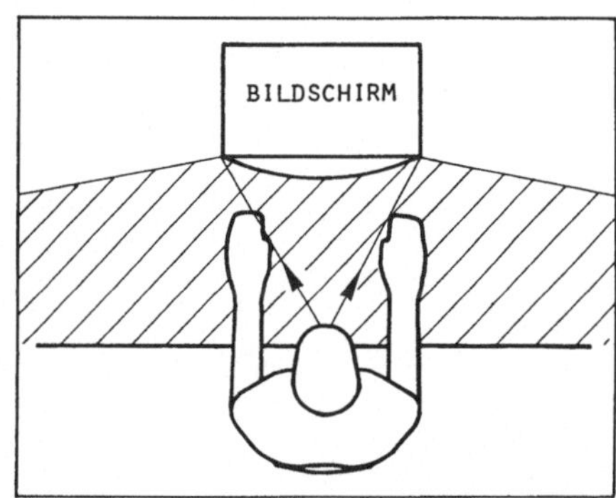

Abb. 4. Große und gekrümmte Bildschirme reflektieren einen größeren Teil der physikalischen Umwelt (schraffierter Bereich). Sie sind somit störempfindlicher als kleinere und ebene Bildschirme

4. Ganzseitenbildschirme:
   bis 64 Zeilen à 80 − 132 Zeichen, z. T. nicht gleichzeitig zu sehen
5. Doppelseitenbildschirme:
   DIN A 4 − doppelt

Die zur Darstellung benutzten Technologien sind unterschiedlich.

1. *Korrekturdisplays:*
   LED = Light emitting diode, geringe Kapazität
   Plasma = Gasentladungsanzeige 8 bis ca. 256 oder 512 Zeichen/Bildschirm
   LCD = Flüssigkristallanzeige 40 bzw. 80 Zeichen
   Oberflächen: klein und eben
2. *Zeilendisplays*
   Plasma oder Kathodenstrahlröhre
   Oberflächen: klein und eben
3. *Halbseitenbildschirme*
   Kathodenstrahlröhre, ab 12 Zoll Diagonale, 24 Zeilen à 80 Zeichen
   Oberflächen: mittelgroß und gekrümmt

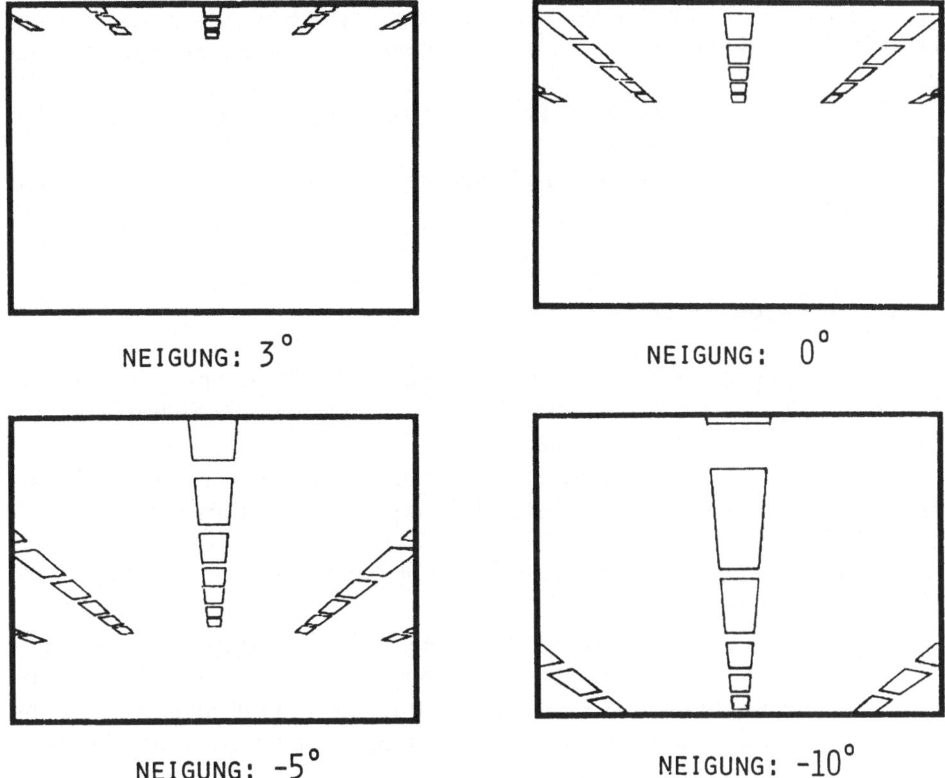

Abb. 5. Änderung der im Bildschirm sichtbaren Reflexionen der Deckenleuchten mit dem Neigungswinkel

4. *Ganzseitenbildschirme*
   CRT *hochkant*, 15 Zoll Diagonale, bis 72 Zeilen à 80 bis 132 Zeichen
   Oberflächen: groß und gekrümmt

Aufgrund verschiedener *technisch bedingter* Parameter arbeiten die Anzeigen in der Regel in der Negativ-Darstellung.

Einige wenige Systeme arbeiten mit der Positivdarstellung. Bei dieser Art werden dunkle Zeichen auf hellem Grund generiert. Der helle Grund macht Spiegelungen auf dem Bildschirm unauffälliger.

Alle Systeme sind aktive Anzeigen. Sie erzeugen die Zeichen, indem sie Lichtpunkte erzeugen. Deswegen ist der Kontrast von der Außenbeleuchtung abhängig. Je größer die einfallende Beleuchtungsstärke, desto kleiner ist der Kontrast.

Passive Anzeigen

Das Papier ist eine passive Anzeige. Es wird lesbar, wenn Licht von außen darauf fällt. Wir können in einem sehr weiten Bereich (30 lx bis 30 000 lx und mehr) relativ gut lesen.

Eine Technik, deren Wirkungsweise der des Papieres ähnelt, ist die Flüssig-
kristalltechnik, die beispielsweise bei Uhren oder Tachometeranzeigen benutzt
wird.

Diese Technik ist noch in der Entwicklung. Es lohnt sich jedoch schon jetzt,
sie für Textsysteme zu erproben.

Anders als alle aktiven Anzeigen leidet die Lesbarkeit dieser Anzeigen nicht
unter der Umgebungsbeleuchtung!

4. Vermeidung von Störungen

Auf allen Anzeigen können in der normalen Büroumgebung Spiegelungen vorkommen. Entscheidend für eine Störung des Benutzers ist die Sichtbarkeit der
Reflexe von seiner Blickrichtung aus.

Bei kleinen und ebenen Anzeigen ist die Gefahr sichtbarer Reflexe klein. Ist
die Oberfläche hingegen gekrümmt und dazu groß, so sieht man mehr Reflexbilder darin (s. Abb. 4).

Die Zahl der gesehenen Reflexbilder steigt mit der Neigung des Bildschirmes (s. Abb. 5).

Man kann Reflexbilder durch Vorwärtsneigen des Bildschirms verhindern.

Eine weitere Möglichkeit bietet das Entspiegeln der Bildröhre. Da eine voll-
kommene Entspiegelung physikalisch nicht möglich ist, muß man in bestimmten Fällen die Beleuchtung ändern. Das wird getan, indem man die Abstrah-

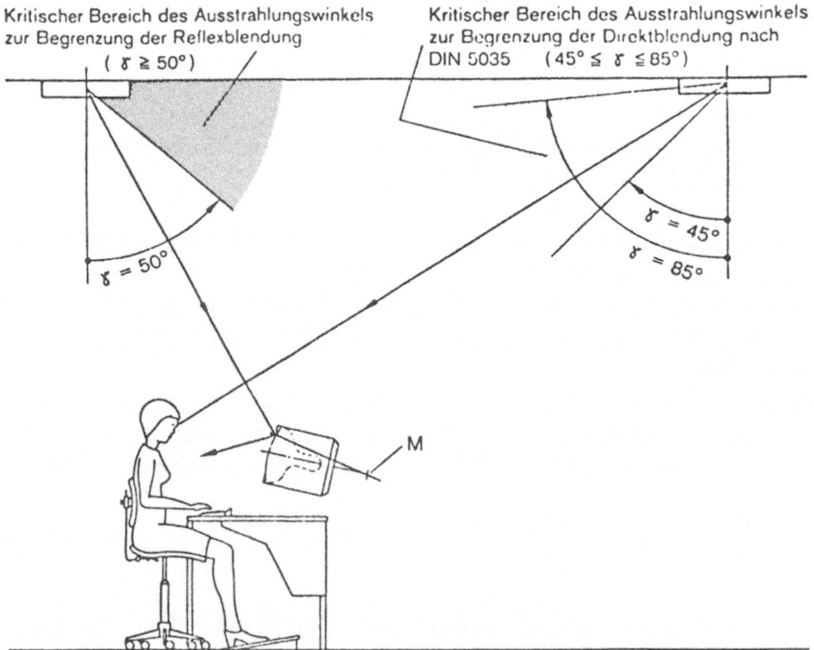

Abb. 6. Vermeidung von störenden Reflexen durch Leuchtdichtebegrenzung

lung der Leuchte in bestimmten Richtungen verändert (s. Abb. 6, Quelle: Siemens).

Bei größeren Röhrenflächen (z. B. DIN A 4, hochkant) reicht eine Entspiegelung vom Gerät her nicht aus. Selbst bei bestmöglicher Entspiegelung sind in ähnlichen Arbeitsräumen eine große Zahl von Fenstern und Leuchten in der Röhre zu sehen.

Hier müssen wir zu allen drei Möglichkeiten greifen:

1. Röhre entspiegeln
2. Beleuchtung verbessern
3. Reflexe durch die Positiv-Darstellung unsichtbar machen

Der erzielbare Erfolg bei der Entspiegelung der Röhre ist die Herabsetzung der Leuchtdichte des Reflexes auf die Hälfte bis auf ein Zehntel des ursprünglichen Wertes. Die Entspiegelung ist jedoch winkelabhängig. Bei schrägem Lichteinfall ist der Effekt geringer.

5. Zusammenfassung

Alle Maschinen zur Textverarbeitung sollten sinnvollerweise ein Display beinhalten, wenn sie einen Textspeicher haben. Die untere Grenze des darzustellenden Inhalts hängt davon ab, was der Mensch noch als Text liest. Eine *ganze* Zeile ist als Minimum anzusehen. Soll das Display die Suche von Informationen erleichtern, also nicht bloß zur Korrektur der gerade eingegebenen Zeichen dienen, sollte die Anzeige eine halbe bis eine ganze Seite umfassen, mindestens jedoch einen Absatz.

Je größer eine Anzeige wird, desto problematischer wird die Störung durch die Fremdbeleuchtung. Bei der Ganzseitenanzeige (DIN A 4 hochkant) entstehen die größten Probleme.

6. Literatur

Benz, C.; Grob, R.; Haubner, P.: Gestaltung von Bildschirmarbeitsplätzen, Verlag TÜV Rheinland, 1981
Poole, H. H.: Fundamentals of Display Systems, Sole Verlag, 1966
Sherr, S.: Electronic Displays, John Wiley & Sons, New York, 1979

Berücksichtigung der Anforderungen des Benutzers

P. Danielsen

Als man in den 60er Jahren begann, Computer einzusetzen, wurden zum größten Teil Drucker und Lochkartenleser als Ein-/Ausgabegeräte benutzt. In den 70er Jahren hat sich die Datensichtstation mit Bildröhre als Schnittstelle zwischen Mensch und Computer eingebürgert.

Als die sogenannten Kompaktgeräte zu Beginn der 70er Jahre verbreitet wurden, trat die Forderung nach ergonomisch besseren Produkten auf. Mitte der 70er Jahre wurden Datensichtstationen mit getrennten Tastaturen und verschiedenen Filtern als Antireflexmittel auf den Markt gebracht. Die in verschiedenen Ländern am Ende der 70er Jahre veröffentlichten Forschungsberichte über wissenschaftliche Untersuchungen über die Gestaltung von Bildschirmarbeitsplätzen haben neue Maßstäbe gesetzt.

Die Anpassung von Datensichtstationen an die ergonomischen Anforderungen der Benutzer kann mit einem Schema aus der Regeltechnik dargestellt werden (Abb. 1):

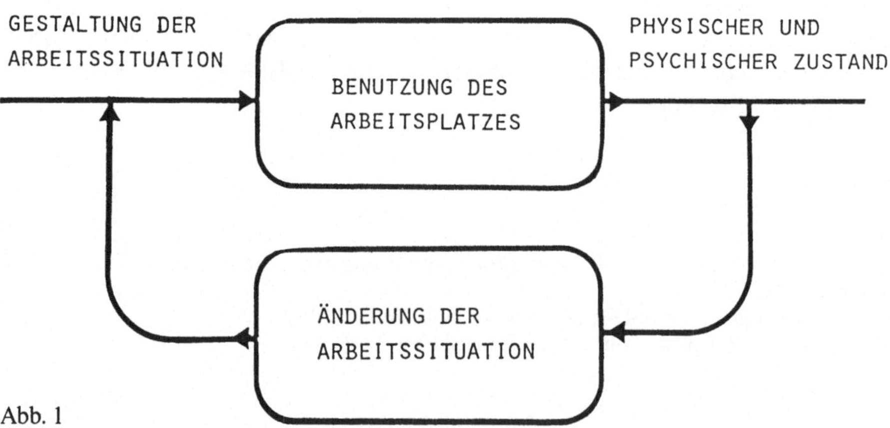

Abb. 1

Der Durchgang dieses Kreislaufes ist mit einer erheblichen Zeitverzögerung verbunden. Das hat zur Folge, daß sich der gewünschte physische und psychische Zustand erst nach längerer Zeit einpendelt.

Ich werde anhand einiger Gesichtspunkte die Möglichkeiten eines Herstellers darlegen, die Arbeitssituation positiv zu gestalten.

Dazu werde ich als Beispiel die Entwicklung einer Datensichtstationsserie heranziehen, die in den Jahren 1979–1980 stattfand.

Die Arbeitssituation wird von der Gestaltung der Datensichtstation beeinflußt. Der Hersteller des Produktes kann deshalb die Arbeitssituation des Benutzers entscheidend beeinflussen. Ich werde versuchen, zu zeigen, mit welchen Maßnahmen ein Hersteller bei der Entwicklung einer neuen Datensichtstationsserie die Anforderungen des Benutzers berücksichtigen kann.

Die Entwicklung einer Datensichtstation kann mit folgenden Aktivitäten beschrieben werden:

– Vorprojekt: Spezifikationen werden festgelegt.
– Konstruktion: von der Papierkonstruktion zu Prototypen.
– Laborserie: einige Geräte werden im Labor gebaut.
– Vorserie: einige Geräte werden produziert, um die Serienproduktion vorzubereiten.

Zu dem Vorprojekt gehören Literaturstudien und Definition eines Konzepts. Es ist wichtig, daß dieses Konzept es ermöglicht, die neuesten ergonomischen Kenntnisse zu berücksichtigen. Das Konzept muß auch ermöglichen, daß Änderungen während der Entwicklung durchgeführt werden können.

Als Literatur für das Vorprojekt wären die Forschungsberichte über Untersuchungen über die Gestaltung von Bildschirmarbeitsplätzen geeignet. Es ist wegen unterschiedlicher Ansichten über das Thema Ergonomie notwendig, daß man eine breite Literaturbasis für das Projekt hat, zum Beispiel sollte man Unterlagen aus mehreren Ländern benutzen.

Für unser Projekt wurde Literatur aus Deutschland, England und Skandinavien studiert, und die Mitarbeiter nahmen an Schulungen teil. Außerdem wurden erfahrene Datensichtstationsbenutzer an der Entwicklung beteiligt. Ferner beeinflußte die Arbeit der Sozialpartner die Entwicklung der Datensichtstation positiv. Das entstandene Konzept kann in folgenden Punkten zusammengefaßt werden:

– Die Datensichtstation soll so gestaltet werden, daß auch an einem normalen Schreibtisch eine gute Arbeitshaltung möglich ist.
– Die derzeitigen ergonomischen Kenntnisse sollen berücksichtigt werden.
– Der Preis des Produktes soll niedriger als der Preis des Vorgängermodells sein.
– Das Produkt soll gut produzierbar sein.
– Das Produkt soll zuverlässig sein.

Bei der Erarbeitung des Konzepts besteht die Möglichkeit, eine erste Beurteilung durch erfahrene Anwender einzuholen. Dadurch können die Spezifikationen verbessert werden, bevor die Konstruktion angefangen hat (Abb. 2).

Unser Konzept wurde von firmeninternen Benutzern beurteilt und auch einigen Kunden vorgestellt. Dadurch konnte das Konzept bestätigt werden, nur die Preisvorstellung wurde als zu hoch eingeschätzt. Das Preisziel für das Produkt wurde deshalb justiert.

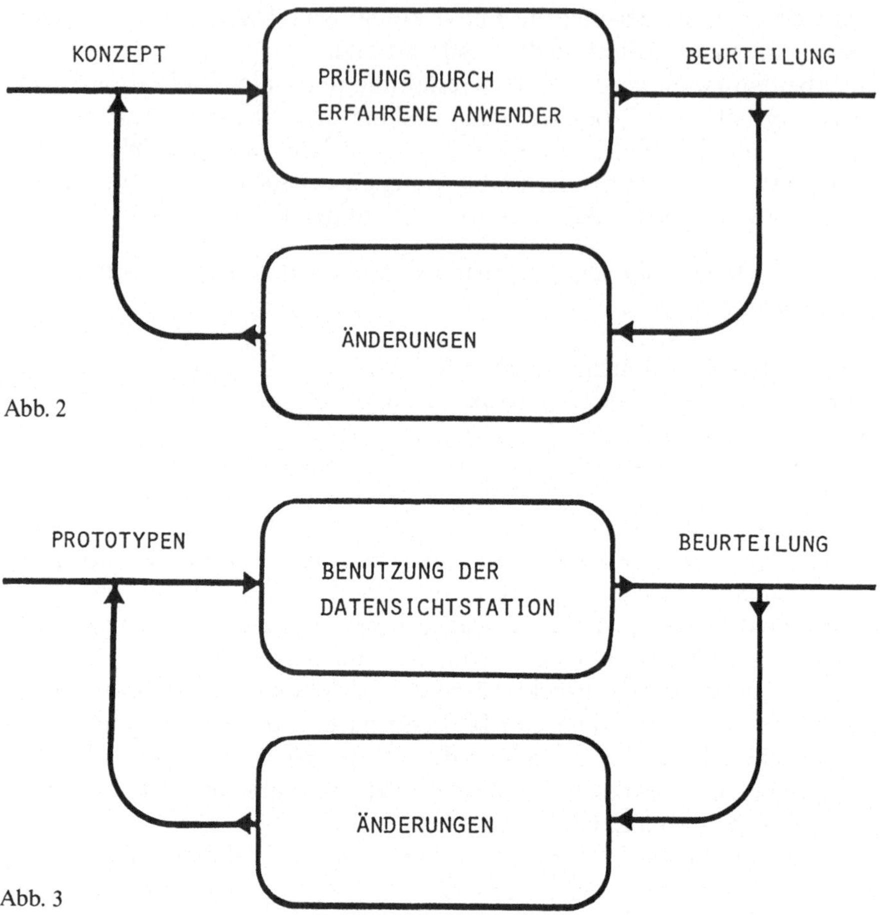

Abb. 2

Abb. 3

Bei der Konstruktion wird das Produkt theoretisch und praktisch konstruiert und getestet. In dieser Phase haben die Konstrukteure die größte Freiheit für Änderungen. Ein oder mehrere Prototypen werden gebaut, und man hat die Möglichkeit, die ergonomische und technische Leistung zu testen und zu verbessern (Abb. 3).

Bei unserem Produkt wurde in dieser Phase viel verbessert, z.B. die Auslegung der Tastatur, die Form des Gehäuses und die Darstellung der Zeichen.

Wenn die Konstruktionsphase zu Ende ist, werden einige Produkte im Labor gebaut. Sie unterscheiden sich von den Prototypen durch einen robusteren Aufbau und endgültigere technische Lösungen. Das Ziel dieser Serie ist es, die Produkte für die Serienproduktion vorzubereiten.

Nachdem diese Laborserie gebaut ist, sind die Änderungsmöglichkeiten stark beschränkt: die Werkzeuge für die Serienproduktion sind festgelegt und die Teile für die Serienproduktion müssen bereits bestellt werden. Man hat trotzdem noch die Möglichkeit, kleine Änderungen durchzuführen.

Bei unserem Produkt wurden etwa 10 Geräte im Labor gebaut. Sie wurden unter anderem auf *Messen* ausgestellt und einigen Kunden zur Testbenutzung

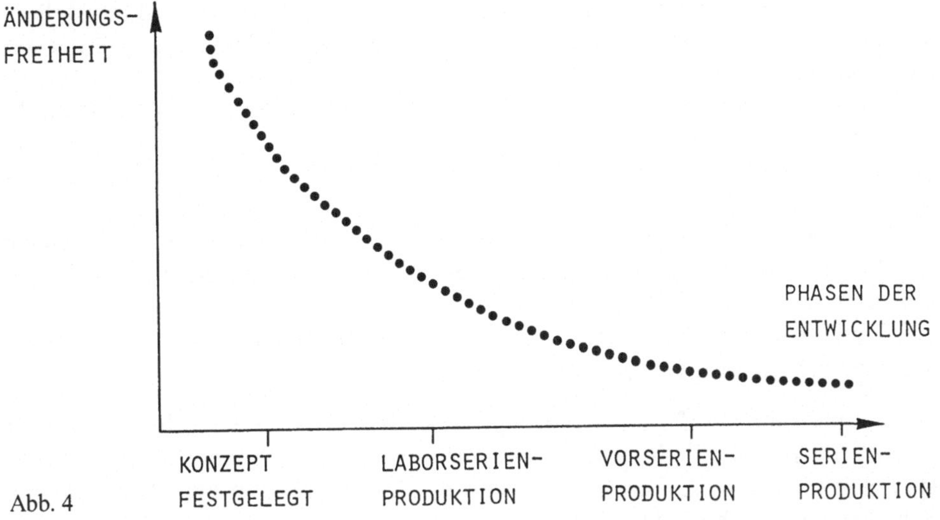

Abb. 4

überlassen. Danach wurden noch einige Verbesserungen vorgenommen, z. B. wurde die Farbe des Gehäuses geändert.

Die Vorproduktionsserie wird gebaut, um den Produktionsapparat für die Serienproduktion vorzubereiten. Die Produktionsmethoden müssen aufgebaut und getestet werden, die Qualitätskontrolle muß vorbereitet werden, und die Mitarbeiter müssen für das neue Produkt geschult werden.

Da der Produktionsapparat bei der Vorserie bereits aufgebaut wird, kann man nach diesem Zeitpunkt nur sehr kleine Änderungen durchführen. Man soll trotzdem nicht darauf verzichten, die Vorproduktionsgeräte von erfahrenen Benutzern testen zu lassen, um letzte Kleinigkeiten zu verbessern.

Auf diese Weise kann man vor Beginn der Serienproduktion weitgehend die Kinderkrankheiten des Produkts heilen.

Bei unserem Produkt wurde nach der Vorproduktion z. B. die Regelung der Untergrundleuchtdichte des Bildschirms verbessert.

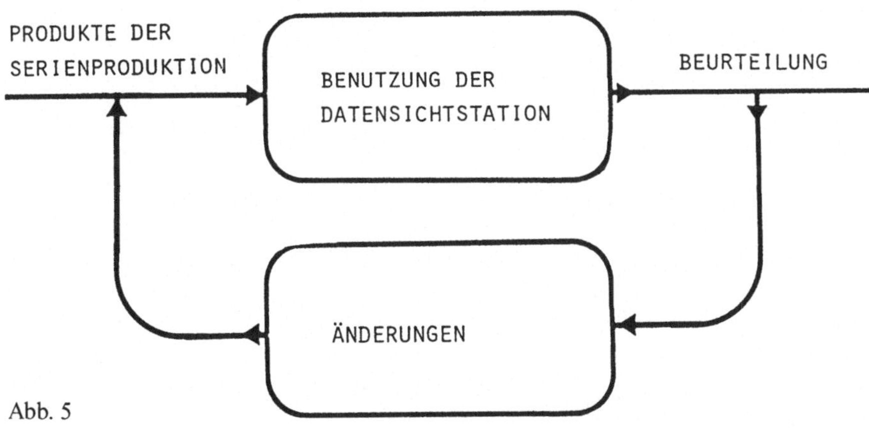

Abb. 5

In der untenstehenden Abbildung (Abb. 4) habe ich versucht, darzustellen, welche Änderungsfreiheit der Hersteller im Laufe der Entwicklung einer serienproduzierten Datensichtstation hat.

Aus der Abbildung kann man ersehen, daß der Hersteller bis zur Produktion der Laborserie eine große Freiheit für Änderungen hat. Nach der Vorserienproduktion ist aber die Möglichkeit für Änderungen nur geringfügig größer als bei der Serienproduktion.

Nachdem die Serienproduktion gestartet ist, kann man noch Änderungen durchführen. Diese Änderungen sind aber aus produktionstechnischen Gründen mit einer langen Zeitverzögerung verbunden (Abb. 5).

Große Änderungen werden erst bei der Entwicklung der nächsten Serie möglich, d. h. in etwa 5–7 Jahren.

Erst nach dem Anfang der Serienproduktion werden die Produkte verkauft und kommen schließlich zu den Benutzern, und erst nachdem die Datensichtstationen über längere Zeit benutzt worden sind, kann man beurteilen, ob die Schnittstelle zwischen Mensch und Computer gelungen ist. Der Hersteller muß diese Beurteilung bei der Entwicklung der Nachfolgeserie berücksichtigen. *Dazu ist eine enge Zusammenarbeit zwischen Hersteller und Benutzer erforderlich.*

Kapitel III

Erfahrungen der Anwender

Das Datensichtgerät als Datenverarbeitungs-System-komponente bei einem Anwender in der öffentlichen Verwaltung

E. Fuchs

Im Jahre 1969 begann das Land Berlin als erste öffentliche Verwaltung in Europa mit dem Einsatz von Bildschirmgeräten zur computerunterstützten Verwaltungsarbeit. Die Einrichtung eines Dialogsystems war seinerzeit die einzige Zielsetzung für die Terminalbeschaffung, auf ergonomische Gesichtspunkte wurde schon aufgrund mangelnder Erfahrung kein Wert gelegt. Nachdem die Zahl der eingesetzten Bildschirmgeräte für längere Zeit konstant gewesen ist, nimmt sie seit Ende der 70er Jahre progressiv zu. Heute sind im engeren Bereich der Berliner Verwaltung über 500 Sichtgeräte für die verschiedenen Aufgaben eingesetzt. Sie stehen verteilt über das Stadtgebiet bei den unterschiedlichsten Ämtern und Behörden und in den verschiedensten Büros. Dennoch steht der Bildschirmeinsatz im Bereich der Verwaltungsarbeit erst am Anfang. Seine weitere Entwicklung und sein Ausbau wird von einer Vielzahl von Faktoren abhängen, die von unterschiedlichen Aspekten beeinflußt werden. Es läßt sich dennoch bereits jetzt vorhersagen, daß die Entwicklung der Mensch-Maschine-Kommunikation mit Hilfe von Terminals im Bereich der öffentlichen Verwaltung auch weiterhin progressiv verlaufen wird. Zunehmende Knappheit auf dem Gebiet der Mittelressourcen einerseits sowie die Forderungen nach einer bürgerfreundlicheren und effizienteren öffentlichen Verwaltung andererseits werden gemeinsam mit der sich bereits heute schon deutlich abzeichnenden Vielfalt technologischer Möglichkeiten diese Entwicklung fördern.

Nun bestimmen gerade auch in der öffentlichen Verwaltung Leistungsfähigkeit und Leistungswille das Ausmaß und die Qualität menschlicher Arbeitsleistung. Moderne Informationstechnologie wird von dem Mitarbeiter nur dann akzeptiert und effizient genutzt werden, wenn die eingesetzte Technik auch persönlichen Bedürfnissen Rechnung trägt und nicht zu einer ständigen Quelle psychischer Belastung wird. Aus diesem Grund wird die Geschwindigkeit des weiteren Ausbaus des Mensch-Maschine-Dialogs über Terminals sicherlich auch davon abhängen, inwieweit die eingesetzten Geräte sich aus Sicht sowohl des Benutzers wie auch der Verwaltung so reibungslos in den Arbeitsablauf einpassen, daß die persönlichen Belastungen, wenn nicht ausgeschlossen, so doch zumindest minimiert werden.

Genauso wenig, wie es einheitliche („normgerechte") Menschen gibt, gibt es auch einheitliche Verwaltungsarbeitsplätze. Sie unterscheiden sich sowohl von dem äußeren Umfeld wie auch von der Art der Aufgabenstellung und des zugeordneten Einsatzgebietes.

Eine Reihe von Forderungen für den zweckmäßigen Bildschirmeinsatz gehen von der Schaffung eines geeigneten Systemumfeldes aus. Die Frage der

Sonneneinstrahlung, der Anordnung des Bildschirms zum Fenster sowie die Verwendung geeigneter Möbel und zweckmäßiger Beleuchtungsformen ist darin festgelegt. Offen bleibt allerdings, inwieweit die vorhandenen Verwaltungsräume und -gebäude diesen Forderungen Rechnung tragen. Andererseits wäre es sicherlich naiv davon auszugehen, daß sämtliche Bürodienstgebäude und Amtsstuben so umgestaltet werden, daß sie für einen zweckmäßigen Bildschirmeinsatz geeignet sind. Aus diesem Grund dürfte bei der zukünftigen Weiterentwicklung des Aufbaus und Designs moderner Sichtgeräte das vorhandene Umfeld mit zu berücksichtigen sein. Dafür sprechen schon rein kommerzielle Interessen, denn ein Bildschirmgerät wird naturgemäß dann eher abzusetzen sein, wenn es nicht nur die rein technischen, sondern auch die ergonomischen Belange des Anwenders erfüllt.

Trotz der Breite des Angebotes an verschiedenen Bildschirmgeräten ist die Ausrichtung auf die unterschiedlichsten Verwaltungsarbeitsplätze heute noch nicht zu erkennen. Man kann die Einsatzgebiete für Bildschirmgeräte in der öffentlichen Verwaltung grob in folgende sechs Gruppen unterteilen:

- Bildschirmeinsatz im Bereich der reinen Verwaltungssachbearbeitung
- Bildschirmeinsatz im Bereich der Publikumsabfertigung
- Bildschirmeinsatz im Bereich der Ausbildung
- Bildschirmeinsatz im Bereich der Programmerstellung
- Bildschirmeinsatz für die Datenaufnahme und -erfassung
- Bildschirmeinsatz für die Bedienung technischer Geräte

In allen diesen Bereichen werden heute bereits Bildschirmgeräte in der öffentlichen Verwaltung eingesetzt, allerdings − wie bereits angedeutet − nicht optimal. Natürlich ist bekannt, daß ein Bildschirmgerät nach Möglichkeit senkrecht zum Fenster und in dem abgedunkelten Teil des Raumes stehen soll. Andererseits sind aber die Diensträume von der Art der Gestaltung wie auch vom Zweck der Tätigkeit her so unterschiedlich, daß man sich in vielen Fällen an diese Vorschrift nicht halten kann. Wenn es z. B. darum geht, einen Büroraum so zu gestalten, daß eine zweckmäßige Publikumsabfertigung erfolgen kann, so steht im Vordergrund der Raumausstattung die Frage nach der Art und der Form des Publikumsverkehrs. Wird man in dem Dienstraum einen Tresen aufstellen und die Sachbearbeiter in den Raum zwischen diesen und der Fensterfront unterbringen, so bleibt für den optimalen Standort des Bildschirmgerätes wenig Platz. Dabei muß davon ausgegangen werden, daß in vielen Fällen der Bildschirminhalt für das allgemeine Publikum vertraulich ist und das Gerät daher so angeordnet werden muß, daß der Bildschirminhalt auch bei größerem Publikumsandrang von diesem nicht gelesen werden kann.

In anderen Fällen versucht man eine aufgelockerte Form der Geschäftsräume mit Publikumsverkehr zu erreichen. In solchen Fällen muß man aber ebenfalls den Einblick in den Bildschirminhalt für Unbefugte ausschließen.

Aus diesen und noch weiteren Gründen ist die Frage der Einordnung von Terminals und Bildschirmgeräten in dem Verwaltungsbereich nach einzelnen Arbeits- und Einsatzgebieten unterschiedlich zu behandeln. Durch die folgende Beschreibung der einzelnen Einsatzgebiete für Terminals im Bereich der öffentlichen Verwaltung soll versucht werden, die Erfordernisse für die Konstruktion möglichst zweckmäßiger Geräte aufzuzeigen.

1. Bildschirmgestaltung im Bereich der Verwaltungssachbearbeitung

Kennzeichen der Verwaltungssachbearbeitung ist heute die Verwendung von Akten und Vorgängen. Vielfach benötigt der Sachbearbeiter für seine Tätigkeit Papiere und Dokumente sowie umfangreiche Stellungnahmen. Mit Hilfe eines Bildschirmgerätes wird er sich einmal verschiedene Daten und Fakten aus einer zentralen Datenbank für seine Arbeit abfragen müssen. Ein Bildschirmgerät für einen zukunftsorientierten Verwaltungsarbeitsplatz müßte aber daneben noch die Möglichkeit besitzen, Videoaufnahmen einer Akte wiederzugeben. Mit Hilfe der sogenannten Videoplatte werden wir bei zukünftigen Datenverarbeitungs-anlagen einen Großraumspeicher für Seitenspeicherung zur Verfügung haben, der das Fotografieren und Aufnehmen von Akten in großem Umfang und da-mit auch den Verzicht darauf für die eigentliche Arbeit gestatten wird. Um die-se Speichermöglichkeiten nutzen zu können, muß der Sachbearbeiter in der La-ge sein, sich mit Hilfe seines Bildschirms über geeignete Tastaturen die Akten-seiten heraussuchen und „beliebig dicht" darstellen zu lassen. Es ist durchaus möglich, daß die Akten Hinweise enthalten, die bei einer einfachen Seitendar-stellung nicht sichtbar werden und eine derartige „Vergrößerung" erfordern. Schließlich wird der Sachbearbeiter im Rahmen seiner Bearbeitung auch Ak-ten zu ergänzen haben, d. h. die Eingabeseite muß bei entsprechenden Bild-schirmen ebenfalls den Erfordernissen gemäß ausgestattet sein.

Hinsichtlich seiner sonstigen Gestaltung sollte das Datensichtgerät dabei den beliebigen Einsatz in irgendwelchen Räumen erlauben und möglichst we-nig von Restriktionen abhängig sein. Die bisher noch nicht erwähnte Ausstat-tung mit einem farbigen Display wäre sicherlich zweckmäßig und nicht nur wünschenswert.

2. Bildschirmeinsatz im Bereich der Publikumsabfertigung

Für den Bildschirmeinsatz im Bereich der Publikumsabfertigung gilt im we-sentlichen dasselbe wie für den Verwaltungsarbeitsplatz, es kommt jedoch noch eine weitere, weiter oben bereits erwähnte Komponente hinzu. Die Daten eines jeden Bürgers unterliegen einer gewissen Vertraulichkeit, und zwar selbst dann, wenn man die heute bereits geltenden Datenschutzgesetze außer acht läßt. An-dererseits wird es sich aus verschiedenen Gründen nicht machen lassen, Sach-bearbeiter zur Publikumsabfertigung in Zukunft in Einzelzimmern unterzu-bringen, so wünschenswert dies vielleicht auch wäre. Heute stellt man die Schreibtische, auf denen Vorgänge der Bürger liegen, so weit wie möglich vom Besucher entfernt auf, so daß es diesem auch mit guten Augen nicht möglich ist, den Akteninhalt zu erkennen. Wenn man bei Bildschirmgeräten eine ähnli-che Aufstellung vornehmen will, so kann dies aus den bekannten Gründen der Spiegelung, des Bildkontrastes und der Zeichenerkennung problematisch werden. Hier wäre es daher besonders wünschenswert, Geräte anzuschaffen, die von ihrer äußeren Form her auch bei Räumen mit umfangreicher Publikumsabfertigung beliebig so gestellt werden können, daß sie von den Bediensteten ohne Schwierigkeiten gelesen, von dem unberechtigten Publikum aber nicht betrachtet werden können.

3. Bildschirmeinsatz bei der Ausbildung

Die automatische Datenverarbeitung und moderne Informationstechnologie kann heute eine intensivere und zweckmäßigere Schulung in vielen Fällen anbieten, als das mit dem Einsatz von Lehrern oder Dozenten möglich wäre. In Zukunft dürften sich diese Möglichkeiten noch verstärken, wobei selbstverständlich damit nicht auf Lehrer oder Dozenten generell verzichtet werden, sondern ein computerunterstützter Unterricht die Effizienz der Ausbildung erhöhen soll. Dies erfordert nicht nur die Schaffung entsprechender Schulungsprogramme, sondern auch die Entwicklung eines geeigneten Schulungsplatzes in der Form, daß sich jeder auf sein eigenes Gerät konzentrieren kann, ohne von anderen abgelenkt zu werden. Erstaunlicherweise wird heute vielerorts zwar überlegt, inwieweit man z. B. Computer im Schulbereich zur Unterrichtsunterstützung einsetzen kann, die Entwicklung adäquater Geräte ist jedoch − vermutlich wegen des Fehlens einer geeigneten Lobby − nicht in Angriff genommen worden. Während der Einsatz des Bildschirmgerätes als Arbeitsmittel von seiten der Gewerkschaften als Arbeiternehmervertreter konsequent überwacht wird, besteht für den Schulungsbereich die Gefahr, daß man mangels geeigneter Interessengruppen die Erfordernisse für eine zweckmäßige Gerätegestaltung außer acht läßt und statt dessen die Verwendung wenig geeigneter Universalgeräte vorschlägt.

4. Bildschirmeinsatz im Bereich der Programmierung

Heute wird in vielen Fällen der Bildschirm im Bereich der Programmierung konsequent genutzt. Allerdings befindet sich die Organisation der Datenverarbeitung aufgrund neuer technologischer Möglichkeiten vielfach im Umbruch. Es wird sicherlich nicht unberechtigt erwartet, daß die Programmierarbeiten mittelfristig vom Sachbearbeitungsbereich übernommen werden, wobei ich hier die Fragen der Programmierformen, der Programmiersprachen und dergleichen bewußt außer acht lassen will. Wenn es hier also heute noch eigene Arbeitsplätze gibt, so ist doch davon auszugehen, daß in Zukunft für die Programmierung die gleichen Geräte angewandt werden können, die auch im Bereich der Verwaltungssachbearbeitung einzusetzen sein werden.

5. Bildschirmeinsatz für die Datenerfassung

Der Bereich der Datenerfassung ist lange Zeit ein Stiefkind gewesen und geblieben. Auch wenn es heute den Anschein hat, als seien die Schwierigkeiten früherer Systeme, z. B. zu hohe Tastaturen, zu kleine Schriftgrößen, starre Gerätekombinationen, abgebaut und zumindest für Neugeräte beseitigt worden, hat man sich doch mit der inhaltlichen Gestaltung dieses Arbeitsgebietes meines Erachtens viel zu wenig auseinandergesetzt. Für viele Bereiche der Datenerfassung ist die Frage der Bildschirmgestaltung nicht von Bedeutung, weil das Display lediglich zu Kontrollzwecken gelegentlich genutzt wird. Dies muß allerdings nicht so bleiben.

Eine vielfach heute noch nicht gelöste Problematik auf dem Gebiet der Datenerfassung liegt in der Schwierigkeit, aus nach völlig anderen Gesichtspunkten als für die Datenaufnahme entwickelten und entworfenen Belegen die Daten richtig einzugeben. Datenerfassungssysteme, die es gestatten, der Erfassungskraft die richtige Selektion und Übernahme der einzugebenen Daten zu erleichtern und sie dabei sinnvoll zu führen, dürften eine Effizienzsteigerung gerade auch in diesem Bereich erbringen.

6. Bildschirmeinsatz für die Computerbedienung

Für die Computerbedienung wird heute ein Bildschirmgerät vielfach vom Hersteller automatisch als ‚geeignetes Bedienungsgerät' mitgeliefert, so daß dem Anwender wenig Gestaltungsmöglichkeiten bleiben. Ich persönlich bin der Auffassung, daß sich die Zahl der Computerbediener trotz wachsender Rechnerzahl nicht wesentlich steigern wird, sondern daß bedienungsfreie Computer zukünftige Entwicklungen bestimmen werden. Anstelle der Computerbedienung wird mehr die Überwachung der einzelnen Geräte treten, die dann vermutlich eher eingesetzten Bildschirmgeräte dürften denen entsprechen, die heute bereits für die grafische Datenverarbeitung verwandt werden und mit deren Hilfe Netzwerkdarstellungen und dergleichen möglich sind. Ich halte daher für diesen Bereich die Entwicklung eigener Terminalgeräte nicht mehr für erforderlich.

Die vorstehenden Ausführungen können keinen Anspruch auf eine umfassende Darstellung erheben, sie sollen auch mehr dem Aufzeigen gesehener Probleme dienen. Da — wie gesagt — zu erwarten ist, daß die Entwicklung auf dem Gebiet des Bildschirmeinsatzes in den nächsten Jahren in der öffentlichen Verwaltung weiterhin progressiv verlaufen wird, ist es allerdings meines Erachtens erforderlich, daß

- die verschiedenen, sich abzeichnenden Arbeitsgebiete, die für einen Bildschirmeinsatz in Frage kommen, bereits heute auf ihre Erfordernisse untersucht werden und die dabei gewonnenen Erkenntnisse in die Bildschirmentwicklung einfließen.
- sich Wissenschaftler, Anwender und Gewerkschaften auch zukünftig zu gemeinsamen Arbeitsgruppen zusammenfinden, um die Entwicklungen in wünschenswerter Weise steuern zu können. Tarifverträge, Dienstvereinbarungen usw. sollten nicht deshalb abzuschließen sein, weil auftretende Schwierigkeiten und Erschwernisse mit Vergünstigungen honoriert werden müssen.

Statt dessen sollte lieber versucht werden, zukünftigen Entwicklungen den
Weg zu ebnen und die technologischen Möglichkeiten auch zur Humanisierung der Arbeitsplätze verstärkt auszunutzen
- diejenigen Bereiche, die heute und vermutlich auch zukünftig eine eigene
Lobby nicht haben werden, bei der Entwicklung nicht ganz vergessen und
außer acht gelassen werden. In vielen Fällen läßt sich mit einem relativ geringen technologischen Aufwand eine Vielfalt an Möglichkeiten erzeugen,
die auch die Wünsche derer erfüllt, die im Rahmen der Entwicklung nicht
durch eigene Interessengruppen vertreten sind.

Im Rahmen eines Mensch-Maschine-System stellt der Bildschirm nur eine
kleine Komponente dar. Da er andererseits gerade an der Nahtstelle zwischen
Mensch und Maschine angeordnet ist, besitzt seine zweckmäßige Ausgestaltung
dennoch einen hohen Stellenwert. Es wäre wünschenswert, wenn dies bei Ent-
wicklungs- und Produktionsentscheidungen der Hersteller berücksichtigt werden würde.

Die Einführung und die Arbeit mit Bildschirmen aus der Sicht einer Betriebsrätin

I. Jahnke

Betriebsräte sind Laien auf fast allen Gebieten, ob es Arbeitsrecht, Soziologie, Psychologie oder Ergonomie heißt. Ich maße mir also nicht an, fachkompetent wissenschaftlich mit Ihnen zu diskutieren. Vielmehr möchte ich Ihnen schildern, wie Maßnahmen, die einige von Ihnen anregen, planen, organisatorisch vorbereiten oder durchführen, auf die betroffenen Arbeitnehmer wirken.

Ich halte die Zergliederung der Arbeit in immer kleinere Arbeitsschritte — gleich ob im Gewerblichen- oder Angestellten-Sektor — für eine äußerst fragwürdige Tendenz. Warum eigentlich müssen immer weniger Arbeitnehmer immer mehr Verantwortung tragen und auf der anderen Seite immer mehr Menschen zu reinen Lückenbüßern der Maschinierie werden? (Aber das führt bereits in eine Grundsatzdiskussion.)

Arbeit an Bildschirmen sieht sehr unterschiedlich aus:

Ich spreche nicht von Lesegeräten, die zwei- oder viermal am Tag benutzt werden, ich spreche nicht von Terminals, die eine Stunde pro Tag im Dialogverfahren verwendet werden. Ich spreche von jenen Frauen, die 8 Stunden am Tag an Bildschirmen schreiben oder Daten erfassen müssen, 5 Tage in der Woche, 10 oder 15 Jahre hintereinander.

Beispiel:

Als sich die ersten Gerüchte ausbreiteten, daß in einem zentralen Schreibdienst Bildschirmgeräte aufgestellt werden sollten, herrschte zunächst einmal relative Gleichgültigkeit bei den betroffenen Frauen. Erst als sich die Gerüchte verdichteten, machte sich eine Angst bemerkbar, die jedoch nicht gemeinsam offen diskutiert wurde, sondern die jeder versuchte, persönlich zu bewätigen: jüngere betroffene Frauen drängten energisch auf Versetzung oder kündigten; ältere, meist Teilzeitbeschäftigte, wurden mit der Angst eher fertig („Zwei oder drei Tage in der Woche halte ich das schon aus.") Auch konnten jene die Situation besser verkraften, die von dem Verdienst in dieser Firma nicht abhängig waren.

Der Betriebsrat forderte damals kurz vor Einführung des neuen Systems in einer Abteilungsversammlung vor den betroffenen Frauen von der Personalleitung nicht nur, daß

– die Arbeitsplätze blendfrei
– Stuhl und Tisch körpergerecht
– die Wände getönt
– und die Pausengymnastik verstärkt weitergeführt werden müßte,

sondern vielmehr richtete sich sein Blick auf die *Arbeitsinhalte*. Die psychische Belastung bei diesen betroffenen Frauen würde durch *erhöhte Konzentration* und *verstärkte Monotonie* steigen. Wir hatten die Befürchtung, daß mündliche

Kommunikation fast nicht mehr stattfinden würde und alles zusammen genommen körperliche Erschöpfung in diesem betroffenen Kreis ein nicht mehr zu vertretendes Maß annehmen würde.

Das angesprochene Management reagierte damals dermaßen heftig, wie ich es innerhalb von 10 Jahren nicht erlebt habe. Die Betroffenheit wechselte jedoch in eine fruchtbare Aktivität: aus ergonomischer Sicht wurden die Arbeitsplätze weitgehend gut bis sehr gut gestaltet. Leider überhaupt nicht beachtet wurde jedoch der soziologisch-psychologische Bereich. Humanisierung bedeutet jedoch in meinem Verständnis, daß beide Teile, sowohl die Ergonomie als auch die soziologisch-psychologische Seite, zusammen genommen einen menschenwürdigen Arbeitsplatz ergeben.

In diesem konkreten Fall könnten alle in einem Schreibdienst anfallenden Aufgaben (Schreiben, Drucken, Sichern, Entgegennahme des Schriftgutes, Verteilen des Schriftgutes, Abrechnung und Verteilung auf Kostenstellen etc.) in Job-Rotation von allen Frauen erledigt werden, was den Vorteil eines vielleicht 2stündigen Wechsels des Arbeitsmittels mit sich bringen würde.

Das oben geschilderte neue Schreibsystem steht nun bereits mehrere Jahre. Unsere Forderung nach laufender augenärztlicher Untersuchung wurde nur in der Einführungsphase erfüllt. Der Anteil der Teilzeitkräfte in diesem Bereich ist konstant geblieben, obgleich die Firma vorhatte, Teilzeitarbeit auch hier abzuschaffen.

Aber wenden wir uns einem anderen Bereich zu, in dem 8 Stunden Bildschirmarbeit noch verheerender gewirkt haben. Ich meine die Datenerfassung. Die Frauen arbeiten hier 5, 10, teilweise 15 Jahre an Erfassungsgeräten. Es ist absehbar und von der Firma auch angedeutet, daß diese Arbeitsplätze im Laufe der Jahre auf ein Minimum zusammengeschrumpft werden. Neue Technologien, dezentrale Erfassung mit Datenfernübertragung machen es möglich.

Als ich nun in Anbetracht der Zukunft mit den Frauen der Datenerfassung in ein Gespräch über Weiterbildungsmöglichkeiten eintreten wollte, schlug mir eine Welle von Aggressionen und Vorwürfen entgegen:

„Wie stellen Sie sich vor, Frau Jahnke, daß wir nach 8 Stunden Arbeit hier noch zur Schule gehen sollen". „Wissen Sie eigentlich, wie erschöpft wir abends sind?" „Ich habe seit 10 Jahren keinen Brief mehr geschrieben. Ich kann nicht mal mehr ein Bewerbungsschreiben aufsetzen". „Warum kümmert sich die Firma erst jetzt um uns? Ich bin schon 15 Jahre hier beschäftigt. Warum gibt man uns nicht wirklich Aufstiegsmöglichkeiten? Warum greift man auf uns nur zurück, wenn die Firma es will, nicht wenn wir es wollen?" (Verschiedene Frauen haben sich im Laufe der Jahre um andere Arbeitsplätze beworben, waren jedoch abgelehnt worden.)

Ich stand fassungslos vor dieser Gruppe, und — obwohl ich eigentlich nicht Empfänger dieser Vorwürfe sein sollte — ich war tief betroffen. Tatsächlich: Durch das Erfassen von numerischen und nur sehr wenigen alphanumerischen Belegen über Jahre hinaus — und 8 Stunden am Tag — war die geistige Mobilität dieser Frauen so eingeschränkt, daß sowohl ihre mündliche als auch ihre schriftliche Ausdrucksfähigkeit auf ein sehr niedriges Niveau reduziert wurde. Aus der Arbeit als solcher können sich diese Frauen keine geistigen Impulse erhoffen, die Kraft reicht aber auch kaum noch, diese Impulse außerhalb der Arbeitszeit aktiv aufzunehmen. Mir ist weder bekannt, daß eine der Frauen sportliche Aktivitäten hat, noch haben die Frauen Mut, Bildungsurlaub nach dem hamburgischen Bildungsurlaubsgesetz in Anspruch zu nehmen (mit der Ausnahme einer älteren Arbeitnehmerin). Der Kontakt zu mir als Betriebsratsvorsitzende war ungewöhnlich gering und ging meistens von mir aus, und die Personalleitung mußte zugeben, daß diese Frauen nur schwer in andere Bereiche des Unternehmens zu vermitteln waren.

Ist dieser Zustand verwunderlich bei der mehr und mehr fremdbestimmten, sinnentleerten Arbeit dieser Frauen? Ist es zu verantworten, diesen Zustand durch neue, unüberschaubarere Technologien zu verschlechtern, anstatt zu verbessern?

Die hier im Raum anwesenden wissenschaftlichen Kräfte sollten einmal versuchen, Langzeitstudien über die Auswirkung von Bildschirmarbeit auf die Psyche des Arbeitnehmers in Angriff zu nehmen und auch auf diesem Sektor Forschung zu betreiben. Vergessen Sie nicht, daß Ihr Forschungsobjekt *der Mensch* ist!

Aus meinen Erfahrungen mit Bildschirmarbeitsplätzen resultieren folgende Forderungen:

1. Bevor die Entscheidung zum Kauf neuer technischer Geräte getroffen wird, sollten ergonomisch geschulte Mitarbeiter zur Begutachtung herangezogen werden. Das würde auch die Hersteller zwingen, gewisse Grunderkenntnisse (arbeitsmedizinisch gesicherte Erkenntnisse) bei der Herstellung ihrer Geräte zu beachten.
2. Entscheidet man sich für ein neues Gerät, sollte der Betriebsrat mit einbezogen werden, um die Aspekte der Arbeitnehmer zu berücksichtigen. Gemeinsam mit den betroffenen Arbeitnehmern, Betriebsräten, Werksärzten, Fachleuten für Arbeitsgestaltung könnten neue Arbeitsformen erarbeitet werden. Das setzt allerdings voraus, daß man auch an hierarchischen Grenzen nicht Halt macht und den Arbeitnehmer in den Mittelpunkt der Betrachtungen stellt.
3. Nicht nur Manager, die in verantwortlichen Positionen sitzen, benötigen Weiterbildung. Auch jene Arbeitnehmer, die im Angestelltenbereich lediglich repetitive Teilarbeit machen, sollten zur Erhaltung ihrer Mobilität in die Bildungsplanung der Unternehmen verstärkt einbezogen werden.
4. Arbeit an Bildschirmen sollte, gleichgültig ob es sich um Dialogarbeitsplätze oder Erfassungsarbeitsplätze handelt, der Belastbarkeit des einzelnen Arbeitnehmers angepaßt sein.

Im Hinblick auf die nachfolgende Diskussion möchte ich einen Punkt noch einmal hervorheben: Die Entwicklung der Büroorganisation führte in den letzten Jahren immer mehr zur Zerstückelung, Verarmung und Monotonisierung der Arbeit. Die Einführung von Bildschirmarbeitsplätzen setzt diese Entwicklung fort und macht diesen Zustand für uns deutlich sichtbar.

Deshalb sollte die Diskussion um Arbeitsplätze mit Datensichtgeräten nicht einseitig technizistisch geführt werden, sondern die Inhalte der Arbeit sowie die Arbeitsorganisation müßten heute im Mittelpunkt unserer Aufmerksamkeit stehen.

Der Einsatz von Datensichtgeräten aus der Sicht der Praxis

M. BALLEER

Vorbemerkung

Dieser betriebliche Erfahrungsbericht gibt einen kurzen Überblick über Probleme, Entwicklungstendenzen, Chancen der Bildschirmverarbeitung aus der Sicht der Praxis eines größeren Versicherungsunternehmens, im besonderen aus der Sicht der Unternehmensleitung. Er erfolgt weder im offiziellen Auftrag der Versicherungswirtschaft noch des Arbeitgeberverbandes, obwohl der Verfasser dort auch Funktionen wahrnimmt und sich in den Ausführungen unschwer die eine oder andere offizielle Lesart wiederfindet.

Die Versicherungswirtschaft ist bekanntlich einer der Hauptanwender der Bildschirmtechnik. Nach den vorliegenden Erhebungen sind schon im Jahr 1980 in der Versicherungswirtschaft rd. 20 000 Bildschirmarbeitsplätze eingerichtet mit kraftvollen Zuwachsraten in den Folgejahren. Man mag daraus erkennen, daß das Thema Bildschirm und das Thema Ergonomie in unserer Branche besonderen Stellenwert hat. Es soll kurz erläutert werden, warum dies so ist.

Grundbedingungen des Bildschirmeinsatzes

Analysiert man die Grundbedingungen des Bildschirmeinsatzes, so sind mit Blick auf die Versicherungswirtschaft im wesentlichen 2 Dinge von Bedeutung:
1. Schon seit geraumer Zeit werden große Dateien auf der EDV geführt. Deren Informationen können über Bildschirme praktisch zeitlos in der Verwaltung an den Sachbearbeiterplatz und verstärkt auch im Vertrieb direkt an den Außendienst gebracht werden. Die Folge: Eine ganz wesentliche Beschleunigung und Verbesserung der Arbeitsvorgänge, der Beratungsqualität und damit des Services eines Unternehmens.
2. Neben dem Serviceeffekt wirkt die Bildschirmverarbeitung rationalisierend und damit produktivitätserhöhend. Viele der bisher aus der normalen Vertragsbearbeitung ausgelagerten Arbeitsvorgänge, etwa die zentrale Datenerfassung, Schreibdienste, Botendienste, Aktenregistraturen werden nur sehr eingeschränkt noch bestehen bleiben. Der mit dem Bildschirm mögliche Dialogverkehr mit der EDV-Anlage und die dahinter stehenden Rechen-, Speicher- und Verarbeitungskapazitäten gestatten es, viel mehr Dinge als früher direkt vom Sachbearbeiter aus, und zwar via Bildschirm, zu tun.

An späterer Stelle wird auf manche der Wirkungen des Bildschirmeinsatzes noch zurückgekommen, an dieser Stelle soll aber mit diesen wenigen Bemerkungen doch angedeutet werden, daß gerade in der Versicherungswirtschaft die Grundbedingungen für den Bildschirmeinsatz außerordentlich günstig sind, woraus sich auch die genannten Zuwachsraten erklären.

Einsatzbedingungen für Bildschirmgeräte

Der Einsatz von Bildschirmen erfolgt in der Versicherungswirtschaft seit Anfang der siebziger Jahre, zunächst langsam und von nur wenigen Unternehmen betrieben, dann in den letzten Jahren allerdings in großer Breite. War am Anfang die Faszination über die neue Technik groß, findet man heute so manche kritische Stimme. Dabei muß man wohl unterscheiden zwischen
– der kritischen Bewertung des Bildschirms als Mittel zur Verbesserung der betriebswirtschaftlichen Produktivität (Rationalisierung, Service) und
– den Auswirkungen auf den Menschen am Arbeitsplatz (Arbeitsbedingungen)
Diese Ausführungen widmen sich dem letzteren, den Arbeitsbedingungen. Sie werden im wesentlichen bestimmt

– durch den Bildschirm selbst
– durch die Arbeitsplatzgestaltung
– durch die Arbeitsumgebung
– durch die Arbeitsverfahren.

Es soll nun an einem betrieblichen Beispiel versucht werden, Probleme zu konkretisieren und Lösungsmöglichkeiten aufzuzeigen:

Der Bildschirm

Die Mehrzahl derjenigen, die sich mit diesen Problemen befassen, kennt die Kritikpunkte und die sich daran knüpfenden Forderungen, etwa

– flache und frei bewegliche Tastaturen
– möglichst reflexarme Bildschirme
– Positivdarstellung

Wenngleich es auch inzwischen einige Hersteller am Markt gibt, die sehr schnell auf neue ergonomische Erkenntnisse reagieren, so ist insgesamt aus der Sicht des Benutzers das Innovationstempo in diesem Bereich viel zu gering. Gerade namhafte Firmen stellen sich fast taub, wenn es beispielsweise darum geht, flache Tastaturen zu bauen – eigentlich eine Kleinigkeit, verglichen mit den übrigen Anstrengungen dieser Firmen auf dem Technologiesektor.
Man ist als Anwender natürlich gefordert, daraus die Konsequenzen zu ziehen und nicht mehr unbedingt und bedingungslos Bildschirme bei seinem Hauptlieferanten für Hardware zu ordern. Man wird sich am Markt umsehen müssen. Allerdings ist die Wahl des Bildschirmherstellers dabei in der Praxis eingeschränkt:
– Zunächst müssen die Produkte zur EDV-Anlage voll und ohne Probleme kompatibel sein; dies wird oft versprochen, ist aber nicht immer der Fall.

– Ein Nachrüsten mit Bildschirmen anderer Hersteller hat oft zur Folge, daß an einer EDV-Anlage Bildschirme verschiedener Hersteller „hängen", was technisch und wartungsorganisatorisch Probleme aufwerfen kann. Dabei sei daran erinnert, daß nicht jede Firma einen flächendeckenden Wartungsdienst unterhält, so daß auch der Anwender ein gewisses Interesse daran hat, mit einem großen einheitlichen Equipment besondere Wartungszugeständnisse zu erhalten. Dies gilt besonders für Benutzer außerhalb der Ballungszentren.
– Auch wirtschaftliche Gründe schränken die Wahl, insbesondere aber den sofortigen Umtausch in ergonomisch bessere Geräte ein. Dies gilt bei längerfristigen und damit preisgünstigen Mietverträgen ebenso wie beim Kauf von Geräten, deren Preis sich schließlich amortisieren muß.
– Dies alles bewirkt eine gewisse Abhängigkeit von einem einmal ausgewählten Bildschirmhersteller, oft vom Hersteller der EDV-Anlage, und deswegen muß man sich beim Umrüsten auf ergonomisch bessere Geräte auf eine Übergangsphase einrichten, die aus den oben genannten Gründen sicher nicht weniger als 5 Jahre betragen wird und die sicher erst dann beginnen kann, wenn namhafte Hersteller ergonomisch bessere Geräte herausbringen. Man muß die Betriebe verstehen, daß sie nicht von heute auf morgen ältere Modelle herausziehen können, wenn dies mit erheblichen wirtschaftlichen Nachteilen und mit Auswirkungen auf die Wettbewerbsfähigkeit verbunden ist.

Gleichwohl ist es notwendig, kritischer bei der Auswahl zu sein und von Benutzerseite den Druck auf die Hersteller zu verstärken. Man sollte die Hoffnung auf den Wettbewerb der am Markt anbietenden Hersteller setzen, die eine gute Chance haben Marktanteile mit ergonomisch günstigen Geräten zu erobern.

Die Arbeitsplatzgestaltung

Bei der Gestaltung der Arbeitsplätze gab es lange Zeit Unsicherheiten über das, was man tun soll. Gesicherte arbeitswissenschaftliche Erkenntnisse traten (und treten) erst allmählich hervor, und dies ist auch der Grund, warum viele Unternehmen zögerten, größere Investitionen zu tätigen. Dies gilt in besonderem Maße für die Arbeitstische.

Obwohl der Verfasser selbst Mitglied im DIN-Normenausschuß ist, war es lange Zeit auch für ihn kaum absehbar, wohin die Reise bei den Maßen für die Arbeitstische gehen würde. Bei Unternehmen mit weniger Know-how war die Unsicherheit natürlich noch größer.

Entsprechend vorsichtig wurde disponiert. Nachdem nunmehr durch die Sicherheitsregeln der Berufsgenossenschaften eine gewisse Klarheit besteht, kann auf gesicherterer Basis investiert werden. Natürlich sollen den Mitarbeitern optimale, ergonomisch richtige Arbeitsplätze geboten und dafür auch Mittel eingesetzt werden. Gelegentlich empfiehlt sich, ein externes Gutachten anfertigen zu lassen, um die betrieblichen Investitionen auf diesem Gebiet abzusichern.

Der Arbeitgeberverband der Versicherungswirtschaft hat zu diesem Themenkomplex klar Stellung bezogen und an seine Mitgliedsunternehmen eine Empfehlung herausgegeben, die in wenigen Worten kurz skizziert sei:

Zu fordern ist ein normaler Schreibtisch mit den neuen Maßen (160 cm breit, 72 cm hoch, ca. 90 cm tief), in den die Tastatur eingelassen werden kann, soweit sie noch nicht die geforderte Höhe von 3 cm (Mittelreihe) aufweist. Werden flache Tastaturen eingesetzt, so muß der Tisch mit einfachen Mitteln umgerüstet werden können. Empfehlenswert ist eine Tischplattendicke von nur 3 cm. Die Höhenverstellbarkeit der Tische wird nicht gefordert. Eine einfache nicht zu aufwendige Verstellmöglichkeit reicht aus.

Im Bürobereich haben sich aufwendigere Tischkonstruktionen für die überwiegende Zahl der Arbeitsplätze nicht bewährt, zumindest nicht dort, wo neben der Bildschirmtätigkeit in nennenswertem Umfang auch mit Papier gearbeitet wird (Mischtätigkeit).

Die Arbeitsumgebung

Die Gestaltung der Arbeitsumgebung hängt sehr wesentlich von den verfügbaren Raumressourcen ab. Ob man über einen Großraum verfügt oder nicht hat erheblichen Einfluß auf die Beleuchtung. Beim Kleinraum (Funktionsraum) treten bekanntlich besondere Probleme auf
– durch den Tageslichteinfall und die damit zusammenhängenden Reflexionen auf dem Bildschirm sowie Adaptionsprobleme der Augen, was zu einem sorgfältig ausgesuchten System von Reflexabschirmungen über Jalousien und Vorhänge führt.
– durch die Beleuchtungskörper, die bei der oft großen Verschiedenheit der Räume ggf. unterschiedlich ausgelegt werden müssen und nicht immer so optimal wie im Großraum eingerichtet werden können.

Beim Großraum sind die Probleme geringer und auch wohl die Kosten bei der Gestaltung der Arbeitsumgebung für vernünftige Bildschirmarbeitsplätze niedriger.

Die Arbeitsverfahren

Etwas ausführlicher soll auf die Veränderung der Arbeitsverfahren eingegangen werden, weil sie die Arbeitsbedingungen im Bürobereich sehr wesentlich beeinflussen.

Unbestritten ist, daß durch die Bildschirmverarbeitung Änderungen eintreten, und zwar Veränderungen in allen drei Ebenen: Arbeitsmittel, Arbeitsabläufe, Arbeitsstrukturen.

a) Änderung des Arbeitsmittels

Lange Zeit war – und ist zum Teil heute noch – Bleistift und Papier das beherrschende Arbeitsmittel im Bürobereich. Als Informations- und Speicherquelle dominierte die Akte.

Dieser Zustand hat in den letzten Jahren durch die Bildschirmverarbeitung eine erhebliche Veränderung erfahren, und dies ganz besonders in der Versicherungswirtschaft. Das führt beispielsweise dazu,

– daß die klassische Akte, in der alles abgelegt ist, verschwindet,
– daß an deren Stelle in hohem Umfang EDV-gespeicherte und über Bildschirm abrufbare Informationen treten, die für die große Masse der zu bearbeitenden Geschäftsvorfälle ausreichende Informationen liefern,
– daß außerhalb dieser EDV-Information ganz überwiegend nur noch der aktuelle, nicht abschließend erledigte Schriftwechsel in Originalform sowie seltenere Informationen in Mikrofilmform benötigt werden.

b) Änderung der Arbeitsabläufe

Der äußere Eindruck der so skizzierten wesentlich papierärmeren Bürolandschaft gibt schon einen ersten Hinweis auf die tiefgreifende Wirkung der Bildschirmtätigkeit auf die einzelnen Arbeitsabläufe:
Der Bildschirm ist nicht nur als Informationsgeber und -empfänger gespeicherter Daten geeignet, er wird darüber hinaus aktiv in die Bearbeitung der Geschäftsvorfälle eingebunden, denn ein großer Teil des Versicherungsgeschäfts ist standardisierbar. Dies gilt etwa für Angebotsberechnungen, für Dokumentenerstellung, für Leistungsabwicklung, für die Textbe- und -verarbeitung und viele andere Dinge mehr, welche heute unmittelbar am Bildschirm mit Hilfe der EDV-Anlage abgewickelt werden können und für die bisher separate betriebliche Stellen erforderlich waren. Daraus folgt, daß ein Sachbearbeiter mehr Funktionen als bisher abdecken kann, und daraus folgt wiederum, daß die Bildschirmverarbeitung tendenziell vorhandene Arbeitsteilung vermindert oder ganz aufhebt. Dies gilt in zweifacher Hinsicht:
1. Ein Geschäftsvorfall wird von möglichst wenigen, im Idealfall von einem Mitarbeiter von Anfang an bis zum Ende bearbeitet. Der Mitarbeiter wird also nicht nur kleine Ausschnitte aus einem Geschäftsvorfall, sondern diesen ganz bearbeiten können. Dies wird seine Verantwortlichkeit zweifellos stärken.
2. Verschiedene Geschäftsvorfälle im Verlauf des „Lebenswegs" eines Versicherungsvertrags werden von möglichst wenigen, im Idealfall von einem Mitarbeiter bearbeitet. Der Mitarbeiter wird sich voraussichtlich mit dem Schicksal des Versicherungsvertrags und damit des Kunden besser identifizieren und auch hier verantwortlicher handeln. Die geschilderte Funktionskonzentration und die damit auch verbundene Verringerung von sogenannten „einfachen" Büroarbeiten, wie etwa die Datenerfassung, Registraturen, Schreibdienste wird noch eine weitere Wirkung auf den Personalbereich haben: Es fallen Arbeitsplätze geringerer Qualifikation fort, und es wird sich daher im Durchschnitt des Betriebs die Qualifikation der Mitarbeiter erhöhen. Man geht davon aus, daß im großen und ganzen für die normale Sachbearbeitung, die ganz wesentlich der Kundenbetreuung gewidmet ist, auch weiterhin der Versicherungskaufmann die richtige Ausbildungsgrundlage ist. Dessen Grenzen und Möglichkeiten werden umgekehrt auch wiederum auf die Gestaltung der Arbeitsabläufe Einfluß nehmen.

c) Änderung der Arbeitsstrukturen

Es ist jedenfalls eine Tendenz erkennbar: Ähnlich wie im Kreditwesen könnte sich auch im Versicherungswesen auf Sicht eine mehr kundenbezogene und nicht mehr so stark funktionsbezogene Arbeitsweise durchsetzen. Durch die Möglichkeit, welche gerade die Bildschirmverarbeitung bietet, fallen viele Gründe für arbeitsteilige Verfahren fort. Um so mehr wirken dann marketingbezogene Einflüsse auf die Gliederung eines Betriebs ein, etwa von vertriebsweg- oder kundenbezogenen Gesichtspunkten, mit erheblichen Vorteilen für den Konsumenten. Die Folge ist, daß die Bildschirmverarbeitung auch zu einer tiefgreifenden Strukturreform mancher Betriebe Anlaß gibt. Dies ist in vielen Betrieben schon der Fall.

Es wird oft vergessen, daß zur Ergonomie auch die Gestaltung der Arbeitsinhalte gehört. Für die Versicherungswirtschaft sind ganz offenbar viele positive, arbeitsplatzbereicherndere Wirkungen erkennbar. Diese Vorteile dürfen allerdings nicht durch eine schlechte Konzeption der Bildschirmsoftware, d.h. konkret der Bilder und Bildfolgen, kompensiert werden. Fundierte Erkenntnisse liegen jedoch nur spärlich vor, die Änderung von Software ist zudem sehr aufwendig und die artikulierten Bedürfnisse des Benutzers weichen oft von ergonomisch wünschbaren Vorstellungen ab. Die Ergonomen werden sicherlich ihre Aufmerksamkeit verstärkt diesem Themenkomplex widmen. Das Interesse von Wissenschaft und Praxis ist deutlich gewachsen. Dies ist erfreulich.

Die Wirkungen auf den Menschen

Wie wirkt die Bildschirmverarbeitung nun auf die in den Betrieben arbeitenden Menschen?

Insbesondere zu Beginn begegnet diese Verarbeitungsform einigen Vorbehalten. Dies ist erklärbar und verständlich:

— Zunächst sind es wohl die üblichen Widerstände, die jede Änderung eines Verfahrens begleiten. Diese Widerstände werden allerdings teilweise kompensiert durch die Neugierde und den Ehrgeiz, neue Techniken zu beherrschen.

— Es kommt hinzu, daß jeder um die Wirkungen des Bildschirms als wichtiges Rationalisierungsmittel weiß. In einer Zeit, wo Arbeitskräfte nicht gerade knapp sind, erzeugt dies Sorgen.

— Nicht verschweigen soll man auch das Unbehagen, das jeder beim Einsatz technischer Mittel hat, insbesondere deshalb, weil keiner so recht weiß, wohin die Entwicklung einmal führen wird. Dazu gehört im besonderen die durch die Technik bedingte stärkere Normierung der Arbeitsvorgänge und die auch dadurch verursachten geringeren sozialen Kontaktmöglichkeiten.

— Zuletzt ist der Bildschirm — und dies soll nicht verschwiegen werden — nicht frei von ergonomischen Problemen, wie oben bereits geschildert wurde.

Jedoch: Die Akzeptanz der Bildschirme in den Betrieben ist besser als es nach den vielen Publikationen hierüber vermutet werden kann. Ganz überwiegend akzeptieren die Mitarbeiter den Bildschirm als deutliche Verbesserung der Arbeitsabläufe, die auch ihnen bei der täglichen Arbeit zugute kommt. Natürlich ist in vielen Häusern die Technik noch zu jung, die Entwicklung der EDV-Verarbeitung noch nicht abgeschlossen, daß eine abschließende Meinungsbildung über Vor- und Nachteile schon möglich ist. Und natürlich wird man immer wieder die Wirkungen dieser Verarbeitungstechnik auf den Men-

schen zu überprüfen haben. Dies war — wenn auch an anderen Medien — schon
immer so. Hier helfen objektiv geführte Untersuchungen weiter. Wirklich gesicherte Erkenntnisse werden in Tarif- und Betriebsvereinbarungen ihren Niederschlag finden, wenn sie nicht in allgemeinverbindlichen Richtlinien verankert
sind. Die Versicherungswirtschaft hat eine Tarifvereinbarung, die im wesentlichen der Gesundheitsfürsorge dient. Darüber hinaus hat so manches Versicherungsunternehmen eine Betriebsvereinbarung über diesen Fragenkomplex abgeschlossen, wie z. B. das Unternehmen des Verfassers. Kritischer Punkt dabei
ist die Pausenregelung. Hierzu eine abschließende Bemerkung: Bei der Mehrzahl der Versicherungsunternehmen wird dem Mitarbeiter zugetraut, daß er
seine Arbeitszeit selbständig planen kann. Jeder weiß, daß in Bürobetrieben
flexibel Zeiten der Anspannung und Entspannung wechseln. Die Großraum-
konzepte geben dem Mitarbeiter sogar ausdrücklich die Möglichkeit, Pausen-
zonen ohne wesentliche Restriktionen zu nutzen, wenn er die erwartete Leistung erbringt. Und jeder Praktiker weiß zudem, daß Arbeitsunterbrechungen
in der Regel größer sind als alle Zeiten, die gegenwärtig in der Ergonomie zur
Diskussion stehen. Es ist besser, ergebnisorientiert statt zeitorientiert zu führen.

Erfahrungen eines Großanwenders bei der Entwicklung und beim Einsatz von Bildschirmarbeitsplätzen

Th. Kiesmüller

1. Ausgangssituation

In der BMW AG sind zur Zeit ca. 2000 Bildschirmgeräte eingesetzt. Sie ermöglichen dem Unternehmen eine hohe Flexibilität bei der Verarbeitung der wachsenden Informationsfülle und sollen den Mitarbeitern die Informationsverarbeitung erleichtern.

Vor dem Hintergrund der ständig zunehmenden Anzahl von Bildschirmgeräten im Unternehmen und der zunehmenden Diskussion über diese Arbeitsmittel wurde im Unternehmen eine Untersuchung der Arbeitsplätze durchgeführt, an denen mit Bildschirmarbeitsplätzen gearbeitet wird. Diese Untersuchung und die Maßnahmen daraus wurden vom Zentralen Personalwesen in enger Zusammenarbeit mit dem Betriebsrat und der Organisationsabteilung durchgeführt.

2. Ziel der Untersuchung

Es wurden im wesentlichen zwei Ziele verfolgt:

- Erfassung der Arbeitsbedingungen am und mit dem Bildschirmgerät.
- Verbesserung der Arbeitsbedingungen der Mitarbeiter; neben der korrektiven Arbeitsgestaltung sollten besonders die Möglichkeiten einer konzeptiven Arbeitsgestaltung ausgeschöpft werden.

3. Erfassung des IST-Zustandes

In einer Fragebogenaktion wurden 1979 ca. 600 Arbeitsplätze mit Bildschirmgeräten und die entsprechenden Arbeitsplatzbereiche erfaßt. An diesen Bildschirmgeräten arbeiteten ca. 1500 Mitarbeiter.

Im technisch-organisatorischen Teil des Fragebogens wurden u.a. Art und Anzahl der Bildschirmgeräte, Nutzungsart, Nutzungszeit, Arbeitsumgebungs- und Arbeitsplatzbedingungen sowie organisatorische Gegebenheiten festgestellt. Im mitarbeiterbezogenen Teil wurden anonym u.a. persönliche Daten wie Alter, Geschlecht, Ausbildung, körperliche Beschwerden und Einsatz von Sehhilfen der Mitarbeiter erfaßt.

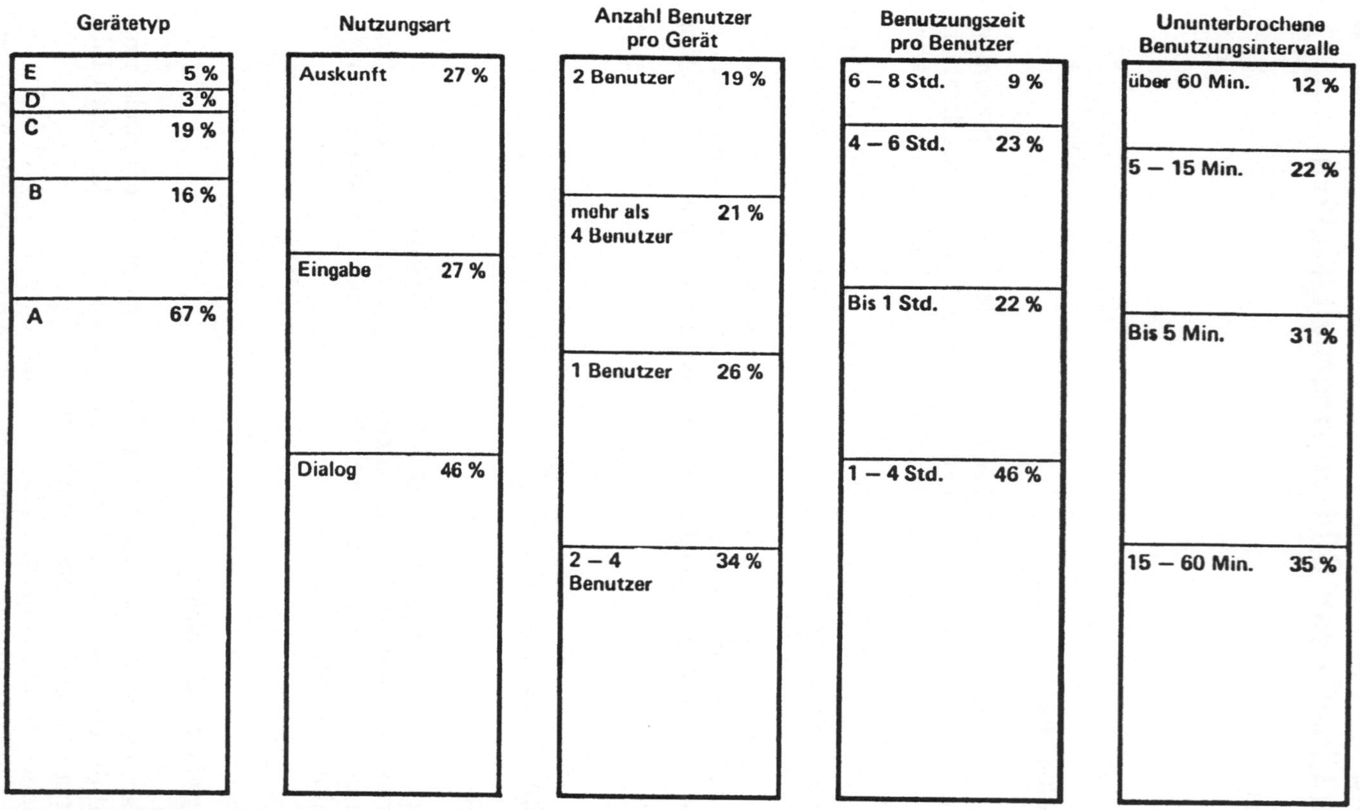

Abb. 1. Vergleichsmerkmale für Bildschirmarbeitsplätze bei BMW

4. Analyse der Ergebnisse

Bei der Auswertung der Erhebung wurden die in Abb. 1 dargestellten Daten als wesentliche Vergleichsmerkmale für Arbeitsplätze mit Bildschirmgeräten bei BMW festgestellt.

Die Frage nach Auffälligkeiten/Problemen wurde vor allem für den Mitarbeiterkreis festgestellt, der überwiegend mit Bildschirmgeräten arbeitet. Bei knapp einem Viertel dieser Mitarbeiter treten keine Probleme auf. Ein Drittel des speziellen Mitarbeiterkreises kritisierte die Arbeitsplatzgestaltung oder nannte Schwierigkeiten mit der Arbeitsumgebungsgestaltung insbesondere mit Direkt- und Reflexblendung aber auch mit dem Raumklima.

Bei der Suche nach möglichen Ursachen, insbesondere von allgemeinen Beschwerden (Rücken-, Nacken- und Kopfschmerzen, Augenbeschwerden, nervliche Beanspruchung usw.) kommt man auf Problemkreise, die nur in sehr kleinem Ausmaß speziell bei Bildschirmarbeitsplätzen auftreten. Ursachen wie ungenügende ergonomische Arbeitsplatz-, Geräte- und Umgebungsgestaltung sind bei vielen anderen Büroarbeitsplätzen im gleichen Umfang festzustellen.

Im nachhinein ist für ähnliche Untersuchungen zu empfehlen, auch vergleichbare Arbeitsplätze ohne Bildschirmgeräte in eine IST-Aufnahme miteinzubeziehen.

Die Analyse der Untersuchungsergebnisse sowie externe arbeitswissenschaftlich gesicherte Forschungsergebnisse waren Grundlage für die weitere Vorgehensweise und Maßnahmen.

5. Erfahrungen bei den bisherigen Maßnahmen

Bisher wurden folgende Maßnahmen durchgeführt:

- Arbeitsplatz- und Umgebungsgestaltung
- Einsatz neuer Arbeitsplatztypen nach einem flexiblen Bausteinprinzip für verschiedene Anwendungsfälle
- Pilothafter Einsatz von ergonomisch verbesserten Bildschirmgeräten
- Prüfung geplanter Bürobauten im Hinblick auf „Bildschirmtauglichkeit"
- Verbesserte Informationen für Mitarbeiter, Vorgesetzte und Büroplaner
- Verbesserte Schulung/Einweisung von Mitarbeitern an Bildschirmgeräten

5.1 Arbeitsplatz- und Umgebungsgestaltung

Nach ergonomischen und betrieblichen Erfordernissen wurden neue Arbeitsplätze entwickelt, die sich nach dem Bausteinprinzip entsprechend den jeweiligen tätigkeitsbezogenen Anforderungen zu unterschiedlichen Arbeitsplatztypen zusammensetzen lassen. Die Entscheidungshilfe-Matrix zur Bestimmung der Arbeitsplatztypen (Abb. 2) beinhaltet derzeit 5 Merkmale:

- Nutzungsart
- Anzahl Benutzer
- ununterbrochenes Benutzungsintervall pro Benutzer

Merkmal / Arbeitsplatztyp	1	2	3	4	5	6
	Eingabeplatz für Datenerfassung	Dialog-/Eingabeplatz für Sachbearbeitung	Dialog-/Eingabeplatz für Sachbearbeitung (Partnerarbeitsplatz)	Dialog-/Auskunftsplatz (Dreharbeitsplatz)	Auskunftsplatz (Mehrfacharbeitsplatz)	Auskunftsplatz (Steharbeitsplatz)
Nutzungsart	Eingabe	Dialog/ Eingabe	Dialog/ Eingabe	Dialog/ Auskunft	Auskunft	Auskunft
Anzahl Benutzer	1	1	2	2	mehr als 2	mehr als 2
ununterbrochenes Benutzungsintervall pro Benutzer	über 60 Min.	15 – 60 Min.	15 – 60 Min.	bis 10 Min.	5 – 15 Min.	bis 5 Min.
kumulierte Benutzungszeit pro Benutzer pro Tag	❯ 4 Std.	2 – 4 Std.	1 – 3 Std.	1 – 3 Std.	bis 1 Std.	bis 1 Std.
häufig benützte Arbeitsmittel — Telefon		x	x	x		
häufig benützte Arbeitsmittel — großformatige Arbeitsunterlagen	x	x	x			
häufig benützte Arbeitsmittel — Mikrofilm Karteien	x					x

Abb. 2. Entscheidungshilfe zur Bestimmung von Arbeitsplatztypen

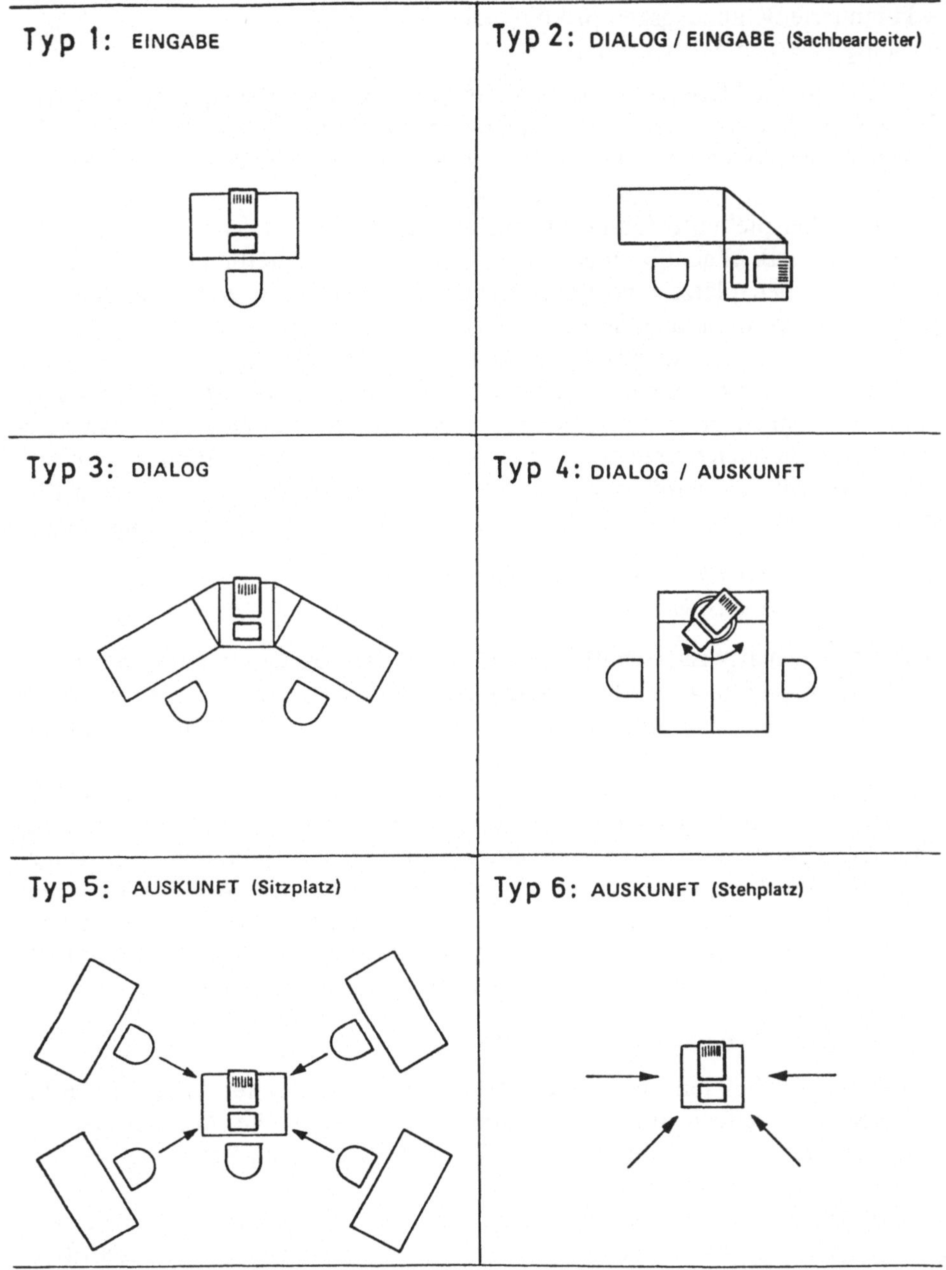

Abb. 3. Arbeitsplatztypen für Bildschirmgeräte

– kumulierte Benutzungszeit pro Benutzer pro Tag
– häufig benutzte Arbeitsmittel

Nach diesen Merkmalen können zur Zeit 6 Grundarbeitsplatztypen (Abb. 3) ausgewählt werden. Bei der Entwicklung der einzelnen Bausteine wurden mögliche technologische und ablauforganisatorische Veränderungen berücksichtigt.

Durch beispielhafte Gestaltung in einigen Organisationsbereichen wurde gezeigt, daß z. B. allein durch eine Veränderung der Aufstellungsanordnung der einzelnen Arbeitsplätze eine wesentliche Verbesserung erreicht werden kann (z. B. Schutz vor Blendung, Spiegelung usw.).

Probleme bei der Arbeitsplatz- und Umgebungsgestaltung waren zum Teil auch auf die Bildschirmgeräte selbst zurückzuführen. Deshalb wurden ausgewählte Bildschirmgeräte verschiedener Hersteller einem internen arbeitswissenschaftlichen Vergleich unterzogen. Das aus arbeitswissenschaftlicher Sicht eindeutig beste System wird nach den positiven Ergebnissen des pilothaften Einsatzes in Kürze in zunehmend größerem Umfang im Unternehmen eingesetzt.

*5.2 Grundsätze für Planung, Einrichtung und Betrieb
von Bildschirmarbeitsplätzen*

Durch eine arbeitswissenschaftliche Begutachtung von Neuplanungen, vor allem von Bürogebäuden, wird verstärkt darauf geachtet, daß die Architektur die Arbeit mit dem Bildschirmgerät nicht behindert. (Z. B. Gestaltung der natürlichen und künstlichen Beleuchtung usw.)

Aufgrund der Erkenntnisse im Hause wurde eine Arbeitsrichtlinie für Vorgesetzte, Büroplaner und Organisatoren erarbeitet, um den Einsatz von Bildschirmarbeitsplätzen in einem einheitlichen Rahmen zu gestalten. Neben den verschiedenen Arbeitsplatztypen werden Grundsätze zur Arbeitsplatz- und Umgebungsgestaltung, Schulung/Einweisung sowie gesundheitliche Betreuung der Mitarbeiter festgelegt. Auf Möglichkeiten der Software- und Arbeitsablaufgestaltung wurde mangels gesicherter Erkenntnisse nur kurz verwiesen.

5.3 Einweisung/Schulung der Mitarbeiter

Es war festzustellen, daß individuelle Schwierigkeiten bei der Arbeit mit Bildschirmgeräten vielfach auf eine unzureichende persönliche Arbeitsweise zurückzuführen waren und durch verbesserte Einweisung und Schulung beseitigt bzw. verhindert werden können.

BMW hat mit der Broschüre „Arbeiten mit dem Bildschirmgerät – Hinweise und Tips für Benutzer" einen auf diesem Gebiet neuartigen Weg beschritten. Die Broschüre gibt Vorgesetzten und Mitarbeitern Hilfestellung, um mögliche Vorbehalte und Schwierigkeiten zu verhindern oder abzubauen und die Gewöhnung an das Arbeitsmittel „Bildschirmgerät" zu erleichtern. Folgende Themen werden benutzergerecht dargestellt:

– mögliche Probleme an Büroarbeitsplätzen vor allem mit Bildschirmgeräten
  und häufige Ursachen
– richtiges Sitzen am Arbeitsplatz
– günstige Anordnung der Arbeitsmittel

– Möglichkeiten der gesundheitlichen Betreuung und individuelle Ausgleichs-
gymnastik

Darüber hinaus wurde eine audio-visuelle Schulungsmethode getestet, um
die Möglichkeiten einer physisch-mentalen Entlastung der Benutzer von Bildschirmgeräten durch eine verbesserte Bedienung der Geräte zu prüfen. Der
Versuch wurde in zwei repräsentativen Bereichen durchgeführt und hat die Erwartungen voll erfüllt. Die Schulungsmethode soll in Zukunft im Unternehmen
eingesetzt werden.

6. Ausblick

Die bisherigen Erfahrungen haben gezeigt, daß die Arbeitsbedingungen mit
den genannten Maßnahmen weiter verbessert werden können. Diese Aktivitäten werden mit folgenden Schwerpunkten fortgeführt:

– Ausbau und Weiterentwicklung der Arbeitsplatztypen und der Entscheidungshilfe-Matrix, wobei die Benutzerfreundlichkeit im Vordergrund steht;
– Verstärkte Schulung/Einweisung vor allem der Sachbearbeiter in Grundlagen der EDV und das jeweilige Programmsystem, nicht nur bei der Einführung von Bildschirmgeräten, sondern auch wiederholt in größeren Zeitab-
ständen während der Arbeit an Bildschirmgeräten;
– benutzerfreundlichere hardware (Anforderungen an Hersteller) und software
(verbesserte Beleg-, Bildmasken- und Programmablaufgestaltung);
– verstärkte Gestaltung des Arbeitsablaufes nach dem Prinzip sog. Mischarbeitsplätze, an denen die Arbeit mit dem Bildschirmgerät unterbrochen oder
abgewechselt wird mit Arbeiten ohne Bildschirmgerät.

Zu diesen Problemkreisen liegen zwar eine Vielzahl verschiedener Lösungsansätze in der gesamten Wirtschaft vor, jedoch nur in geringem Umfang allgemein gesicherte Erkenntnisse oder übertragbare Ergebnisse. Umfassende konkrete industrielle Anwendungen der wenigen arbeits- und sozialwissenschaftlichen Erkenntnisse sind uns nicht bekannt. Diese Problematik trifft nicht nur für
Arbeitsplätze mit Bildschirmgeräten zu, sondern für den gesamten Bürobereich.

Es ist unserer Meinung nach von besonderer sozialpolitischen Bedeutung,
aufgrund der Erfahrungen im Fertigungsbereich auch im Verwaltungsbereich
einerseits prospektiv auf Technikentwicklung und -anwendung Einfluß zu nehmen und andererseits bei den Mitarbeitern Unsicherheit und Angst gegenüber
technischen und organisatorischen Neuerungen zu vermeiden bzw. abzubauen.
Dies scheint u. a. durch eine entsprechende Beteiligung der betroffenen Mitarbeiter und eine rechtzeitige Vorbereitung auf die erforderlichen Qualifikationsveränderungen möglich zu sein.

Wir haben diese Problemstellungen für den Bereich „Schreiben und Ver-
walten" in dem neuen Projekt „Arbeitsstrukturierung in der Textverarbeitung
und den benachbarten Verwaltungsbereichen eines Industriebetriebes"
(ASTEX) mit dem Ziel aufgegriffen, zukunftsweisende ganzheitliche Konzeptionen für unterschiedliche Verwaltungsbereiche zu entwickeln und zu erproben.

Kapitel IV

Erfahrungen der Sozialpartner

Problematik der Umstellung auf Bildschirmarbeit

R. WALTHER

Es wird viel über gesundheitliche Belastungen, Ergonomie, das richtige Licht und solche Dinge gesprochen beim Thema Bildschirmarbeitsplatz. Alles richtig. Alles wichtige Dinge. Dabei darf jedoch nicht die gesellschaftspolitische Dimension verlorengehen.

Die Rationalisierung im Bürobereich steht noch ziemlich am Anfang. Durch Bildschirmarbeitsplätze, neue Kommunikationssysteme, Daten- und Texterfassung werden, neben der Druckindustrie, nahezu ausschließlich Angestellte im Bürobereich betroffen.

Das heißt für diesen Bereich Rationalisierung, Abbau von Arbeitsplätzen und die Gefahr einer gesellschaftspolitisch nicht tragbaren Arbeitslosigkeit und Jugendarbeitslosigkeit.

Siemens hat, läßt man die KWU beiseite, im letzten Jahr 45% seines Umsatzes mit Produktion getätigt, die es vor fünf Jahren noch nicht gab. Dies zeigt, wie sehr unser Wachstum auf Innovation basiert.

Das erklärt auch das Phänomen der letzten Jahre, wie es nicht nur in der Druckindustrie festzustellen war, daß bei stetig wachsender Produktion die Produktionsstunden von Jahr zu Jahr drastisch fallen. Heute bedeutet Wachstum Arbeitslosigkeit. Das muß nicht so sein. Aber solange wir diese Probleme nicht in den Griff bekommen, beispielsweise mittels Arbeitszeitverkürzung, solange ist es grob fahrlässig, hier nur über die richtigen Fußstützen und Rasterblenden zu fachsimpeln.

Ein weiterer Bereich mit politischer Brisanz sind die Veränderungen in der Arbeitsorganisation.

Im Bereich der Druckindustrie, und sicherlich auch generell, führt Bildschirmarbeit zu einer weiteren Zergliederung von Arbeitsprozessen. Qualitativ hochwertige Bestandteile organisatorisch gewachsener Arbeitsfelder werden herausgelöst und zusammengefaßt in einigen hochqualifizierten Arbeitsplätzen, beispielsweise in der Arbeitsvorbereitung.

Die Mehrzahl der Arbeitsplätze, beispielsweise die Texterfassung am Bildschirmterminal, wird monotoner, einseitiger und belastender mit einem breiten Trend zur Dequalifizierung.

Das Gerede, nunmehr bedürfe es keiner Fachleute mehr, ist so alt wie die Industrialisierung. Stets sprach man von objektiven Gegebenheiten, Sachzwängen und sich wandelnden Anforderungsprofilen. Das war stets falsch und ist auch heute falsch. Es ging und geht um einseitige Interessen der Kapitalverwertung.

„Sachzwänge" und „objektive Notwendigkeiten" gibt es in der Frage der Gestaltung menschlicher Arbeit und industrieller Arbeitsorganisation nicht. Fragen der Arbeitsorganisation und Fragen der Qualifikation sind Machtfragen. Hier entscheiden gesellschaftspolitische Zielsetzungen. Hier entscheiden Interessenslagen.

„Wissen ist Macht" hieß das Schlagwort der deutschen Arbeiterbewegung. Eine Zergliederung von Arbeitsprozessen, Kenntnissen und Fähigkeiten ist in diesem Sinne stets ein Stück Entmachtung, stets eine politische Auseinandersetzung.

Gegen diese tayloristische Arbeitszergliederung hat sich unsere Organisation in nunmehr über 100 Jahren Tarifpolitik stets gewandt. Ein Beispiel kann das vielleicht erkennbar machen.

Unsere Organisation bestand stets auf Maschinenbesetzungsregelungen. Einfach ausgedrückt: Ein Mann macht alle Arbeiten an einer Maschine.

Ein Unternehmensberater würde sicher sofort erkennen, daß, sagen wir mal, 50% nur überwachende Tätigkeiten sind. Er würde sicher je zwei Maschinen zusammenfassen, damit ein Facharbeiter ständig einrichtet und eine halb so teure Hilfskraft die jeweils andere Maschine überwacht.

Wir lehnen das ab. Unsere Tarifverträge lauten seit fünf Generationen anders.

Ebenso lehen wir das bei Bildschirmarbeit ab. Wir lehnen es ab, daß einzelne Kollegen 8 Stunden pro Tag, jeden Tag, jede Woche, jahrein, jahraus, Texte eingeben. Mit 12 000, 14 000 oder gar 20 000 Anschlägen pro Stunde.

Es widerspricht unserer gesellschaftspolitischen und tarifpolitischen Zielsetzung, alle höherwertigen Bestandteile eines Arbeitsprozesses auszugliedern, in unserem Fall die Arbeitsvorbereitung, Textgestaltung, Korrektur und Montage.

Es gibt Betriebe in der Druckindustrie, in denen ehemalige Setzer neben der Texterfassung und -gestaltung am Bildschirmgerät gemeinsam und in gegenseitiger Absprache auch die Arbeitsvorbereitung, Korrektur und Montage ausführen.

Sicher der richtige Weg. Ein Weg zu hoher Qualifikation, abwechslungsreicher Tätigkeit und sich ständig ergänzenden Kenntnissen und Fähigkeiten. Ein Weg, der den Unternehmern Pflicht und den Arbeitnehmern individuell durchsetzbares Recht sein sollte.

Es werden oft sehr kluge Dinge über „job enlargement", „job enrichment" und was noch alles gesagt und geschrieben. Oft von den Unternehmern nicht ganz so verstanden wie von uns, aber gute Dinge. Das hat auch Geschichte und Tradition in der Druckindustrie. Die Tätigkeit des Maschinensetzers ist ein exemplarisches Beispiel. Unsere Väter und Großväter haben darüber nur keine wissenschaftlichen Werke verfaßt.

Die Setzer an den Maschinen bildeten sich, im Verlauf von 70 Jahren, erst mal zu kompletten Mechanikern und Gasinstallateuren weiter. Dann bei der Einführung elektrisch beheizter Bleikessel zu Elektrikern, mit Einzug der Relaistechnik zu Schwachstromtechnikern und schließlich zu halben Elektronikern. An eine Setzmaschine kam in den seltensten Fällen ein Monteur. Tariflich waren schon sehr früh 30 Minuten pro Tag für Wartung fest vereinbart.

Dabei hatte es um die Jahrhundertwende damit begonnen, daß Unternehmer und Hersteller, darunter die heute noch existierende Firma Linotype, den

Setzern das Mitspracherecht in der Setzmaschinenfrage rundweg bestritten. Damals hieß es, das Setzen auf der Maschine habe mit dem Handsatz überhaupt nichts zu tun, es sei einfach und man könne es Frauenzimmern und Lehrlingen überlassen.

Mit Streik konnte zum 1. Januar 1900 ein Tarif durchgesetzt werden, daß an Setzmaschinen nur Setzer beschäftigt werden dürfen. Gleichzeitig hatte die Herstellerfirma Typograph mit unserer Gewerkschaft ein Abkommen geschlossen, daß sie in ihren Kursen nur Gewerkschaftsmitglieder, und insbesondere keine Frauen ausbilde.

Damit war der Praxis, bei einem Tariflohn von 24,70 DM, Frauen an Setzmaschinen für 10,– und 15,– DM die Woche zu beschäftigen, ein Ende gesetzt.

Rationalisierung und Produktivitätssteigerung dürfen nicht auf Kosten und zu Lasten der Beschäftigten erfolgen, indem diese abgruppiert werden, nur noch miese Arbeit erhalten oder ihren Arbeitsplatz ganz verlieren.

Besitzstandswahrung im weiteren Sinne, unter Einbezug der Breite des Tätigkeitsfeldes, der abverlangten Qualifikation und der Bezahlung, ist die Mindestforderung und keineswegs schon Fortschritt.

Denn es ist kein „Fortschritt", wenn sich Kosten verringern oder Produktionsmengen steigern. Das ist bestenfalls eine rechnerische Verbesserung des Betriebsergebnisses. Ein verbessertes Betriebsergebnis ist zweifellos die nötige Grundlage. Doch kommt Fortschritt nie von alleine. Er wird weder durch die Wissenschaft noch durch die Unternehmen verschenkt. Um Fortschritt wurde noch stets mühevoll gefeilscht, und oft genug bitter gekämpft.

Dabei ist, das sei vermerkt, der Setzer an der Setzmaschine, als Ergebnis eines solchen bitteren Kampfes, weder der Untergang der Druckindustrie gewesen, noch der Verhinderer von Fortschritt. Über 70 Jahre hat die Druckindustrie geblüht, wegen oder trotz Maschinensetzern, die fachlich und politisch engagiert waren.

Bildschirmarbeitsplätze, ganz gleich welcher Art, sind auch heute wieder für die Tarifvertragsparteien gesellschaftspolitische Weichenstellungen. Teilaspekte sind heute sicher anders zu beurteilen als zu Großvaters Zeiten. Die Frage der Arbeitsorganisation und Qualifikation stellt sich als Machtfrage immer wieder in der gleichen Weise. Und sie ist nach wie vor, trotz Unternehmerdrohung mit dem Bundesverfassungsgericht, Bestandteil des tariflichen Regelungsbereiches.

Diese Tarifhoheit wird heute allerdings stärker als früher gefährdet und unterhöhlt durch die Maschinen- und Gerätehersteller.

Die Gestaltung einer Tastatur, die Handhabungsmöglichkeiten und Variationsbreite eines Programms, die Teilnahmekriterien für hauseigene Kurse sind jeweils Entscheidungen. Entscheidungen, die spätere Arbeitsabläufe präjudizieren und die spätere Qualifikationsanforderungen präjudizieren. Die Herstellerfirmen schaffen hier, sozusagen als 3. Kraft, Sachzwänge. Eindeutig und einseitig orientiert auf die vorhin zitierte „rechnerische Verbesserung des Betriebsergebnisses".

Noch nie waren Herstellerfirmen wie heute bestrebt, „Maschinenbediener" (die Zwischenfrage sei erlaubt: Wer ist der Herr und wer der Knecht? Wer bedient hier eigentlich wen?) also die sog. Maschinenbediener über das technische Innenleben im Unklaren zu lassen. Maschinen werden zunehmend verplombt. Gleichzeitig versucht man immer stärker, die eigenen Servicepakete mitzuverkaufen.

Das gleiche gilt für die Einweisung (oder Neudeutsch „teachware"). Ein bekannter Hersteller von Fotosetzmaschinen hat, vermutlich ganz gezielt, weder ein Handbuch noch Lehrunterlagen, die es ermöglichen alleine zurecht zu kommen. Statt dessen gibt es Kurse beim Hersteller, die es einem gegen teures Geld mit Fürbitte der eigenen Geschäftsleitung gestatten, in den Kreis der „Wissenden" aufgenommen zu werden.

Wir werden stärker als in der Vergangenheit dieser Gefährdung unserer Tarifhoheit Aufmerksamkeit schenken. Wir bieten jedem Hersteller unsere Zusammenarbeit an. Hier wird Herstellern, die meinen, sie hätten die Berücksichtigung solch politischer Fragen nicht nötig, aber auch demonstriert werden müssen, daß bei ihren Kunden nicht der Chef allein bestimmt. Diese einseitige Präjudizierung sollte zumindest sichtbar und bewußt gemacht werden.

Eine industrielle und mehr und mehr nachindustrielle Gesellschaft hat sich zunehmend den Luxus von sog. Überqualifikation und unzergliederten Arbeitsprozessen zu leisten. Nicht nur wegen der Notwendigkeit menschlicher Arbeitsbedingungen, sondern auch aus dem Willen, zu mehr Sinn in der Arbeit, zu mehr Befriedigung bei der Arbeit und zu einer Stabilisierung und Ausdehnung demokratischer Formen.

Mitbestimmung und Mitwirkung bei der Einrichtung und Gestaltung von Bildschirmarbeitsplätzen

L. ALTVATER

1. Die gesetzlich abgesicherten Möglichkeiten der Betriebsräte und Personalräte zur Einflußnahme auf die Einrichtung und Gestaltung von Arbeitsplätzen an Bildschirmgeräten sind uneinheitlich ausgeformt. Die Regelungen des Betriebsverfassungsgesetzes und der Personalvertretungsgesetze des Bundes und der Länder über die Reichweite und Intensität der förmlichen Beteiligung der Betriebsräte und Personalräte an der Gestaltung von Arbeitsplatz, Arbeitsablauf und Arbeitsumgebung weisen erhebliche Unterschiede auf.

2. Der folgende Überblick beschränkt sich auf das *Betriebsverfassungsgesetz* (BetrVG) und das *Bundespersonalvertretungsgesetz*. Zunächst zum BetrVG:

2.1 In den Unternehmen mit in der Regel mehr als 100 ständig beschäftigten Arbeitnehmern, in denen ein *Wirtschaftsausschuß* besteht (§ 106 Abs. 1 Satz 1 BetrVG), ist der Unternehmer verpflichtet, diesen Ausschuß frühzeitig über Vorhaben zur Einrichtung von Bildschirmarbeitsplätzen zu *informieren*. Zu den *wirtschaftlichen Angelegenheiten*, die in die Beratungskompetenz des Wirtschaftsausschusses fallen, gehören insbesondere Rationalisierungsvorhaben (§ 106 Abs. 3 Nr. 4 BetrVG). Darunter sind alle Vorhaben zu verstehen, „die in Anwendung wissenschaftlicher Erkenntnisse die Leistungen des Betriebes verbessern, insbesondere den Aufwand an menschlicher Arbeit ...herabsetzen" sollen, zum Beispiel dadurch, daß arbeitssparende oder qualitätsverbessernde Technologien (etwa Datensichtgeräte) eingeführt werden. So FITTING/AUFFARTH/KAISER, BetrVG, 13. Auflage 1980, § 106 Rdnr. 17.

Zu den vom Wirtschaftsausschuß zu behandelnden wirtschaftlichen Angelegenheiten gehören auch Arbeitsmethoden, insbesondere die Einführung neuer Arbeitsmethoden (§ 106 Abs. 3 Nr. 5 BetrVG). Unter „Arbeitsmethoden" sind die Regeln zur Ausführung des Arbeitsablaufs durch den Menschen bei einem bestimmten Arbeitsverfahren zu verstehen. Darunter fällt auch der Einsatz von EDV-Anlagen. Vgl. FITTING/AUFFARTH/KAISER, a.a.O., § 106 Rdnr. 18.

Der Unternehmer hat den Wirtschaftsausschuß rechtzeitig und umfassend über die wirtschaftlichen Angelegenheiten des Unternehmens unter Vorlage der erforderlichen Unterlagen zu unterrichten (§ 106 Abs. 2 BetrVG). Die Unterrichtung hat so frühzeitig zu erfolgen, daß die jeweilige wirtschaftliche Angelegenheit im Wirtschaftsausschuß erörtert werden kann, bevor aufgrund konkreter Planung die gesetzlich vorgesehenen Unterrichtungs- und Beratungsrechte des Betriebsrats einsetzen. Die Unterrichtung muß „umfassend" sein. Das bedeutet, daß die aufgrund der Einrichtung von Bildschirmarbeitsplätzen erwartete zukünftige Entwicklung darzulegen sowie insbesondere die sich daraus ergebenden Auswirkungen auf die Personalplanung dazustellen sind. Dazu gehören Angaben darüber, ob sich die Zahl der im Unternehmen beschäftigten Arbeitnehmer voraussichtlich ändern wird und ob – aus der Sicht des Unternehmers – Maßnahmen des Personaleinsatzes (Versetzungen) und der Personalentwicklung (Maßnahmen der beruflichen Bildung) notwendig werden können. Die Unterrichtung hat „unter Vorlage der Unterlagen" zu geschehen. Das bedeutet zum Beispiel, daß die Analysen und Pläne vorzulegen sind, die den Vorhaben zur Einrichtung von Bildschirmarbeitsplätzen zugrunde liegen. Zwar besteht die Unterrichtungspflicht des Unternehmers nur, soweit dadurch nicht die Betriebs- und Geschäftsgeheimnisse des Unternehmens gefährdet werden. Es ist jedoch nicht ersichtlich, daß diese Beschränkung im Zusammenhang mit der Einführung von Bildschirmarbeitsplätzen generell Bedeutung hat. Vgl. im einzelnen FITTING/AUFFARTH/KAISER, a.a.o., § 106 Rdnr. 7, 9 ff. und § 80 Rdnr. 23 d.

Der Wirtschaftsausschuß hat Vorhaben zur Einrichtung von Bildschirmarbeitsplätzen aufgrund der Unterrichtung durch den Unternehmer mit diesem zu beraten und den Betriebsrat davon zu unterrichten (§ 106 Abs. 1 Satz 2 BetrVG).

2.2 Die *Planung von technischen Anlagen, von Arbeitsverfahren und Arbeitsabläufen und der Arbeitsplätze* unterliegt den *Unterrichtungs- und Beratungsrechten* des Betriebsrats (§ 90 BetrVG). „Technische Anlagen" (§ 90 Nr. 2 BetrVG) sind unter anderem Anlagen, die dem Arbeitsablauf sowohl im Fabrikationswie im Verwaltungsbereich dienen, also auch EDV-Anlagen mit Datensichtgeräten. Mit „Arbeitsabläufen" (Nr. 3) ist die „organisatorische, räumliche und zeitliche Gestaltung des Arbeitsprozesses im Zusammenwirken von Menschen und Betriebsmitteln" gemeint und damit auch der Einsatz von Bildschirmgeräten. Der Begriff „Arbeitsverfahren" (Nr. 3) bezeichnet die durch die Arbeitsmethode bedingte Technologie zur Veränderung der Arbeitsgegenstände. Unter „Arbeitsplatz" (Nr. 4) ist der Ort zu verstehen, „an dem der einzelne Arbeitnehmer unter den technischen und organisatorischen Gegebenheiten der Arbeitsabläufe innerhalb des Arbeitssystems seine Arbeit erfüllt". Darin eingeschlossen sind die räumliche Anordnung und die Gestaltung der Arbeitsmittel und die Arbeitsumgebung. Siehe FITTING/AUFFARTH/KAISER, a.a.O., § 90 Rdnr. 12–14 und vor § 89 Rdnr. 64, 66 bis 68.

Der Arbeitgeber hat den Betriebsrat rechtzeitig über die Planung des Einsatzes von Bildschirmgeräten und der Einrichtung von Bildschirmarbeitsplätzen zu unterrichten. Das Unterrichtungsrecht bezieht sich nicht nur auf den Plan als Ergebnis der Planung, sondern auf den Vorgang des Planens. Die Unterrichtungspflicht setzt ein, wenn das Planungsstadium beginnt, und endet erst mit der Entscheidung über die geplante Maßnahme. Sie beinhaltet laufende Unterrichtung und erstreckt sich auch auf die etwaige Änderung der ursprünglichen Planungsvorstellungen. Das Unterrichtungsrecht wird mißachtet, wenn ohne Beteiligung des Betriebsrats die Lieferung eines bestimmten EDV-Systems in Auftrag gegeben wird, um es zunächst im Betrieb zu erproben. Siehe FITTING/ AUFFARTH/KAISER, a.a.O., § 90 Rdnr. 9 und § 80 Rdnr. 23 b; ferner LAG Hamburg vom 2. Dezember 1976 — 1 TaBV 5/75 —, zitiert bei ENGEL, Arbeit und Recht 1982 S. 79 ff., 83.

Der Arbeitgeber hat den Betriebsrat umfassend zu unterrichten und ihm die dazu erforderlichen schriftlichen Unterlagen zur Verfügung zu stellen (§ 80 Abs. 2 BetrVG) und zu erläutern. Er hat die vorgesehenen Maßnahmen mit dem Betriebsrat zu beraten. Das Gesetz hebt hervor, daß dabei den Auswirkungen auf die Art der Arbeit und den Anforderungen an die Arbeitnehmer besondere Bedeutung zukommt, und kennzeichnet das anzustrebende Beratungsergebnis durch eine Sollvorschrift: „Arbeitgeber und Betriebsrat sollen dabei die gesicherten arbeitswissenschaftlichen Erkenntnisse über die menschengerechte Gestaltung der Arbeit berücksichtigen" (§ 90 Satz 2 BetrVG). „Gesicherte" Erkenntnisse sind solche, die von der Mehrheit der Sachkundigen als richtig anerkannt werden. So SPITZNER, Blätter für Steuerrecht, Sozialversicherung und Arbeitsrecht 1981 S. 257 ff., 257.

Konkret heißt das: Zu berücksichtigen ist gegenwärtig mindestens der Erkenntnisstand, der sich aus den am 1. Januar 1981 in Kraft getretenen „Sicherheitsregeln für Bildschirm-Arbeitsplätze im Bürobereich" (ZH 1/618) ergibt, die von der Verwaltungsberufsgenossenschaft und vom Hauptverband der gewerblichen Berufsgenossenschaften, Fachausschuß „Verwaltung" herausgegeben worden sind. Freilich gibt es über die „Sicherheitsregeln" hinaus weitere arbeitswissenschaftliche Erkenntnisse, die als gesichert angesehen werden müssen, so zum Beispiel die, daß eine in mehrstündigem Blickkontakt mit einem Datensichtgerät verrichtete Arbeit der Unterbrechungen bedarf, um übermäßiger psychischer Beanspruchung vorzubeugen. So LAG Berlin vom 31. März 1981 — 8 TaBV 5/80 und 6/80 —, Der Betrieb 1981 S. 1519 ff., 1521.

2.3 Bei bestimmten *Änderungen der Arbeitsplätze, des Arbeitsablaufs oder der Arbeitsumgebung* geht die Beteiligung des Betriebsrats über die Unterrichtung und Beratung hinaus und verstärkt sich zu einem *korrigierenden Mitbestimmungsrecht* (§ 91 BetrVG). Dieses Beteiligungsrecht hängt von folgenden Voraussetzungen ab:

— Die bestehenden Verhältnisse (Arbeitsplätze, Arbeitsablauf oder Arbeitsumgebung) ändern sich. Eine Änderung liegt nicht nur bei der Umgestaltung bestehender, sondern auch bei der Neueinrichtung bisher nicht vorhandener Arbeitsplätze vor. Diese Voraussetzung ist bei der Einrichtung von Bildschirmarbeitsplätzen immer gegeben.

— Durch die Änderungen werden die Arbeitnehmer „in besonderer Weise belastet". Mit den besonderen Belastungen sind nicht Gesundheitsgefahren im Sinne des gesetzlichen Arbeitsschutzes gemeint. Es genügt, daß Dauerbelastungen aufgrund der Art der Arbeitsleistung — zum Beispiel hohe Augenbelastung — bestehen.

— Die Änderungen müssen den gesicherten arbeitswissenschaftlichen Erkenntnissen über die menschengerechte Gestaltung der Arbeit widersprechen. Dazu ist auf das bereits Gesagte zu verweisen. Darüber hinaus ist zu bedenken, daß über die Bildschirmtätigkeit, weil sie neu ist, zwangsläufig keine umfassenden arbeitswissenschaftlichen Erkenntnisse vorliegen können. Das Erfordernis „gesicherter" Erkenntnisse darf deshalb nicht so eng ausgelegt werden,

daß das Risiko der Erprobung der neuen Technologie einseitig den Arbeitnehmern aufgelastet wird, die zuerst mit ihr umgehen müssen. So zu Recht
ENGEL, a.a.O., S. 83.
Schließlich muß der Widerspruch zu den Erkenntnissen ein „offensichtlicher", das heißt jedem ausreichend Sachkundigen deutlich erkennbar sein.
Siehe zu den Voraussetzungen im einzelnen FITTING/AUFFARTH/KAISER,
a.a.O., § 91 Rdnr. 2ff.

Das Mitbestimmungsrecht des Betriebsrats entsteht, sobald vor, während
oder nach der Durchführung der Änderungen der Arbeitsplätze usw. sichtbar
wird, daß diese die Arbeitnehmer in besonderer Weise belasten. Siehe FIT
TING/AUFFARTH/KAISER, a.a.O., § 91 Rdnr. 8.

Entspricht die beabsichtigte Einrichtung von Bildschirmarbeitsplätzen nicht
mindestens dem Standard, der sich aus den „Sicherheitsregeln" ergibt, so läßt
sich bereits vor Durchführung der Einrichtungsmaßnahmen absehen, daß die
Voraussetzungen des § 91 BetrVG vorliegen.

Der Betriebsrat kann *angemessene Maßnahmen zur Abwendung, Milderung
oder zum Ausgleich der Belastung* verlangen. Was „angemessen" ist, richtet sich
nach dem jeweiligen technisch-organisatorischen Stand und den wirtschaftlichen Möglichkeiten. Milderungs- und Ausgleichsmaßnahmen kommen nur in
Betracht, wenn Abwendungsmaßnahmen nicht möglich sind. Milderungsmaßnahmen können auch belastungsentsprechende Erholungspausen sowie Arbeitswechsel (durch Misch- oder Mehrstellentätigkeit) sein. Siehe FITTING/AUFFAHRT/
KAISER, a.a.O., § 91 Rdnr. 9; ferner LAG Berlin vom 31. März 1981, a.a.O.

Kommt eine Einigung zwischen Arbeitgeber und Betriebsrat nicht zustande,
so liegt die Letztentscheidung bei der Einigungsstelle.

2.4 Nach richtiger Ansicht steht dem Betriebsrat in Betrieben mit in der
Regel mehr als 20 wahlberechtigten Arbeitnehmern bei der Einführung von
Bildschirmarbeitsplätzen auch ein *Unterrichtungs- und Beratungsrecht* nach
§ 111 BetrVG zu. Nach § 111 Satz 2 Nr. 4 und 5 gelten „grundlegende Änderungen der Betriebsorganisation, des Betriebszwecks oder der Betriebsanlagen"
und die „Einführung grundlegend neuer Arbeitsmethoden" als beteiligungspflichtige *Betriebsänderungen* i.S.d. § 111 Satz 1.

Eine „grundlegende Änderung der Betriebsanlagen" liegt vor, wenn die vorhandenen Strukturen verändert werden. Das ist bei der Einführung einer völlig
neuen technischen Einrichtung der Fall, vor allem beim erstmaligen Einsatz
von Datensichtgeräten und der erstmaligen Einrichtung von Bildschirmarbeitsplätzen. Ob eine solche strukturelle Änderung gegeben ist, ist für die jeweils betroffene Abteilung gesondert zu prüfen. Es ist deshalb unerheblich, ob bereits
in anderen Abteilungen des Betriebes oder gar des Unternehmens Bildschirmgeräte eingesetzt werden. So LAG Hamburg vom 9. Januar 1981 – 3 TaBV 4/
80 –; ebenso KILIAN, Neue Juristische Wochenschrift 1981 S. 2545 ff., 2547.

„Arbeitsmethode" i.S.d. § 111 Satz 2 Nr. 5 BetrVG meint, wie bereits ausgeführt, die Art der Verwertung der menschlichen Arbeitskraft. Sie ändert sich,
wenn die Arbeit anders als bisher unter Einsatz von Bildschirmgeräten ausgeführt wird. In einer solchen Änderung ist eine „neue" Arbeitsmethode zu sehen,
wenn sie für die jeweilige Betriebsabteilung neu ist. „Grundlegend" neu ist sie

dann, wenn sie eine grundsätzliche Umstellung des jeweiligen Arbeitsvorganges beinhaltet. Siehe FITTING/AUFFARTH/KAISER, a.a.O., § 111 Rdnr. 24; KAMMANN/HESS/SCHLOCHAUER, BetrVG, 1979, § 111 Rdnr. 45 f.

Diese Voraussetzungen liegen zum Beispiel dann vor, wenn bei Sachbearbeitern, deren direkte Bildschirmarbeit an Dialogarbeitsplätzen ein Viertel der täglichen Arbeitszeit ausmachen soll, eine Reihe von bislang durchgeführten, sehr komplizierten und zeitraubenden Arbeitsvorgängen entfällt, die Vorbereitung der Dateneingabe zu einer ihrer Hauptaufgaben wird und insbesondere der entscheidende Teil ihrer bisherigen Tätigkeit, die Abrechnung von Aufträgen, von der elektronischen Rechenanlage übernommen wird, so daß die Veränderung der Arbeitsinhalte zu einer Verminderung der geistigen Anforderungen führt. So LAG Hamburg vom 14. Januar 1981 — 4 TaBV 3/80. —.

Ob „erhebliche Teile der Belegschaft" betroffen sind, läßt sich anhand der in § 17 Abs. 1 Kündigungsschutzgesetz für die Anzeigepflicht bei Massenentlassungen genannten Zahlen feststellen, ohne daß es darauf ankommt, daß die fragliche Betriebsänderung innerhalb einer Frist von 30 Kalendertagen vollzogen wird. Als betroffen sind dabei Arbeitnehmer anzusehen, denen wirtschaftliche Nachteile, etwa Entlassungen, Versetzungen oder Abgruppierungen, drohen, aber auch solche, bei denen sonstige Nachteile, zum Beispiel gesundheitliche Schäden, zu befürchten sind. Es bedarf aber keiner näheren Prüfung, daß „wesentliche" Nachteile drohen, denn das Gesetz geht davon aus, daß die Fälle, die nach § 111 Satz 2 als Betriebsänderungen „gelten", stets „wesentliche Nachteile" für die Belegschaft oder erhebliche Teile der Belegschaft zur Folge haben können und deshalb beteiligungspflichtige Betriebsänderungen sind. So LAG Hamburg vom 9. Januar 1981, a.a.O.; ferner FITTING/AUFFARTH/KAISER, a.a.O., § 111 Rdnr. 5.

Gegenstand der Beteiligung des Betriebsrats sind „geplante" Betriebsänderungen. Diese liegen vor, wenn der Unternehmer — bei juristischen Personen der Vorstand oder die Geschäftsleitung — sich entschlossen hat, eine Betriebsänderung ins Auge zu fassen. Siehe FITTING/AUFFARTH/KAISER, a.a.O., § 111 Rdnr. 26.

Der Betriebsrat ist vom Unternehmer rechtzeitig und umfassend zu unterrichten. Rechtzeitigkeit liegt nur dann vor, wenn der Unternehmer den Betriebsrat einschaltet, bevor er darüber entschieden hat, ob und inwieweit die Betriebsänderung erfolgt. Der Betriebsrat muß noch die Möglichkeit haben, auf die endgültige Entscheidung und deren nähere Durchführung einzuwirken. So Bundesarbeitsgericht vom 14. September 1976 — 1 AZR 784/75 —, Arbeitsrechtliche Praxis Nr. 2 zu § 113 BetrVG 1972.

Die geplanten Betriebsänderungen sind mit dem Betriebsrat zu beraten. Beratungsziele sind ein *Interessenausgleich* über das Ob und Wie der Betriebsänderung sowie ein *Sozialplan* über den Ausgleich oder die Milderung der wirtschaftlichen Nachteile, die den Arbeitnehmern infolge der geplanten Betriebsänderung entstehen. Die Beratungen können bis zur Einschaltung der Einigungsstelle führen. Während diese hinsichtlich des Interessenausgleichs lediglich einen Einigungsversuch unternehmen kann, kann sie hinsichtlich des Sozialplans einen verbindlichen Spruch fällen. Insoweit steht dem Betriebsrat ein zwingendes *Mitbestimmungsrecht* zu (§ 112 BetrVG).

2.5 Ein *Mitbestimmungsrecht* des Betriebsrats kann auch unter dem Gesichtspunkt der *„Einführung und Anwendung von technischen Einrichtungen, die dazu bestimmt sind, das Verhalten oder die Leistung der Arbeitnehmer zu überwachen"*, nach § 87 Abs. 1 Nr. 6 BetrVG gegeben sein. Ist das Bildschirmgerät so ausgestaltet, daß es dazu verwendet werden kann, die jeweils bearbeiteten Aufträge, Anfragen, Eingaben oder gemachten Fehler zu speichern und programmgemäß auszuwerten und/oder daß sich mit seiner Hilfe abfragen läßt, ob an einem bestimmten Bildschirm gearbeitet wird oder nicht, so ist das Gerät objektiv und unmittelbar dazu geeignet, die Leistung und/oder das Verhalten der betroffenen Arbeitnehmer zu kontrollieren. Damit ist der Mitbestimmungstatbestand des § 87 Abs. 1 Nr. 6 BetrVG erfüllt, ohne daß es darauf ankommt, ob der Arbeitgeber beabsichtigt, das Gerät zur Leistungs- oder Verhaltenskontrolle einzusetzen. So zuletzt Bundesarbeitsgericht vom 10. Juli 1979 – 1 ABR 97/ 77 –, Arbeitsrechtliche Praxis Nr. 3 zu § 87 BetrVG 1972 Überwachung; ferner LAG Düsseldorf vom 28. November 1980 – 16 TaBV 13/80 –, Der Betrieb 1981 S. 379 f.

Der Betriebsrat kann seine Zustimmung zur Einführung und Anwendung eines solchen Bildschirmgeräts davon abhängig machen, daß es nicht als Hilfsmittel zur individuellen Leistungs- oder Verhaltenskontrolle eingesetzt wird und daß darauf ausgerichtete Programme nicht durchgeführt werden. Siehe Fitting/Auffarth/Kaiser, a.a.O., § 87 Rdnr. 36 d.

2.6 Zur Einflußnahme des Betriebsrats auf die Einrichtung und Gestaltung von Bildschirmarbeitsplätzen kommt auch sein *Mitbestimmungsrecht* über *„Regelungen über die Verhütung von Arbeitsunfällen und Berufskrankheiten sowie über den Gesundheitsschutz im Rahmen der gesetzlichen Vorschriften oder der Unfallverhütungsvorschriften"* nach § 87 Abs. 1 Nr. 7 BetrVG in Betracht. Zu fragen ist, ob der Betriebsrat danach die Berücksichtigung arbeitsmedizinischer Erkenntnisse bei der Gestaltung der Bildschirmgeräte und -arbeitsplätze und der Arbeitsabläufe an Bildschirmgeräten sowie ärztliche Eingangs- und Nachuntersuchungen durchsetzen kann.

Grundsätzlich entscheidend für die Reichweite des Mitbestimmungsrechts sind Inhalt und Qualität der für den jeweiligen Betrieb geltenden öffentlich-rechtlichen Normen einschließlich der Unfallverhütungsvorschriften der Berufsgenossenschaften. Nach dem ausdrücklichen Wortlaut des § 87 Abs. 1 Nr. 7 beschränkt sich die Mitbestimmung des Betriebsrats auf solche Regelungen, die der Ausfüllung des Rahmens dieser öffentlich-rechtlichen Schutzvorschriften dienen. Außerhalb dieses Rahmens liegende Regelungen scheiden aus. Im übrigen kommt es darauf an, ob und inwieweit der Rahmen noch ausfüllbar ist, das heißt, es ist nach dem Entscheidungsspielraum des Arbeitgebers für die zu treffenden Regelungen zu fragen. Der Umfang der Beteiligung des Betriebsrats ist deshalb abhängig von der Perfektion der jeweils geltenden öffentlich-rechtlichen Regelungen. Siehe Fitting/Auffarth/Kaiser, a.a.O., § 87 Rdnr. 37 und vor § 89 Rdnr. 38; Dietz/Richardi, BetrVG, 5. Auflage 1973, § 87 Rdnr. 225. Ebenso jetzt BAG vom 28. Juli 1981 – 1 ABR 65/79 –, Der Betrieb 1982 S. 386f.

Da spezielle Regelungen und Unfallverhütungsvorschriften für die Arbeit an Bildschirmarbeitsplätzen noch nicht existieren, ist es von entscheidender Bedeutung, ob die Generalklauseln des gesetzlichen Gesundheitsschutzes – insbesondere § 120a Gewerbeordnung, § 618 Bürgerliches Gesetzbuch, § 62 Handelsgesetzbuch, § 9 Arbeitssicherheitsgesetz, § 3 Arbeitsstättenverordnung – für das Mitbestimmungsrecht des Betriebsrats ausreichen. Während diese Frage in der Kommentarliteratur bejaht wird, ist sie von den Landesarbeitsgerichten, die sich dazu bisher geäußert haben, verneint worden. Vgl. KILIAN, a.a.O., S. 2550 und ENGEL, a.a.O., S. 80, jeweils mit Nachweisen.

Diese Rechtsprechung verkennt, daß die Generalklauseln unmittelbar geltendes Recht enthalten und den Arbeitgeber/Unternehmer auch gegenüber den Arbeitnehmern verpflichten. Daß der Betriebsrat von den Entscheidungen des Arbeitgebers über die Anwendung dieser Rahmenregelungen ausgeschlossen sein soll, läßt sich der Tatbestandsfassung des § 87 Abs. 1 Nr. 7 BetrVG nicht entnehmen. Ebenso SPITZNER, a.a.O., S. 259 f. und ENGEL, a.a.O., S. 80 f.

Im übrigen wird der Mitbestimmungstatbestand des § 87 Abs. 1 Nr. 7 durch die Vorschrift des § 88 Nr. 1 BetrVG ergänzt, wonach Arbeitgeber und Betriebsrat *freiwillige Betriebsvereinbarungen* über *„zusätzliche Maßnahmen zur Verhütung von Arbeitsunfällen und Gesundheitsschädigungen"* schließen können. Es handelt sich dabei um qualitativ höherwertige Maßnahmen, zu deren Durchführung der Arbeitgeber nicht schon nach öffentlich-rechtlichen Vorschriften verpflichtet ist. Siehe FITTING/AUFFARTH/KAISER, a.a.O., vor § 89 Rdnr. 51.

3. Nach dem für die private Wirtschaft geltenden Betriebsverfassungsgesetz komme ich zu dem für den öffentlichen Dienst geltenden *Personalvertretungsrecht*. Vorauszuschicken ist:

Das Bundespersonalvertretungsgesetz findet nur auf die Verwaltungen des Bundes und der bundesunmittelbaren juristischen Personen des öffentlichen Rechts Anwendung. Die anderen Bereiche des öffentlichen Dienstes werden von einem der Landespersonalvertretungsgesetze erfaßt.

Die Personalvertretungsgesetze weichen im Detail erheblich voneinander ab. Extreme bilden das Bremische Personalvertretungsgesetz und das Landespersonalvertretungsgesetz für Rheinland-Pfalz.

Nach dem Bremischen Personalvertretungsgesetz hat der Personalrat die Aufgabe, für alle in der Dienststelle weisungsgebunden tätigen Personen in allen sozialen, personellen und organisatorischen Angelegenheiten gleichberechtigt mitzubestimmen. Die Kataloge der Mitbestimmungstatbestände sind nur beispielhaft gemeint und schränken die „Allzuständigkeit" des Personalrats nicht ein. Jede denkbare Angelegenheit sozialer, personeller oder organisatorischer Art fällt auch dann unter die Mitbestimmung, wenn sie im Gesetz nicht genannt ist, es sei denn, daß das Gesetz eine Angelegenheit ausdrücklich von der Mitbestimmung ausnimmt.

Demgegenüber sieht das Landespersonalvertretungsgesetz für Rheinland-Pfalz in den Angelegenheiten, die das Gesetz ausdrücklich nennt, lediglich eine Beteiligung des Personalrats vor, die das Gesetz zwar als „Mitbestimmung" bezeichnet, die aber in Wahrheit keine ist, weil im Konfliktfall die Letztentscheidung immer bei der obersten Dienstbehörde liegt.

Gemessen an Umfang und Stärke der Beteiligung nimmt das *Bundespersonalvertretungsgesetz* eine Mittelposition ein. Im einzelnen dazu folgendes:

Nach dem Bundespersonalvertretungsgesetz (BPersVG) kommen für die Einflußnahme des Personalrats auf die Einrichtung und Gestaltung von Bildschirmarbeitsplätzen verschiedene Beteiligungstatbestände mit unterschiedlichen Beteiligungsverfahren und unterschiedlicher Beteiligungsintensität in Betracht. Die Beteiligungsrechte reichen von der bloßen Anhörung bis zur echten Mitbestimmung.

3.1 Nach § 78 Abs. 5 BPersVG unterliegen *„grundlegende Änderungen von Arbeitsverfahren und Arbeitsabläufen"* der Beteiligung des Personalrats. Der Beteiligungstatbestand erfaßt die arbeitstechnische Gestaltung der Dienststelle. Unter „Arbeitsablauf" ist die Organisation der Arbeitsvorgänge, deren zeitliche und räumliche Anordnung, zu verstehen. „Arbeitsverfahren" meint die Gestaltung des Arbeitsablaufs in seinen Einzelheiten. „Grundlegende" Änderungen von Arbeitsverfahren und Arbeitsabläufen liegen vor, wenn sie für die Beschäftigten einschneidend sind. Siehe DIETZ/RICHARDI, BPersVG, 2. Auflage 1978, § 78 Rdnr. 104; Bundesverwaltungsgericht vom 15. Dezember 1978 − 6 P 13.78 −, Die Personalvertretung 1980 S. 145.

Bei der Einrichtung von Bildschirmarbeitsplätzen ist der Beteiligungstatbestand gegeben. Die Beteiligung des Personalrats ist jedoch denkbar schwach ausgestaltet. Der Personalrat ist lediglich *anzuhören*. Anhörung bedeutet nur, daß der Dienststellenleiter die der Anhörung unterliegenden Maßnahmen vor der Durchführung dem Personalrat rechtzeitig mitzuteilen und eingehend darzustellen hat, damit der Personalrat Gelegenheit erhält, seine Vorstellungen darzulegen. Die Anhörung vor grundlegenden Änderungen von Arbeitsverfahren und Arbeitsabläufen hat im Planungsstadium zu geschehen. Sie ist nur dann rechtzeitig, wenn die Planung noch nicht abgeschlossen ist, die in Aussicht genommenen Maßnahmen also noch gestaltungsfähig sind. An die Stellungnahme des Personalrats ist der Dienststellenleiter nicht gebunden. Siehe LORENZEN/ECKSTEIN, BPersVG, 4. Auflage 1975, Stand Oktober 1981, § 1 Rdnr. 44, § 78 Rdnr. 78.

Der Beteiligungstatbestand des § 78 Abs. 5 BPersVG wird in der Regel durch Tatbestände überlagert, denen stärkere Beteiligungsrechte zugeordnet sind als das der Anhörung. Ihm kommt deshalb nur die Bedeutung eines Auffangtatbestandes zu, der bei solchen Maßnahmen eingreift, die nicht bereits durch ein stärkeres Beteiligungsrecht erfaßt werden. Siehe KUHN/SABOTTIG/SCHNEIDER/THIEL/WEHNER, BPersVG, 1975, § 78 Rdnr. 21; DIETZ/RICHARDI, BPersVG, § 78 Rdnr. 103 und 105.

3.2 Nach § 76 Abs. 2 Nr. 7 BPersVG unterliegt die *„Einführung grundlegend neuer Arbeitsmethoden"* der Beteiligung des Personalrats. Der Tatbestand ist ebenso auszulegen wie der wortgleiche Fall der Betriebsänderung i. S. d. § 111 Satz 2 Nr. 5 BetrVG. Eine Änderung der Arbeitsmethode liegt immer dann vor, wenn sich die Art und Weise der Beteiligung des Beschäftigten am Arbeitsablauf ändert. Diese Voraussetzung ist beim Einsatz von Datensichtgeräten gegeben. Vgl. Bundesverwaltungsgericht vom 15. Dezember 1978 − 6 P 13.78 −, a.a.O.; Oberverwaltungsgericht Münster vom 11. November 1981 − CL 34/80 −.

„Neu" ist eine Arbeitsmethode dann, wenn sie vorher noch nicht in der Dienststelle oder in dem Teil der Dienststelle, in dem die Änderung vorgenommen werden soll, praktiziert worden ist. Siehe KUHN/SABOTTIG/SCHNEIDER/THIEL/WEHNER, a.a.O., § 76 Rdnr. 20 und LORENZEN/ECKSTEIN, a.a.O., § 76 Rdnr. 104 a. E.

„Grundlegend neu" ist sie dann, wenn sie für die beteiligten Beschäftigten einschneidende Änderungen mit sich bringt. Diese können darin liegen, daß die neue Arbeitsweise zu nicht unbeträchtlichen personellen Veränderungen führt, etwa dadurch, daß Arbeitsplätze von Datentypistinnen eingespart werden, oder, daß sich die Aufgaben der beteiligten Beschäftigten erweitern und ihre Verantwortung dadurch erhöht. Siehe Bundesverwaltungsgericht vom 15. Dezember 1978 − 6 P 13.78 −, a.a.O., Hessischer Verwaltungsgerichtshof vom 9. April 1980 − BPV TK 2/79 − und Bundesverwaltungsgericht vom 7. Februar 1980 − 6 P 35.78 −, Die Personalvertretung, 1980 S. 238.

Die genannten Voraussetzungen liegen bei der erstmaligen Einrichtung von Bildschirmarbeitsplätzen, aber auch bei der Einbeziehung eines bisher nicht erfaßten Arbeitsvorgangs in das Bildschirmsystem vor. So Verwaltungsgericht Frankfurt/Main vom 30. Januar 1978 − I/V − K 29/77 −; ferner Oberverwaltungsgericht Münster vom 11. November 1981 − CL 34/80 −.

Beabsichtigte Maßnahmen des Dienststellenleiters, die die Einführung grundlegend neuer Arbeitsmethoden zum Inhalt haben, lösen ein *eingeschränktes Mitbestimmungsrecht* (eingeschränktes Vetorecht) des Personalrats aus. Das Beteiligungsverfahren richtet sich im einzelnen nach § 69 BPersVG. Kommt es in dem formalisierten − bei mehrstufigen Verwaltungen auch mehrstufig angelegten − Verfahren zu keiner Einigung zwischen Arbeitgeberseite und Personalvertretung, so entscheidet die oberste Dienstbehörde nach vorheriger Einschaltung der Einigungsstelle endgültig.

3.3 Nach der ersten Alternative des § 76 Abs. 2 Nr. 5 BPersVG sind „*Maßnahmen zur Hebung der Arbeitsleistung*" beteiligungsbedürftig. Der Begriff „Arbeitsleistung" meint die Arbeitsmenge, das Pensum, das erledigt werden soll. Unter „Hebung" der Arbeitsleistung ist die Erhöhung der Arbeitsleistung zu verstehen. Sie kann durch organisatorische, aber auch durch technische Maßnahmen, insbesondere durch den Einsatz technischer Hilfsmittel − also auch von Bildschirmgeräten − bewirkt werden. Eine Hebung der Arbeitsleistung liegt dann vor, wenn die Arbeitsleistung eines einzelnen Beschäftigten erhöht wird, außerdem dann, wenn die Arbeitsleistung eines Arbeitsbereichs insgesamt erhöht wird, ohne daß sich beim einzelnen Beschäftigten Änderungen ergeben. Vgl. Bundesverwaltungsgericht vom 15. Dezember 1978 − 6 P 13.78 −, a.a.O.; DIETZ/RICHARDI, BPersVG, § 76 Rdnr. 110; KUHN/SABOTTIG/SCHNEIDER/THIEL/WEHNER, a.a.O., § 76 Rdnr. 16; LORENZEN/ECKSTEIN, a.a.O., § 76 Rdnr. 98.

Diese Voraussetzungen liegen bei der erstmaligen Einführung von Bildschirmgeräten und bei jeder späteren Ausdehnung ihres Einsatzbereiches vor. Dem Personalrat steht ebenso wie im Falle des § 76 Abs. 2 Nr. 7 BPersVG ein *eingeschränktes Mitbestimmungsrecht* (eingeschränktes Vetorecht) zu.

3.4 Nach der zweiten Alternative des § 76 Abs. 2 Nr. 5 BPersVG erstreckt sich die Beteiligung des Personalrats auch auf „*Maßnahmen zur Erleichterung des Arbeitsablaufs"*. Mit „Arbeitsablauf" ist wiederum die zeitliche und räumliche Aufeinanderfolge der Arbeitsvorgänge gemeint. Eine „Erleichterung" des Arbeitsablaufs ist nicht etwa deshalb zu verneinen, weil die Änderung des Arbeitsablaufs für einen einzelnen Beschäftigten zu einer Erschwernis führt. Die „Erleichterung" bezieht sich vielmehr auf den Arbeitsablauf. Sie liegt vor, wenn dieser flüssiger, einfacher oder sonst rationeller gestaltet wird. Das ist in der Regel gerade mit einer höheren Beanspruchung der daran beteiligten Beschäftigten verbunden. So Bundesverwaltungsgericht vom 15. Dezember 1978 – 6 P 13.78 –, a.a.O.

In Betracht kommt neben organisatorischen Maßnahmen insbesondere die Bereitstellung technischer Arbeitshilfen – etwa in Gestalt von Bildschirmgeräten. Dem Personalrat steht wiederum ein *eingeschränktes Mitbestimmungsrecht* (eingeschränktes Vetorecht) zu.

3.5 Nach § 75 Abs. 3 Nr. 16 BPersVG unterliegt die „*Gestaltung der Arbeitsplätze*" der Beteiligung des Personalrats. Der Begriff „Arbeitsplatz" ist ebenso wie in den §§ 90, 91 BetrVG nicht funktional im Sinne eines Dienstpostens mit bestimmten Aufgaben, sondern ausschließlich räumlich zu verstehen. Siehe dazu und zum folgenden Bundesverwaltungsgericht vom 15. Dezember 1978 – 6 P 13.78 –, a.a.O.

Gemeint sind der räumliche Bereich, in dem der Beschäftigte tätig ist, und die unmittelbare Arbeitsumgebung. Auch die Ausstattung des Arbeitsplatzes mit Arbeitsmitteln, die räumliche Anordnung von Arbeitsmitteln und Arbeitsgegenständen und die Beschaffenheit der Arbeitsmittel gehören dazu. Siehe KUHN/SABOTTIG/SCHNEIDER/THIEL/WEHNER, a.a.O., § 75 Rdnr. 45; LORENZEN/ECKSTEIN, a.a.O., § 75 Rdnr. 192; FISCHER/GOERES, Gesamtkommentar Öffentliches Dienstrecht, Band V, Stand Juni 1981, § 75 Rdnr. 111.

Selbst wenn man die Beschaffenheit von Arbeitsgeräten nicht generell dem Begriff des Arbeitsplatzes zurechnet, so muß sie zumindest dann einbezogen werden, wenn die Beschaffenheit Auswirkungen auf die räumliche Umgebung des Arbeitsplatzes hat. Dies ist bei Bildschirmgeräten schon wegen der von ihnen ausgehenden Wärme- und Geräuschemissionen und der Helligkeitsunterschiede zwischen Bildschirm und Arbeitsumgebung regelmäßig der Fall. So zu Recht GOERES, Die Personalvertretung 1980 S. 394 ff., 398.

„Gestaltung" der räumlich zu sehenden Arbeitsplätze meint die Gestaltung der einzelnen Arbeitsplätze im arbeitstechnischen Sinne. Der Zweck der Beteiligung des Personalrats besteht darin, durch eine menschengerechte Gestaltung der Arbeitsplätze die schutzwürdigen Belange der Beschäftigten zu wahren. Der Personalrat hat deshalb unter anderem darauf hinzuwirken, daß die Arbeitsplätze dem jeweiligen Stand der arbeitswissenschaftlichen Erkenntnisse entsprechen. Siehe DIETZ/RICHARDI, BPersVG, § 75 Rdnr. 510; FISCHER/GOERES, a.a.O.; Bundesverwaltungsgericht vom 15. Dezember 1978 – 6 P 13.78 –, a.a.O.

Das Beteiligungsrecht des Personalrats unterliegt nicht den einschränkenden Voraussetzungen, die § 91 BetrVG für das korrigierende Mitbestimmungsrecht des Betriebsrats aufstellt.

Dem Personalrat steht ein *echtes Mitbestimmungsrecht* (uneingeschränktes Vetorecht und uneingeschränktes Initiativrecht) zu. Das Verfahren richtet sich im einzelnen nach § 69 und nach § 70 Abs. 1 i. V. m. § 69 Abs. 3 und 4 BPersVG. Für das formalisierte – und bei mehrstufigen Verwaltungen auch mehrstufig angelegte – Verfahren ist sowohl bei Initiativen des Dienststellenleiters wie auch bei Initiativen des Personalrats ein Letztentscheidungsrecht der Einigungsstelle vorgesehen (§ 69 Abs. 4 Satz 1 i. V. m. § 71 Abs. 4 Satz 2 BPersVG).

Sehr umstritten und gerichtlich noch nicht endgültig entschieden ist die Frage, ob sich die Mitbestimmung bei der Gestaltung der Arbeitsplätze nur auf die Umgestaltung bereits eingerichteter Arbeitsplätze bezieht oder auch deren erstmalige Gestaltung – in Verbindung mit der erstmaligen Einrichtung – einschließt. Dieser Frage kommt große Bedeutung zu, weil von den bisher erwähnten Beteiligungstatbeständen nur der des § 75 Abs. 3 Nr. 16 BPersVG ein echtes Mitbestimmungsrecht auslöst. Die einengende Auslegung ist abzulehnen. Sie wird weder dem Wortlaut noch der Systematik noch dem Sinn und Zweck des Gesetzes gerecht. Würde das Mitbestimmungsrecht nur auf schon vorhandene Arbeitsplätze bezogen, so wäre es damit weithin entwertet.

An dieser Stelle erscheint ein Hinweis auf eine neuere Entscheidung des Bundesverwaltungsgerichts angebracht (Beschluß vom 7. Februar 1980 – 6 P 35.78 –, a.a.O.), die zwar zum Berliner Personalvertretungsgesetz ergangen ist, aber für das BPersVG nicht bedeutungslos ist. Das Gericht hat sich zu der Frage geäußert, welches Beteiligungsrecht zum Zuge kommt, wenn eine arbeitsorganisatorische Maßnahme sowohl den Tatbestand eines Mitwirkungsrechts als auch den eines eingeschränkten Mitbestimmungsrechts erfüllt. Es hat im Gegensatz zur bisher herrschenden Auffassung entschieden, daß das stärkere Beteiligungsrecht durch das schwächere verdrängt wird. Begründet hat es dieses Ergebnis im wesentlichen damit, der mitbestimmungsfreundliche Gesetzgeber sei bereits bis an die verfassungsrechtlichen Grenzen der Mitbestimmung im öffentlichen Dienst gegangen. Damit diese Grenzen nicht überschritten würden, dürfe nur das schwächere Recht eingreifen. DGB und ÖTV sind anderer Auffassung. Die „Mitbestimmungsfreundlichkeit" des Gesetzgebers taugt jedenfalls nicht als Begründung dafür, das im Gesetz vorgesehene Mitbestimmungsrecht des Personalrats bei der Gestaltung der Arbeitsplätze dann nicht anzuerkennen, wenn eine unter diesen Tatbestand fallende Maßnahme sich zugleich als Einführung einer neuen Arbeitsmethode und als Maßnahme zur Hebung der Arbeitsleistung oder Erleichterung des Arbeitsablaufs darstellt.

3.6 Der Beteiligung des Personalrats unterliegt nach § 75 Abs. 3 Nr. 13 BPersVG auch die „*Aufstellung von Sozialplänen* einschließlich Plänen für Umschulungen zum Ausgleich oder zur Milderung von wirtschaftlichen Nachteilen, die dem Beschäftigten infolge von Rationalisierungsmaßnahmen entstehen". Dieser Beteiligungstatbestand eröffnet dem Personalrat allerdings keine Einwirkungsmöglichkeit auf das Ob einer Rationalisierungsmaßnahme, sondern nur auf deren Folgen. Soweit der Beteiligungstatbestand reicht, steht dem Personalrat ein *echtes Mitbestimmungsrecht* (uneingeschränktes Vetorecht und Initiativrecht) zu.

3.7 Die „*Einführung und Anwendung technischer Einrichtungen, die dazu bestimmt sind, das Verhalten oder die Leistung der Beschäftigten zu überwachen"*, unterliegt nach § 75 Abs. 3 Nr. 17 BPersVG ebenfalls der *uneingeschränkten Mitbestimmung* des Personalrats. Der Personalrat kann damit ebenso wie der Betriebsrat verhindern, daß Bildschirmgeräte zur individuellen Leistungs- oder Verhaltenskontrolle eingesetzt werden. Dieser Auslegung kann nicht entgegengehalten werden, solche Kontrollmöglichkeiten seien im Interesse der Funktionsfähigkeit der öffentlichen Verwaltung unerläßlich und der Mitbestimmungstatbestand setze immanent voraus, daß eine Entscheidung zur Einführung und Anwendung solcher Kontrollinstrumente bereits getroffen sei. So aber GOERES, a.a.O., S. 399.

Wenn nach dem Wortlaut des Gesetzes nicht nur die Anwendung, sondern auch die Einführung technischer Kontrolleinrichtungen der Mitbestimmung unterworfen ist, dann bedeutet das, daß das Mitbestimmungsrecht sich gerade auch auf das Ob der Einführung erstreckt.

3.8 Nach § 75 Abs. 3 Nr. 11 BPersVG unterliegen „*Maßnahmen zur Verhütung von Dienst- und Arbeitsunfällen und sonstigen Gesundheitsschädigungen*" einem *echten Mitbestimmungsrecht* des Personalrats. Er hat sowohl ein uneingeschränktes Vetorecht als auch ein uneingeschränktes Initiativrecht. Der Mitbestimmungstatbestand ist weiter gefaßt als der des § 87 Abs. 1 Nr. 7 BetrVG. Er umfaßt allgemeine Regelungen und Einzelmaßnahmen. Zu den beteiligungspflichtigen generellen Regelungen zählen auch Anweisungen, die den Unfallverhütungsvorschriften der Berufsgenossenschaften entsprechen (vgl. § 767 Abs. 2 Nr. 5 RVO). Für die Erteilung solcher Anweisungen sind die jeweiligen obersten Dienstbehörden zuständig. Soweit bereits generelle obligatorische Regelungen bestehen, kommt eine Beteiligung sowohl bei konkretisierenden wie bei ergänzenden und zusätzlichen Maßnahmen in Betracht. Siehe LORENZEN/ ECKSTEIN, a.a.O., § 75 Rdnr. 174 und § 81 Rdnr. 11 f.

Unter dem Gesichtspunkt des Gesundheitsschutzes kann der Personalrat daher Einfluß nehmen auf die Regelung von ärztlichen Eingangs- und Nachuntersuchungen, zeitlichen Begrenzungen der Bildschirmtätigkeit durch tägliche Höchstarbeitszeiten, Arbeitsunterbrechungen und Erholzeiten und Mischtätigkeiten. Vgl. GOERES, a.a.O., S. 400.

4. Soweit der Überblick über das BPersVG. Jetzt noch einige *gemeinsame Anmerkungen zum BetrVG und zum BPersVG:*
Die Einrichtung und Gestaltung von Bildschirmarbeitsplätzen kann auch Gegenstand von *Betriebsvereinbarungen* oder *Dienstvereinbarungen* sein. Die Zulässigkeit solcher Vereinbarungen ist im BetrVG und im BPersVG unterschiedlich geregelt.

Nach dem *BetrVG* besteht zwar keine unbeschränkte funktionelle Zuständigkeit des Betriebsrats, grundsätzlich hat dieser aber eine umfassende Kompetenz, durch Vereinbarungen mit dem Arbeitgeber die Arbeitsbedingungen zu gestalten. Siehe FITTING/AUFFARTH/KAISER, a.a.O., § 77 Rdnr. 34; DIETZ/ RICHARDI, BetrVG, § 77 Rdnr. 49 ff.
Der Betriebsrat kann mit Hilfe der Einigungsstelle Betriebsvereinbarungen erzwingen, insbesondere in den mitbestimmungspflichtigen sozialen Angelegenheiten (§ 87), im Rahmen seines korrigierenden Mitbestimmungsrechts bei

Arbeitsplatzänderungen (§ 91) und bei der Aufstellung eines Sozialplans (§ 112 Abs. 4). Er kann darüber hinaus – bei entsprechender Bereitschaft des Arbeitgebers – „freiwillige" Betriebsvereinbarungen schließen. Siehe FITTING/AUFFARTH/KAISER, a.a.O., § 77 Rdnr. 27 f.

Die an die Einrichtung von Bildschirmarbeitsplätzen geknüpften Forderungen der Arbeitnehmer können deshalb zumindest durch den Abschluß freiwilliger Betriebsvereinbarungen verwirklicht werden.

Im Geltungsbereich des *BPersVG* – und in den Bereichen der Landespersonalvertretungsgesetze mit Ausnahme Bremens, Hamburgs und Berlins – sind hingegen Dienstvereinbarungen nur zulässig, soweit sie das Gesetz ausdrücklich vorsieht (§ 73 Abs. 1 Satz 1 BPersVG). Das ist nur bei den in § 75 Abs. 3 aufgeführten, uneingeschränkt mitbestimmungspflichtigen Angelegenheiten und bei den in § 76 Abs. 2 genannten, eingeschränkt mitbestimmungspflichtigen Angelegenheiten der Fall. Im Rahmen dieser begrenzten Kompetenz des Personalrats sind bei uneingeschränktem Mitbestimmungsrecht Dienstvereinbarungen möglich, bei denen der Spruch der Einigungsstelle die Einigung zwischen Dienststelle und Personalrat ersetzen kann, bei eingeschränktem Mitbestimmungsrecht hingegen nur „freiwillige" Dienstvereinbarungen, bei denen der Einigungsstellen-Beschluß lediglich den Charakter einer Empfehlung hat. Vgl. DIETZ/RICHARDI, BPersVG, § 71 Rdnr. 42 und § 73 Rdnr. 29 f.

Nach beiden Gesetzen können *„Arbeitsbedingungen, die durch Tarifvertrag geregelt sind oder üblicherweise geregelt werden"*, nicht Gegenstand einer Betriebs-/Dienstvereinbarung sein, es sei denn, daß ein Tarifvertrag den Abschluß ergänzender Betriebs-/Dienstvereinbarungen ausdrücklich zuläßt (§ 77 Abs. 3 BetrVG, § 75 Abs. 5 BPersVG). Dieser *Regelungssperre* kommt aber bisher für die Arbeitsbedingungen an Bildschirmgeräten kaum Bedeutung zu. Abgesehen von einigen – nach der Zahl der betroffenen Arbeitnehmer – kleineren Bereichen sind diese Arbeitsbedingungen bisher nicht tarifvertraglich geregelt. Auch wenn über den Abschluß solcher Tarifverträge verhandelt wird – so für den Bereich des öffentlichen Dienstes zwischen dem Bund, der Tarifgemeinschaft deutscher Länder und der Vereinigung kommunaler Arbeitgeberverbände einerseits und der Gewerkschaft ÖTV andererseits bis zum Verhandlungsabbruch im Juni 1981 –, so ist damit noch keine Tarifüblichkeit gegeben. Die bloße Erklärung der Tarifvertragsparteien, in Zukunft bestimmte Arbeitsbedingungen durch Tarifvertrag regeln zu wollen, reicht dafür nicht aus. Die tarifliche Regelung müßte sich vielmehr bereits eingebürgert haben. Vgl. FITTING/AUFFARTH/KAISER, a.a.O., § 77 Rdnr. 57; DIETZ/RICHARDI, BPersVG, § 75 Rdnr. 193.

Im Hinblick auf die Einrichtung von Bildschirmarbeitsplätzen können sich deshalb im allgemeinen nur dann Einschränkungen der Regelungskompetenz der Betriebsräte und Personalräte ergeben, wenn tarifvertragliche Rationalisierungsschutz-Abkommen bestehen. Im Bereich des BetrVG spielen sie jedoch beim Abschluß von Sozialplänen keine Rolle, weil insoweit die Sperrwirkung des § 77 Abs. 3 entfällt (§ 112 Abs. 1 Satz 4). Ein Sozialplan kann somit über die tarifliche Regelung hinausgehen, auch wenn der Tarifvertrag keine Öffnungsklausel zugunsten ergänzender Betriebsvereinbarungen enthält. Anders ist hingegen die Rechtslage nach dem BPersVG, das eine dem § 112 Abs. 1 Satz 4

BetrVG entsprechende Ausnahmeregelung nicht enthält. Vgl. Fitting/Auf-
farth/Kaiser, a.a.O., § 112 Rdnr. 11 a.

5. Abschließend sei noch auf ein strukturelles Defizit des Betriebsverfas-
sungs- und Personalvertretungsrechts hingewiesen: Die Instrumente der betrieblichen Interessenvertretung greifen zu spät, wenn, wie dies zunehmend geschieht, die Einrichtung und Gestaltung der Arbeitsplätze *außerhalb des Einzel-
betriebes vorbereitet* wird, in dem sie später vorgenommen werden. Das trifft
auch im öffentlichen Dienst zu, wenn die Vorbereitungsmaßnahmen außerhalb
der jeweiligen Körperschaft oder des Geschäftsbereichs einer obersten Dienstbehörde stattfinden.

Insgesamt gesehen, können die Betriebsräte und Personalräte nur begrenzten Einfluß auf die Einrichtung und Gestaltung von Arbeitsplätzen nehmen.
Damit die Interessen der Beschäftigten wirksamer als bisher wahrgenommen
werden können, ist es notwendig, daß die Betriebsräte und Personalräte bereits
in der Planungsphase mitbestimmen und die Gewerkschaften auf die außer-
und überbetrieblichen bzw. die ressort- und körperschaftsübergreifenden Vorbereitungsmaßnahmen Einfluß nehmen können.

Gestaltung und Organisation der Arbeit in Büro und Verwaltung aus der Sicht der Arbeitgeberverbände

H. Voigtländer

Ist von Technik im Büro die Rede, so fallen einerseits schillernde Begriffe wie Fließbandarbeit im Büro, Verwaltungsfabrik, Entfremdung der Arbeit, Dequalifikation, Job-Killer u. ä., andererseits wird sachlich und nüchtern versucht, die Entwicklung mit Daten zu belegen, z. B. der Feststellung, daß sich die Zahl der Büroangestellten in den letzten 20 Jahren beinahe verdoppelt habe. Derzeit üben rd. 8 Millionen aller Erwerbstätigen eine Bürotätigkeit aus und es sei eine steigende Tendenz dieser Zahl der Büroangestellten zu vermerken.

Wenn ein Problem zum einen überwiegend emotional angefaßt wird und zum anderen mit Zahlen belegt wird, so kann dies alle Beteiligten, sowohl den Hersteller als auch den Anwender in ein erhebliches Spannungsfeld führen. Besonders dann, wenn politische Standpunkte oder Interessenslagen die sachlichen Aspekte zu verdrängen drohen.

Ganz zweifellos wird jede Fortentwicklung der Technik Änderungen in den Arbeitsabläufen und in der Arbeitsstruktur auslösen.

Weil Menschen jeder Änderung — seien diese auch für ihn von Nutzen und Vorteil — erst einmal Widerstand entgegenbringen, nunmehr eine Zukunft ohne Technik zu fordern oder zumindest eine solche mit weniger Technik, wäre für die Wirtschaft in unserer Bundesrepublik, in der jeder 4. Arbeitsplatz exportorientiert ist, geradezu lebensgefährlich.

Daß sich nun aber solche Entwicklungen — wie so oft behauptet — gegen den Menschen richten oder sich gegen ihn gerichtet hätten, ist schlichtweg falsch.

Das Münchener Forschungsinstitut Infratest hat im Auftrage von Gesamtmetall Ende 1979 die Einstellung der Beschäftigten der Metallindustrie zu ihrer Arbeitswelt untersucht. Infratest fragte die Beschäftigten u. a., ob sie mit ihrer Arbeit und mit ihrer beruflichen Entwicklung zufrieden seien, wie sie zu ihrem Vorgesetzten stünden und ob sie gern in ihrem Betrieb arbeiten. Die Antworten zeigen eindeutig, daß die Arbeitswelt und die hier vorgefundenen Arbeitsstrukturen von den Arbeitnehmern in der Metallindustrie akzeptiert werden.

Wie stellen sich nun die Bedingungen für die Arbeit in modernen Büros dar? Die eingangs genannten Beschäftigungszahlen signalisieren eine Verschiebung der gewerblichen Tätigkeiten zu solchen in den Büros. Die Wirtschaftlichkeit der Büroarbeiten wird also immer mehr die Effizienz unserer gesamten Wirtschaft bestimmen. Repräsentative Kalkulationen deuten an, daß die Kosten der Bürotätigkeit wie Beschaffung, Verwaltung, Vertrieb heute bereits stärker zu Buche schlagen als die Kosten für Werkstoffe und Produktionsanlagen nebst fertigungsorientierten Lohnkosten.

Die Einladung zur heutigen Tagung sagt unter anderem aus, daß in einem bestimmten Zeitraum die Produktivität eines Industriearbeiters um das Zwanzigfache gegenüber der im Büro gestiegen sei, andere Vergleiche geben für die letzten 100 Jahre Steigerungen von 1400% bzw. 140%, also eine Steigerung um das Zehnfache an. Welcher Vergleich auch gewählt wird, unbestritten ist, daß die Ratio, die Vernunft, der Verstand des Menschen nicht vor dem Büro stehenbleiben konnte, sondern in dieses Eingang finden mußte, sobald die technischen Voraussetzungen zur Bewältigung der anders gelagerten Tätigkeiten im Büro geschaffen waren.

Der technische Wandel verändert die Büroarbeit und deren Strukturen, aber auch vom Unternehmen zu vertretende Wirtschaftlichkeitsfragen geben zusammen mit den sich veränderten technischen Möglichkeiten Impulse zu Umstellungen der entsprechenden Arbeitsabläufe.

Was ist nun für die Büro- und Verwaltungsarbeit typisch? In welchen Teilbereichen werden Veränderungen eintreten und wie lassen sich die entstehenden Arbeitsabläufe und Arbeitsstrukturen sowohl rationell als auch human organisieren und gestalten?

Typisch für die Büroarbeit ist, daß dieser Vorgang am Fertigungsfortschritt eines Produktes weniger sichtbar wird, wenn z. B. von der Anzahl geschriebener Briefe abgesehen wird. Vorwiegend werden im Büro ebenfalls weniger objektiv erkennbar als bei der Industriefertigung Informationen erarbeitet, bearbeitet, gespeichert, übermittelt, verarbeitet usw.

In erster Linie dürften die Bereiche

– Textverarbeitung, -bearbeitung, Schreibdienste,
– Bildschirme, Datensichtgeräte und
– Büroraumgestaltung

betroffen sein, ohne daß hiermit eine wertende Aufzählung oder eine abschließende Darstellung gegeben werden sollte.

Alle Bereiche werden darüber hinaus stärker und umfassender als bisher arbeitswissenschaftliche und ergonomische Erkenntnisse zu beachten haben.

Textverarbeitung

Für die hier anwesenden Fachleute bedarf es kaum einer ausgefeilten Definition der Textverarbeitung. Sie dient dem Konzipieren, Formulieren, Diktieren, Schreiben, der Vordruckgestaltung, dem Reproduzieren, Transportieren sowie dem Archivieren von Texten.

So gesehen wird das Büro immer mehr zu einer Steuerungszentrale zahlreicher ineinandergreifender Vorgänge. Und eine perfekte Organisation ist letztlich die Basis für ein modernes Management und für eine funktionierende Organisation.

Neue Techniken und Arbeitsmittel, die in immer kürzerer Zeit immer mehr leisten, prägen die künftige Arbeitswelt in den Büros. Ich kann hier nicht auf technische Details eingehen, für mich steht aber fest, daß wir erst am Beginn einer Entwicklung stehen.

Wie bereits ausgeführt, wird die moderne Informationstechnik immer stärker in die Büros Einzug finden. In den Unternehmen wird der Kostendruck seitens der Verwaltungsvorgänge nach der weitgehenden Rationalisierung in der Produktion stärker zutage treten. Die Hersteller sehen in den Büros den künftigen Absatzmarkt und – ein besonders wichtiger Grund – mehr als die Hälfte aller Bürovorgänge dürfte zumindest formalisierbar, ¼ bis ⅓ sogar automatisierbar sein. Dies ist ganz entscheidend für mittlere und kleinere Betriebe.

Technische Arbeitsmittel beeinflussen den Informationsfluß, also die Organisation. Alles wird sich mehr oder weniger auf die Maschine, auf die Technik ausrichten müssen.

Und schon fühlen sich die Kritiker auf den Plan gerufen! Diktat der Maschine, Arbeitsplatzvernichter usw. rufen sie und übersehen geflissentlich, daß das neuzeitliche technische Arbeitsmittel den Menschen z. B. von einförmigen Tätigkeiten freimacht. Natürlich müssen sich technische Einrichtungen in die organisatorische Umwelt einpassen, sie unterliegen der Akzeptanz durch alle Beteiligten.

Aber die Arbeitswelt muß sich auch im internationalen Wettbewerb behaupten.

Der Mensch wird mehr oder weniger der Maschine Anweisungen zu geben haben, das „Tippen" schlechthin wird wohl geringer werden, einher geht damit ein steigendes Wissen um die technischen Möglichkeiten der Arbeitsmittel. Das bedeutet, daß die Mitarbeiter auf die sich wandelnden Ablaufstrukturen vorbereitet werden müssen.

Die Kritiker sind schnell bei der Hand, wenn in geänderten Stellenbeschreibungen sich Qualifikationsveränderungen dokumentieren. Natürlich können solche Qualifikationsverschiebungen eintreten, es wird auch gar nicht bestritten, daß Minderungen eintreten können. Aber das in unserer Wirtschaftsordnung geltende Leistungsprinzip kann doch nicht bedeuten, daß einseitig – bezogen auf den Arbeitgeber – dessen Leistungen mindestens erhalten bleiben müssen, auch dann, wenn sich – bezogen auf die Arbeitnehmer – deren Leistungen mindern. Daß Härten im Einzelfall ausgeglichen werden müssen, ist selbstverständlich, die vorliegenden tarifvertraglichen Regelungen bieten hierfür Gewähr. Es darf das Besitzstandsdenken nicht über das Leistungsprinzip gestellt werden!

Und die Erwähnung dieses Leistungsprinzips führt mich als Vertreter eines Sozialpartners zur leistungsbezogenen Entgeltstruktur. Obwohl vielfach angegriffen und in Frage gestellt, sind Leistung und Leistungserfolg ein wesentliches Element unserer demokratischen Ordnung. In unserem Wirtschaftssystem werden die Mindestarbeitsbedingungen durch die autonomen Tarifvertragsparteien gesetzt.

Vereinfacht ausgedrückt, setzt sich das Entgelt heutzutage aus vier Teilen zusammen, und zwar

– Grundentgelt,
– anforderungsabhängiges Entgelt,
– leistungsabhängiges Entgelt,
– sonstige Zulagen.

Arbeitsaufgabe und deren Anforderungen bestimmen den Arbeitswertanteil des Entgeltes, die individuellen Leistungen dagegen den Leistungsanteil, wobei das Grundentgelt durch die Tarifvertragsparteien gesetzt wird und die sonstigen Zulagen meist innerbetrieblicher und freiwilliger Art sind.

Die Arbeitsbewertung dient also der sachbezogenen Bewertung der Arbeitsaufgabe, Niederschlag findet dies im Grundgehalt der entsprechenden Gehalts- bzw. Vergütungsgruppe.

Die Leistungsbewertung dient der Bewertung der individuellen Leistung des Mitarbeiters. Herkömmlich sind hier die Entlohnungsgrundsätze Zeitlohn, Akkordlohn und Prämienlohn. Der Zeitlohn (also auch das Gehalt) schließt oft eine persönliche Leistungsbeurteilung ein. Der Akkordlohn dürfte im Rahmen der Textverarbeitung wohl kaum Anwendung finden, das Prämiengehalt mit den möglichen Bezugsmerkmalen Zeit, Menge, Nutzung oder Qualität bietet auch im Bereich der Textverarbeitung sicherlich Anwendungsmöglichkeiten. Ich räume aber ein, daß die Findung von Bezugsdaten ungleich schwieriger ist als im Produktionsbereich.

Bildschirmgeräte, Datensichtgeräte

Auf diesem Sektor gibt es eine fast unübersichtliche Menge an Informationen. Die Arbeiten am und mit Bildschirm haben sich seit einiger Zeit zu einem gewichtigen technisch-wirtschaftlichen und sozialpolitischen Faktor entwickelt. Leider spielen heutzutage Mißtrauen und Unverständnis, aber auch das Nichtübersehen von Gesamtzusammenhängen und die Überzeichnung gewisser Aspekte dieser technologischen Entwicklung eine wesentliche Rolle.

Wenn das Thema Bildschirm und Datensichtgerät aber sachlich behandelt werden soll, muß zunächst festgehalten werden, daß ein Bildschirmgerät nicht mehr oder weniger als ein Arbeitsmittel wie jedes andere ist, das zweierlei Zielen zu dienen hat: Die Produktivität der Arbeit soll erhöht und die Arbeit für den einzelnen Arbeitnehmer soll erleichtert werden. Wir werden mit Bildschirmgeräten vor allem in den Büros und in den Verwaltungen leben müssen und auch leben können.

Regelungen für die Arbeit am Bildschirm müssen auf die wirklich relevanten Fälle beschränkt bleiben, d. h. nur derjenige Arbeitsbereich ist abzudecken, in dem die Tätigkeit am Bildschirm die Arbeit beherrscht bzw. fast ausschließlich bestimmt und wenn dadurch besondere Belastungen und Beanspruchungen für den Arbeitnehmer hervorgerufen werden können. Deshalb sollte nach Auffassung der Arbeitgeberverbände von folgender Definition ausgegangen werden:

Arbeitsplätze mit Bildschirmen sind solche, bei denen das Bildschirmgerät und die Dateneingabetastatur sowie ggf. ein Informationsträger eine funktionale Einheit bilden und bei denen die Arbeit und die Arbeitszeit am Bildschirmgerät bestimmend für die gesamte Tätigkeit sind.

In dieser Definition sind nicht erfaßt Arbeiten mit Mikrofilm-, Mikrofiche-Lesegeräte, Meßinstrumente, Ziffernanzeigen, Monitoren, Oszillographen usw. sowie Arbeitsplätze, bei denen die Arbeit am Bildschirm nur einen zeitlich geringen Anteil ausmacht.

Mit dieser Abgrenzung kann die Diskussion auf die eigentlichen Kernpunkte zurückgeführt werden und ist eine Betrachtung der Eingliederung des Arbeitsmittels Bildschirm in neuere Arbeitsstrukturen möglich.

Wir können insoweit keine einschneidende Änderung der Arbeitsabläufe bzw. der Veränderung an Arbeitsplätzen erkennen; insbesondere keine Notwendigkeit für eine Erweiterung der Mitbestimmungsrechte des Betriebsrates.

Über die Tätigkeit an Bildschirmgeräten und die Gestaltung der Arbeitsablaufstrukturen liegen einschlägige Untersuchungen vor. Ich brauche diese hier nicht aufzuzählen; es wäre eine Wiederholung.

Es gilt nun, die niedergelegten Erkenntnisse bei der Gestaltung im Büro- und Verwaltungsbereich umzusetzen, um so sowohl wirtschaftlichen als auch humanen Aspekten gerecht zu werden.

Die Gestaltung der Büroräume

Einzel- und Großraumbüros werden oft kontrovers gegenübergestellt. Vom Prestige her gesehen mag das Einzelbüro die idealste Lösung sein. Aber auch für den Arbeitsablauf und die erwarteten Leistungsergebnisse muß ein Optimum gefunden werden. Je stärker die Mitarbeiter in die gesamte organisatorische Ablaufstruktur eingebunden sind, um so sorgfältiger müssen Vor- und Nachteile von Einzel- oder Großraumbüros gegenübergestellt werden. Besonders bei einem Großraumbüro kommt es darauf an, den Büroraum und den Arbeitsablauf richtig zu gestalten.

Bei der Gestaltung von Ablaufstrukturen auch im Bürobereich sollten die von dem Arbeitswissenschaftler Poppelreuter aufgestellten arbeitspsychologischen Leitsätze sorgfältig beachtet werden, z. B. jedweder Änderung, auch der zum Wohle der Betroffenen, werden zunächst Widerstände entgegengebracht, das Ertragen von Mängeln wird eher in Kauf genommen, als für deren Abänderung tätig zu werden u. ä. mehr. Die betroffenen Mitarbeiter sollten also rechtzeitig über eine ggf. geplante und angestrebte Großraumlösung informiert werden. Eine in dieser Art praktizierte „liberale" Handhabung verbunden mit sog. Einrichtungsplanspielen dürfte sehr wohl geeignet sein, die dem Menschen nun einmal eigene Neigung zu Vorurteilen abzubauen, zumal in einem richtig gestalteten Großraumbüro soziologische und ergonomische aber auch psychologische Arbeitsbedingungen leichter geschaffen werden können, als in Büroräumen konventioneller Art.

Um so mehr verwundern Aussagen in einem im September 1981 veröffentlichten Forschungsbericht „Auswirkungen der Tätigkeit in Großraumbüros auf die Gesundheit der Beschäftigten" (Forschungsbericht Nr. 57 der Schriftenreihe Humanisierung des Arbeitslebens des Bundesministers für Arbeit und Sozialordnung).

In der Presse und in Veranstaltungen hat dieser Bericht zu der grotesken Formel „Großraumbüros schädigen die Gesundheit" geführt mit dem Ziele, die Konzeption „Großraumbüro" im Interesse einer Humanisierung des Arbeitslebens gänzlich aufzugeben.

Selbstverständlich sind in diesem Bericht eine ganze Reihe von Problemen, vor allem im Rahmen der Literaturstudie richtig erkannt worden, aber es erscheint doch recht gewagt so grundlegende und weitreichende Aussagen zu machen, wenn in nur 6 (!) unterschiedlichen Großraumbüros – noch dazu in derselben Kreisverwaltung – mit insgesamt nur etwa 400 (!) Beschäftigten Untersuchungen gemacht wurden, wobei letztendlich nur noch 291 (!) verwertbare Antwortengruppen übrig blieben und diese dann als ein „ausreichend repräsentatives Kollektiv" zu bezeichnen.

Es liegt zumindest der Schluß nahe, daß Forschungshypothesen von vornherein so formuliert wurden, daß „als einzig wirksame Humanisierungsmaßnahme nur die völlige Aufgabe des Komplexes ‚Großraumbüro' erforderlich" wird. – Man merkt die Absicht und wird verstimmt.

Im Forschungsbericht selbst sprechen die Tabellen der Rohergebnisse der Befragung eine andere Sprache, so sagen z. B.

78%   aus, daß es an ihrem Arbeitsplatz ein wenig, kaum bzw. überhaupt nicht zieht,

84,9%   können sich nach Unterbrechungen sehr gut bis es geht wieder auf ihre Arbeit konzentrieren,

74,6%   fühlen sich am Arbeitsplatz gesundheitlich wohl,

62,9%   stört keineswegs, daß sie an ihrem Arbeitsplatz von Kollegen gesehen werden können,

68,4%   helfen ihren Kollegen, wenn sie bei denen Schwierigkeiten erkennen usw.

Ob allerdings Fragen und Antworten nach dem gesundheitlichen Befinden usw. mit dem Großraumbüro in unmittelbarem Zusammenhang stehen, kann trotz der keineswegs beunruhigenden Qualität der Antworten bezweifelt werden, so z. B., daß

50,5%   nie bis selten Kopfschmerzen haben,

45,3%   nie bis selten erkältet sind,

64,3%   kaum Einschlafschwierigkeiten haben,

69%   der Befragten nie bis selten nachts wachliegen,

89,6%   selten bis nie Schlaftabletten nehmen und

74,6%   selten bis nie Schmerztabletten nehmen u. a. m.

Diese Zahlen signalisieren eher ein PRO denn ein CONTRA zum Großraumbüro.

Es ist also ernsthaft zu fragen, was ein solcher Forschungsbericht eigentlich bezwecken will. Mit seinen überzogenen Darstellungen schafft er nur Unruhe, insbesondere wenn er mit einer Aussage schließt, daß „über 95% den Großraum als Büroraum ablehnen", was mit den Einzeldaten aus der Rohbefragung nicht in Einklang gebracht werden kann.

Den Ausführungen von Dr. med. Peters in seinem Handbuch der Büromedizin und Büro-Egonomie „Wer heute Großraumbüros baut und einrichtet, der muß wissen, daß sich die menschliche Arbeitsleistung nicht nur aus rein ökonomischer Sicht betrachten läßt. Aber auch ein gutes psychologisches Klima macht für sich alleine kein funktionsfähiges Großraumbüro aus. Selbst dann nicht, wenn die baulichen Voraussetzungen gegeben sind", ist uneingeschränkt zuzustimmen.

Befragung durch Infratest München (1979)

Einstellung zur Arbeitswelt			Verhältnis zum Vorgesetzten			Verhältnis zu Arbeitskollegen	
sehr zufrieden	16%	} 93%	sehr gut	23%	} 78%	sehr gut	30%
zufrieden	77%		gut	55%		gut	61%
unzufrieden	6%		es geht	17%		es geht	9%
sehr unzufrieden	1%		weniger gut	4%			
			schlecht	1%			

Berufliche Entwicklung (Zufriedenheit)		Beliebtheit der Beschäftigung			**Es sind also**
voll und ganz	16%	sehr gern	16%	} 68%	93% zufrieden
im großen und ganzen	49%	gern	52%		78% gutes Verhältnis
zum Teil	28%	es geht	28%		68% gern beschäftigt
nicht besonders	6%	weniger gern	3%		
gar nicht	1%	gar nicht gern	1%		

Beim Bemühen um eine Art Fazit als Abschluß meiner Ausführungen wäre festzustellen, daß es die sich schnell weiterentwickelnden technischen Arbeitsmittel vermutlich in absehbarer Zeit gestatten werden, immer mehr Kommunikation unmittelbar am oder vom eigenen Arbeitsplatz aus vollziehen zu können. Der Bildschirm wird sich weiter durchsetzen, so z. B. das Bild des Gesprächspartners unmittelbar zeigen können, so daß der optische Kontakt wie beim persönlichen Gespräch hergestellt wird.

Diesen technischen Entwicklungen werden sich die Arbeits- und Ablaufstrukturen anzupassen haben, aber — und dies bereitet mir doch Kopfschmerzen, es bedarf m. E. noch großer Anstrengungen, daß der Mensch in der Fülle der möglichen Informationen nicht hoffnungslos untergeht.

Mit Sorge läßt sich verfolgen, daß alle möglichen Informationen gespeichert werden und auf diese Weise ein Informationsfriedhof entsteht, der dann auch eines Verwaltungsaufwandes bedarf. Auch die Arbeit in Büro und Verwaltung ist kein Selbstzweck, sondern hat dem Betriebszweck zu dienen.

Es mag Ihnen als sachkundige Zuhörer vielleicht banal erscheinen, aber alle Beteiligten sollten sich immer wieder der Feststellung erinnern, daß auch im Büro nur soviel Organisation dasein sollte wie erforderlich und nicht soviel technische Geräte wie möglich.

Ohne die Erfüllung berechtigter humaner Forderungen wird es mit Sicherheit keine erfolgreiche und dauerhafte Arbeitsstrukturierung im Büro geben, aber ohne Produktivität im Büro wird es auch keine Mittel zur Erfüllung humaner Forderungen geben.

Ich schließe meine Ausführungen mit einem Zitat aus dem Buch „Das soziale Modell", in dem der ermordete Präsident der Bundesvereinigung, Hanns-Martin Schleyer, folgendes ausführt: „Es geht darum, den arbeitenden Menschen auf die jetzt schon voraussehbare Zukunft vorzubereiten und gleichzeitig in einem parallelen Prozeß die Arbeitsbedingungen den Bedürfnissen der menschlichen Person soweit anzupassen, daß er seine Tätigkeit am Arbeitsplatz als sinnvoll empfindet und daß er offen wird für ein Erlebnis, das heute nicht mehr selbstverständlich zur menschlichen Existenz gehört: die Arbeitsfreude."

Kollektivrechtliche Fragen der Bildschirmarbeit aus der Sicht der Arbeitgeberverbände

P. KNEVELS

Das Bildschirmgerät ist ein Arbeitsmittel, das zwei Zielen dient: Zum einen soll die Produktivität der Arbeit erhöht werden, und zum anderen geht es um die Erleichterung der Arbeit für den einzelnen Arbeitnehmer.

Der technologische Wandel hat es möglich gemacht, auch im Bereich der Datenverarbeitung die Produktivität, das Verhältnis Einsatz zu Ertrag, erheblich zu verbessern. Durch Rationalisierung, d. h. durch technische oder organisatorische Veränderungen des Mitteleinsatzes ist es insoweit gelungen, auch hier das Verhältnis Kosten zur Leistung positiv zu verändern und damit die Wirksamkeit des Systems zu steigern. Die höhere Produktivität, wobei hier ein gewichtiger Faktor die Technisierung ist, ermöglicht höhere Erträge, aus denen insbesondere auch die höheren Arbeitskosten bestritten werden müssen, da im Zuge der jährlichen Tarifrunden der Faktor Arbeit immer teurer wird. Die Entwicklung neuer Technologien, die der Rationalisierung dienlich sind, erfordern in der Regel neue Investitionen und damit einen höheren Kapitaleinsatz. Hiervon profitieren am Ende aber auch die Arbeitnehmer, da neue Investitionsvorhaben auch geeignet sind, zusätzliche Arbeitsplätze zu schaffen.

Neben der technisch-wirtschaftlichen Bedeutung der Bildschirmarbeitsplätze gibt es aber auch einen sozialpolitischen Faktor, mit dem sich nicht zuletzt bis in die jüngste Zeit hinein auch die Sozialpartner zu beschäftigen haben. Arbeitgeberverbände und Gewerkschaften können einen positiven Einfluß auf die Entwicklung nehmen. Sie haben es in der Hand, durch den Preis der Arbeitskosten und die unmittelbare und mittelbare Einwirkung auf die Gestaltung der Arbeitsplätze sowie der Arbeitsabläufe das Tempo des Fortschritts des technologischen Wandels zu motivieren, und damit wirken sie auch direkt auf die Beschäftigungssituation nachhaltig ein. Leider wird auch heute noch das aktuelle Thema der Bildschirmarbeitsplätze durch Mißtrauen und Unverständnis und das Nichtübersehen von Gesamtzusammenhängen geprägt. Aus diesem Grunde wird auch zwischen Gewerkschaften und Arbeitgebern auf der kollektivvertraglichen Ebene – seien es Tarifverträge oder Betriebsvereinbarungen – mit so unterschiedlichen Akzenten argumentiert.

Wir wissen zwar genau, daß wir mit den Bildschirmgeräten leben müssen. Ihre Zahl hat in den letzten Jahren erheblich zugenommen. Nach Schätzungen sollen in diesem Jahr in der Bundesrepublik Deutschland etwa 300 000 Bildschirmgeräte im Einsatz sein. In Fachkreisen wird angenommen, daß in einigen Jahren 10% aller Arbeitsplätze mit Bildschirmgeräten ausgerüstet sein könnten. Offensichtlich ist auch das „Ob" der Bildschirmarbeit nicht mehr umstritten, aber um so mehr das „Wie", wenn man die aktuellen Auseinandersetzungen im sozialpolitischen Raum verfolgt.

Unklar ist schon die Definition des Begriffs Bildschirmarbeitsplatz. Es gibt Definitionen, die von reinen Beschreibungen des Arbeitsplatzes reichen bis zu umfassenden, den Zweck des Arbeitsplatzes einbeziehenden Aussagen. Die Definition ist deshalb nicht so einfach, weil in der Praxis Bildschirmgeräte zu den verschiedensten Zwecken benutzt werden. So sind z. B. die Aufgabenstellungen und die daraus resultierenden Anforderungen in der Textverarbeitung, der Datenerfassung, der Datenausgabe oder im Dialogverkehr qualitativ und quantitativ derart unterschiedlich, daß man eigentlich nicht von einem Bildschirmarbeitsplatz schlechthin sprechen kann. Der Bildschirm ist nur das allen gemeinsame Hilfsmittel, woraus sich besondere Anforderungen hinsichtlich der Gestaltung der jeweiligen Arbeitsplätze und Arbeitsabläufe, also der Arbeitsbedingungen ergeben können. Richtiger wäre es, von der „Arbeit mit Bildschirmen" zu sprechen, da wir ja auch keine „Telefonarbeitsplätze" kennen, sondern nur das Arbeiten mit Telefonen.

Der Bildschirmarbeitsplatz in seiner sozialpolitischen Bedeutung muß auf die echten Fälle, die also dann auch von genügender sozialpolitischer Relevanz sind, beschränkt bleiben. Nur derjenige Arbeitsbereich ist abzudecken, in dem die Tätigkeit an Bildschirmgeräten die Arbeit beherrscht, bzw. fast ausschließlich bestimmt und wenn dadurch eine besondere Belastung und Beanspruchung für den Arbeitnehmer hervorgerufen werden könnte. Deshalb sollte nach Auffassung der Arbeitgeberverbände von folgender Definition ausgegangen werden:

„Bildschirmarbeitsplätze sind Arbeitsplätze, bei denen das Bildschirmgerät und die Dateneingabetastatur sowie ggf. ein Informationsträger eine funktionale Einheit bilden und bei denen die Arbeit mit dem Bildschirmgerät und die Arbeitszeit am Bildschirmgerät bestimmend für die gesamte Tätigkeit sind."

Mit dieser Definition sind nicht erfaßt:

- Arbeiten mit Mikrofilm-, Mikrofiche-Lesegeräten, Meßinstrumenten, Ziffernanzeigen, Monitoren zum Überwachen von Plätzen und Eingängen, Monitoren in Prozeßwarten, Oszillographen u. ä.
- Arbeitsplätze, bei denen Bildschirmarbeit nur einen zeitlich geringen Anteil ausmacht.

Mit dieser Abgrenzung kann die Diskussion sinnvollerweise auf den eigentlichen Kernpunkt zurückgeführt und einer Vernebelung der Problematik entgegengewirkt werden.

Die Sozial- und Rechtsordnung in der Bundesrepublik Deutschland kennt zwei Ebenen für die Regelung kollektivrechtlicher Fragen: Den Tarifvertrag und die Betriebsvereinbarung. Ob und wie auf der Ebene der Tarifverträge oder der Betriebsvereinbarungen sozialpolitische Themen behandelt werden, hängt von der Regelungsbedürftigkeit der jeweiligen Fragenkomplexe ab. Die Bildschirmarbeit, bzw. die Tätigkeit an Bildschirmen hat sich zwar zu einem gewichtigen und bedeutsamen Thema im Rahmen bestimmter Arbeitsbedingungen in vielen Betrieben entwickelt; das erfordert aber noch nicht automatisch ihre kollektivrechtliche Bestimmung.

Allerdings vertreten die Gewerkschaften die Auffassung, die Arbeitnehmer müßten durch kollektivrechtliche Regelungen im Hinblick auf generelle Gefährdungen durch Bildschirmtätigkeiten besonders geschützt werden. Die Gewerkschaften behaupten hinsichtlich des Einsatzes von Bildschirmgeräten eine Fülle von negativen Auswirkungen auf den einzelnen Arbeitnehmer, denen es durch Sonderregelungen in Tarifverträgen oder Betriebsvereinbarungen für die Arbeit an Bildschirmgeräten zu begegnen gelte.

Im einzelnen wird insbesondere behauptet, die ununterbrochene Tätigkeit an Bildschirmgeräten verursache Augenschmerzen und Haltungsanomalien, mache die Arbeit eintönig und führe zu Streßsituationen. In dem Einsatz dieser Geräte wird also eine einschneidende Änderung der Arbeitsabläufe, bzw. der Veränderung der historischen Arbeitsplätze gesehen. Auf tarifvertraglicher oder betrieblicher Ebene fordern die Gewerkschaften Sonderregelungen für die Arbeit an Bildschirmgeräten, insbesondere

– die Erweiterung der Mitwirkungs- und insbesondere der Mitbestimmungsrechte des Betriebsrates über die Regelungen des BetrVG hinaus bei Einführung bzw. Betrieb technischer Einrichtungen und der Gestaltung und Besetzung der Arbeitsplätze sowie der Gestaltung der Arbeitsabläufe.
– die Einführung besonderer Arbeitszeiten und -pausenregelungen,
– die materielle Absicherung bei Arbeits- bzw. Arbeitsablaufveränderungen im Sinne zementierender Bestimmungen.

Einige Gewerkschaften haben Checklisten für Forderungen für die nach ihrer Ansicht zweckmäßige Gestaltung der Bildschirmarbeitsplätze aufgestellt. Diese Checklisten enthalten vor allem Forderungen hinsichtlich der Einrichtung des Bildschirmarbeitsplatzes, der Beleuchtung, des Arbeitsraumes, besonderer Ruheräume und der Umgebungseinflüsse sowie der persönlichen Voraussetzungen für den Einsatz am Bildschirmarbeitsplatz.

Neben diesen Forderungen in bezug auf die Gestaltung der Arbeitsplätze werden sodann auch Forderungen hinsichtlich der Gestaltung der Arbeitszeit und Pausen sowie der Besitzstandssicherung erhoben. Hierbei geht es den Gewerkschaften um

– tägliche Höchstarbeitszeiten von vier (zum Teil sechs) Stunden an Bildschirmgeräten,
– 10 bis 15 Minuten bezahlte pauschale Erholungspausen je Stunde bei ununterbrochener Tätigkeit an Bildschirmgeräten,
– Verbot einer Leistungskontrolle durch Bildschirmgeräte,
– keine Abgruppierung anläßlich der Aufnahme der Tätigkeit an Bildschirmgeräten (Besitzstandssicherung),
– Bereitstellung eines gleichwertigen Arbeitsplatzes für Arbeitnehmer, die nicht an einem Bildschirmarbeitsplatz eingesetzt werden können,
– paritätische Kommissionen, die Richtlinien einschließlich der Besetzung für die Arbeit an Bildschirmgeräten erstellen und überprüfen sollen, teilweise unter Hinzuziehung außerbetrieblicher Personen.

Derartige gewerkschaftliche Forderungen sind nach Auffassung der Arbeitgeber nicht berechtigt, teilweise sind die sogar rechtlich unzulässig. Nach den bisherigen wissenschaftlichen Erkenntnissen können bei der Arbeit an Bildschirmgeräten besondere Belastungen und Beanspruchungen vermieden werden, wenn nur geeignete Arbeitnehmer an diesen Arbeitsplätzen eingesetzt und die Arbeitsplätze nach dem heutigen gesicherten Wissensstand unter Nutzbarmachung jüngster technischer Entwicklungen eingerichtet werden.

Die Arbeitgeber sind sich mit den Gewerkschaften darin einig, daß hinsichtlich der Arbeitsgestaltung die Arbeitsplätze an ergonomischen Überlegungen und Erfahrungen orientiert sein müssen. Das gilt z. B. für die Beleuchtung und zum Teil auch für die Eignung des Arbeitnehmers am Bildschirmarbeitsplatz. Hierzu gibt es auch bereits eine Reihe von Anleitungen und Normierungen, wobei Wissenschaftler ihre Erfahrungen und Erkenntnisse mit denen der Betriebspraxis zum Nutzen aller verbunden haben. Gedacht werden kann hierbei vor allem an die Tätigkeit des DIN, des FNErg, des Fachausschusses Verwaltung beim Hauptverband der gewerblichen Berufsgenossenschaften, der BAU. Nicht zuletzt haben die Hersteller der Geräte auf diese Erfahrungen und Erkenntnisse zurückgegriffen.

Zur Untermauerung ihrer Forderungen nach besonderen Arbeitszeit- und Pausenregelungen behaupten die Gewerkschaften, im Zusammenhang mit der Tätigkeit an Bildschirmgeräten klagten die Betroffenen über Augenbrennen und Augenjucken, allgemeine Empfindung einer Augenbelastung, häufige Kopf- und Rückenschmerzen und zum Teil eine stärkere Monotonie des Arbeitsablaufs sowie Streßerscheinungen. Diese Aussagen müssen von Fall zu Fall auf ihre Richtigkeit hin überprüft werden.

Es gibt jedoch keine gesicherten wissenschaftlichen Erkenntnisse, die die gewerkschaftlichen Forderungen nach allgemeinen kollektivrechtlichen Sonderregelungen für die Tätigkeit an Bildschirmgeräten rechtfertigen könnten, insbesondere nicht für eine tägliche Höchstarbeitszeit von 4 oder 6 Stunden und eine pauschale Erholungspause von 10−15 Minuten je Stunde bei ununterbrochener Tätigkeit am Bildschirmgerät. Nach Auffassung der Arbeitgeber kann man über besondere Arbeitszeiten oder Erholungspausen im Einzelfall erst dann reden, wenn besondere Belastungen und Beanspruchungen entstehen, weil z. B. die Dauerleistungsgrenze überschritten wird. Hierbei muß auch bewertet werden, ob die Arbeit am Bildschirmgerät im Zeitlohn oder im Leistungslohn ausgeführt wird oder für den Arbeitnehmer bestimmte Zeitvorgaben enthält.

Nach den bisherigen wissenschaftlichen Erkenntnissen können bei der Arbeit an Bildschirmgeräten besondere Belastungen und Beanspruchungen vermieden werden, und es kommt dann nicht zu den behaupteten Beschwerden wie Augenschmerzen, Augenbrennen, allgemeine Empfindung einer Augenbelastung, Kopf-, Nacken- und Rückenschmerzen, falls folgende Gesichtspunkte beachtet werden:

− Eine Untersuchung der Augen hat ergeben, daß der Arbeitnehmer für den Arbeitsplatz geeignet ist;
− Der Arbeitsplatz ist entsprechend dem heutigen gesicherten Wissensstand eingerichtet, wobei neue technische Entwicklungen eingeführt werden.

Schließlich besteht für die Arbeitnehmer nach Ansicht der Gewerkschaften die Gefahr, durch die Einführung von Bildschirmgeräten einem doppelten Ra-

tionalisierungseffekt mit Auswirkungen auf ihren sozialen Status ausgesetzt zu
sein. Es heißt, mit weniger Arbeitskräften werde mehr produziert, die Qualifikation der Arbeitsplätze werde verringert, Lohneinbußen seien die Folgen. Was
liegt aus der Sicht der Gewerkschaften näher, als auch hier mit neuen Akzenten
alte Forderungen mit Zielrichtung Schutz bei möglichen Rationalisierungsmaßnahmen wieder ins Feld zu führen, d. h. die Gewerkschaften wollen eine
weitgehende Absicherung der Arbeitnehmer mit Garantien hinsichtlich der Arbeitsplätze und -entgelte. Gerade auf diesem Gebiet scheint der Tarifvertrag
das bevorzugte Regelungsinstrument zu bieten, zumal es in der Tarifpraxis unabhängig vom Fall der Bildschirmtätigkeit bereits gewisse Vorbilder gibt.

Nach Auffassung der Arbeitgeber wird die Diskussion über die Einführung
von Bildschirmgeräten immer noch zu emotional geführt, so daß jedes weitere
Bemühen um eine wissenschaftliche Versachlichung und Vertiefung dieses
wichtigen Themas zu begrüßen ist. Aus dem bisherigen Stand der Erkenntnisse
lassen sich für die Tarifpolitik und die Betriebspraxis folgende Feststellungen
treffen:

Anzuknüpfen ist an die eingangs getroffene Feststellung, daß besondere Regelungen für die Arbeit an Bildschirmgeräten nur dann erforderlich werden
können, wenn diese Arbeit besondere Belastungen und Beanspruchungen mit
sich bringt. Nach dem heutigen Erkenntnisstand kann aber gesagt werden, daß
besondere Belastungen und Beanspruchungen der Mitarbeiter an Bildschirmgeräten nicht eintreten, falls die Erkenntnisse menschengerechter Arbeitsgestaltung nach dem heutigen Wissensstand berücksichtigt sind. Die mögliche optimale Gestaltung von Bildschirmarbeitsplatz und Arbeitsablauf muß also im
Vordergrund aller Überlegungen stehen. Werden aber beim Vorliegen der genannten Voraussetzungen die Mitarbeiter an Bildschirmarbeitsplätzen nicht besonders belastet und beansprucht, so entfällt auch der Grund für besondere kollektivrechtliche Regelungen hinsichtlich der Tätigkeiten an diesen Arbeitsplätzen.

Die Arbeitgeberverbände sind auch der Meinung, daß bei Anwendung
heutiger Erkenntnisse der Betriebsrat grundsätzlich kein Mitbestimmungsrecht
bei der Einrichtung und der Ausgestaltung von Bildschirmarbeitsplätzen hat
und deshalb auch keine Betriebsvereinbarung zur Regelung der Arbeit an Bildschirmarbeitsplätzen erzwingen kann. Ein korrigierendes erzwingbares Mitbestimmungsrecht besteht nach §§ 90, 91 BetrVG nur dann, wenn die Gestaltung
der Arbeit an Bildschirmarbeitsplätzen den offensichtlich gesicherten arbeitswissenschaftlichen Erkenntnissen widersprechen würde. Arbeitswissenschaftlich gesichert sind nur solche Erkenntnisse, die methodisch erforscht, mit ein-
deutigen, uneingeschränkten Ergebnissen erprobt sind und die auch allgemein
Geltung haben. Der Betriebsrat hat aber auch kein Mitbestimmungsrecht nach
§ 87 Abs. 1 Ziff. 7 BetrVG, wenn es dort heißt: Mitbestimmung bei der „Regelung über die Verhütung von Arbeitsunfällen und Berufskrankheiten sowie
über den Gesundheitsschutz im Rahmen der gesetzlichen Vorschriften oder den
Unfallverhütungsvorschriften"; denn es gibt keine gesetzlichen Vorschriften
oder Unfallverhütungsvorschriften auf dem Gebiet der Bildschirmarbeitsplätze, die durch Betriebsvereinbarungen im Rahmen eines Ermessensspielraumes

auszufüllen wären. Sollte es einmal derartige Regelungen geben, wäre erneut darüber zu diskutieren.

Eine andere Frage ist, daß der Betriebsrat insoweit rechtzeitig informiert, bzw. eingeschaltet wird; denn eine gute und rechtzeitige Information der Betriebsräte über wesentliche Maßnahmen im Zusammenhang mit der Einführung und dem Betrieb von Bildschirmgeräten ist positiv zu sehen, zumal entsprechende Informationen dazu beitragen, etwa bestehende Vorurteile abzubauen. Schließlich muß noch ein Wort gesagt werden zu den gewerkschaftlichen Forderungen nach einer generellen Arbeitsplatz- und Verdienstsicherung, bzw. nach Besetzungsvorschriften bei der Einführung von Bildschirmgeräten, die vor allem im Zusammenhang mit Tarifverhandlungen akut geworden sind. Derartige Forderungen enthalten die Vorstellung, daß der Arbeitsplatz und der dazu gehörige Lohnanspruch „Ewigkeitswert" haben müssen. Hierbei manifestiert sich das Streben nach einer möglichst totalen Absicherung und einer sich daraus ergebenden Änderung der Arbeitssysteme bzw. Entlohnungsgrundsätze, die die anforderungs- und leistungsabhängige Entlohnung erschweren. Im einzelnen handelt es sich um Forderungen von qualitativen und quantitativen Besetzungsregelungen für bestimmte Arbeitsplätze (die Beispiele aus den Bereichen der Druckindustrie und Verlagswirtschaft sind bekannt) sowie um Forderungen nach totaler Besitzstandssicherung bei Änderung der Anforderungen am Arbeitsplatz und bei unvermeidbarer Versetzung auf einen anderen Arbeitsplatz mit niedrigeren Anforderungen, d.h. praktisch das Verbot jeglicher Abgruppierung des Arbeitnehmers.

Wir müssen die Gefahr erkennen, die aus einem Abblocken unternehmerischer Entscheidungen auf dem Investitions- und Personalsektor infolge der Zementierung der Arbeitsplätze sowie der betrieblichen Arbeitskosten entstehen. Besitzstandsgarantien hemmen die Bereitschaft der Unternehmen, Investitionen vorzunehmen. Umfassende Verdienst- und Arbeitsplatzgarantien erschweren es den Betrieben, sich Marktveränderungen und Marktentwicklungen über den technischen und organisatorischen Fortschritt unter veränderten Wettbewerbsbedingungen anzupassen. Da sich die Betriebe das erforderliche Maß an Flexibilität erhalten müssen, würden sie daher im Falle einer Verwirklichung derartiger Forderungen z.B. bei Neueinstellungen besonders zurückhaltend sein. Falls tarifvertragliche Absicherungsmaßnahmen letztlich nur zu einer Verkrustung überholter technischer Strukturen führen, wäre der technische und organisatorische Fortschritt abgeblockt und damit der wirtschaftliche und soziale Wohlstand für alle gefährdet. Mittel- und langfristig würden damit mehr Arbeitsplätze verlorengehen als kurzfristig erhalten blieben. Nicht zuletzt würde damit auch das Verhältnis „Leistung und Lohn" negativ berührt und der Grundsatz „gleicher Lohn für gleichwertige Arbeit" verletzt werden.

Das generelle „Nein" der Arbeitgeberverbände gegenüber der kollektivrechtlichen Regelung der Bildschirmarbeit ist nicht prinzipiell, sondern graduell zu verstehen, d.h., sobald es objektiv notwendig werden sollte, sozialpolitisch relevante Sachverhalte zu fixieren, weil andernfalls negative Auswirkungen auf Betrieb und Arbeitnehmer zu befürchten wären, werden sich die Arbeitgeber demgegenüber nicht verschließen. Eine solche Situation ist aber zumindest zur Zeit nicht vorhanden, im Gegenteil, das allgemeine Vertrautwerden mit den Bildschirmgeräten in der Betriebspraxis und die weitere Entwicklung der Geräte und die Gestaltung der Arbeitsplätze und Arbeitsabläufe machen deutlich, daß anfängliche Schwierigkeiten, die es hier und dort gegeben haben mag, nicht mehr bestehen. Die Arbeitgeber wollen einfach nicht akzeptieren, daß das technische Hilfsmittel Bildschirmgerät zum Vorspann für generelle Arbeitszeitverkürzungen und Pausen herhalten soll und daß aus einer neuen technischen Entwicklung ohne jede Differenzierung materielle Zusatzleistungen erbracht werden müssen.

Das Bildschirmgerät und die moderne Datenverarbeitung gehören zusammen, ohne die kein Unternehmen mehr auskommen kann. Wichtige unternehmerische Entscheidungen werden hierdurch vorbereitet bzw. erleichtert. Wir müssen mit dieser Technik nicht nur auf Dauer leben, sondern sie auch weiter fortentwickeln und verbessern. Vor allem besteht keine Veranlassung, der Einführung von Bildschirmarbeitsplätzen mit Mißtrauen zu begegnen oder leistungsfeindlichen Tendenzen nachzugeben, die zu einer Abwertung oder Verhinderung von Bildschirmtätigkeiten in den Betrieben führen müßten. Die Arbeitgeberverbände wünschen und suchen den Dialog mit allen gesellschaftlichen Gruppen, insbesondere mit den Gewerkschaften. Aus Forderungen und Gegenvorstellungen muß die jeweilige Entscheidung gesucht und gefunden werden, die nicht nur im Interesse einer Gruppe liegen darf.

Erfahrungen bei der Schulung von Betriebsräten über die Arbeit an Datensichtgeräten

R. Burger

Meine sehr verehrten Damen und Herren!

Meine Absicht ist es, Ihnen in meinem Vortrag die Erfahrungen, die ich bei Schulungen mit Betriebsräten zum Thema „Datensichtgerät" gemacht habe, hier aufzuzeigen, wobei ich mich naturgemäß nur auf einige Problemschwerpunkte, die mir aus der betrieblichen Praxis geschildert wurden, beschränken kann.

Niemand weiß genau, wieviele Bildschirmgeräte heute in der Bundesrepublik im Einsatz sind, aber Schätzungen laufen auf etwa 100 000 Geräte hinaus und besagen gleichzeitig, daß ihre Zahl in den nächsten Jahren in immer stärkerem Ausmaß ansteigen wird; ja sogar, daß wir bis zum Jahre 1989 mit einer Verzehnfachung zu rechnen haben werden.

Meine Bildungsarbeit hat verdeutlicht, daß für die Arbeit der Betriebsräte in den 80er Jahren das Thema der Datensichtgeräte bestimmend sein wird.

Da andere Referenten sich eingehend mit dem Thema der Arbeitsbedingungen an Datensichtgeräten befassen werden, will ich mich hier möglichst kurz fassen und Ihnen zusammenfassend sowohl das Ergebnis einer von der DAG durchgeführten Fragebogenaktion bei an Datensichtgerät Arbeitenden, als auch die bei Schulungen gemachten Hinweise zu wichtigen Problempunkten der Bildschirmarbeit mitteilen. Danach ergibt sich folgendes Bild:

71,8% der Beschäftigten stellen körperliche oder sonstige Beschwerden fest, seitdem sie am Datensichtgerät arbeiten.

Je länger die tägliche Arbeitszeit an den Geräten ist, um so stärker werden die Beschwerden.

96,5% der Beschäftigten wurden nicht von ihrem Arbeitgeber aufgefordert, sich vorher, beispielsweise augenärztlich untersuchen zu lassen.

60,4% der Beschäftigten arbeiten 5 bis 8 Stunden täglich an 5 Arbeitstagen in der Woche am Datensichtgerät.

78,0% haben keine besondere Pausenregelung.

 2,8% haben eine Pause nach einer Stunde.

65,4% sind der Auffassung, daß soziale Isolation schon heute festgestellt werden muß, bzw. daß es sie künftig gibt.

67,0% belastet die Arbeitsumgebung.

49,2% klagen über Augenschmerzen;

24,8% über Rückenschmerzen;

17,1% über Nackenschmerzen;

21,8% über Übermüdung und

 6,2% über sonstige Beschwerden.

Aufgrund der großen Zahl der Befragten, bzw. der zurückgelaufenen ausgefüllten Fragebogen kann man wohl mit Fug und Recht unterstellen, daß diese Umfrage repräsentativen Charakter hatte. Und in der Tat, gesundheitliche Belastungen, Ergonomie und das richtige Licht nehmen beim Thema „Bildschirmarbeitsplatz" einen wichtigen Stellenwert ein.

Hierbei darf jedoch nach Meinung der Betriebsräte die gesellschaftspolitische Dimension nicht verloren gehen. Eine industrielle und mehr und mehr nachindustrielle Gesellschaft hat sich zunehmend den Luxus von sog. Überqualifikation und unzergliederten Arbeitsprozessen zu leisten. Nicht nur wegen der Notwendigkeit menschlicher Arbeitsbedingungen, sondern auch aus dem Willen zu mehr Sinn in der Arbeit, zu mehr Befriedigung bei der Arbeit und zu einer Stabilisierung und Ausdehnung demokratischer Formen.

Für Betriebsräte liegt die hauptsächliche Herausforderung in dem Bereich der Technologie-Entwicklung, der die Arbeitsplätze, die Qualifikationsstrukturen und Arbeitsbedingungen, das Recht auf Arbeit und auf eine angemessene Bezahlung mehr und mehr verändert.

Betriebsräte sehen die Gefahr — und selbstverständlich wird dies auch von der DAG nicht anders gesehen — daß durch den Einsatz von Datensichtgeräten in den Unternehmen eine Dequalifizierung der Angestelltentätigkeit stattfinden kann.

Die Schlußfolgerungen der Betriebsräte lassen sich wie folgt zusammenfassen:

1. Durch zunehmenden Bildschirmeinsatz sowie durch arbeitsorganisatorische Maßnahmen werden traditionelle Angestelltentätigkeiten verändert, bzw. fallen ganz weg. Dadurch werden vorwiegend Angestellte der mittleren und unteren Ebene freigesetzt (entlassen, umgesetzt oder umgeschult); betroffen sind vor allem „mittlere" Vorgesetzte, Sachbearbeiter und Bürohilfskräfte.
2. Durch diese Entwicklung werden die Funktionen vieler Schreibkräfte der Registratur, der Postbearbeitung und teilweise auch der Sachbearbeitung überflüssig.
3. Durch Einführung von Datensichtgeräten werden nur in relativ geringem Maße neue Arbeitsplätze geschaffen.

Während sich aus der Sicht der Betriebsräte arbeitsmedizinische Probleme in den Griff bekommen lassen, wird dem Gesamtkomplex der psychischen Belastung von seiten der Unternehmer viel zu wenig Aufmerksamkeit geschenkt.

Die Veränderung der Bürowelt durch den Einsatz von Datensichtgeräten betrifft mehr die psychische als die physische Funktionsweise des Menschen. Eine psychische Belastung der Arbeitnehmer besteht insbesondere in vier Bereichen:

1. physisch-psychische Belastungen durch Umgebungseinflüsse, wie Lärm, Klima, mangelnde Gestaltung der Arbeitsumgebung;
2. physisch-psychische Belastungen durch arbeitsplatzspezifische Leistungsanforderungen, wie Arbeitstempo, Monotonie und Schwerarbeit;
3. qualifikatorische Anforderungen, wie zu niedriges Ausbildungsniveau bei qualifizierter Arbeit und daraus resultierender Überforderung;
4. zu hohe Arbeitsteilung und Kontrolle.

Zusätzliche psychische Probleme werden durch Akzeptanzprobleme von Bildschirmgeräten verursacht und sind auf die unzureichende Einführung dieser Geräte zurückzuführen. Bei meiner Schulungsarbeit habe ich die Erfahrung machen können, daß, wenn eine auf das Gerät abgestimmte Einarbeitung erfolgt, diese psychischen Probleme nicht mehr gegeben sind. In der Diskussion von Betriebsräten mit dem Schulungsunternehmen Keyboard-Training hat sich herausgestellt, daß gerade das Alleingelassensein mit der neuen Technik die Probleme der an den Bildschirmgeräten Tätigen darstellen.

Auch die Angst vor Verlust des Arbeitsplatzes oder eine Einengung der Handlungsfreiheit bei der Erledigung von Arbeitsaufgaben führen häufig zur Ablehnung. Ein wesentlicher Faktor dürfte allerdings die Gestaltung der Arbeitsorganisation sein.

Als Beschwerden werden häufig genannt:
— Streß;
— psychosomatische Erkrankungen wie Magen- und Schleimhautentzündungen, chronische Gastritis, Magengeschwüre, chronischer Bluthochdruck;
— Müdigkeit, Schlafstörungen und Nervosität;
— Konzentrationsschwierigkeiten (bzw. erhöhte Beanspruchung durch Kopfschmerzen).

Insbesondere der vielzitierte Streß nimmt zu. Es sind Folgen der Schichtarbeit, und insbesondere die Auswirkungen zunehmender Monotonie in der Arbeitsausführung, sogenannter Frustrationsstreß entsteht beispielsweise dann, wenn man zulange auf eine Antwort des Rechners am Bildschirm warten muß. Verstärkt werden kann dies noch dadurch, daß quasi das übergeordnete Rechnersystem den Arbeitstakt diktiert. Dies führt zu
— mangelnder Identifikationsmöglichkeit mit dem Arbeitsergebnis,
— fehlender Gelegenheit, eigene Ideen und Initiativen in der Arbeit zu verwirklichen,
— mangelnder Anerkennung,
— es wird keine körperliche Bewegung mehr verlangt; dabei sind die Folgen der Bewegungsarmut auch im seelischen Bereich erkennbar,
— die Tätigkeit führt zugleich zu einer Abnahme von Kooperation im Arbeitsablauf durch höhere Leistungsfähigkeit der Geräte,
— ein Solidaritätsgefühl zwischen den Mitarbeitern wird automatisch reduziert,
— ein passiver Ausweg aus dieser „Streßsituation" wäre beispielsweise die Krankheit.

Abschließend ist festzustellen, daß zwar die Informationstechnologien die Möglichkeiten bieten, Monotonie, routinehafte Arbeiten für den Mitarbeiter zu reduzieren, daß aber diese Möglichkeiten des Einsatzes oftmals nicht genutzt werden. Bisher ist eher der Trend gegeben, daß der Arbeitsanteil eines Mitarbeiters an einem Vorgang geringer wird, hingegen eine Vergrößerung der Anzahl der zu bearbeitenden Vorgänge erkennbar ist. Der Einsatz von Datensichtgeräten führt also eher zu weiterer Arbeitsteilung, Routinisierung und dem Entstehen mechanischer Arbeiten. Humanisierung der Arbeitswelt bedeutet jedoch, daß Monotonie, einfache Tätigkeiten aufgelöst werden, um zu sinnvollen interessanten Mischarbeitsplätzen zu kommen. Es besteht die Gefahr, daß der Computer mittelfristig veränderte menschliche Verhaltensweisen erzeugt durch

Veränderung psychischer Denkstrukturen. Der Computer geht in rein formalen Schritten vor (Ganzes in Teile zerlegen), dem muß sich der Mitarbeiter anpassen, seine Gefühlswelt kann darunter leiden, die Folge sind dann z. B. psychosomatische Erkrankungen.

Damit wird deutlich, daß die Mehrzahl der psychischen Störungen in direktem oder indirektem Verursachungszusammenhang mit spezifischen Bedingungen der menschlichen Arbeit steht. Will man im Sinne einer wachsenden „psychischen Gesundung" der Gesellschaft tätig werden, so wird man in erster Linie im Bereich der menschlichen Arbeit ansetzen müssen.

Zur Notwendigkeit der „Fort- und Weiterbildung" sind folgende Feststellungen zu treffen:

1. Technologische Veränderungen ziehen soziale Härten in Form von Entlassungen, Einstellungsstops und weniger qualifiziertem Tätigkeitseinsatz nach sich. Arbeitsplatzvernichtung ist teilweise das Ergebnis von Rationalisierung.

2. Bei der Fort- und Weiterbildung der Arbeitnehmer sollen erworbene berufliche Qualifikationen berücksichtigt werden. Der Betriebsrat wird leider erst sehr spät über Entscheidungen der Geschäftsleitung, die Bildungsmaßnahmen betreffen, informiert. Er hat dann keinen Einfluß mehr auf schon stattfindende Maßnahmen. Die Fort- und Weiterbildung sei von seiten des Arbeitgebers außerdem nur bei bestimmten Altersstufen gefragt. Sofern Arbeitnehmer über etwa 40 Jahre interessiert seien, hätten sie Schwierigkeiten, in solche Maßnahmen integriert zu werden. Meistens würden sie gar nicht mehr angesprochen.

3. Bei der Durchführung von Fort- und Weiterbildungsmaßnahmen dürfen keine Probleme im familiären, geistigen und beruflichen Bereich der Arbeitnehmer entstehen. Solche Probleme entstehen, wenn Teilnehmer an Weiterbildungskursen oder -seminaren teilnehmen müssen, die entweder an zusätzlichen Wochenenden zur normalen Arbeitszeit in einer gehäuften Folge stattfinden oder von ihrem inhaltlichen Anspruch her die geistige Kompetenz des Teilnehmers überschreiten. Bezogen auf den beruflichen Bereich bedeutet eine solche Maßnahme ein Problem, wenn sie den Teilnehmer weiterbildet, ohne ihm die entsprechende Position im Betrieb zu sichern.

4. Die Betriebsräte stellten weiterhin fest, daß Unternehmer besonders solche Weiterbildungsmaßnahmen fordern, die auf den rein fachlichen Qualifikationen, die kompensatorisch zu dem in der Ausbildung erworbenen Wissen hinzukommen, aufbauen. Zu diesen erwähnten kompensatorischen Bildungsmaßnahmen in der Weiterbildung gehört der Erwerb von Qualifikationen zur Bildschirmbedienung.

Es wurde diskutiert, ob sich aus dieser Tatsache ein neues Berufsbild der Bildschirmbedienung entwickeln soll, oder ob Qualifikationen, die für die Bedienung von Bildschirmgeräten wichtig sind, in vorhandene Ausbildungsrahmenrichtlinien aufgenommen werden sollen. Sie können ersatzweise für nicht mehr relevante Ausbildungseinheiten übernommen werden. Keinesfalls dürfen sie zusätzlich in dem schon reichlich gefüllten Stoffplan für Auszubildende erscheinen. Schließlich sollen Qualifikationen, die sich auf die Bedienung moderner technischer Geräte beziehen, bei der Austragung von Tarifverhandlungen berücksichtigt werden. Sie gehören in den Merkmalskatalog der einzelnen Tarifgruppen.

5. Die Gefahr, daß den Beschäftigten, die sich am Bildschirm ausbilden lassen, das gleiche Dilemma widerfahre wie denjenigen, die auf Anraten der Arbeitsämter den Beruf des Operators an EDV-Anlagen ergriffen hatten, obwohl für diesen Beruf die Chancen nicht mehr günstig waren, kam ebenfalls zur Sprache.

Die Betriebsräte fordern daher Schulungsseminare für Betriebsräte, die in der Personalorganisation bei der Einrichtung von Fort- und Weiterbildungsmaßnahmen mitberaten, damit sie sich Informationen über den neuesten Stand der Weiterbildungsmöglichkeiten bei Rationalisierungsmaßnahmen aneignen können.

Folgerungen und Forderungen, die Betriebsräte festgestellt haben

Bildschirmarbeit kann negative Konsequenzen für die Mitarbeiter beinhalten. Schlechtere Arbeitsbedingungen, verursacht durch Lärm, dichtere Raumbesetzung, Reduzierung und Verarmung der Arbeitskontakte können die Folge sein. Es besteht die Möglichkeit verringerter Aufstiegsmöglichkeiten und einer Einschränkung von Lernmöglichkeiten.

Wir müssen von einer Arbeitsplatzsicherheit ausgehen, vor allem für diejenigen Mitarbeiter, die den neuen Leistungsanforderungen auf die Dauer nicht gewachsen sind. Dies führt zugleich zu einer erhöhten Angst vor dem Verlust des Arbeitsplatzes. Der Einsatz neuer Technologien führt zwar auch in (geringerem Maße) zur Schaffung neuer und qualifizierter Arbeitsplätze, diese dürften jedoch den Verlust an bestehenden nicht annähernd ausgleichen. Der Einsatz neuer Technologien muß jedoch nicht zu einer Verschlechterung der Arbeitsbedingungen führen. Dies setzt eine faire und klare Bestimmung der abverlangten Leistungen voraus, beinhaltet das Angebot von Weiterbildungsmaßnahmen, die Gewährung interessanter Arbeitsbedingungen und vor allem Mitbestimmung und Mitarbeit der Beschäftigten bei der Festlegung ihrer Arbeitsstrukturen. Die Erfüllung folgender Forderungen scheinen mir hierzu geeignet:
— Erst im Verlauf verhältnismäßig langer Erholungspausen wird bei der Bildschirmarbeit ein normaler Aktiviertheitsgrad erlangt. Hieraus resultiert die DAG-Forderung nach längeren, regelmäßigeren Arbeitspausen. Nach 50minütiger Tätigkeit am Bildschirmgerät sollte eine 10minütige Pause eingelegt werden. Unterbrechungen könnten mit anderen Tätigkeiten als dem der Bildschirmarbeit ausgefüllt werden.
— Augenfachärztliche und allgemeinmedizinische Eingangs- und Wiederholungsuntersuchungen in jährlichen Abständen,
— Anzustreben ist eine Beschränkung der täglichen Arbeitszeit am Bildschirmgerät (Maximalforderung: 4 Stunden tägliche Bildschirmarbeit).
— Ausgeschlossen werden muß die Möglichkeit direkter und indirekter Leistungs- und Überwachungskontrollen, Personalinformationssysteme beispielsweise ermöglichen es, über den Bildschirm erfaßte Daten so auszuwerten, daß sie nach der Methode der Kostenstellenberechnung oder anderer betriebswirtschaftlicher Kennziffern zur Grundlage arbeitsorganisatorischer und personalpolitischer Strategien gemacht werden. Das Bundesdatenschutzgesetz macht es

erforderlich, daß sämtliche Buchungen, die über das Bildschirmgerät ausgeführt werden, mit Identifikations-Nummern versehen werden. Bei einem sog. Datenmißbrauch muß es nachträglich möglich sein, herauszufinden, wer auf bestimmte geschützte Daten mißbräuchlich zugegriffen hat. Dies bietet jedoch zugleich die Gelegenheit, technische Leistungskontrollen, bezogen auf den einzelnen Mitarbeiter als auch auf Mitarbeitergruppen, durchzuführen. Es können Hinweise programmiert werden, die Aussagen über die Herkunft der jeweiligen Bildschirm-Buchungen geben, und auch den Zeitpunkt der Erfassung (über Zeitschlüssel) wiedergeben. In Zeiterfassungssystemen werden überhaupt eine Vielzahl von Daten erfaßt, so z. B. zeitliche Abwesenheiten, Zu- und Abgangsdaten. Aus bestimmten Systembeschreibungen zu Zeiterfassungssystemen geht eindeutig die Möglichkeit hervor, Buchungsvorgänge ggf. zu protokollieren. Hierdurch ist eine lückenlose Leistungsüberwachung der einzelnen Mitarbeiter möglich.

– Mitarbeiter, die an Bildschirmarbeitsplätzen tätig werden sollen, müssen unbedingt geschult werden. Vermittelt werden in dieser Schulung sollten u. a. die Grundprinzipien der EDV, Bedingungen für den Einsatz und, „was ist programmieren?".

– Es muß ein Anspruch auf einen anderen gleichwertigen Arbeitsplatz bestehen, falls eine Tätigkeit am Bildschirmarbeitsplatz für Mitarbeiter nicht möglich ist. Bei jüngsten augenärztlichen Untersuchungen unter Mitarbeitern in Unternehmen des privaten Dienstleistungsgewerbes wurden schwere Seh-Einschränkungen bei 5% der getesteten Mitarbeiter festgestellt. Diese Mitarbeiter sind für Arbeiten am Datensichtgerät nur beschränkt einsatzfähig. Lediglich bei rund 30% der getesteten Personen war die Sehleistung völlig in Ordnung. Die Quote der Fehlsichtigen unter den getesteten Arbeitnehmern überstieg die Quote der Normalsichtigen außerdem um mehr als das Doppelte. Daß in diesem Unternehmen sich die Beschwerden bis dato in relativ niedrigeren Größen halten, wird auf die verhältnismäßig geringe Einsatzdauer und Arbeitsweise am Datensichtgerät zurückgeführt. Allerdings geht man schlußfolgernd davon aus, daß bei einer Zunahme der Beschäftigungsdauer (die mit Sicherheit anzunehmen ist) bei manchen fehlsichtigen Arbeitnehmern ein zu hohes Ausmaß an Beanspruchung der Augen gegeben ist. Zieht man noch die Möglichkeit der Erkrankung anderer Körperteile hinzu, so versteht sich die Forderung nach Zurverfügungstellung eines gleichwertigen Arbeitsplatzes bei Unvermögen einer Tätigkeit am Bildschirm von selbst.

– Zu fordern ist der Ausschluß einer Herabgruppierung bei Bildschirmarbeit (gerade eine analytische Arbeitsbewertung würde für viele Tätigkeiten am Bildschirm ergeben, daß eine Herabgruppierung wegen der reduzierten Arbeitsinhalte möglich wäre).

– Im Falle einer Versetzung muß ein Anspruch auf betriebliche, falls nicht möglich, überbetriebliche Umschulung gegeben sein.

– Nur interessante Mischarbeitsplätze sollten eingerichtet werden.

Katalog von konkreten Forderungen zur Humanisierung der Arbeit

1. Eine befriedigende Tätigkeit sollte unterschiedliche Fähigkeiten und Fertigkeiten des einzelnen aktivieren. Einzelaufgaben sollten sinnvoll zusammengesetzt sein und den Arbeitnehmer in die Lage versetzen, einen eigenen Arbeitsrhythmus aufzubauen.
2. Jede Arbeit soll so strukturiert sein, daß der Tätige aus seinen Aufgaben etwas lernt, seine Kenntnisse erweitert und damit allgemein seine Lernfähigkeit wachhält.
3. Jeder braucht einen Mindestraum für eigene Entscheidungen. Er muß Möglichkeiten zur Kontrolle seiner Arbeitsergebnisse erhalten. Dabei muß er an der Festlegung des Standards beteiligt sein, den er einzuhalten hat.
4. Die Arbeit soll ineinandergreifende Aufgaben, Arbeitsplatzwechsel und soziale Kontakte bieten, damit die einzelnen Mitarbeiter sich gegenseitig informieren, helfen und unterstützen können.
5. Letztlich sollte jede Arbeit mit Erwartungen auf eine zukünftige gleichbleibende Einkommenserhöhung, die Ausweitung der Kenntnisse und die Möglichkeiten des Aufstiegs verbunden werden können.
6. Es hat somit eine bessere Anpassung der Maschinen und technischen Anlagen an den Menschen zum Abbau unzumutbarer Belastungen zu erfolgen.

Der Mensch darf nicht zu einem Anhängsel eines technologischen Apparates werden. Der Mensch nimmt zwar die technischen Errungenschaften gern in Anspruch, hat jedoch weniger Einblick in ihre Struktur und Funktion. Er wird zunehmend durch die technologische Welt verwaltet. Diese Situation erzeugt ein hohes Maß an Angst, zunehmender Verantwortungslosigkeit und Destruktivität nach innen und nach außen. Diesem Trend muß Einhalt geboten werden. Es muß gelingen, die Büroarbeit so in den Griff zu bekommen, daß sie dem Menschen die Arbeit erleichtert und die Bedingungen am Arbeitsplatz verbessert. Der Mensch muß sich am Arbeitsplatz frei entfalten und selbst verwirklichen können. Damit wir die Technik haben und nutzen, damit nicht die Technik uns hat und uns beherrscht.

Kapitel V

Normen und Regelungen

Die Deutsche Normungsarbeit auf dem Gebiet der Ergonomie für Bildschirmarbeitsplätze*

H. Koch

1. Probleme und Nutzen der Normungsarbeit

An Büroarbeitsplätzen findet eine Kommunikation zwischen Menschen und zwischen Menschen und dem Arbeitssystem „Büro" statt. Büroarbeitsplätze sind also Schnittstellen eines Systems Mensch–Arbeitssystem „Büro". Systeme können nur dann funktionieren, wenn die Komponenten des Systems an der Schnittstelle aufeinander abgestimmt sind. Bei der Schnittstelle Mensch–Arbeitssystem „Büro" muß das Arbeitssystem „Büro" an die Merkmale des Menschen angepaßt werden. Die Merkmale des Menschen streuen aber von Individuum zu Individuum beträchtlich, wie z.B. die Körpermaße oder die Sehschärfe zeigen. Wichtige Merkmale, wie z.B. die Sehschärfe oder der Akkommodationsbereich verändern sich zudem noch im Laufe des Lebens. Andere Merkmale, wie z.B. der Übungsgrad ändern sich mit der Zeit, in der der Mensch mit den Arbeitsmitteln arbeitet. Die eine Seite der Schnittstelle, der Mensch, entzieht sich also einer Normung.

Kann dann überhaupt eine Schnittstelle Mensch–Arbeitssystem „Büro" genormt werden? Die Schnittstelle Mensch–Arbeitssystem „Büro" *sollte* genormt werden, um dem Menschen die Arbeit zu erleichtern, Arbeitsfehlern oder vorzeitiger Ermüdung vorzubeugen. Die Maschinen sind weitgehend an den Menschen anzupassen, so daß möglichst viele Menschen an Büroarbeitsplätzen arbeiten können. Diese Anpassung des Arbeitssystems Büro an den Menschen ist der Zweck der Normung.

2. Die Normungsarbeit

In dem vergangenen Jahrzehnt hielt der Bildschirm seinen Einzug in das Büro. Schon 1971 [1] erkannte der Normenausschuß Informationsverarbeitung des Deutschen Instituts für Normung die Notwendigkeit der Normung der ergonomischen Daten von Bildschirmarbeitsplätzen.

Die Beratungen der Normen werden im Arbeitsausschuß D Mensch–Maschine des Normenausschusses Informationsverarbeitung durchgeführt. In diesem Ausschuß arbeiteten zunächst nur Anwender und Hersteller zusammen. Es stellte sich bald heraus, daß diese Normen ohne Mitwirkung von Wissenschaft-

---

* Nach einem Vortrag: Ergonomic Standards for Office Systems, gehalten auf dem 1982 International Zürich Seminar on Digital Communications, mit freundlicher Erlaubnis der IEEE

lern nicht zu erstellen waren. Das Bundesministerium für Arbeit und Sozialordnung erteilte auf Anregung des Normenausschusses Informationsverarbeitung dem Instiut für Arbeitswissenschaft der TU Berlin einen entsprechenden Forschungsauftrag. Dieser Forschungsauftrag wurde 1978 mit dem Forschungsbericht „Anpassung von Bildschirmarbeitsplätzen an die physische und psychische Funktionsweise des Menschen" [2] abgeschlossen. Seine Ergebnisse haben nicht nur die Normungsarbeit nachhaltig beeinflußt und gefördert.

3. Verständigungsnormen

Am Anfang von Normungsvorhaben steht zweckmäßigerweise die Definition von Begriffen. Diese Begriffe dienen zur Verständigung bei den Sachnormen und sollten die Fachsprache vereinheitlichen.

Die Norm DIN 66 233 T1 – Bildschirmarbeitsplätze, Begriffe, wurde im April 1983 herausgegeben. Sie enthält die speziellen Begriffe für Bildschirmarbeitsplätze. In den Sachnormen werden aber nicht nur Begriffe aus dieser Norm, sondern auch Begriffe aus zahlreichen anderen Normen verwendet. Um die Sucharbeit nach diesen Begriffen zu vermeiden, wurde im November 1982 der Entwurf DIN 66 233 T2 – Bildschirmarbeitsplätze, Übersicht von Begriffen aus anderen Normen, herausgegeben.

4. Sachnormen

Bei der Sachnorm wird nicht nur das Arbeitsmittel Bildschirm, sondern das Arbeitssystem Büro betrachtet.

Die Sachnorm Bildschirmarbeitsplätze erscheint unter der Nummer DIN 66 234. Sie wurde zur leichteren Bearbeitung und, um die Öffentlichkeit früher zu unterrichten, in Teile aufgespalten.

Das System „Büro" hat für den Menschen zwei Komponenten, nämlich die Hardware und die Software. Die Normung hat diese beiden Komponenten zu berücksichtigen.

4.1 Geometrische Gestaltung der Schriftzeichen

Die geometrische Gestaltung der Schriftzeichen ist für ihre Leserlichkeit und Unterscheidbarkeit von großer Bedeutung.

Die Norm „Bildschirmarbeitsplätze – Geometrische Gestaltung der Schriftzeichen" ist im März 1980 als Teil 1 von DIN 66 234 erschienen.

In dieser Norm werden die für eine gute Leserlichkeit notwendigen Mindestanforderungen an die Schriftzeichen, wie Auflösung, Zeichenabstand und Zeichengröße festgelegt. Um den technischen Fortschritt nicht zu behindern, wurde auf eine Normung jedes einzelnen Zeichens verzichtet. Es wurde nur die allgemeine Aussage gemacht, daß die Schriftzeichen den Zeichen der Schrift B für maschinelle optische Zeichenerkennung ähnlich sein sollen [3]. Diese Schrift ist auch für den Menschen gut leserlich. Bei Schriften, die nach dem Punktraster-

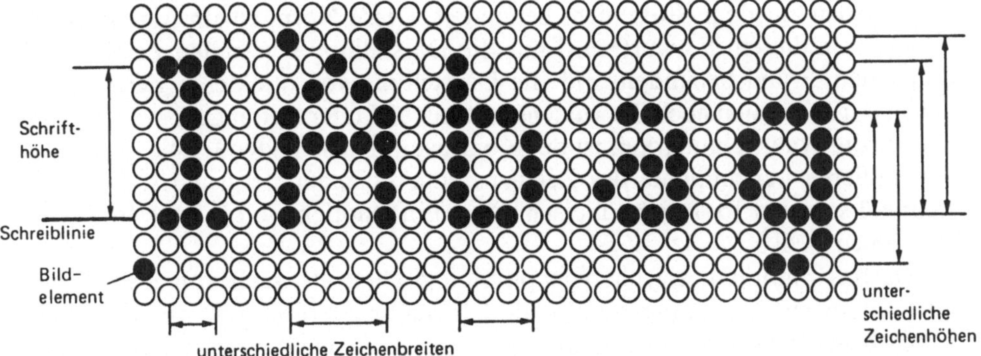

Abb. 1. Zeichengestaltung, Zeichenabstand und Zeilenabstand. Die Schrifthöhe der Großbuchstaben beträgt mindestens 7 Rasterpunkte. Für die Unterlängen der Kleinbuchstaben g, j,
p, q und y werden zwei weitere Rasterzeilen benötigt. Der Unterstreichstrich setzt auf die Unter-
länge auf. Für die Oberlängen der Großbuchstaben Ä, Ö und Ü sind zwei weitere Rasterzeilen
erforderlich. Der Abstand zwischen den einzelnen Schriftzeilen soll mindestens 1 Rasterzeile
betragen, so daß für eine Zeichenzeile insgesamt 12 Rasterzeilen erforderlich sind

verfahren erzeugt werden (Abb. 1), soll die Höhe der Großbuchstaben minde-
stens 7 Rasterpunkte und ihre Breite mindestens 5 Rasterpunkte umfassen. Die
Zeichenbreite von Großbuchstaben soll etwa 70%, mindestens aber 50% der
Schrifthöhe betragen.

Die Schrifthöhe wurde für den in Büros üblichen Sehabstand von 400 bis
700 mm festgelegt (Abb. 4). Sie soll mindestens 2,6 mm oder 1/190 des Sehab-
standes betragen (Abb. 2) [4].

4.2 Wahrnehmbarkeit von Zeichen auf dem Bildschirm

Die Parameter für die Wahrnehmbarkeit von Zeichen auf dem Bildschirm werden in der Norm DIN 66 234 T2 − Bildschirmarbeitsplätze, Wahrnehmbarkeit

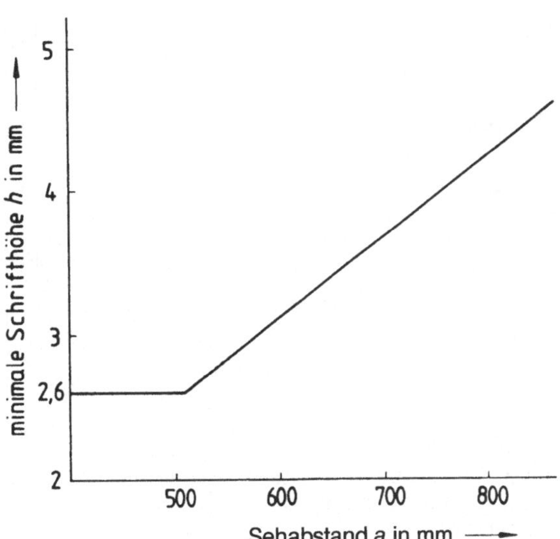

Abb. 2. Minimale Schrifthöhe in
Abhängigkeit vom Sehabstand

von Zeichen auf dem Bildschirm behandelt. Diese Norm ist im Mai 1983 erschienen. In diesem Entwurf wird nur die Darstellung von hellen Zeichen auf dunklerem Grund behandelt. Für die Darstellung von dunkleren Zeichen auf hellem Grund fehlen noch die wissenschaftlichen Untersuchungen.

Für die Wahrnehmbarkeit ist der Kontrast mitentscheidend. Das Verhältnis der mittleren Leuchtdichte des Zeichens zum Zeichenuntergrund soll mindestens 3:1 sein und 15:1 nicht überschreiten. Ein Quotient von 6:1 bis 10:1 wird empfohlen [5, 6].

Da das Flimmern sowohl von physiologischen als auch von technischen Parametern abhängt, kann für die Bildelementwiederholfrequenz keine Zahl angegeben, sondern nur eine qualitative Aussage gemacht werden. Die Bildelementwiederholfrequenz soll über der Verschmelzungsfrequenz liegen.

Die Leserlichkeit wird im wesentlichen vom Leuchtdichtekontrast und nicht vom Farbkontrast bestimmt. Deshalb werden für einfarbige Darstellungen die Farben Gelb, Grün, Orange, Unbunt (Weiß, Grau) empfohlen (alphabetische Reihenfolge).

Zur Konturenschärfe sind noch keine quantitativen Aussagen möglich, weil hierzu noch die Untersuchungen fehlen.

Die Norm begrenzt dann weiter Störungen der visuellen Wahrnehmbarkeit durch ortsabhängige Verzerrungen der Zeichengestalt, zeitabhängige Schwankungen des Zeichenortes und durch Verzeichnung der Zeilen und Spalten (Abb. 3).

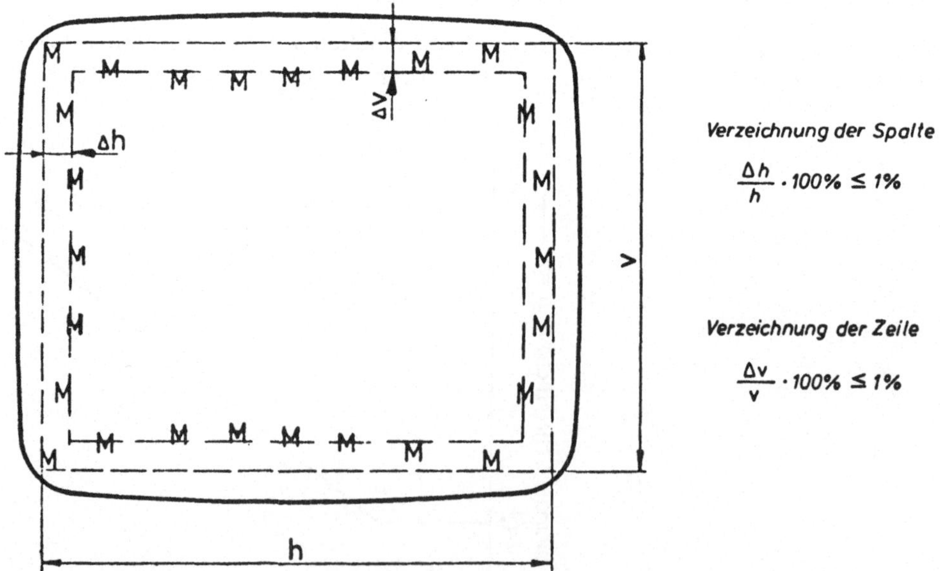

$$\frac{\Delta h}{h} \cdot 100\% \leq 1\%$$

$$\frac{\Delta v}{v} \cdot 100\% \leq 1\%$$

Abb. 3. Verzeichnung der Zeichenzeilen und Zeichenspalten. Die Verzeichnung einer Zeichenspalte $\Delta h/h \times 100$ und die Verzeichnung einer Zeichenzeile $\Delta V/V \times 100$ dürfen 1% nicht überschreiten

4.3 Gestaltung des Arbeitsplatzes

Bildschirme werden für die verschiedensten Arbeitsaufgaben eingesetzt, die eine durchaus verschiedene Gestaltung des Arbeitsplatzes verlangen.

Für den Entwurf DIN 66 234 T6—Gestaltung des Arbeitsplatzes wurde die Einspruchsverhandlung durchgeführt. Die Norm wird Ende 1983 im Druck erscheinen.

Auf die Gestaltung von Bildschirmarbeitsplätzen nehmen die Häufigkeit und Dauer der Benutzung, die Art der Tätigkeit, die Arbeitshaltung und die Arbeitsumgebung Einfluß. Einen genormten Arbeitsplatz kann es deshalb nicht geben. Doch lassen sich allgemein gültige Gestaltungsgrundsätze angeben:

— das Arbeitsmittel, zu dem der häufigste Blickkontakt besteht, soll im zentralen Sehraum angeordnet werden
— die Arbeitsmittel, nach denen am häufigsten gegriffen wird, sollen im kleinen Greifraum liegen
— die einzelnen Sehobjekte sollen sich in etwa gleichem Sehabstand befinden
— länger dauernde Zwangshaltungen sollen vermieden werden
— die Anzeige soll in „normaler" Arbeitshaltung gut erkennbar sein

Günstig ist ein modularer Aufbau, so daß die Arbeitsmittel auf dem Arbeitstisch frei beweglich sind. Der Bildschirm ist so aufzustellen, daß der Beobachtungswinkel zur Bildschirmmitte möglichst klein und daß auf dem gesamten Bildschirm ein Beobachtungswinkel von 40° nicht überschritten wird (Abb. 4). Die oberste Zeile soll unter der Augenhöhe liegen. Abbildung 5 zeigt den Bildschirmarbeitsplatz [7, 8, 9, 10, 11, 12, 13].

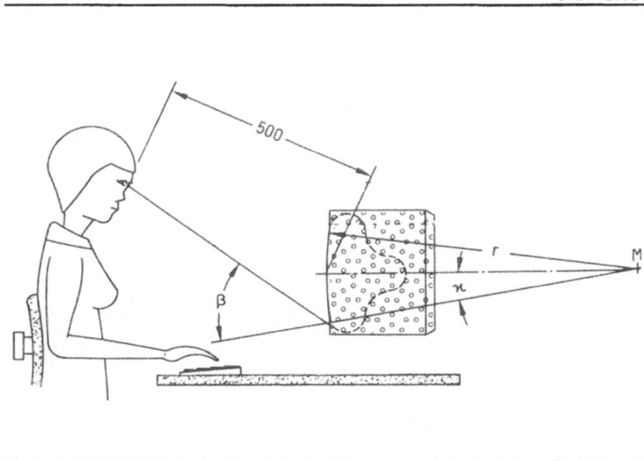

Abb. 4. Darstellung des Beobachtungswinkels β. Der Beobachtungswinkel β ist der Winkel zwischen der Verbindungsgeraden Auge—Sehobjekt und der Flächennormalen des Sehobjektes

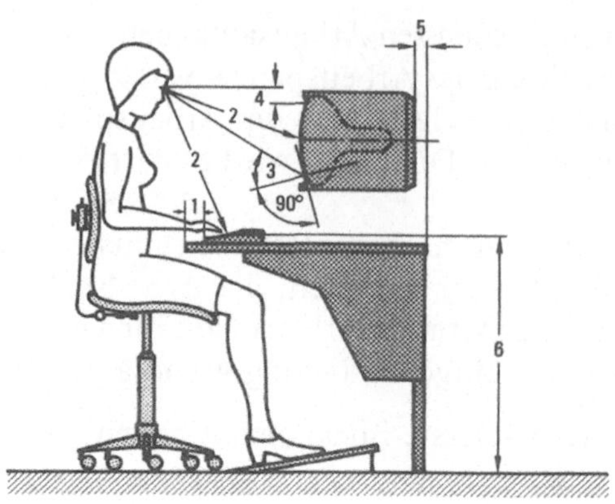

Abb. 5. Bildschirmarbeitsplatz. *1* Abstand zwischen Tischvorderkante und erster Tastenreihe mindestens 50 mm; *2* Sehabstand 450 bis 600 mm, vorzugsweise 500 mm; *3* Beobachtungswinkel maximal 40°; *4* Oberste Zeile unter Augenhöhe; *5* Das Anzeigegerät darf nicht über Hinterkante des Tisches hinausragen; *6* Abstand zwischen Fußboden und mittlerer Buchstabentastenreihe der Tastatur (Reihe C nach DIN 2139) etwa 750 mm

Um die visuelle Belastung klein zu halten, sind Glanz- und Reflexionsgrade der Arbeitsmittel zu beschränken. Die Tischoberfläche, die Gehäuse von Bildschirm und Tastatur und der Bildschirmrahmen müssen einen Glanzgrad „halbmatt bis seidenmatt" aufweisen. In DIN 5035 T1 werden Reflexionsgrade von 20% bis 50% empfohlen.

Die Tastatur soll eine möglichst matte Oberfläche aufweisen. Der Reflexionsgrad der Tasten soll 40% bis 60% betragen. Für Farbcodierungen kann der Reflexionsgrad einzelner Tastenfelder jedoch 15% bis 75% betragen.

In dem Beiblatt 1 zu DIN 66 234 T6—Gestaltung des Arbeitsplatzes, Beispiele, werden Beispiele für die Anordnung der wesentlichen Arbeitsmittel gegeben.

4.4 Gestaltung des Arbeitsraumes

Der Entwurf DIN 66 234 T7—Ergonomische Gestaltung des Arbeitsraumes, Beleuchtung und Anordnung ist im Oktober 1982 im Druck erschienen. In diesem Norm-Entwurf werden ergänzend zu DIN 5034—Innenraumbeleuchtung mit Tageslicht — und DIN 5035 T1 und T2—Innenraumbeleuchtung mit künstlichem Licht — die speziellen Anforderungen an die Beleuchtung von Arbeitsräumen mit Bildschirmarbeitsplätzen beschrieben. Die Aussagen dieses Norm-Entwurfes beziehen sich ausschließlich auf Arbeitsräume, in denen Bildschirme mit hellen Zeichen auf dunklerem Grund aufgestellt werden, weil nur für diese Darstellungsart gesicherte Erkenntnisse vorliegen.

Das Lesen von selbstleuchtenden Zeichen verlangt ein relativ niedriges, das von beleuchteten Zeichen dagegen ein relativ hohes Beleuchtungsniveau [14]. Als einen guten Kompromiß zwischen diesen gegensätzlichen Forderungen gibt die Norm an, daß die Beleuchtungsstärke auf dem Arbeitsplatz zu keiner Zeit 300 Lx unterschreiten soll. Das erfordert eine Nennbeleuchtungsstärke von 500 Lx. In Arbeitsräumen oder -zonen mit Nennbeleuchtungsstärken von 750 Lx ist jeweils zu prüfen, ob ein Bildschirmgerät aufgestellt werden kann. Bei der Arbeit mit einem Bildschirmgerät sollte keine Einzelplatzbeleuchtung benutzt werden. In Räumen mit sehr hohen Beleuchtungsstärken sollten möglichst keine Bildschirmgeräte aufgestellt werden. Ist die Aufstellung von Bildschirmgeräten dort notwendig, dann müssen Maßnahmen zur Erhöhung des Zeichenkontrastes vorgesehen werden, z. B. Micromesh- oder Grauglasfilter [6]. Die Arbeit mit dem Bildschirmgerät soll auch nicht durch Blendung oder Glanz gestört werden. Deshalb soll die in DIN 5035 T1 für die Güteklasse 1 geforderte Begrenzung der Direktblendung deutlich unterschritten werden. Bei Leuchten, die sich hinter dem Benutzer befinden, sollte die mittlere Leuchtdichte oberhalb eines Ausstrahlungswinkel von 50 ° kleiner als 200 cd/m² sein. Damit werden Spiegelungen dieser Leuchten sicher vermieden (Abb. 6) [14, 15].

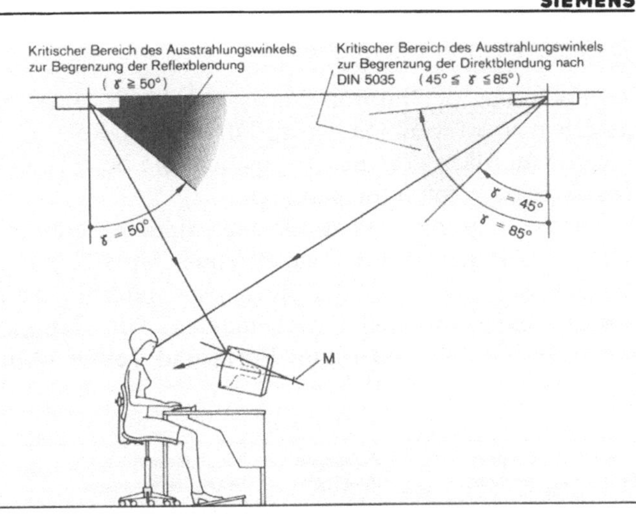

Abb. 6. Beleuchtung von Bildschirmarbeitsplätzen. Beim Blick auf den Bildschirm wird die Blicklinie bis fast in die Waagrechte angehoben. Leuchten, die vor dem Arbeitsplatz angeordnet sind, können dann Direktblendung verursachen. Deshalb müssen vor dem Bildschirmarbeitsplatz angeordnete Leuchten eine bessere Blendungsbegrenzung aufweisen als DIN 5035 T1 vorschreibt. Hinter dem Bildschirmarbeitsplatz angeordnete Leuchten können sich im Bildschirm spiegeln und Reflexblendung verursachen. Deshalb muß ihre Ausstrahlung oberhalb 50° auf 200 cd/m² begrenzt werden

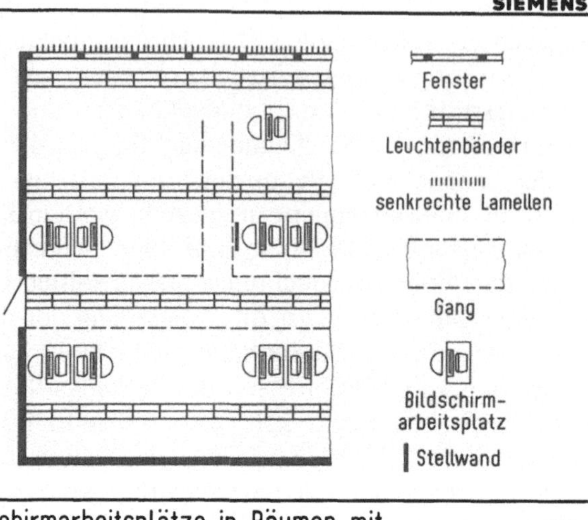

Abb. 7. Aufstellung von Bildschirmarbeitsplätzen. Um Umfeldblendung durch die Fenster zu vermeiden, sollten die Bildschirmarbeitsplätze mit ihrer Achse parallel zu den Fenstern aufgestellt werden. Müssen Bildschirmarbeitsplätze in Fensternähe aufgestellt werden, dann sollten diese Arbeitsplätze durch senkrechte Lamellen vor den Fenstern gegen den direkten Einfall des Tageslichtes abgeschirmt werden

4.5 Codierung von Information

Die Codierung der Information ist das beste Mittel, die Aufmerksamkeit des Menschen zu erregen. Die Norm DIN 66 234 T 5 – Codierung von Information – wurde im März 1981 herausgegeben. Sie beschreibt die optische und akustische Codierung von Informationen.

Für die optischen und akustischen Signale werden ihre Hauptmerkmale, die Gruppenmerkmale mit den zugehörigen Alphabeten und die Höchstanzahl der Elemente angegeben. Bei der optischen Codierung werden die Hauptmerkmale Gestalt, Farbe, Ort und Zeit behandelt. Die Gruppenmerkmale des Hauptmerkmales Gestalt sind Figur, Form und Tektur (Abb. 8). Die Alphabete für

Haupt-merkmal	Gruppen-merkmal	Zugehörige Alphabete	Empfohlene Höchst-anzahl der Elemente	Beispiele für Elemente	Bemerkungen
Gestalt	– Figur	– abstrakte Bildzeichen	bis 20 gleichzeitig; in Sonderfällen größere Anzahl möglich	△ □ ○ +	teilweise bereits bei den alphanumerischen Zeichen enthalten; sprachungebunden
		– Piktogramme	bis 20 gleichzeitig; bei bekannten Piktogrammen größere Anzahl möglich		sprachungebunden

Abb. 8. Beispiele für Hauptmerkmale und Gruppenmerkmale optischer Signale und zugehörige Alphabete sowie Elemente der Alphabete für optische Darstellungen

das Gruppenmerkmal Figur sind alphanumerische Zeichen, abstrakte Bildzeichen, Piktogramme und Linien. Die Anzahl der Elemente bei abstrakten Bildzeichen sollte auf etwa 20 beschränkt werden.

Die optische Codierung von Information ist für den Büroarbeitsplatz besonders gut geeignet, weil sie selten benachbarte Arbeitsplätze stört.

Die Hauptmerkmale der akustischen Signale sind Schallart, Frequenz, Schalldruckpegel und Zeit. Akustische Signale sind an Büroarbeitsplätzen nur bedingt anzuwenden. Sie werden auch ohne Hinwendung zur Signalquelle wahrgenommen, wenn ihr Schalldruckpegel deutlich über dem des Geräuschpegels im Raum liegt. Sie erreichen und stören auch Unbeteiligte. Ein Beispiel für die akustischen Signale sind die Hörtöne bei Fernsprechern.

In dem Entwurf des Beiblattes 1 zu DIN 66 234 T5—Codierung von Information, Verwendung von Grafik werden die Kriterien für den Einsatz grafischer Darstellungen und die Auswahl von Diagrammen aufgeführt.

4.6 Gruppierung und Formatierung von Daten

Die Norm DIN 66 234 T3—Gruppierung und Formatierung von Daten ist im März 1981 erschienen. Eine gute Gruppierung und Formatierung von Daten auf dem Bildschirm und der Vorlage erleichtert den Suchvorgang, die Informationsaufnahme sowie die mentale Verarbeitung der Information. Weiter wird die Fehlerrate vermindert.

Bei der Datenaufnahme soll die Gruppierung und Formatierung der Daten auf dem Beleg und auf dem Bildschirm übereinstimmen. Numerische Daten sind in Dreier-, Zweier- oder Vierergruppen zu gliedern. Alphanumerische Daten sollten sprechbar und nicht nur buchstabierbar sein. Leicht aussprechbare Zeichenfolgen sollen in Gruppen bis 4 Zeichen, z. B. TUSA 84, nur buchstabierbare Zeichenfolgen sollen in Gruppen bis zu 3 Zeichen gegliedert werden, z. B. 17 04 36 K 07.

Auswahlbegriffe sollen so angeordnet werden, daß die Suchzeit klein wird. Die Suchzeit wird auch vermindert, wenn der Anzeigebereich an Unterbereiche für Eingabe, Ausgabe und für Betriebshinweise aufgeteilt wird.

In dem Entwurf zum Beiblatt 1 zu DIN 66 234 T3—Gruppierung und Formatierung von Daten, Hinweise und Beispiele, wird die Gliederung des Bildschirminhaltes, die Benutzerführung und der formale und inhaltliche Aufbau behandelt.

4.7 Mensch-Maschine-Dialog mit Bildschirm

Die Vorlage befindet sich noch in der Bearbeitung. In ihr werden die Anforderungen an solche Arbeitsmittel festgelegt, die mittels Bildschirm verfügbar gemacht werden und deren Gestaltung den Dialog zwischen Mensch und Maschine beeinflussen. Hierdurch sollen die durch den Anzeigebereich eines Bildschirmes möglichen Dialogeigenschaften der Arbeitsmittel, wie Problemangemessenheit, Selbsterklärungsfähigkeit, Steuerbarkeit, Erlernbarkeit, Verläßlichkeit und Fehlertoleranz und Fehlermeldung an den Menschen angepaßt werden.

5. Ausblick

Mit der Normungsarbeit an DIN 66 234 Bildschirmarbeitsplätze wurde erstmals der Versuch unternommen ergonomische Richtlinien für die Gestaltung eines Arbeitssystems zu normen. Es hat sich gezeigt, daß schon die Arbeit zur Vorbereitung der Normen die technische Entwicklung und die Gestaltung von Arbeitssystemen günstig beeinflußt hat.

Die Normen selbst werden dem jeweiligen Stand der Wissenschaft und Technik angepaßt, so daß der Öffentlichkeit stets die aktuellen Informationen zur Verfügung stehen.

Schrifttum

[1] Groenke, L., Koch, H.: Deutsche Normungsarbeit, führend in der Welt. DIN Mitteilungen *57* (1980) Nr. 5, S. 275–277

[2] Çakir, A., Armbruster, A., Reuter, H., J., v. Schmude, L.: Anpassung von Bildschirmarbeitsplätzen an die physische und psychische Funktionsweise des Menschen. Forschungsbericht: Der Bundesminister für Arbeit und Sozialordnung (Herausgeber)

[3] DIN 66 009: Schrift B für die maschinelle optische Zeichenerkennung; Zeichen, Nennmaße und Anordnung auf dem Zeichenträger

[4] Krüger, H., Müller-Limmroth, W.: Arbeiten mit dem Bildschirm – aber richtig! Bayerisches Staatsministerium f. Arbeit u. Sozialordnung 1980

[5] Haubner, P.: Ergonomics of Man-Machine Communication. Visual Performance aspects. First european annual conference on human decision making an manual control, 25–27 may 1981, Delft unversity of technology

[6] Haubner, P., Kokoschka, S.: Bewertung verschiedener Antireflexmaßnahmen für Bildschirmgeräte. Lichtforschung *2* (1980) Nr. 2 S. 91–95

[7] Grandjean, E., Hünting, W.: Sitzen Sie richtig? Bayerisches Staatsministerium f. Arbeit u. Sozialordnung

[8] Koch, H.: Ergonomische Grenzwerte für die Anordnung von Bildschirmen. Feinwerktechnik und Meßtechnik *89*, Heft 3 April 1981 S. 105–110

[9] Koch, H.: Wird der Schreibmaschinentisch überflüssig? DIN Mitteilungen *60*, 1981, Nr. 4 S. 203–206

[10] DIN E 4549: Büromöbel, Schreibtische, Büromaschinentische und Bildschirmarbeitstische, Abmessungen

[11] DIN 4551: Büromöbel, Bürodrehstuhl mit verstellbarer Rückenlehne mit oder ohne Armstützen

[12] DIN 4552: Büromöbel. Drehstuhl mit in der Höhe nicht verstellbarer Rückenlehne mit oder ohne Armstützen

[13] DIN 4556: Büromöbel, Fußstützen für den Büroarbeitsplatz. Anforderungen, Maße

[14] Kokoschka, S., Bodmann, H.W.: Kontrast und Beleuchtung am Bildschirmarbeitsplatz. Proceeding 19th Session, Kyoto 1979, Publication No 50 (1980) Bureau Central de la CIE, 52, Boulevard Malesherbes 75008 Paris, France

[14] Leibig, J.: Vermeidung von Reflexbildern auf Datensichtgeräten. Symposium „Beleuchtung von Bildschirmarbeitsplätzen". Licht und Beleuchtung *27* (1980) Nr. 2, S. 9–12

[15] Leibig, J.: Beleuchtungsprobleme am Bildschirmarbeitsplatz. Tagungsband Bildschirmarbeitsplätze 1980, Nr. 22 Schriftenreihe Arbeitsschutz, Bundesanstalt für Arbeitsschutz und Unfallforschung Dortmund

Sicherheitsregeln für Bildschirmarbeitsplätze im Bürobereich

K. Buhmann

„Es gibt viel zu viele Vorschriften. Alles wird reglementiert" stöhnen die einen. „Es muß doch feste Vorgaben geben, an denen man sich orientieren kann", fordern die anderen. Beide Gruppen haben sicherlich recht.

„Die Bildschirmtechnik steckt mitten in einem noch nicht absehbaren Entwicklungsprozeß. Für verbindliche Regelungen ist es noch viel zu früh" ist die Auffassung der einen. „Die Unsicherheit bei der Gestaltung der Bildschirmarbeitsplätze muß schnellstens beseitigt werden" ist die häufig genannte Forderung anderer. Auch hierbei muß wohl bei objektiver Betrachtung beiden Gruppen recht gegeben werden.

Diesen unterschiedlichen Positionen sah sich der Fachausschuß „Verwaltung" beim Hauptverband der gewerblichen Berufsgenossenschaften gegenüber, als er entsprechend dem Auftrag der Sozialpartner die Beratungen zu berufsgenossenschaftlichen Regelungen zur Gestaltung von Arbeitsplätzen mit dem vollkommen neuartigen Arbeitsmittel „Bildschirm" aufnahm.

Zweiunddreißig Institutionen mit insgesamt achtundvierzig Fachleuten konnten nach dreieinhalbjähriger intensiver Beratung die „Sicherheitsregeln für Bildschirmarbeitsplätze im Bürobereich" im Oktober 1980 veröffentlichen, die am 1. Januar 1981 in Kraft traten. Die Sicherheitsregeln können bezogen werden über die zuständigen Unfallversicherungsträger, den Hauptverband der gewerblichen Berufsgenossenschaften oder direkt beim Carl Heymanns Verlag in Köln. Die folgenden Ausführungen sollen deshalb keine Aufzählung der dort genannten Anforderungen sein, sondern die Vorstellungen und Hintergründe aufzeigen, die den Fachausschuß bewogen haben, die Sicherheitsregeln in dieser Form zu erstellen.

Betrachtet man die eingangs genannten unterschiedlichen Standpunkte, so mußte es Aufgabe des Fachausschusses sein, mit diesen Regelungen folgenden Notwendigkeiten gerecht zu werden:

- wissenschaftlich nachgewiesene physische und psychische Belastungen der Beschäftigten sind, soweit technisch möglich und wirtschaftlich vertretbar, möglichst umfassend und kurzfristig zu beseitigen
- der zukünftigen technologischen und organisatorischen Entwicklung sind Zielvorgaben zur Verfügung zu stellen, die nach heutigen Erkenntnissen eine Anpassung des Arbeitsplatzes und der Tätigkeiten an die Beschäftigten gewährleisten und
- die Neuentwicklung von Technologien und Organisationsformen nicht zu behindern, die den Fähigkeiten der Mitarbeiter gerecht werden.

Darüber hinaus kann der Bildschirm nicht wie andere technische Arbeitsmittel isoliert, somit ohne Bezug zur Umgebung, betrachtet werden. Durch dieses Arbeitsmittel ergeben sich Anforderungen an die Arbeitsplatz- und -raumgestaltung, die Struktur der Tätigkeitsmerkmale und Arbeitsabläufe, ja sogar an die persönliche körperliche und wissensmäßige Eignung. Die erforderliche Anpassung kann also nur dann erzielt werden, wenn das Gesamtsystem „Bildschirmarbeitsplatz" beschrieben und entsprechende Anforderungen aufgezeigt werden, die nur in ihrer Gesamtheit vertretbare Arbeitsplatzverhältnisse schaffen können. Abweichungen bei einzelnen Kriterien erfordern deshalb ein Überdenken aller genannten Daten. Diese Schwierigkeit zwang dazu, den Geltungsbereich auf den relativ überschaubaren Bürobereich und büroähnliche Arbeitsplätze zu beschränken.

Vergegenwärtigt man sich die Definition des Bildschirmes als „Anzeige von veränderlichen Daten und Zeichen", so kann auch nicht jeder Arbeitsplatz, an dem ein derartiger „Bildschirm" irgendwie genutzt wird, ein „Bildschirmarbeitsplatz" sein. Aus nachgewiesenen Belastungen und Beanspruchungen ergibt sich jedoch eine sinnvolle Eingrenzung. Bildschirmarbeitsplätze liegen nur dann vor, wenn:

- eine digitale Daten- oder Textverarbeitung mittels Bildschirm erfolgt und wenn
- Arbeitsaufgabe mit und Arbeitszeit am Bildschirmgerät bestimmend für die gesamte Tätigkeit sind.

Die bekanntlich unzählichen Einsatzmöglichkeiten von Bildschirmen, auch im Bürobereich mit unterschiedlichen Beanspruchungen, ließen es nicht zu, den Begriff „bestimmend" präziser durch Nennung einer Zeitspanne zu fassen. Es gibt keine wissenschaftlich begründbare maximale tägliche Arbeitszeit am Bildschirm und es kann sie aus dem genannten Grunde auch nicht geben. Eine letzte Entscheidung über einen Einsatz in „bestimmendem" Maße kann nur einvernehmlich zwischen Geschäftsführung, Betriebsvertretung und den betroffenen Mitarbeitern gefällt werden, möglicherweise unter Einschaltung der Gewerbeaufsicht oder der zuständigen Berufsgenossenschaft. Dieser sicherlich für viele Anwender unbefriedigende Geltungsbereich wird jedoch möglicherweise durch folgende Anhaltswerte überschaubarer. Als Bildschirmarbeitsplätze müßten angesehen werden:

- bei ständiger Datenerfassung und -abfrage,
- bei Sachbearbeitung und Dialogverkehr mit Bildschirmunterstützung in bestimmendem Maße,
- wenn der Beschäftigte über Beschwerden klagt, die arbeitsplatzbezogen sein können.

Die Kriterien eines Bildschirmarbeitsplatzes sind dann nicht gegeben, wenn das Bildschirmgerät nicht am ständigen Arbeitsplatz eines Versicherten eingesetzt wird.

Die Gestaltung des Arbeitsplatzes und des Arbeitsraumes wird geprägt von der verwendeten Zeichendarstellung auf dem Bildschirm. Die heute noch überwiegende Negativdarstellung, also helle Zeichen auf dunklerem Untergrund, erfordert eine Vielzahl von Zugeständnissen an die Gestaltung, die bei der Verwendung der positiven Zeichendarstellung mit dunklen Zeichen auf hellem Grund einfacher und menschengerechter gehandhabt werden könnten. Die Anpassung darf sich jedoch nicht auf angenehme Leuchtdichtekontraste beschränken.

Weitere, wesentliche Anforderungen ergeben sich aus der Notwendigkeit, stark ermüdende oder gesundheitsschädliche Körperhaltungen zu vermeiden. Hierzu hat es in den letzten Jahren an sehr intensiver Entwicklungsarbeit durch die Hersteller von Geräten und Arbeitstischen nicht gefehlt. Betrachtet man jedoch das Angebot an Arbeitsmitteln kritisch, so muß man feststellen, daß eine optimale Anpassung überwiegend daran scheiterte, daß sowohl ein gesamtheitliches Konzept fehlte als auch die erforderliche Zusammenarbeit zwischen Büromöbel- und Hardware-Industrie nur ansatzweise existierte. Bei der Vielzahl herkömmlicher Bildschirmgeräte und Tastaturen ist es erforderlich, über die Tischkonstruktion mit einer Vielzahl von Dreh-, Verschieb-, Neigungs- und anderer Verstelleinrichtungen eine Anpassung an ergonomische Erfordernisse zu erreichen. Zwangsläufig ergibt sich daraus eine nicht zu verändernde Fixierung der Zuordnung der Arbeitsmittel; und dies unabhängig davon, ob gerade diese vorgegebene Anordnung dem Benutzer angepaßt ist und die Abwicklung der Arbeitsvorgänge unterstützt.

Gerade die Zuordnung der Arbeitsmittel Bildschirm, Tastatur und Arbeitsvorlage ist aber mitentscheidend für geringe oder zu hohe Beanspruchungen der Mitarbeiter. Ein Beispiel soll diese Theorie erläutern. Nachweislich sind rein horizontale Blickbewegungen weniger belastend, als rein vertikale Blickbewegungen. Diese wiederum sind von ihrer Belastung her geringer als kombinierte horizontale und vertikale Blickrichtungen.

Betrachtet man unter diesem Aspekt den Arbeitsplatz einer Schreibkraft mit einem Textverarbeitungssystem, so sind zwei Extreme denkbar:

Zum ersten arbeitet an diesem Arbeitsplatz eine Kraft, die ihr Metier beherrscht. Sie schreibt fast ausschließlich blind, d. h. sie wird nur selten auf die Tastatur schauen. Zur Minimierung der visuellen Belastung wird man an diesem Arbeitsplatz das schriftliche Konzept neben dem Bildschirm anordnen, es werden nur horizontrale Blickbewegungen erforderlich.

Wird genau dieselbe Tätigkeit von einer weniger routinierten Kraft ausgeübt, so führen häufige Blickwechsel zur Tastatur bei derselben Anordnung von Arbeitsvorlage und Bildschirm zu kombinierten Blickwechseln, also zu höchster Belastung. Könnte diese Schreibkraft die Arbeitsmittelanordnung frei wählen, so würde sie eine vertikale Anordnung vorziehen.

Dieses Beispiel soll stellvertretend verdeutlichen, wie wichtig eine individuelle Anordnungsmöglichkeit der Arbeitsmittel ist. Und nicht nur, weil verschiedene Mitarbeiter ein und dieselbe Tätigkeit ausführen, sondern auch, weil mit einem Bildschirm-Gerätetyp aufgrund einer gewaltigen Software-Entwicklung die Einsatzmöglichkeiten des Bildschirmes im Büro nicht mehr zu überschauen sind.

Aus diesen Grundüberlegungen heraus hat der Fachausschuß „Verwaltung" versucht, in den Sicherheitsregeln eine richtungsweisende Zielsetzung vorzugeben.

Abb. 1. Die flexible Anordnung von Arbeitsmitteln an einem Bildschirmarbeitsplatz

Dieses Ziel heißt Flexibilität.

Arbeitstisch und Geräte müssen so gestaltet sein, daß sie für jede Arbeitsaufgabe und alle individuellen Anforderungen aufgestellt und zugeordnet werden können (Abb. 1).

Eine flexible Anordnung aller erforderlichen Arbeitsmittel ist nur auf einer ausreichend großen, ebenen Tischplatte möglich. Jede Zergliederung der Tischplatte fixiert einzelne Arbeitsmittel, so daß individuell erwünschte oder durch wechselnde Arbeitsabläufe erforderliche Veränderungen der Anordnung in einem ergonomisch notwendigen Ausmaß nicht mehr möglich sind.

Für die vorrangigen Arbeitsmittel Bildschirm, Tastatur und Arbeitsvorlage bedeutet es jedoch, daß ihre Anordnung voneinander unabhängig möglich sein muß. Die Konstruktion der Arbeitsmittel hat so zu erfolgen, daß die ergonomischen Erfordernisse auch bei Aufstellung auf einer ebenen Tischplatte erfüllt sind.

Die Abmessungen des Bildschirmgerätes müssen die erforderlichen Verstellmöglichkeiten in Höhe und Neigung zulassen. Eine Tastaturhöhe von 30 mm gewährleistet bei einer gleichstarken Tischplatte eine nicht zu große Differenz zwischen Sitzfläche und waagerechtem Unterarm bei normaler Sitzhaltung.

Von den Abmessungen her gesehen ist eine ausschließlich vertikale Zuordnung der Arbeitsmittel unter Beibehaltung der erforderlichen gleichen Sehabstände das weitestgehende, jedoch unbedingt sinnvolle Extrem (Abb. 2). Aus

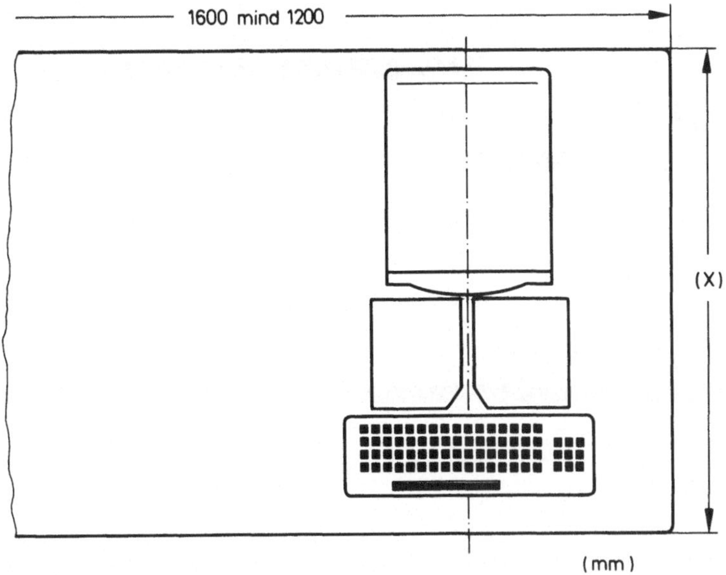

Abb. 2. Die Zuordnung der Arbeitsmittel hintereinander

diesem Grunde muß bei Verwendung normalformatiger Belege eine derartige Anordnung generell möglich sein, auch wenn sie dem Arbeitsablauf entsprechend nur in Teilbereichen anzuwenden sein wird.

Die dargestellten Anforderungen veranschaulichen auch deutlich, daß eine unterschiedliche Konzeption für sogenannte Dateneingabeplätze, Dialogarbeitsplätze und Datenausgabeplätze auf lange Sicht nur eine Fehlentwicklung bedeuten würde, deren Folge dann lediglich höhere Kosten und eine Einschränkung der unbedingt wünschenswerten Flexibilität wären.

Mangelnde Flexibilität ist auch ein wesentliches Argument gegen den Einsatz von Bildschirm-Kompaktanlagen auf breiter Basis. Gegen derartige Anlagen sind nur dann keine Bedenken zu hegen, wenn sie ihrer speziellen Konzeption entsprechend eingesetzt werden und ihre Ausführung den aufgezeigten sicherheitstechnischen und ergonomischen Anforderungen entspricht.

Bildschirmarbeitsplätze, an denen handschriftliche Eintragungen vorgenommen werden oder mit großformatigen Arbeitsvorlagen umgegangen wird, müssen mit Tischen ausgerüstet sein, deren Platten mindestens 1200 mm breit sind und die außer der Aufstellfläche für die Tastatur eine mindestens 600 mm breite Schreibfläche besitzen. Für eine Optimierung der Arbeitsabläufe sind aber Tische erforderlich, deren Breite 1600 mm oder mehr beträgt. Die aufgezeigte Mindestbreite der Tischfläche kann auch durch ein Zusammenstellen von Tischen erzielt werden. Für Bildschirmgeräte mit großer Bautiefe wie zum Beispiel den heute überwiegend eingesetzten CRT-Bildschirmen ist eine Tiefe der Tischplatte von mindestens 900 mm erforderlich. Für Geräte mit geringer Bautiefe muß die Plattentiefe mindestens 800 mm betragen.

Der hohen körperlichen Belastung durch langes Sitzen mußte schon am Büro-Arbeitsplatz besondere Beachtung geschenkt werden. Der Einsatz von Bild-

Abb. 3. Die Abhängigkeiten der Verstellbereiche von Arbeitsfläche, Sitzfläche und Fußaufstellfläche

schirmgeräten fesselt die Mitarbeiter jedoch noch mehr als herkömmliche Bürotätigkeiten an den Arbeitsplatz. Entsprechende Anforderungen gelten deshalb um so mehr für Bildschirmarbeitsplätze.

Für ein ergonomisch einwandfreies Sitzen ist eine ausreichende Verstellmöglichkeit zwischen Fußaufstellfläche, Sitzfläche und Arbeitsfläche erforderlich. Für eine optimale Anpassung müssen zwei dieser drei Bezugshöhen veränderbar sein (Abb. 3). Die Zeichnung veranschaulicht die veränderbaren Höhen von Sitz- und Arbeitsfläche bei der Verwendung des Fußbodens als Fußaufstellfläche. Bei verketteten Arbeitsflächen kann es sinnvoll sein, die Arbeitshöhe zu fixieren. In diesem Falle müßten die Sitzhöhe und die Höhe der Fußaufstellfläche veränderlich sein. Um hierbei aber die Stellung der Füße nicht unzumutbar zu fixieren, sind hierfür jedoch nur solche Fußplatten geeignet, die in etwa den gesamten Beinraum bedecken. So wünschenswert derartige Anpassungsmöglichkeiten sind, so problematisch kann ihre Anwendung in der Praxis sein. Eine Vielzahl von Untersuchungen bei Bürostühlen hat gezeigt, daß die Mitarbeiter die Verstellmöglichkeiten nicht kennen oder sie zumindest nicht

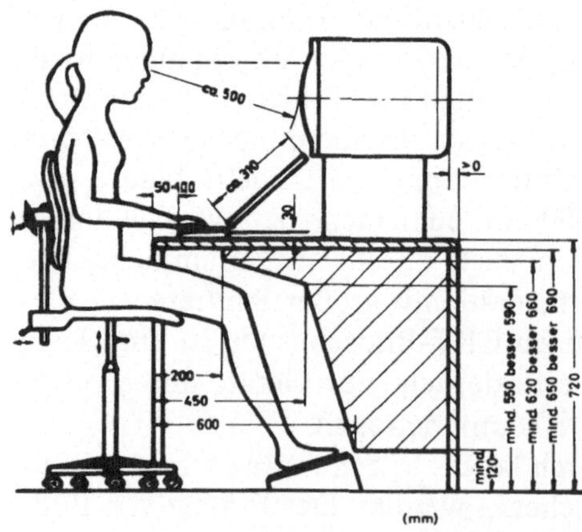

Abb. 4. Beispiel eines ergonomisch gestalteten Bildschirmarbeitsplatzes mit einem nicht höhenverstellbaren Tisch bei Anordnung der Arbeitsmittel hintereinander

nutzen. Es wurden extreme Falscheinstellungen festgestellt, die zu Beschwerden oder gesundheitsschädigenden Körperhaltungen führten. Aus diesem Grunde können Höhenverstelleinrichtungen nur dann empfohlen werden, wenn eine richtige Verwendung, zum Beispiel durch Unterweisung, zu erwarten ist. Hierzu stellt die Verwendung von nicht höhenverstellbaren Tischen mit einer Tischflächenhöhe von 720 mm in Verbindung mit normgerechten Büro-Drehrollstühlen einen vertretbaren Kompromiß dar, bei dem nur ein geringer Teil der Mitarbeiter auf Fußplatten angewiesen ist (Abb. 4).

Die letztgenannten Anforderungen gelten grundsätzlich für Büro-Arbeitsplätze mit und ohne Bildschirmgerät. Es muß jedoch noch ein wesentlicher Unterschied herausgestellt werden, um ein möglichst vollständiges Bild der Arbeitsplätze mit Bildschirm zu erhalten. Während für visuell aufzunehmende Information bisher ein Arbeitsmittel, nämlich das Schriftstück, die Akte o. ä. ausreichte, werden jetzt drei Arbeitsmittel, nämlich Bildschirm, Tastatur und schriftliche Vorlage benötigt.

Bei einem Arbeitsmittel ist es den Mitarbeitern möglich, eine individuelle Leseentfernung herzustellen, ohne gesundheitsschädigende Körperhaltungen einnehmen zu müssen. Die Verwendung einer manuell zu bedienenden Tastatur bedingt jedoch eine ergonomisch einwandfreie Sitzhaltung, wenn Langzeitschäden vermieden werden sollen. Eine derartige Sitzhaltung ergibt für alle Mitarbeiter Sehentfernungen zwischen 45 und 55 cm. Um bei den häufigen Blickwechseln Belastungen durch Akkommodationsvorgänge zu vermeiden, sollten deshalb auch die anderen Arbeitsmittel in dieser Sehentfernung angeordnet werden. Diese Sehentfernung ist an sich völlig unkritisch. Da sich aber eine belastungsfreie Sehentfernung für die Nähe mit steigendem Lebensalter vergrößert und darüber hinaus durch Anomalien oder Vorschäden zusätzlich beeinflußt wird, kann eine fest vorgegebene Sehentfernung nur für einen begrenzten Benutzerkreis geeignet sein. Hier ist allein die manuelle Tastaturbedienung entscheidend für die Notwendigkeit einer Anpassung des Sehvermögens. Der weitaus größte Personenkreis ist über die Akkommodationsbreite, die dem Sehorgan zur Verfügung steht, in der Lage, sich dieser Sehentfernung anzupassen. Wenn die natürliche Akkommodationsbreite nicht ausreicht, so kann, bis auf verschwindend geringe Ausnahmen, eine Anpassung über eine Sehhilfe erreicht werden.

Aus diesem, und nur aus diesem Grunde ist den Sicherheitsregeln ein Abschnitt zur Überprüfung des Sehvermögens eingefügt worden. Obwohl eine Schädigung des Auges durch das Arbeitsmittel Bildschirm unwahrscheinlich und bislang auch nicht erkennbar ist, soll so eine sachgerecht erscheinende Lösungsmöglichkeit aufgezeigt werden, die auch derzeit erforderlich erscheinende Schutzinteressen berücksichtigt.

Die Hinweise für den untersuchenden Arzt, die Abfolge von Siebtest und Ergänzungsuntersuchung, der zeitliche Turnus der Untersuchungen sowie die erforderlichen arbeitsmedizinischen Kriterien sind enthalten im „Berufsgenossenschaftlichen Grundsatz für arbeitsmedizinische Vorsorgeuntersuchungen G 37 Bildschirmarbeitsplätze". Auf das Kapitel dieses Buches, das sich ausführlich mit diesem Grundsatz befaßt, wird verwiesen.

Da das Ausmaß der möglichen Belastungen nicht unerheblich von der Motivation der Beschäftigten und der sinnvollen Verwendung der zur Verfügung gestellten Arbeitsmittel abhängt, sollten an Bildschirmarbeitsplätzen Beschäftigte möglichst umfassend über die Bedeutung ihrer Tätigkeit informiert und entsprechend ausgebildet werden. Hierbei ist zu beachten, daß stark eingeengte Arbeitsabläufe die Monotonie der Arbeit erheblich vergrößern, aber auch der Leistungsbereitschaft der Mitarbeiter und damit ihrer Belastbarkeit abträglich sind. Möglichst umfangreiche Mischtätigkeiten erhöhen demgegenüber die Arbeitsbereitschaft, senken die subjektiv empfundene Belastung und verringern das Bedürfnis nach Arbeitsunterbrechungen. Bei einer konsequenten Beachtung dieser nachgewiesenen Zusammenhänge könnte die Frage von eventuellen Arbeitsunterbrechungen wesentlich an Bedeutung verlieren. Aus ergonomischer Sicht können starre Pausenregelungen dem biologischen Rhythmus des einzelnen genauso wenig gerecht werden wie eine Zusammenziehung von mehreren kurzen zu einer längeren Pause.

Der Erholungswert mehrerer kurzer Arbeitsunterbrechungen nach eigener Wahl ist ungleich größer als der einer längeren Pause. Deshalb sollten zugestandene kurze Arbeitsunterbrechungen nicht aufgespart und zusammengezogen werden dürfen, um dafür den Arbeitsplatz früher zu verlassen. Andererseits sollen aber auch Regelungen von Arbeitsunterbrechungen möglichst nicht vom jeweiligen Stand des Uhrzeigers abhängig gemacht werden.

Diese Entwicklung wird durch die Entscheidung des Bundesministers für Arbeit und Sozialordnung, die Sicherheitsregeln in das Gerätesicherheitsgesetz aufzunehmen, in entscheidendem Maße gestützt. Seit Januar dieses Jahres sind die Sicherheitsregeln im Verzeichnis B der allgemeinen Verwaltungsvorschrift zum Gesetz über technische Arbeitsmittel benannt und damit verbindlich für Hersteller und Importeure. Unter Berücksichtigung der Übergangsfristen dürfen demnach in der Bundesrepublik nur noch solche Geräte aufgestellt und vertrieben werden, die den „Sicherheitsregeln für Bildschirmarbeitsplätze im Bürobereich" und den in diesen Regeln angesprochenen DIN-Normen und VDE-Bestimmungen entsprechen. Damit stellen die Sicherheitsregeln weltweit die erste verbindliche Regelung zur Gestaltung von Bildschirmarbeitsplätzen dar.

Die Sicherheitsregeln sind nicht in Erz gegossen. Die atemberaubende Entwicklung dieser jungen Technologie läßt auf Dauer festgeschriebene Regelungen noch lange nicht zu. Die bisherigen Erfahrungen lassen jedoch erwarten, daß unter der postulierten Zielvorgabe ein Umdenken stattfindet, welches die weiteren Entwicklungen in Richtung auf eine Normalisierung des Arbeitsmittels „Bildschirm" hin beeinflußt.

Die Sicherheitsregeln haben ihren Zweck erfüllt, wenn der Bildschirm zu dem wird, was er eigentlich von Anfang an sein sollte:

„ein selbstverständliches Arbeitsmittel neben anderen an einem einwandfreien Büro-Arbeitsplatz".

Diese Aspekte sind in den Sicherheitsregeln nicht als Anforderungen, sondern lediglich als Empfehlung aufgenommen worden. Es soll hiermit auch keine bindende Vorgabe an die Geschäftsleitung oder die Organisation verbunden sein. Viel wichtiger ist, allen zu verdeutlichen, daß die ausschließliche Berücksichtigung technischer Erfordernisse noch keine humanen Arbeitsplätze schafft.

Eine Vielzahl von Anforderungen wendet sich an die Hersteller. Zusammen mit den DIN-Normen zum Bildschirmarbeitsplatz sollen die Sicherheitsregeln dazu beitragen, daß mittelfristig Arbeitsmittel angeboten werden, die in dem genannten Sinne frei miteinander kombiniert werden können und trotzdem den Mitarbeitern angepaßte Verhältnisse gewährleisten.

Überprüfung des Sehvermögens gemäß dem „Berufsgenossenschaftlichen Grundsatz für arbeitsmedizinische Vorsorgeuntersuchungen — Bildschirmarbeitsplätze"

K. Buhmann

Die intensive Diskussion um Bildschirmgeräte am Arbeitsplatz hat mit dazu beigetragen, daß sich Wissenschaft und Forschung sehr eingehend mit den Belastungen und Beanspruchungen an derartigen Arbeitsplätzen befaßt haben. Die Untersuchungsergebnisse, die bis zum heutigen Tage vorliegen, gestatten es, eine Konzeption für die Arbeitsplatzgestaltung zu erarbeiten, die der erforderlichen Anpassung des Arbeitsplatzes an den Menschen gerecht wird. Diese gesicherten Erkenntnisse wurden in den „Sicherheitsregeln für Bildschirmarbeitsplätze im Bürobereich" und in Normentwürfen des Deutschen Instituts für Normung zusammengefaßt. Durch eine entsprechende Verbreitung und durch eine angepaßte Umsetzung durch Hersteller und Anwender wird gewährleistet, daß diese Arbeitsplätze in Zukunft mehr und mehr dieser Zielsetzung gerecht werden. Wenn jedoch auf diese Weise humane Arbeitsplätze geschaffen werden können, dann muß die Frage zulässig sein, warum überhaupt noch Regelungen, ja sogar die Verpflichtung festgeschrieben wurde, bei den Beschäftigten eine Überprüfung des Sehvermögens zu veranlassen. Diese Frage ist um so berechtigter, da nach übereinstimmender Aussage aller anerkannten Fachleute und Kapazitäten Schäden des Sehorganes durch die Bildschirmtätigkeit nicht auftreten. Ebensowenig konnten bisher Verschlechterungen des Sehvermögens durch diese Tätigkeit nachgewiesen werden. Warum also trotzdem Untersuchungen des Sehorganes?

Eine Antwort könnte lauten: Es treten asthenopische Beschwerden auf wie Kopfschmerzen, brennende und tränende Augen sowie Flimmern vor den Augen.

Die Lösung dieses Problems könnte einerseits darin zu sehen sein, daß die wissenschaftliche Forschung die Ursache dieser Beschwerden nicht hat ermitteln können und deshalb nur unzureichende Gestaltungskriterien festgeschrieben wurden.

Andererseits besteht die Möglichkeit, daß durch das neue Arbeitsmittel Bildschirm eine Anpassung an jeden Benutzer ohne Zusatzmaßnahmen nicht mehr möglich ist.

Zieht man einen objektiven Vergleich zwischen dem herkömmlichen, einwandfrei gestalteten Büro-Arbeitsplatz und einem Bildschirmarbeitsplatz, der alle Anforderungsmerkmale erfüllt, so ist eigentlich nur ein Unterschied von wesentlicher Bedeutung: An dem Büro-Arbeitsplatz wird zu ein und derselben Zeit immer nur mit einer Vorlage gearbeitet. Da die zu verarbeitenden Informationen in der Regel schriftlich auf einer Papiervorlage vorliegen, kann die Sehentfernung durch Mitführen des Sehobjektes auch bei wechselnden Sitzpositionen im wesentlichen konstant gehalten werden. Im Gegensatz dazu werden am Bildschirmarbeitsplatz drei Arbeitsmittel, nämlich Bildschirm, Tastatur und Arbeitsvorlage gleichzeitig in schnellem Wechsel genutzt. Eine individuelle Anpassung der Sehentfernung ist nicht mehr möglich. Da die Tastatur manuell bedient werden muß, ist eine Anordnung im kleinen Greifraum erforderlich, um gesundheitsschädigende Körperhaltungen auszuschließen.

Bildschirmgeräte lassen schon durch ihre Abmessungen und ihr Gewicht eine ständige Positionsänderung nicht zu. Es verbleibt deshalb nur die allein nicht ausreichende Positionsänderung der Arbeitsvorlage. In der Sehentfernung vorgegeben ist demnach die Tastatur in einem Sehabstand zwischen 450—550 mm. Werden die anderen Arbeitsmittel völlig frei angeordnet, so ergeben sich unterschiedliche Sehentfernungen, die durch ständige Akkommodationsvorgänge des Auges ausgeglichen werden müssen (Abb. 1). Unter Akkommodation wird die Änderung der Brechkraft verstanden, die erforderlich ist, um Gegenstände, die unterschiedlich weit entfernt sind, jeweils scharf abbilden zu können. Die Akkommodation erfolgt durch Zunahme der Brechkraft der Linse. Diese Linse hat von sich aus das Bestreben, sich zusammenzuziehen, also kugelförmig zu werden und so ein Nahbild scharf abzubilden.

Hieran wird sie durch Ciliarkörper gehindert, an denen sie durch Fasern ringförmig fixiert ist. Für die Ruhelage ergibt sich also eine Scharfeinstellung auf die Ferne. Der Ciliarkörper kann sich jedoch aktiv durch einen Ringmuskel zusammenziehen, so daß sich die Linse kugelförmig zusammenziehen kann, um so eine Scharfeinstellung für die Nähe zu erreichen.

Die Fähigkeit der Linse, sich zusammenzuziehen, läßt bei zunehmendem Alter nach, die Scharfeinstellung für normale Leseabstände ist nicht mehr möglich. Man benötigt eine Lesebrille. Dieses ist ein ganz natürlicher Vorgang und hat mit krankhaften Veränderungen nichts zu tun. Das gleiche gilt für die Personen, deren Nahpunkt anlagebedingt weiter vom Auge entfernt ist als im Normalfall üblich, also für Übersichtige. Je übersichtiger eine Person ist, um so eher wird eine Sehhilfe für die Nähe benötigt, und das gilt auch für Jugendliche. Bei Jugendlichen kann diese Refraktionsanomalie infolge der Akkommodationsfähig-

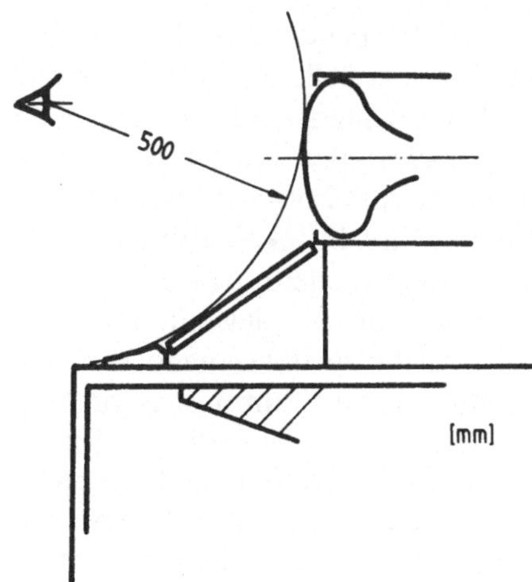

Abb. 1. Um Akkommodationsvorgänge des Auges gering zu halten, sollten die Arbeitsmittel Bildschirm, Tastatur und Arbeitsvorlage in dem gleichen Sehabstand von ca. 500 mm angeordnet werden.

keit zwar noch mehr oder weniger kompensiert werden, jedoch unter vermehrter Beanspruchung des Sehorgans.

Für den Bildschirmarbeitsplatz bedeutet dies, daß alle Personen, bei denen der aus der ergonomischen, belastungsarmen Sitzposition resultierende Sehabstand von etwa 500 mm durch Akkommodationskräfte nicht mehr scharf eingestellt werden kann, mit erheblichen Beschwerden rechnen müssen. Diese Beschwerden können im Regelfall durch eine geeignete Sehhilfe vermieden werden. Im Normalfall wird eine übliche Sehhilfe ausreichen, um dieses nicht ausreichende Sehvermögen zu kompensieren, nur in Ausnahmefällen wird es erforderlich sein, eine Korrektur vorzunehmen, die ganz speziell auf den Bildschirmarbeitsplatz ausgelegt werden muß.

Aus dieser Erkenntnis ergab sich die Notwendigkeit, eine Anpassung des Sehvermögens zu fordern, auch wenn das Sehorgan durch die Tätigkeit am Bildschirmgerät nicht geschädigt wird.

Es folgert sich aber auch daraus, daß nur der Personenkreis einer umfassenden augenärztlichen Untersuchung zugeführt werden sollte, der erstens in erhöhtem Maße Bildschirmtätigkeiten ausführt und darüber hinaus ein eingeschränktes Sehvermögen besitzt.

Die Benutzung des Bildschirmgerätes als „bestimmendes" Arbeitsmittel ist in dem Beitrag über die „Sicherheitsregeln für Bildschirmarbeitsplätze im Bürobereich" ausführlich angesprochen.

Die Beschränkung der Augenuntersuchung auf betroffene Personen soll dadurch erreicht werden, daß der Augenuntersuchung ein Siebtest durch den ermächtigten Arzt, vorzugsweise den besonders ermächtigten Betriebsarzt, vorgeschaltet wird.

Die Untersuchung gliedert sich in eine allgemeine ärztliche Untersuchung im Hinblick auf die auszuübende Tätigkeit und eine spezielle Untersuchung der Sehfähigkeit. Zu überprüfen sind

— das Sehvermögen bzw. die Sehschärfe für Ferne und Nähe
— die Phorie und
— das räumliche Sehen im Nahbereich.

Werden bei der Tätigkeit auch Anforderungen an das Farbunterscheidungsvermögen gestellt, ist darüber hinaus auch der Farbensinn zu überprüfen.

Diese Untersuchungen sind teilweise mit relativ einfachen Verfahren oder mittels erprobter Testgeräte durchführbar und ermöglichen dem untersuchenden Arzt eine Entscheidung, ob die untersuchten Personen ohne weitere Maßnahmen ihre Tätigkeit aufnehmen bzw. fortführen können.

Diese Entscheidung steht in direkter Abhängigkeit zu den speziellen Gegebenheiten an den jeweiligen Bildschirmarbeitsplätzen. Bei den schon heute kaum mehr zu übersehenden Einsatzmöglichkeiten von Bildschirmgeräten in Verwaltung und Administration, in der Produktion, in der Überwachung und in Leitständen ist es unbedingt erforderlich, daß die untersuchenden Ärzte die Arbeitsplätze beurteilen und die Besonderheiten der Belastung und Beanspruchung werten. Hierzu sind insbesondere Arbeitsmediziner befähigt. Sie kennen die jeweiligen betrieblichen Verhältnisse durch den ständigen Kontakt zu den

Unternehmen. Dieser Kontakt ist Grundlage ihrer Tätigkeit nach dem Arbeitssicherheitsgesetz.

Sofern beim Siebtest eine Sehleistung von 0,8 und höher erbracht wird, teilt der untersuchende Arzt mit, daß keine gesundheitlichen Bedenken gegen eine Beschäftigung oder Weiterbeschäftigung bestehen. Ergibt die Untersuchung eine Sehschärfe zwischen 0,8 − 1,0, ist dem Untersuchten anzuraten, außerhalb der arbeitsmedizinischen Vorsorgeuntersuchung einen Augenarzt aufzusuchen, um gegebenenfalls durch Korrektur ein optimales Sehvermögen zu erreichen. Bei einer Sehschärfe unterhalb 0,8 teilt der untersuchende Arzt mit, daß keine gesundheitlichen Bedenken gegen eine Beschäftigung oder Weiterbeschäftigung bestehen, unter der Voraussetzung, daß der Untersuchte innerhalb von 3 Monaten von einem Augenarzt untersucht wird.

Diese Untersuchung und Korrektur durch einen niedergelassenen Augenarzt kann unabhängig von der Arbeitsplatzsituation durchgeführt werden, da durch den Siebtest festgestellt wurde, daß neben der nicht ausreichenden Sehfähigkeit für den Arbeitsplatz auch das Sehvermögen für alltägliche Sehaufgaben nicht ausreicht. Eine Korrektur sollte also zunächst das Sehvermögen für den täglichen Bedarf verbessern. Dieser Korrektur wird dann ein erneuter Siebtest nachgeschaltet, der klären muß, ob durch die erfolgte Korrektur eine Beschäftigung am Bildschirmarbeitsplatz ohne Bedenken möglich ist. Ist eine Beschäftigung trotz Korrektur noch nicht zu vertreten, so muß eine spezielle, auf den Bildschirmarbeitsplatz direkt bezogene Augenuntersuchung durchgeführt werden. Diese Untersuchung ist von einem ermächtigten Augenarzt durchzuführen, damit gewährleistet ist, daß die Besonderheiten des Bildschirmarbeitsplatzes umfassend berücksichtigt werden. Diese arbeitsplatzbezogene Untersuchung umfaßt, sofern diese nicht schon Gegenstand der allgemeinen augenärztlichen Untersuchung war:

— allgemeine Anamnese, Arbeitsanamnese, Beschwerden
— Prüfung der Sehschärfe für Ferne und Nähe; bei Verdacht auf latente Brechungsfehler Feststellung nötigenfalls in Akkommodationslähmung
— Untersuchung von Stellung und Beweglichkeit der Augen bei Blick in Ferne und Nähe, vollständige Prüfung des beidäugigen Sehakts, also des Simultansehens, der Fusion und des Stereosehens sowie Fusions-, Konvergenz- und Akkommodationsbreite
— Prüfung des Farbsehens
— Prüfung der Blendungsempfindlichkeit
— Prüfung des Gesichtsfeldes im parazentralen Bereich, z. B. mit Amsler-Karte
— Erhebung des organischen Befunds aller Augenabschnitte mittels Spaltlampe, Augenspiegel etc.
— zusätzliche Untersuchungen bei begründetem klinischem Verdacht, z. B. Gesichtsfeldprüfungen und Augendruckmessungen, wobei ein Lebensalter über 40 Jahre grundsätzlich einem Verdachtsgrund gleichzusetzen ist.

Ergibt sich hieraus die Notwendigkeit einer speziellen arbeitsplatzbezogenen Korrektur, so muß diese entsprechend der vom Arbeitsplatz vorgegebenen Sehabstände erfolgen. Bei Bildschirmarbeitsplätzen im Bürobereich oder bei vergleichbaren Tätigkeiten sind dies in der Regel 450−600 mm, vorzugsweise

500 mm. Die Korrektur soll grundsätzlich monofocal erfolgen. Die Verordnung von Mehrstärkengläsern, z. B. Bifocal-, Trifocal- oder Gleitsichtgläsern ist nur zulässig, wenn eine Angleichung der Sehabstände der einzelnen Arbeitsmittel nicht durchführbar ist und das Auge des Beschäftigten dies erfordert.

Getönte und entspiegelte Gläser sind für Tätigkeiten an Bildschirmarbeitsplätzen nicht erforderlich. Superentspiegelte Gläser sind nur in begründeten Sonderfällen vorzusehen.

Ein derartig zweistufig gestaffeltes Untersuchungsschema ist generell mit folgender Schwierigkeit verbunden. Ein Siebtest, also ein reines Auswahlverfahren kann nur die wesentlichen, nicht aber alle erdenklichen, für den Arbeitsplatz möglicherweise relevanten Sehstörungen erfassen.

Wenn jedoch, und das ist bei einer jährlichen Zuwachsrate von etwa 40% zu erwarten, die augenfachärztliche Untersuchung den gewünschten Standard beibehalten und nicht durch eine Überflutung durch Personen, die aufgrund ihres einwandfreien Sehvermögens nicht untersucht zu werden brauchen, zur Massenabfertigung werden soll, so ist die Vorschaltung des Siebtestes sinnvoll und geboten. Es muß jedoch eine Möglichkeit gegeben sein, daß die Personen, deren mangelndes Sehvermögen nicht erkannt wurde, auch der Ergänzungsuntersuchung des ermächtigten Augenarztes zugeführt werden.

Hierzu geht die Arbeitsgruppe von folgender Überlegung aus: Die nicht erkannte Sehstörung wird, wenn sie arbeitsplatzbezogen ist, während der Tätigkeit am Bildschirmarbeitsplatz zu entsprechenden Beschwerden führen. Andernfalls ist sie nicht arbeitsplatzspezifisch und die medizinische Leistung kann nicht Gegenstand eines berufsgenossenschaftlichen Grundsatzes sein. Klagt jedoch der Beschäftigte unabhängig vom Ergebnis vorangegangener Untersuchungen über Beschwerden, die arbeitsplatzbezogen sein können, so ist eine Ergänzungsuntersuchung in der genannten Form vornehmen zu lassen.

Zielsetzung der Untersuchungen ist es, dem Probanden direkt oder nach Verordnung einer entsprechenden Sehhilfe eine arbeitsmedizinische Bescheinigung ausstellen zu können, die die Unbedenklichkeit seiner Beschäftigung an Arbeitsplätzen mit Bildschirmgeräten feststellt.

Die Ausstellung einer derartigen Bescheinigung wird jedoch nicht immer möglich sein. Der Grundsatz nennt deshalb sehr detailliert die Gesundheitsschäden, bei denen entweder auf Dauer oder befristet gesundheitliche Bedenken gegen eine Tätigkeit an Bildschirmarbeitsplätzen bestehen. Es sind dies

– schwere Gesundheitsschäden, z. B. des Bewegungsapparates oder des Nervensystems, wenn kein Ausgleich geschaffen werden kann
– Sehstörungen bei Cataract, Glaukom, Netzhautveränderungen, Augenmuskelstörungen usw.
– Zustand nach Kopftraumen mit Sehstörungen
– fortschreitende Trübung der Hornhaut (z. B. Keratokonus) der Linse und des Glaskörpers
– Kurzsichtigkeit höheren Grades mit erkennbaren degenerativen Veränderungen am hinteren Pol
– Netzhauterkrankungen (z. B. fortschreitende Makuladegeneration)
– parazentrale oder sektorenförmige Gesichtsfeldausfälle, die das Lesevermögen beeinträchtigen.

Bei diesen Gesundheitsschäden können Bedenken befristet werden, wenn eine Wiederherstellung zu erwarten ist. Bei schweren Gesundheitsschäden, z. B. des Bewegungsapparates oder des Nervensystems, wenn ein Ausgleich geschaffen werden kann und bei Augenerkrankungen, die ein Nachlassen der Funktionen erwarten lassen, wie

— chronische, zu Narbenbildung neigende Hornhaut-, Lederhaut-, Regenbogenhaut- und Bindehauterkrankungen
— bestimmte Hornhautdystrophien
— Glaukom mit herabgesetzter Kontrastempfindlichkeit durch Pupillenverengung

können gesundheitliche Bedenken zurückgestellt werden. Allerdings sind hierbei eine oder mehrere geeignete Maßnahmen in folgender Form erforderlich:

— verkürzte Nachuntersuchungsfristen
— spezielle Augenkorrekturen
— individuelle Arbeitsplatzgestaltung
— Einsatz an Arbeitsplätzen mit ausschließlich kurzzeitiger oder gelegentlicher Bildschirmbenutzung.

Bei bisher durchgeführten augenärztlichen Untersuchungen schwankte der Anteil der betroffenen Personen, denen eine arbeitsmedizinische Bescheinigung hätte verweigert werden müssen, zwischen 0,1 und 1 Prozent.

Damit würde sich die Forderung aller bestätigen, daß jeder, der für normale Bürotätigkeit geeignet ist, auch an einem einwandfrei gestalteten Bildschirmarbeitsplatz tätig werden kann.

Das Sehorgan ist naturgemäß Veränderungen unterworfen. Wie bereits angesprochen, läßt mit zunehmendem Alter das Vermögen nach, auf die Nähe zu akkommodieren. Vom 45.–60. Lebensjahr nimmt dann die Akkommodationsfähigkeit laufend und merkbar ab. In diesem Alter sind deshalb in der Regel häufiger neue Sehhilfen erforderlich. Aus diesem Grund sieht der Grundsatz regelmäßige Nachuntersuchungen in der genannten Art vor, und zwar jeweils nach fünf Jahren. Bei Beschäftigten über 45 Jahre ist der Untersuchungsturnus auf drei Jahre festgelegt.

Unter besonderen Umständen können hiervon abweichend kürzere Nachuntersuchungsfristen erforderlich sein, und zwar

— nach Erkrankungen, die, wie bereits genannt, Anlaß zu Bedenken gegen eine Weiterbeschäftigung geben
— wenn der Beschäftigte unabhängig vom Ergebnis vorangegangener Untersuchungen über Beschwerden klagt, die arbeitsplatzbezogen sein können und
— nach ärztlichem Ermessen in Einzelfällen, z. B. bei befristeten gesundheitlichen Bedenken.

Um zu gewährleisten, daß den Beschäftigten eine angemessene Betreuung zuteil wird, müssen Ärzte, die arbeitsmedizinische Vorsorgeuntersuchungen nach diesem Grundsatz vornehmen, zur Ausübung des ärztlichen Berufes berechtigt und wegen der erforderlichen besonderen Fachkunde von der Berufsgenossenschaft zur Vornahme der arbeitsmedizinischen Vorsorgeuntersuchungen ermächtigt sein. Die Ermächtigung soll im Einvernehmen mit der für den medizinischen Arbeitsschutz zuständigen Behörde erfolgen. Die Ermächtigung wird ausgesprochen von den Landesverbänden der Berufsgenossenschaften.

Der vorgestellte berufsgenossenschaftliche Grundsatz darf nicht isoliert gesehen werden. Er stellt nur einen, wenn auch wesentlichen, Teil einer menschengerechten Bildschirmarbeitsplatzgestaltung dar. Erst im Zusammenwirken mit der ergonomisch, organisatorisch und sicherheitstechnisch abgestimmten Gestaltung des gesamten Arbeitsplatzes wird die medizinische Vorsorge ihren Zweck erfüllen können.

Kapitel VI

Belastung und Beanspruchung

Zwangshaltung und Augenbelastung an Bildschirmarbeitsplätzen

W. Hünting und T. Läubli

1. Einleitung

1.1 Beanspruchung des Bewegungsapparates

Eine wesentliche Auswirkung der Arbeit an Bildschirmterminals ist die Integration von Büropersonal in ein Mensch-Maschine-System. Die Arbeitsbelastung ist gekennzeichnet durch Zwangshaltungen, Augenbelastung und psychologische Probleme.

Duncan (1974) und Ferguson (1971) beschreiben bei Telegraphisten ein häufiges Auftreten von Muskelkrämpfen und -schmerzen in den Armen. Sie folgern, daß die übliche Tastaturanordnung Zwangshaltungen verursacht, die zu Erkrankungen des Bewegungsapparates führen können.

Körperlichen Beschwerden in Nacken, Schultern und Armen wurden von Komoike und Horiguchi (1971) bei Locherinnen, Schreibmaschinen- und Kassenarbeitsplätzen beobachtet. In einer Stichprobenerhebung bei 16,9 Millionen Arbeitern in der japanischen Privatindustrie waren die Klagen in Schultern und Armen bei Fließbandarbeitern und gewissen Büroberufen häufig (Maeda 1977). Über gleiche Resultate bei repetitiven Fließbandarbeiten berichten Kuorinka et al. (1979) und Luopajärvi et al. (1979).

Auch an Bildschirmarbeitsplätzen sind körperliche Beschwerden im Rücken und im Schultergürtel von Oestberg (1980), Elias (1980), Smith (1980) und Laville (1980) beschrieben worden.

Hünting et al. (1980) beobachteten bei einhändiger Dateneingabe an Buchungsmaschinen mit der Verstärkung von Zwangshaltungen der oberen Extremitäten eine Zunahme von Beschwerden.

Die japanischen Autoren (Committee on cervicobrachial syndrom of J.A.I.H. (1973), Hosokawa (1979)) sowie Läubli et al. (1980) interpretieren das häufige Auftreten von Beschwerden in den oberen Extremitäten als eine arbeitsbedingte funktionelle und organische Krankheit des Bewegungsapparates, die durch eine muskuläre und mentale Überbelastung verursacht wird und bezeichnen sie als arbeitsbedingte cervicobrachiale Beschwerden.

Als Ursache werden folgende Faktoren von den japanischen Autoren und Läubli et al. (1980) genannt:

– Konstante Armhaltung
– repetitive Fingerbewegungen
– Muskelermüdung
– ungünstige Arbeitsplatzdimensionen und Körperhaltungen

- Sehanstrengung
- Konzentration
- psychische Anspannung
- Kälte und Zugluft.

Sie nehmen an, daß diese Faktoren bei vielen Berufen wie Locherinnen, Kassiererinnen und an Bildschirmarbeitsplätzen zu einem erhöhten Muskeltonus im Nackengebiet führen. Läubli nimmt an, daß aus Ermüdungsgefühlen und Muskelschmerzen invalidisierende Dauerzustände werden können: periphere Sensibilitäts- und Durchblutungsstörungen, Sehleistungsabfall, Schlafstörungen, dauernde cervicobrachiale Schmerzen. In Japan ist dies eine anerkannte Berufskrankheit und es besteht eine gesetzliche Limitierung der Arbeitsbelastung in einer maximalen Anschlagszahl pro Tag für Datentypistinnen.

Unsere bisherigen Untersuchungen an Arbeitsplätzen mit Büromaschinen und bei analogen Arbeitsbedingungen geben andererseits Anlaß zur Annahme, daß ein Teil der beschriebenen Beschwerden durch unzweckmäßige Dimensionierungen und Anordnungen der Arbeitsplätze verursacht werden.

In der vorliegenden Untersuchung wollten wir diesen Fragen nachgehen und die Ursachen der Beanspruchung des Bewegungsapparates an Bildschirmarbeitsplätzen untersuchen.

1.2 Augenbelastung

Die Arbeit an Bildschirmterminals beeinflußt im wesentlichen zwei Sehfunktionen: die Akkommodation und die Adaptation. Die mangelnde Konturenschärfe der Bildschirmzeichen erschwert die Akkommodation.

Die großen Kontraste der Flächenhelligkeiten im Gesichtsfeld am Bildschirmarbeitsplatz können die Adaptation stören und das Sehvermögen negativ beeinflussen. Verschiedene Autoren berichten über die erschwerte Adaptation und Akkommodation bei der Arbeit an Bildschirmterminals.

In der vorliegenden Untersuchung wollten wir die Ursache der Beanspruchung des Bewegungsapparates und der Augen untersuchen. Die Ergebnisse unserer Untersuchung zeigen, daß die Augenbelastung am Bildschirm nur ein Teil der Gesamtbelastung darstellt und daß vielfältige Zusammenhänge zwischen Beschwerden, Arbeitsplatzgestaltung und Arbeitsumfeld bestehen.

Tabelle 1. Die vier untersuchten Kollektive s = Standardabweichung

	n	Alter $\pm$	s	% Anteil Frauen	Arbeitszeit an Tastatur oder Bildschirm (> 6 h) in %
Dateneingabe-Terminals	53	30	8	94	81
Dialog-Terminals	109	34	12	50	73
Schreibmaschinenarbeit	78	34	13	95	65
traditionelle Büroarbeit	55	28	11	60	30

2. Untersuchte Kollektive

Die Untersuchung hat zwei Gruppen von Bildschirmarbeitsplätzen und je eine Vergleichsgruppe mit reiner Schreibmaschinenarbeit oder mit traditioneller Büroarbeit umfaßt. Einige Kennzeichen der vier Untersuchungsgruppen sind in Tabelle 1 zusammengestellt.

Dateneingaben-Terminals

Die Arbeit läßt sich wie folgt charakterisieren:

- Ganztägige numerische Dateneingabe mit der rechten Hand.
- Die Arbeitsgeschwindigkeit war hoch und lag bei 12 000 – 17 000 Anschlägen/h und die reine Arbeitszeit an Tastaturen lag bei 5½ h täglich.
- Der Blick war vorwiegend auf die Vorlage gerichtet.
- Die Vorlagen lagen auf dem Tisch.

Dialog-Terminals

Das Personal dieser Gruppe arbeitete an Bildschirmterminals im Zahlungsverkehr zweier verschiedener Banken.
   Die Arbeit war wie folgt gekennzeichnet:

- Beide Hände bedienten eine Tastatur.
- Der Kopf war etwa in 50% der Zeit zum Bildschirm und 50% zu den Vorlagen gerichtet.
- Die Vorlagen lagen auf dem Tisch.

Bei einer Bank waren Tastatur und Bildschirm frei auf dem Tisch plaziert: Dialog-Terminal A. Die andere Bank hatte die Tastatur und den Bildschirm versenkt in den Tisch eingebaut: Dialog-Terminal B. Bei den Dialog-Terminals A war eine genügend große Fläche zur Arm- und Handabstützung vorhanden. Bei den Dialog-Terminals B stand nur ein schmaler Rand von ca. 3 cm zur Abstützung der Handballen zur Verfügung.

Schreibmaschinen-Arbeitsplätze

In dieser Gruppe waren die Personen ganztägig ausschließlich mit Schreibmaschinenarbeiten beschäftigt. Es wurde teils nach Vorlage und teils nach Diktat geschrieben.

- Beide Hände bedienten eine Tastatur.
- Das Arbeitstempo war hoch.
- Die Blickrichtung war zumeist den links angeordneten Vorlagen zugeordnet oder es wurde ein Diktiergerät benutzt.

Traditionelle Büroarbeitsplätze

Die Aufgabe in dieser Gruppe war identisch mit der Arbeit an Dialog-Terminals und kann somit als eine Kontrollgruppe betrachtet werden. Es handelte sich um den Zahlungsverkehr in Filialen einer Bank, in denen Bildschirmterminals noch nicht eingeführt waren. Die Tätigkeit läßt sich wie folgt beschreiben:

– Es wurden nur gelegentlich Tastaturen bedient.
– Die Bewegungsvielfalt am Arbeitsplatz war groß.

3. Methoden

Es wurden folgende Erhebungen und Untersuchungen durchgeführt:

– Erfassung der Haltungs- und Sehbeschwerden
– Erhebungen über die Arbeitszufriedenheit
– Ausmessung der Arbeitsplätze und der Sehbedingungen
– Erfassung der Körperhaltung bei der Arbeit
– Medizinische Untersuchungen der oberen Extremitäten und teils der Augen
– Messung der Stirn-, Hand- und Raumtemperatur.

Die Erhebung der Beschwerden des Bewegungsapparates wurde mit einem vom japanischen „Committee on cervicobrachial syndrom of J.A.I.H." entwickelten, in einer Stichprobenerhebung bei 16,9 Millionen verwendeten und übersetzten Fragebogen durchgeführt. Dieser Fragebogen wurde modifiziert und mit anatomischen Zeichnungen von Rumpf, Händen und Armen illustriert und von Maeda und Hünting (1979) auf seine Tauglichkeit geprüft.

Für die einzelnen Körperteile wurden Fragen nach

– Schmerzen
– Steifigkeit
– Müdigkeit
– Krämpfen
– Einschlafen oder Kribbeln und
– Zittern

gestellt.

Die Antworten lauteten: „fast täglich", „gelegentlich" oder „selten oder nie".

Weiterhin hatten die Versuchspersonen ihren Arbeitsplatz und ihre Arbeit am Bildschirm zu beurteilen.

Zur Untersuchung der Arbeitszufriedenheit verwendeten wir eine verkürzte Form eines von Martin et al. (1980) ausgearbeiteten Fragebogens. Für die Erfassung der subjektiven Beurteilung der eigenen Arbeit wurden die einzelnen Items als Behauptungen formuliert und mit Antwortkategorien vorgegeben.

Die gemessenen Arbeitsplatzdimensionen sind in Tabelle 4 zusammengestellt.

Die Körperhaltung wurde bei der Arbeit mit einer von Hünting et al. (1980) beschriebenen Methode gemessen.

Die medizinische Untersuchung umfaßte eine Anamnese und die Palpation schmerzhafter Druckpunkte in Schultern, Armen und Händen. Weiterhin wurden schmerzhafte Symptome bei isometrischen Kontraktionen des Vorderarms erhoben.

Die Hauttemperaturen der Stirn und des rechten Mittelfingers sind irgendwann während der Arbeit gemessen worden.

4. Resultate der Beschwerden des Bewegungsapparates

In der Abb. 1 ist der Prozentsatz täglicher Schmerzen in einzelnen Körperteilen und Augen bei verschiedenen Büroarbeiten aufgeführt. Von Interesse ist, daß die Kontrollgruppe traditioneller Büroarbeit nahezu frei von diesen Symptomen ist.

Alle aufgezählten Beschwerden kommen in der Gruppe „Eingabe-Terminal" am häufigsten und in der Gruppe „traditionelle Büroarbeit" nahezu nie

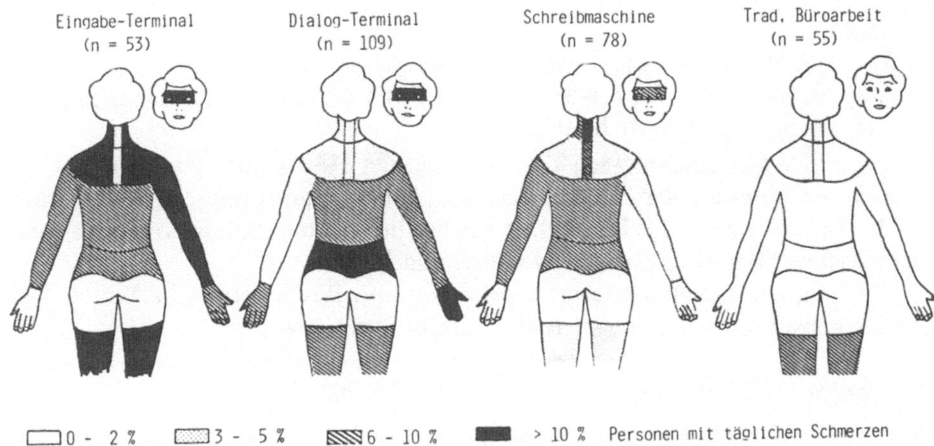

Abb. 1. Die prozentuale Häufigkeit „täglicher Schmerzen" in den 4 Untersuchungsgruppen

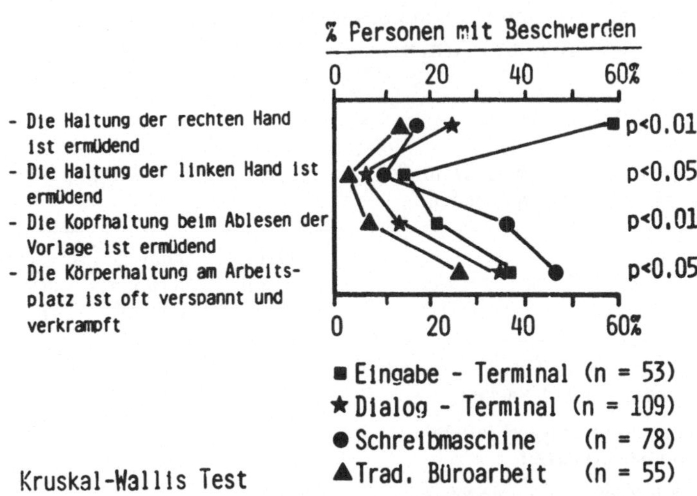

Abb. 2. Die Beurteilung der Beschwerlichkeit einiger Körperhaltungen am Arbeitsplatz. 100% = N der einzelnen Gruppen

vor; die Gruppen „Dialog-Terminals" und „Schreibmaschine" nehmen eine
Zwischenstellung ein. Die Unterschiede zwischen den 4 Untersuchungsgruppen
sind signifikant.

Im Fragebogen sind die Angestellten auch aufgefordert worden, die Beschwerlichkeit einiger Körperhaltungen zu beurteilen. Diese Ergebnisse sind in
Abb. 2 dargestellt.

Aus der Darstellung ist ersichtlich, daß bei den Eingabe-Terminals die Ermüdung rechts überwiegt, was durch die einhändige Bedienung der Tastatur
erklärlich ist.

4.1 Medizinische Untersuchungen der oberen Extremität

In der Nackenmuskulatur (M. trapezius) und an verschiedenen Sehnen und
Sehnenansätzen in der Schultergegend sind die schmerzhaften Druckpunkte er-
hoben worden, die wir als „tendomyotische Druckschmerzen" zusammenfassen
(Tabelle 2).

*Rund ein Drittel der Angestellten, die intensiv an Tastaturen arbeiten, weisen
klinische Befunde im „Nacken-Schulter-Armbereich" auf;* bei der traditionellen
Büroarbeit sind sie wesentlich seltener.

Außer den Druckschmerzen sind bei rund der Hälfte aller Untersuchten eine starke Anspannung der Nackenmuskulatur (Hartspann) festgestellt worden.

Die Tabelle 3 zeigt die Häufigkeit der ärztlichen Behandlung von Arm- und
Handbeschwerden in den letzten Monaten und Jahren.

Die Gruppen mit den häufigen Befunden und Beschwerden in Armen und
Händen konsultierten deswegen auch häufiger ihren Arzt.

4.2 Periphere Zirkulationsstörungen und Beschwerden

Wir möchten hier lediglich auf einen interessanten Zusammenhang hinweisen:
In der Gruppe Eingabe-Terminals zeigen die Angestellten mit erniedrigten
Temperaturen der Hand von $\geq 3\,°C$ auch eine signifikant erhöhte Häufigkeit
von Beschwerden im Nacken-Schulterbereich und vermehrt Sensibilitätsstörungen in Händen und Armen.

Tabelle 2. Prozentuale Häufigkeit der medizinischen Befunde in den oberen Extremitäten bei
verschiedenen Büroarbeiten

	Eingabe- terminal n = 53	Dialog- terminal n = 109	Schreib- maschine n = 78	Trad. Büro- arbeit n = 54
tendomyotische Druckschmerzen in Schultern und Nacken	38	28	35	11
schmerzhaft eingeschränkte Kopfbeweglichkeit	30	26	37	10
Schmerzen bei isometrischen Kontraktionen des Vorderarms	32	15	23	6

Tabelle 3. Häufigkeit ärztlicher Behandlung der Arm- und Handbeschwerden. (In letzten Monaten und letzten Jahren)

	n	%
Terminal Dateneingabe	53	19
Terminal Dialog	109	21
Traditionelle Büroarbeit	55	13
Schreibmaschinenarbeit	78	27

Nach LÄUBLI kann die intensive Arbeit an Tastaturen als ein Provokationstest zur Messung einer eingeschränkten Durchblutung angesehen werden. In Abb. 3 sind die Beziehungen zwischen den subjektiven Beschwerden, den Befunden und der relativen Fingertemperatur im Vergleich zur Stirntemperatur dargestellt.

Ähnliche Befunde sind von NAKASEKO (1975) und MAEDA (1979) erhoben worden, welche diese Erscheinungen als Folgen einer Kompression von Arterien und von Nervenbahnen im Nacken-Schulter-Bereich auffassen.

Bei tieferen Fingertemperaturen in der rechten Hand ermittelten wir ein vermehrtes Auftreten von Muskelkrämpfen und Sensibilitätsstörungen in Armen und Händen.

Ebenso wird häufiger über Steifigkeitsgefühlen im Nacken geklagt. Der Anteil von Personen mit Schmerzen bei der Kopfdrehung nach links, die mit einer Anspannung der rechtsseitigen Nackenmuskulatur verbunden ist, war größer bei Personen mit tiefen Fingertemperaturen.

Wir fanden, etwas weniger ausgeprägt, dieselben Beziehungen bei der Arbeit an Schreibmaschinen. Bei der Dialogarbeit mit kleinerer Anschlagzahl ist die Beziehung zwar noch erkennbar, jedoch nicht signifikant.

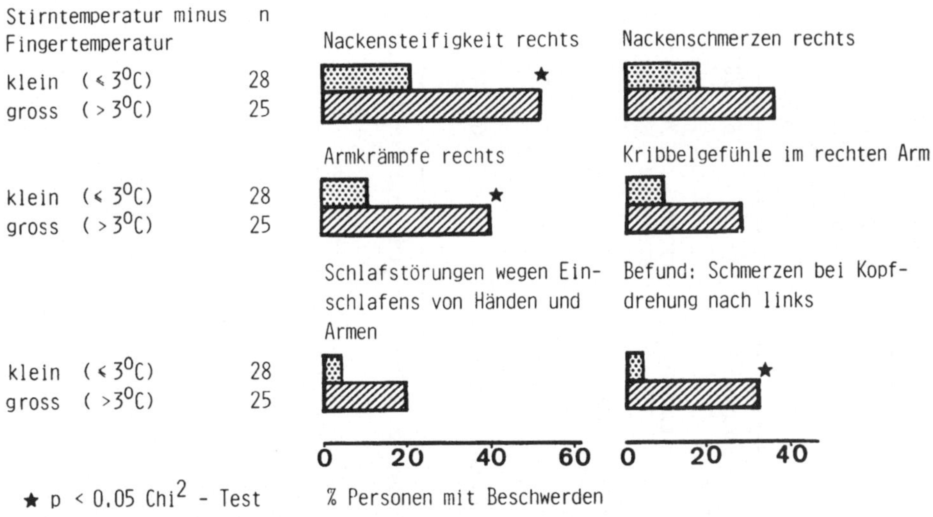

Abb. 3. Fingertemperatur und Beschwerden bei Datentypistinnen ($n = 53$)

Tabelle 4. Arbeitsplatzdimensionen. Medianwerte und 90%-Bereich in cm

	Tischhöhe über Boden		Tastaturhöhe über Boden		Tastaturhöhe über Tisch		Sitzhöhe		Tastaturhöhe über Sitz	
	Median	90%	Median	90%	Median	90%	Median	90%	Median	90%
Eingabe-Terminal A (N=53)	71	67 – 78	78	75 – 87	7,8	7 – 9	48	45 – 55	30	26 – 36
Dialog-Terminal A (N=55)	76	70 – 78	84	73 – 87	8,6	2 – 9	51	47 – 56	33	25 – 37
Dialog-Terminal B (N=54)	76*		78*		2*		49	46 – 53	28	25 – 32
Schreibmaschine (N=78)	71	68 – 76	83	79 – 91	11,6	9 – 15	50	45 – 54	32	27 – 38
Traditionelle Büroarbeit (N=55)	70	69 – 75	81	75 – 83	9.8	5 – 13	49	45 – 53	31	24 – 36

* Einheitliche Möbelierung mit versenkter Tastatur

LÄUBLI betrachtet diesen Zusammenhang als ein Indiz, daß eine chronische Tonuserhöhung der Nackenmuskulatur mit lokalen tendomyotischen Schmerzen einhergeht, und daß sie zu Sensibilitäts- und Durchblutungsstörungen in den betreffenden Extremitäten führen können.

5. Arbeitsplatzdimensionen

In der Tabelle 4 sind die wichtigsten Arbeitsplatzdimensionen aufgeführt.

6. Sehdistanzen

In der Tabelle 5 sind Mittelwerte und die 90%-Bereiche der Sehdistanzen zum Bildschirm und zur Vorlage zusammengestellt.

Aus den Resultaten ergibt sich, daß die Angestellten an Arbeitsplätzen mit beweglichen Bildschirmen Sehdistanzen von 45 bis 80 cm bevorzugen. Im Gegensatz dazu sind die Sehdistanzen an Arbeitsplätzen mit fest eingebauten Bildschirmen (Dialog-Terminals B) im Mittel um 15 bis 20 cm kürzer. Wir können annehmen, *daß die Angestellten die Beweglichkeit der Bildschirme nutzen, um die individuell bevorzugten Sehdistanzen einzustellen.*

7. Körperhaltungen am Arbeitsplatz

Das Abstützen von Armen und Händen kann einerseits eine Reduktion von Haltearbeit im Schulterbereich bewirken und hat andererseits eine Verminderung der Bandscheibenbelastung zur Folge (ANDERSSON, NACHEMSON).

Tabelle 5. Mittelwerte und 90%-Bereiche der Sehdistanzen zum Bildschirm oder zum geschriebenen Text sowie zu den Vorlagen (cm). x = Mittelwerte

	Sehdistanzen (in cm)			
	Zum Bildschirm oder zum geschriebenen Text		Zur Vorlage	
	$\bar{x}$	90%	$\bar{x}$	90%
Eingabe-Terminal ($N = 53$) (Tastatur und Bildschirm beweglich)	58	42 – 81	48	39 – 57
Dialog-Terminal A ($N = 55$) (Tastatur und Bildschirm beweglich)	62	44 – 82	47	38 – 58
Dialog-Terminal B ($N = 54$) (Tastatur und Bildschirm fest eingebaut)	43	36 – 52	53	45 – 61
Schreibmaschinen ($N = 78$)	47	37 – 56	57	45 – 68
Traditionelle Büroarbeit ($N = 55$)	47	41 – 57	52	37 – 62

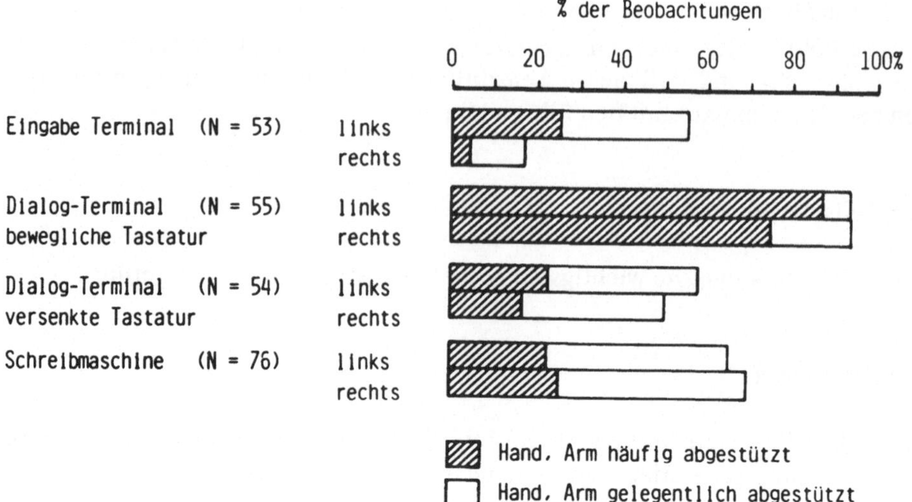

Abb. 4. Die Häufigkeit der Abstützung von Armen und Händen bei der Arbeit an Tastaturen. 100% = *N* der einzelnen Gruppen

Das Abstützen von Armen und Händen ist somit ein wichtiges Merkmal für die Körperhaltung, wie auch der Arbeitsbelastung an Tastaturen. Die Häufigkeit der beobachteten Abstützung ist in der Abb. 4 zusammengestellt.

Es ist auffällig, daß an den Dialog-Terminals mit beweglicher Tastatur Hände und Arme sehr häufig auf dem Tisch abgestützt werden, während diese Beobachtung bei den anderen Gruppen erheblich seltener gemacht wurde. Die Tastatur wurde in der Regel so plaziert, daß eine große Fläche zur Abstützung vorhanden war. Die Vorlagen wurden zwischen Tastatur und Tischkante deponiert.

Bei Dialog-Terminal mit der versenkten Tastatur sowie bei den anderen beiden Gruppen waren die Flächen zur Abstützung schmal. Daraus ergibt sich: *Arme und Hände werden häufig abgestützt, sofern eine adäquate Möglichkeit vorhanden ist.*

Die Körperhaltungen bei den verschiedenen Büroarbeiten haben wir während der Arbeit gemessen.

In der Abb. 5 sind die gemessenen Winkel verschiedener Körperteile zusammengestellt.

Die wichtigsten Resultate lassen sich wie folgt zusammenfassen:

– Das Ausmaß der Kopfdrehung (zur Vorlage hin) ist bei der Schreibmaschinenarbeit stärker als an den Bildschirmarbeitsplätzen, wo die Vorlagen häufig vor oder hinter die Tastatur plaziert werden.
– Die seitliche Abhebung des Oberarmes (Abduktion) ist beim Dialog-Terminal mit der beweglichen Tastatur ausgeprägt; hier können ja die Angestellten die Arme auf dem Tisch bequem abstützen. Aus dem gleichen Grund ist in dieser Gruppe auch der Ellbogenwinkel am größten.
– Die seitliche Abbiegung der Hand (ulnare Abduktion) zeigt eine erhebliche individuelle Streuung: Die meisten Werte liegen in einem Bereich zwischen 0

	Eingabe-Terminal (n=53)		Dialog-Terminal A (n=55)		Dialog-Terminal B (n=54)		Schreibmaschine (n=73)	
	$\bar{x}$	s	$\bar{x}$	s	$\bar{x}$	s	$\bar{x}$	s
A = Winkel äusserer Gehörgang – C_7	31	8	29	11	35	9	32	7
B = Kopfdrehung	8	5	12	11	11	9	19	11
C = Abduktion des Oberarmes rechts	22	11	32	13	18	7	16	7
D = Beugewinkel im Ellenbogen rechts	87	11	102	21	89	10	75	10
E = ulnare Abduktion der Hand links	9	11	13	10	20	11	21	10
E = ulnare Abduktion der Hand rechts	13	7	12	9	14	10	17	9
F = Streckwinkel im Handgelenk rechts	15	12	16	13	10	7	12	9

Abb. 5. Die Winkel verschiedener Körperteile bei der Arbeitshaltung an Terminals und an Schreibmaschinen. x = Mittelwerte. s = Standardabweichung

und 40°. Tendenziell sind die Werte an den Arbeitsplätzen mit beweglichen Tastaturen etwas niedriger als bei den eingebauten Tastaturen und Schreibmaschinen.

8. Faktoranalyse von Körperhaltung und Arbeitsplatzgestaltung

Die Ergebnisse einer Faktorenanalyse zwischen den eingenommenen Körperhaltungen und der Arbeitsplatzgestaltung sind in der Abb. 6 aufgeführt.

Mit der Faktoranalyse wollten wir die Beziehungen zwischen Körperhaltungs-Parametern und Arbeitsplatzdimensionen darstellen. Das Personal an den Dialog-Terminals mit den beweglichen Tastaturen benutzte sehr unterschiedliches Mobiliar, so daß die Arbeitsplatzdimensionen stark variierten und nahezu normal verteilt waren. Aus der Analyse kristallisierten sich drei Faktoren heraus, die wir wie folgt interpretieren können:

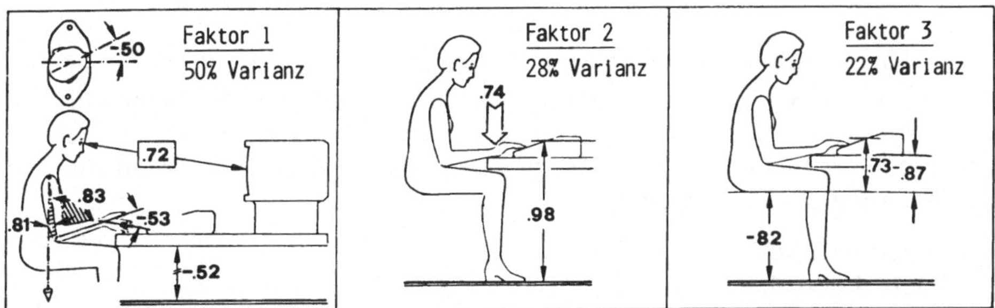

Abb. 6. Faktoranalyse für die 55 Dialog-Terminal-Arbeitsplätze mit beweglicher Tastatur und Bildschirm. Die Zahlenwerte entsprechen den Faktorladungen

– *Faktor 1* zeigt vor allem Merkmale der Körperhaltung und kann als „Haltungsanpassung" interpretiert werden. Je größer die Sehdistanz, um so stärker werden die Oberarme angehoben und um so ausgeprägter wird die Armstreckung, wobei auch eine Abnahme der Kopfdrehung und der lateralen Abbiegung der Hand erklärbar wird.

    Bei niedrigem Knieraum sind die Angestellten genötigt, die Oberschenkel schräg unter den Tisch zu stellen, was zu einer verstärkten Rücklehnung des Rumpfes Anlaß gibt. Dies erklärt die erhöhte Sehdistanz bei erniedrigtem Knieraum, womit wiederum die anderen Haltungen wie oben beschrieben ausgelöst werden.

– *Faktor 2* beschränkt sich im wesentlichen auf die Arbeitshöhen und die Häufigkeit von Arm-Handabstützungen. Das Resultat ist klar: Je höher die Tastaturhöhe, je häufiger werden Arme und Hände abgestützt.

– Der *Faktor 3* zeigt trivial die Wechselbeziehungen zwischen Sitzhöhen und Arbeitshöhen über Sitz.

9. Beziehungen zwischen Arbeitsplatz und Beschwerden

Die Analysen der Beziehungen zwischen den Arbeitsplatzdimensionen und der Häufigkeit von Beschwerden ergab eine Vielfalt von signifikanten Korrelationen. Wir möchten die uns relevant erscheinenden Beziehungen herausgreifen.

9.1 Arbeitshöhen und Beschwerden

Zunächst prüften wir die Auswirkungen der Tisch- und der Tastaturhöhen und erhielten ein überraschendes Ergebnis: Je niedriger die Tisch- und Tastaturhöhen über Boden, um so häufiger werden Beschwerden im Nacken, in Schultern und Armen angegeben.

    Zur Illustrierung dieses Befundes sei das Beispiel der Gruppe am Dialog-Terminal mit der beweglichen Tastatur aufgeführt, deren Resultate in Abb. 7 dargestellt sind.

    In diesem Zusammenhang ist die Beurteilung der Arbeitshöhen durch die Angestellten von Interesse: Rund 80% aller Angestellten an den Bildschirmarbeitsplätzen beurteilten ihre Arbeitshöhe als „richtig".

    Die Resultate über die Arbeitshöhen waren für uns eine große Überraschung, da sie nicht mit den heutigen Kenntnissen der Ergonomie übereinstimmen.

    Beobachtungen an den Arbeitsplätzen gaben uns Hinweise zur Klärung dieses Sachverhaltes: An nahezu allen Arbeitsplätzen waren die Vorlagen auf dem Tisch plaziert. Es wurden keine Beleghalter verwendet. Das heißt: Je höher der Tisch, je näher rücken die Vorlagen zu den Augen. Dieser Sachverhalt führt zu folgenden Schlußfolgerungen:

– je höher die Tischhöhe,
– je höher die Vorlagen,
– je besser ist die Haltung von Kopf und Rumpf und
– um so weniger Beschwerden.

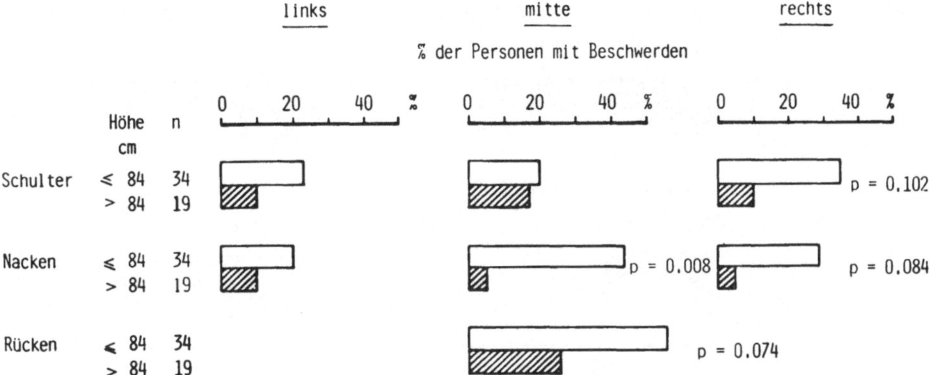

Abb. 7. Die Häufigkeit von Beschwerden in zwei Gruppen mit verschieden hohen Tastaturhöhen über Boden am Dialog-Terminal (A). Durch den Median wird eine Gruppe mit niedrigen ($\leq$ 84 cm) und eine Gruppe mit höheren ($>$ 84 cm) Tastaturhöhen gebildet. Berücksichtigt sind die „täglichen" und „gelegentlichen" Schmerz- und Steifigkeitsgefühle der 53 Angestellten

Wir können somit aus unseren Ergebnissen nicht ohne weiteres eine Empfehlung für hohe Tastaturhöhen ableiten. Dagegen sind wir der Meinung, daß die Frage der günstigsten Tastaturhöhen unter den Bedingungen optimaler Positionierung der Vorlagen erneut sehr sorgfältig untersucht werden sollte.

9.2 Tastaturhöhen über Tisch und Beschwerden

Ein anderes auffallendes Resultat dieser Analysen ist die Beziehung zwischen der Konstruktionshöhe der Tastaturen und den Beschwerden: Bei den Eingabe-Terminals und Dialog-Terminals A verursachen Tastaturhöhen über Tisch, die höher als die Medianwerte von 7–8 cm sind, mehr Beschwerden in Händen und Armen. Von den in der Felduntersuchung vorgefundenen Tastaturhöhen über Tisch lassen sich keine genauen Empfehlungen ableiten. Das Ergebnis unterstützt die Empfehlung, Konstruktionshöhen von Tastaturen niedrig zu halten.

9.3 Knieraum und Beschwerden

Wie die Resultate der Faktorenanalyse zeigten, kann ein zu kleiner Knieraum (Höhe Boden zu Tischunterkante) zu Haltungsanpassungen führen, indem die Angestellten gezwungen sind, die Beine schräg unter den Tisch zu stellen, was zu einer verstärkten Rücklehnung des Rumpfes Anlaß gibt. Dies erklärt eine erhöhte Sehdistanz zum Bildschirm bei kleinem Knieraum.

Aus diesem Grund überprüften wir Häufigkeit von Beschwerden und medizinischen Befunden zu den vorgefundenen Knieräumen bei der Gruppe Dialog-Terminal A. Die Ergebnisse dieser Beziehung sind in der Abb. 8 dargestellt.

Es ist zu sehen, daß Personal an Dialog-Terminals A bei kleinem Knieraum signifikant häufiger an Nacken- und Rückenbeschwerden leiden und der Befund einer schmerzhaft eingeschränkten Kopfbeweglichkeit öfter festzustellen war.

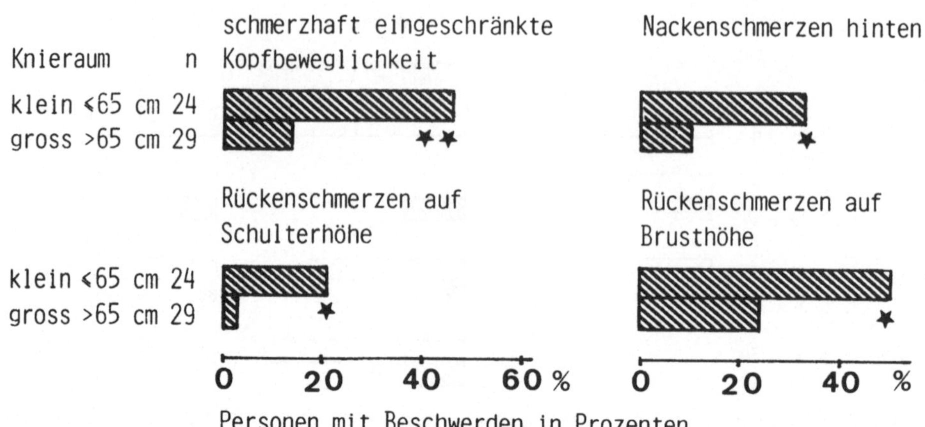

Abb. 8. Knieraum und Beschwerden bei Dialog-Terminal A mit beweglicher Tastatur ($n = 53$). Durch den Median wird eine Gruppe mit niedrigem Knieraum ($\leqq 65$ cm) und eine Gruppe mit höherem Knieraum (> 65 cm) gebildet

10. Beziehung zwischen der Körperhaltung und Beschwerden

10.1 Handhaltung und Beschwerden

Während ein Vergleich der Handhaltung mit den subjektiven Angaben von Beschwerden nur eine geringe Beziehung erkennen läßt, zeigen die medizinischen Befunde eine deutliche Abhängigkeit von der Handhaltung. In der Abb. 9 ist die Häufigkeit der medizinischen Befunde in der Vorderarmmuskulatur dem Ausmaß der ulnaren Abduktion gegenübergestellt.

Wie schon Tabelle 2 gezeigt hat, sind die klinischen Befunde in der Vorderarmmuskulatur keine Seltenheit. Aus der Abb. 9 geht ferner hervor, daß die In-

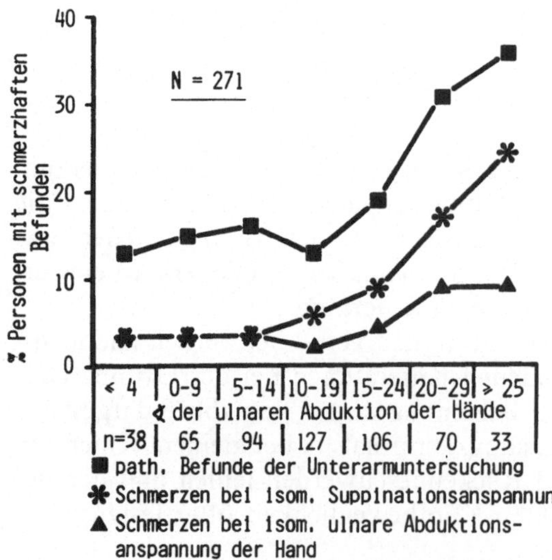

Abb. 9. Medizinische Befunde in der Vorderarmmuskulatur und ulnare Abduktion der Hände (laterale Abwinkelung). Prozentzahlen pro Stufe der ulnaren Abduktion. Die pathologischen Befunde der Unterarmuntersuchung umfassen die Schmerzen, die bei verschiedenen Handbewegungen ausgelöst werden

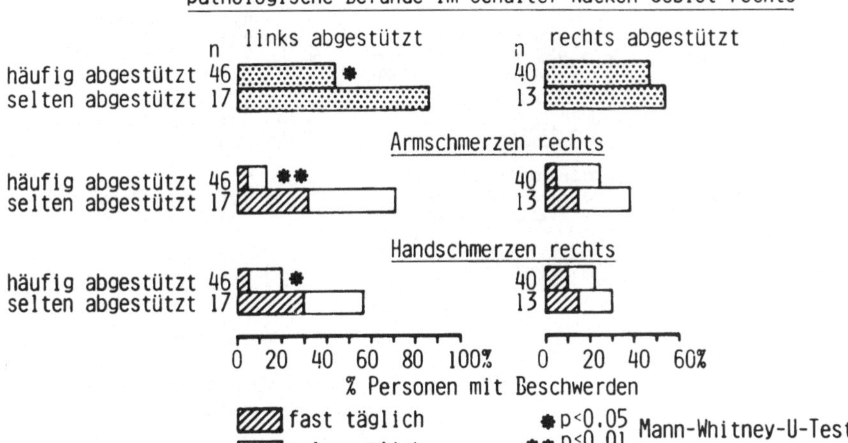

Abb. 10. Häufigkeit des Abstützens von Armen und Händen und Beschwerden beim Dialog-Terminal A mit beweglicher Tastatur und Bildschirm. ($n = 53$)

zidenz dieser klinischen Befunde deutlich ansteigt, wenn die ulnare Abduktion der Hände ein Ausmaß von 20° übersteigt.

10.2 Häufigkeit des Abstützens von Armen sowie Händen und Beschwerden

Wir haben auch die Frage nach Beziehungen zwischen dem Aufstützen der Arme und der Hände einerseits und den Beschwerden andererseits geprüft. Wir fanden zahlreiche signifikante Korrelationen zwischen diesen Merkmalen in den Gruppen „Daten-Eingabe-Terminals" und „Dialog-Terminals". Wir können festhalten, daß in der Regel das Merkmal „häufig Hände und Arme abgestützt" mit weniger Beschwerden in Nacken, Schultern und Armen verbunden ist.

Ein Beispiel dieser Beziehung beim Dialog-Terminal A mit beweglicher Tastatur ist in der Abb. 10 dargestellt. Es ist zu sehen, daß das häufige Abstützen von Armen und Händen mit einer Verminderung von Beschwerden verbunden ist. Ein häufiges Abstützen der Arme und Hände ist jedoch nur möglich, wenn vor der Tastatur ein genügend breiter Platz zur Verfügung steht.

10.3 Kopfhaltung und Beschwerden

Schließlich haben wir noch den Einfluß der Kopfhaltung auf Beschwerden im Nacken-Schulterbereich untersucht. Die Analyse zeigt eine gewisse Beziehung zwischen dem Grad der Kopfneigung oder dem Grad der Kopfdrehung am Arbeitsplatz und der Häufigkeit klinischer Befunde. Als Beispiel seien hier die Resultate der Abb. 11 aufgeführt.

Daraus geht hervor, daß tendenziell die klinischen Befunde im Nacken-Schulterbereich in den Gruppen mit verstärkter Kopfneigung bzw. Kopfdrehung am Arbeitsplatz häufiger vorkommen.

Wir nehmen an, daß die Arbeitsplatzanordnung und die Positionierung der Vorlagen maßgeblich die Kopfhaltung beeinflussen.

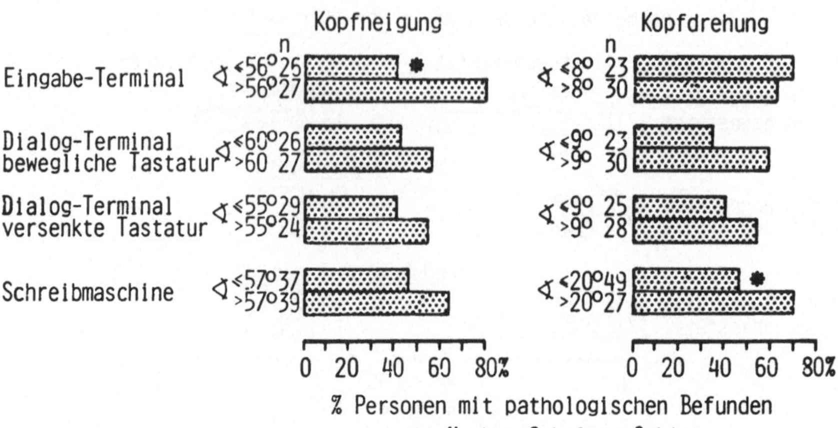

Abb. 11. Die Häufigkeit klinischer Befunde im Nacken-Schulter-Bereich in zwei Gruppen mit verschieden starker Kopfneigung bzw. Kopfdrehung. Die klinischen Befunde umfassen schmerzhafte Druckpunkte in der Nackenmuskulatur und an Sehnen oder Sehnenansätzen im Schulterbereich

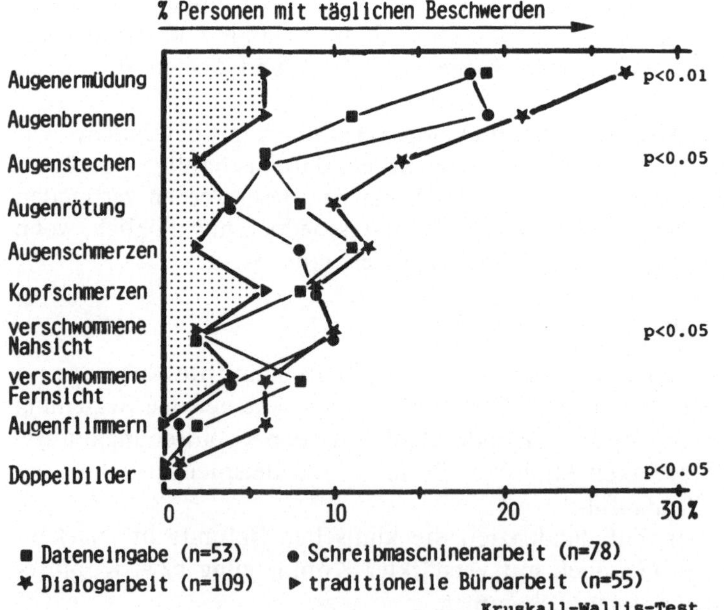

Abb. 12. Augenbeschwerden bei verschiedenen Büroarbeiten. % der Personen mit täglichen Beschwerden

11. Resultate der Augenbeschwerden

11.1 Tägliche Augenbeschwerden bei Büroarbeiten

Die Häufigkeit täglich auftretender Augensymptome sind in der Abb. 12 zusammengestellt.

Bei beiden, Bildschirm- und Schreibmaschinenarbeiten treten Augensymptome häufig auf. Beachtenswert sind die vermehrten Augensymptome bei der Dialogarbeit am Bildschirm im Vergleich zur Kontrollgruppe, da beide Gruppen im Zahlungsverkehr beschäftigt sind.

11.2 Die zeitliche Dauer von Augenbeschwerden

Das Andauern der Augensymptome ist in der Abb. 13 aufgeführt und zeigt die Häufigkeit täglich vorkommender Augensymptome gegen Arbeitsschluß und in der Freizeit. Augenbeschwerden sind in den beiden Bildschirmgruppen und teils bei Schreibmaschinenarbeit sowohl bei Arbeitsschluß und in der Freizeit deutlich häufiger als bei traditioneller Büroarbeit. Bei der Dateneingabe ist der Anteil von Personen mit „Augenbeschwerden am nächsten Morgen" hoch. Die Erholzeit des Schlafes scheint nicht auszureichen.

11.3 Einfluß der Bildschirmcharakteristik auf die Beschwerdehäufigkeit

Das Kollektiv Dialog-Terminal besteht aus zwei Gruppen, in zwei Banken, die praktisch gleiche Arbeit durchführen (Zahlungsverkehr) jedoch an zwei verschiedenen Bildschirmgeräten arbeiten. Die beiden Geräte B und G weisen wesentliche Unterschiede in bezug auf Leuchtdichte, Oszillation und Konturenschärfe der Zeichen auf. Der Bildschirm B besitzt einen Phosphortyp P39 und der Bildschirm G einen Phosphortyp P4.

Wie in Abb. 14 ersichtlich, kommen Augenschmerzen und eine verschwommene Sicht bei Personen am Gerätetyp G ungefähr doppelt so häufig vor wie bei Personen am Gerät B.

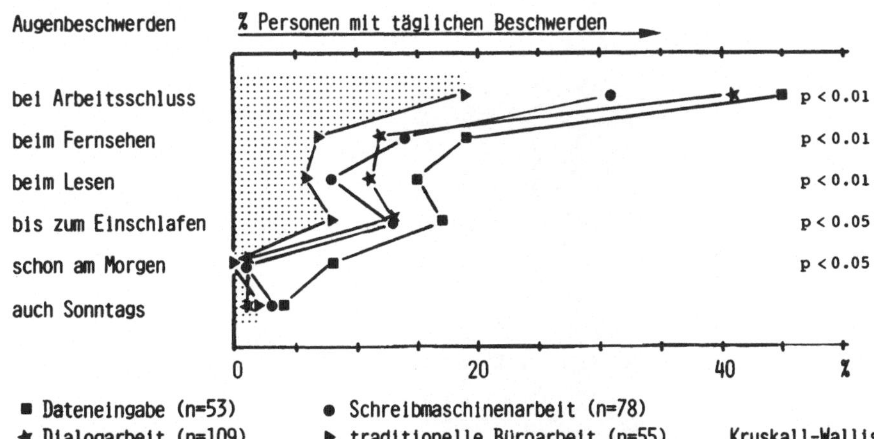

Abb. 13. Das zeitliche Andauern von täglichen Augenbeschwerden bei verschiedenen Büroarbeiten. % der Personen mit täglichen Beschwerden

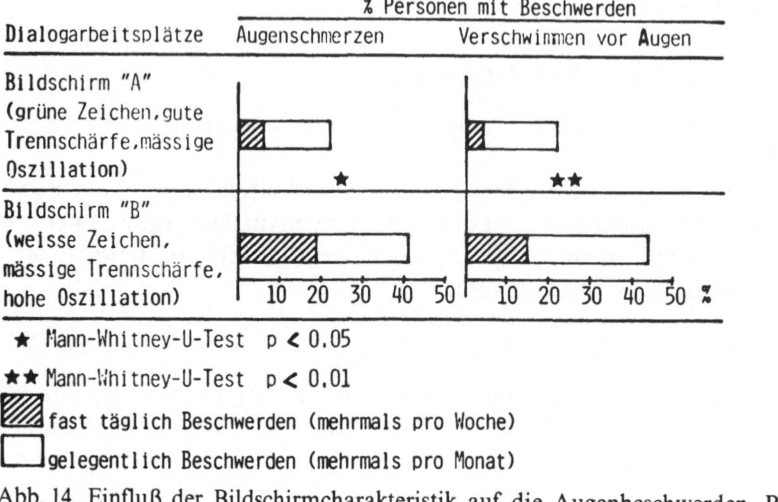

Abb. 14. Einfluß der Bildschirmcharakteristik auf die Augenbeschwerden. Bildschirm „A"
$n = 55$, Bildschirm „B" $n = 54$

11.4 Leuchtdichteoszillation und Augenbeschwerden

Die Bildschirmzeichen werden durch eine Anregung der Phosphorpunkte erzeugt. Das Aufleuchten des Phosphors ist zeitlich nicht konstant, es besteht aus kurz aufeinanderfolgenden subjektiv verschmelzenden Lichtblitzen. Bei konstanter Frequenz und Abklingzeit kann die Stärke der Lichtoszillation, die den Eindruck von Flimmern verursacht, durch eine Gleichförmigkeitszahl (GZ) beschrieben werden. Die Definition der Gleichförmigkeitszahl ist als Beispiel in der Abb. 15 aufgeführt.

Wir haben die Gruppe Dialog-Terminal mit den schlechteren Bildschirmen (G) in 2 Teile aufgeteilt: Ein Teil mit einer starken Oszillation (GZ < 0.1), der andere Teil mit einer mäßigen Oszillation (GZ > 0.1). Die Unterschiede in der Oszillationsstärke sind vor allem durch die von den Bildschirmbenutzern individuell eingestellten Schrifthelligkeiten bedingt.

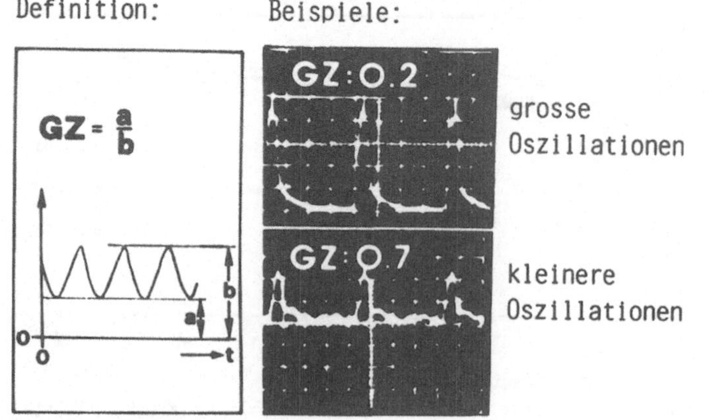

Abb. 15. Definition der Gleichförmigkeitszahl (GZ)

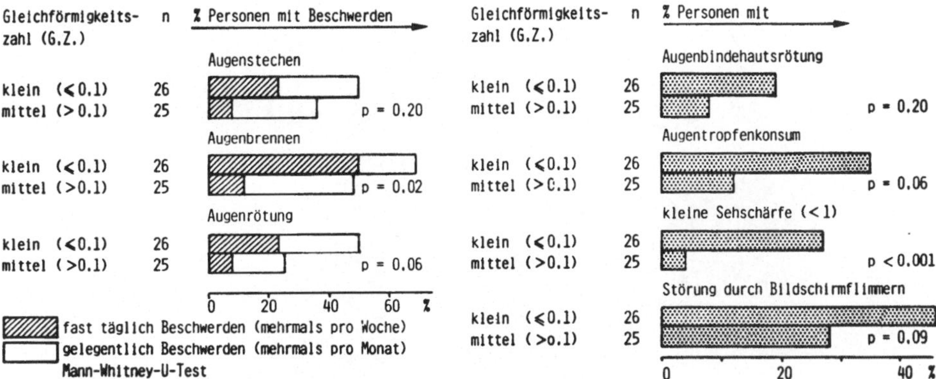

Abb. 16. Leuchtdichteoszillation der Bildschirmzeichen und Beschwerden bei Personal an Dialog-Terminals. $n = 51$

Abbildung 16 zeigt die Häufigkeit von Augen- und Sehbeschwerden bei einer stärkeren (GZ $\leq$ 0.1) und einer mäßigen Oszillation (GZ > 0.1).

Subjektive und objektive Symptome von Augenreizungen sowie Augentropfenkonsum sind bei starker Oszillation häufiger.

Klagen über störendes Flimmern des Bildschirms sind häufig, doch zeigen sie nur eine schwache Abhängigkeit von der gemessenen Oszillationsstärke. Eindrücklich ist, daß in der Gruppe mit kleiner GZ Examinanden mit herabgesetzter Sehschärfe sehr häufig sind.

11.5 Vergleich von zwei Bildschirmtypen

Bei einer ergonomischen Evaluation verschiedener Bildschirme stellten FELL-MANN et al. große Qualitätsunterschiede fest. Einige Kenngrößen für die Bildschirme können der folgenden Tabelle entnommen werden:

Tabelle 6. Vergleich von zwei Bildschirmen

Kennzeichen	Bildschirm B	Bildschirm G
Phosphortyp	P 39	P 4
Oszillationsgrad S[a] (7×6 cm Fläche bei Raumbeleuchtung)	1.2	2.4
Stabilität der Zeichen	sehr gut	sehr unstabil
Konturenschärfe $\dfrac{DCD/M^2}{mm}$ [b] (bei mittlerer Einstellung)	116	37
Tägliche Augenschmerzen	7%	19%
Täglich verschwommenes Licht	4%	15%

[a] Oszillationsgrad S $= \dfrac{\text{Spitzenhelligkeit}}{\text{mittlere Leuchtdichte}}$

[b] DCD/m² $=$ Veränderung der Leuchtdichte pro mm Vorschub

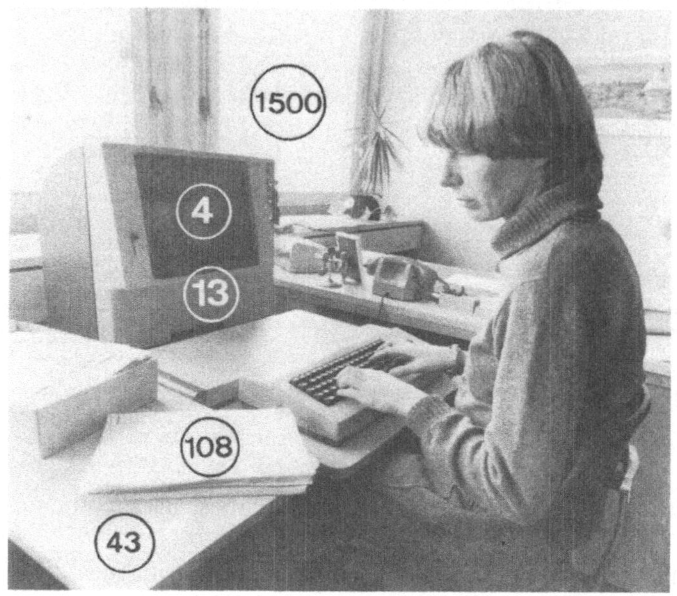

Abb. 17. Flächenhelligkeiten im Gesichtsfeld von 109 Bildschirmarbeitsplätzen (Dialog-Terminals). Die Zahlenwerte entsprechen dem Medianwert der gemessenen Leuchtdichte in cd/m²

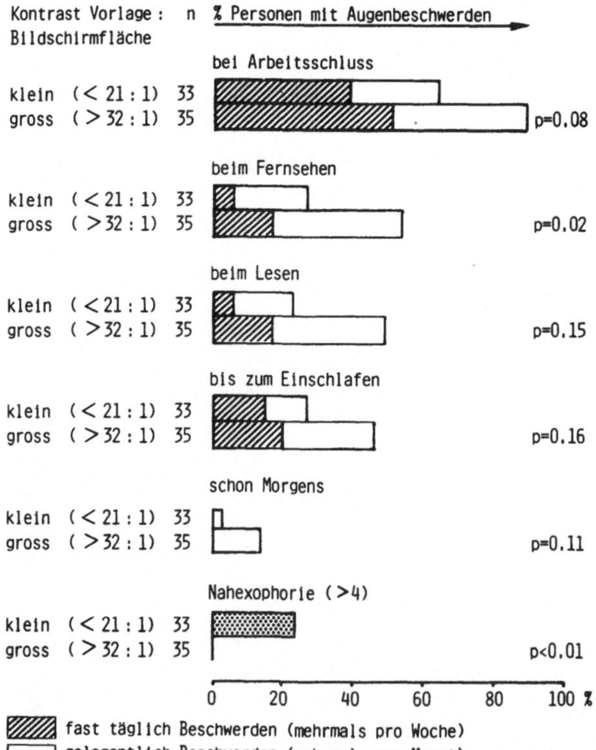

Abb. 18. Prozentuale Häufigkeit von Augenbeschwerden zu Kontrasten im Gesichtsfeld: der Vorlage zum Bildschirm bei Dialog-Terminals

11.6 Kontraste im Gesichtsfeld

Daß hohe Kontraste zu Adaptationsstörungen führen können ist bekannt.

Die von uns gemessenen Flächenhelligkeiten im Gesichtsfeld der 109 Angestellten an Dialog-Terminals wiesen sehr hohe Kontraste auf. In der Abb. 17 sind die gemessenen Flächenhelligkeiten in cd/m² als Medianwerte von 109 Bildschirmarbeitsplätzen aufgetragen. Es ist zu sehen, daß die Kontraste im Gesichtsfeld um ein Vielfaches höher als die von Ergonomen empfohlenen Werte sind.

11.7 Augenbeschwerden und Kontraste

Da die Flächenhelligkeiten im Gesichtsfeld sehr hohe Kontraste aufweisen, stellt sich die Frage, in welcher Form sie eine Beziehung zu den Augenbeschwerden haben. Ein Beispiel dieser Beziehung des Kontrastes von den Vorlagen zu den Bildschirmoberflächen und die Auswirkung auf die Augenbeschwerden ist in der Abb. 18 aufgeführt.

Ein hoher Kontrast von Vorlage zum Bildschirm ist tendenzmäßig mit lang anhaltender Augenermüdung verbunden.

11.8 Faktoranalyse von Augensymptomen

Korrelationen über Haltungs-, Sehbeschwerden und medizinische Befunde zeigen, daß Sehbeschwerden mit subjektiven Nacken- und Armbeschwerden, der Beurteilung der Arbeitshaltung, den medizinischen Befunden und der Arbeitszeit häufig signifikante Beziehungen haben. Die wesentlichen Korrelationen lassen sich wie folgt zusammenfassen:

- subjektive Augenbeschwerden korrelieren mit dem Konsum von Augentropfen, pathologischen Augenbefunden und vermehrten Augenarztkonsultationen.
- Beschwerden im Haltungsapparat gehen einher mit asthenopischen Beschwerden.
- Eine längere Arbeitszeit zeigt Beziehungen zu vermehrten Augen- und Nackenbeschwerden.
- Schmerzen im Nacken-Schulter-Armgebiet korrelieren mit erhöhtem Schmerzmittelkonsum.

Aus all diesen Korrelationen konnten wir uns kein spezifisches Bild über die Beschwerden des Sehapparates machen. Aus diesem Grund versuchten wir, mit Hilfe der Faktorenanalyse die komplexen Zusammenhänge zwischen einzelnen Augensymptomen abzuklären. In der Tabelle 7 ist die Faktoranalyse von Augensymptomen aufgetragen.

Bei der Faktoranalyse aller Variablen über Augenbeschwerden konnten wir zwei Faktoren extrahieren, die sich wie folgt interpretieren lassen:

- Faktor 1 können wir als eine allgemeine „Augenermüdung" und „Augenreizung" betrachten.
- Faktor 2 kann mit dem Begriff „Akkommodationsbeschwerden" umschrieben werden.

Tabelle 7. Faktoranalyse von Augensymptomen

		Faktorladung
Faktor 1		
81% der Varianz	Augenschmerzen	0.71
	Augenbrennen	0.66
	Augenermüdung	0.64
	Augenstechen	0.53
	Augenrötung	0.49
	Kopfschmerzen	0.42
Faktor 2		
19% der Varianz	verschwommene Nahsicht	0.79
	Augenflimmern	0.62
	verschwommene Fernsicht	0.45
	Doppelbilder	0.45

Es zeigt sich somit, daß die Augenermüdung und die Akkommodation ein wichtiges Indiz der Belastung des Sehapparates an Bildschirmarbeitsplätzen ist.

12. Subjektive Beurteilung der Arbeit und der Arbeitszufriedenheit

Gelegentlich wird eingewendet, daß eine der Ursachen von Beschwerden bei der Bildschirmarbeit in der Unzufriedenheit mit den neuen Arbeitsbedingungen zu suchen ist.

Dies hat uns veranlaßt, mit einem einfachen Fragebogen diese Hypothese zu überprüfen. In einer Bank arbeiteten zwei Gruppen, die die gleiche Arbeit

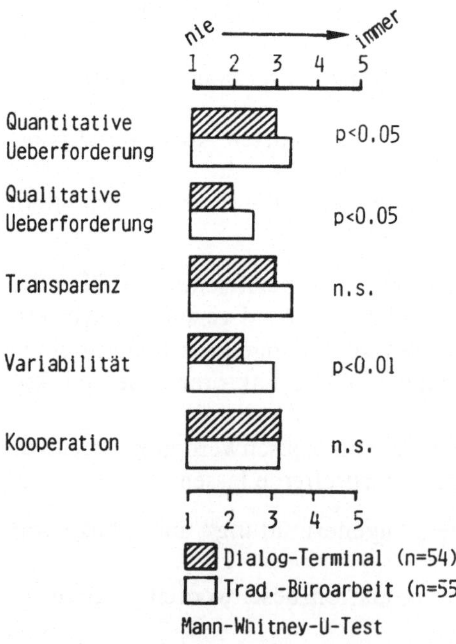

Abb. 19. Mittelwerte der subjektiven Beurteilungen der eigenen Arbeit in zwei Gruppen, die mit dem Zahlungsverkehr beschäftigt sind. Jede der aufgeführten Beurteilungen beruht auf der Einstufung von zwei einschlägigen Fragen

verrichteten (Zahlungsverkehr). In einem Fall arbeiteten sie *ohne* Bildschirm (Gruppe traditionelle Büroarbeit) und im anderen Fall *mit* Bildschirm (Gruppe Dialog-Terminal B).

Die Mittelwerte der Beurteilungen der Arbeit sind in Abb. 19 dargestellt.

Aus den Resultaten ist ersichtlich, daß sich die zwei Gruppen nur bezüglich der Beurteilung der Variabilität der Arbeit unterscheiden. „Diese Arbeit ist abwechslungsreich" und „Bei dieser Arbeit muß man immer das Gleiche tun" sind die beiden Fragen, die der Beurteilung der Variabilität zu Grunde gelegt worden sind.

Die Abb. 17 zeigt, daß die Variabilität der Arbeit bei der Bildschirmgruppe geringer beurteilt wird als bei der traditionellen Büroarbeit. Die Bildschirmarbeit wird somit als monotoner empfunden.

13. Diskussion

Angestellte an Bildschirmarbeitsplätzen sind auf Grund geringerer Mobilität vermehrten Zwangshaltungen ausgesetzt.

Bei der gleichen Berufsgruppe kommen auch vermehrt Augenbeschwerden vor. Diese Haltungs- und Augenbelastungen können bei gewissen Personen einen Zustand genereller Ermüdung, begleitet von mehr oder weniger spezifischen Symptomen wie Muskelkrämpfen und Tendinosen oder zu lang andauernden Augenreizungszeichen führen. Wir können daraus folgern, daß Bildschirmarbeit mit einer hohen Belastung verbunden ist, welche bei einigen Personen Übermüdung und teilweise sogar Gesundheitsschäden zur Folge haben können. Schmerzen im Nacken-Schulter-Armgebiet korrelieren mit vermehrtem Schmerzmittelkonsum.

Viele Beschwerden hängen mit der Arbeitsplatzdimensionierung zusammen. Die subjektiven Angaben und die medizinischen Befunde zeigen direkte Beziehungen zu den einzelnen Arbeitsplatzdimensionen und den individuellen Haltungsanpassungen.

Die subjektiven Augenbeschwerden korrelieren mit dem Konsum von Augentropfen und vermehrter Augenarztkonsultation.

Für die Augenbeschwerden scheint die Arbeit an Bildschirmen sowie die erhöhte Informationsverarbeitung in den verschiedenen Büroarbeiten und insbesondere die Leuchtdichteoszillation der Bildschirmzeichen eine wichtige Ursache zu sein. Überraschend ist die Beziehung zwischen der Gleichförmigkeitszahl und dem Nahvisus. Je größer die Leuchtdichteoszillationen, je schlechter die Sehleistung. Die weit über den empfohlenen Werten liegenden Flächenkontraste im Gesichtsfeld scheinen länger andauernde Augenermüdungen zu verursachen.

14. Empfehlungen für die Gestaltung von Bildschirmarbeitsplätzen

Auf Grund unserer Erfahrungen aus Feldversuchen, neueren Versuchen mit vielfältig einstellbaren Bildschirmarbeitsplätzen und Versuchen mit ergonomisch gestalteten Tastaturen und Kenntnis der entsprechenden Literatur, glauben wir folgende Empfehlungen aufstellen zu können:

14.1 Arbeitsplatzdimensionierung

– Die Höhe von Bildschirm-Arbeitstischen soll zwischen 65−80 cm einstellbar sein, um 95% aller bevorzugten Tastaturhöhen zu entsprechen (Miller, Brown, Hünting et al.).
– Feste Tischhöhen von 72 cm sind für Arbeiten an Bildschirmterminals nur für ein kleines Benutzerkollektiv geeignet, jedoch für den größten Teil der Benutzer zu niedrig!
– Der Tisch sollte eine Tiefe aufweisen, die es gestattet, die Distanz des Bildschirmes zur Tischkante auf 70 cm einzustellen.

14.2 Tastaturgestaltung

– Die Tastatur muß vom Bildschirm getrennt sein. Sie sollte flach sein und die Höhe der mittleren Tastenreihe (C-Reihe nach DIN 2139) soll 30 mm nicht überschreiten.
– Die Neigung der Tastatur soll in einem Bereich von 10−15° liegen.
– Bei intensiver Arbeit an Tastaturen (z. B. Textverarbeitung, reine Dialogarbeit) sollten ergonomisch gestaltete Tastaturen verwendet werden, an denen mit abgestützten Unterarmen gearbeitet werden kann. Das Tastenfeld muß in diesem Fall halbiert und die Tastenhälften schräg angeordnet werden, um die ulnare Abduktion der Hände zu reduzieren, um somit Zwangshaltungen zu vermeiden.
– Höhere Tastaturen von mehr als 3 cm sollten mit einer keilförmig auslaufenden Armauflage von 10−15 cm versehen sein.

14.3 Empfehlungen für die natürliche Kopfhaltung

– Die gewünschte Sehdistanz zum Bildschirm sollte zwischen 60 cm und 80 cm liegen.
– Die Bildschirmhöhe über Tisch (Bildschirmmitte) sollte 30−35 cm betragen, dies bei einer angepaßten Arbeitshöhe.
– Beleghalter sollten in einem Bereich von 10−70° zur Horizontalen verstellbar sein.
– Die Neigung des Bildschirmes sollte 90−95° zur Horizontale betragen.
– Die bevorzugten Blickwinkel zur Bildschirmmitte (=Winkel-Auge zur Bildschirmmitte gegen eine Horizontale) liegen nach unseren Erhebungen bei vielfältig verstellbaren Bildschirmarbeitsplätzen zwischen 5−15°.

14.4 Bürostühle und Fußstützen

– Die Bürostühle und Fußstützen sollten den „Sicherheitsregeln für Büroarbeitsplätze" (ZH 1/535) entsprechen. Die Höhen der Rückenlehnen sollten 48−50 cm über Sitzfläche aufweisen.

14.5 Informationsdarbietung auf dem Bildschirm

– Die Leuchtdichte der Zeichen soll einstellbar sein.
– Als Kontrast der Zeichen zum Bildschirmhintergrund sind Verhältnisse von 6:1 bis 10:1 zu empfehlen

- Die Leuchtdichte des Bildschirmhintergrundes sollte 15 cd/m² betragen.
- Die Zeichenhöhe eines Großbuchstabens sollte 4 mm (mindestens 3,5 mm) betragen.
- Um eine genügende Trennung der Zeichen zu erreichen und ein „Ineinanderfließen" zu vermeiden, sollte der Buchstabenabstand mindestens 10% der Zeichenhöhe betragen.
- Die Zeichen sollten eine hohe Konturenschärfe aufweisen.
- Die Zeichen sollten auch bei einer Leuchtdichte von 30 cd/m² kein sichtbares Flimmern zeigen.
- Die Regenerationsrate des vollen Bildes sollte mindestens 60 Hz betragen, jedoch nach Möglichkeit höher sein.
- Eine sinnvolle farbige Informationsdarbietung kann die Sehaufgabe erleichtern.
- Die örtliche Darbietung der Zeichen sollte stabil sein und keine örtliche Bewegungen zeigen.
- Die Abklingzeit des Phosphors sollte mehr als 100 ms bei einem Abfall auf 10% der maximalen Helligkeit sein.
- Bei der jetzigen Bildschirm-Technologie ist es fragwürdig, eine Positivdarstellung der Bildschirmzeichen (dunkle Zeichen auf hellem Untergrund) zu empfehlen. Dies hat zwar den Vorteil einer Reduzierung des Kontrastes zwischen Bildschirm und Vorlage zur Folge. Da durch eine Positivdarstellung die ausgeleuchtete Fläche in der Retina größer ist, sind ungünstige Auswirkungen durch das unsichtbare Flimmern zu erwarten.

14.6 Vermeidung von Reflexionen

- Die Glasoberflächen der Bildschirme sollten entspiegelt sein. Dünnschicht-Beschichtungen (λ/4-Beschichtung) sind am besten geeignet. Alle anderen Antireflexmaßnahmen erschweren die Lesbarkeit der Zeichen!
- Die Leuchten sind mit Raster zu versehen, um Blendungen zu vermeiden. Die Raster sollten so gestaltet sein, daß die Leuchten nicht als Reflexionen auf dem Bildschirm wahrgenommen werden.
- Die Bildschirme sind seitlich zu großen Flächenhelligkeiten, wie Fenster, aufzustellen.
- Die Tastatur- und Tischoberfläche sollte matt sein und einen Reflexionsgrad von 30% bis 40% aufweisen.

14.7 Reduktion der Flächenhelligkeiten im Gesichtsfeld

- Die Kontraste zwischen Bildschirm zur Vorlage, Tastatur, Bildschirm und Apparategehäuse soll 1:5 und maximal 1:10 sein.
- Tischlampen zur Ausleuchtung der Vorlagen sind nicht zu empfehlen, da sie den Kontrast zwischen Vorlage und Bildschirm nur vergrößern!
- Die Kontraste der Umschließungsflächen wie Fenster, Wände, Decken und Böden sollten 1:10 betragen, jedoch kleiner als 1:20 sein.
- Die großen Flächenhelligkeiten der Fenster können mit Vertikal-Lamellenstoren (Reflexionsgrade von 30−40%) vermindert werden.
- Empfohlene Reflexionsgrade im Raum: Decken 60%, Wände 40−50%, Mobiliar und Trennwände 30−40%.

14.8 Vermeidung des „Flimmerns" von Leuchtstofflampen

– Leuchtstofflampen oszillieren bei 50 Hz Wechselstrom mit 100 Hz. Das unsichtbare Oszillieren von 100 Hz kann nach Grandjean zu einer Verstärkung physiologisch meßbarer Ermüdung und zu einer Herabsetzung der Leistungsfähigkeit führen.
– Die Oszillation der Leuchtstofflampen von 100 Hz kann mit der niedrigeren Regenerationsfrequenz der Bildschirmzeichen zu einer Interferenz führen.
– Aus diesen Gründen sollten Leuchtstofflampen an drei Phasen verschoben angeschlossen werden, um eine zeitliche Gleichmäßigkeit der Leuchtdichte von Leuchtstofflampen zu erreichen.
– Die Oszillation von „Warmton"-Leuchtstofflampen ist geringer als bei „Kaltton"-Leuchtstofflampen. Für Bildschirm-Arbeitsplätze sind somit eher „Warmton"-Leuchtstofflampen zu empfehlen.

14.9 Empfehlung für die Beleuchtungsstärke an Bildschirmarbeitsplätzen

– Als Beleuchtungsstärken für Bildschirmarbeitsplätze sind 300 – 500 Lux (horizontal gemessen) zu empfehlen. Eine ausreichende horizontale Beleuchtungsstärke ist notwendig, um den Bildschirm „aufzuhellen" und somit den Kontrast zwischen Vorlage und Bildschirm zu reduzieren.

Literatur

Brown, C.R. and Schaum, D.L., 1980, User-adjusted VDU parameters. In: Ergonomic Aspects of VDT, Edited: E. Grandjean and E. Vigliani, p. 195–200, Taylor and Francis, London.
Committee on Cervicobrachial Syndrome in JAIH, 1973, The report on the committee in 1972. Jap. J. Ind. Health, *15*, 304–311.
Duncan, J. und Ferguson, D., 1974, Keyboard operating posture and symptoms in operating, Ergonomics 17, 5, 651–662.
Elias, R., 1980, Investigations in operators working with CRT display terminals: Relationships between task content and psychophysiological alterations. In: Ergonomic aspects of VDTs. Taylor & Francis, London, p. 211–217.
Fellman, Th., Bräuninger, U., Gierer, R. und Grandjean, E. 1982, An ergonomic evaluation of VDTs. To be published in Behaviour & Information Technology No. 1.
Ferguson, D., 1971, An Australian study of telegraphists cramp. Brit. J. Ind. Med., 28, 280–285.
Grandjean, E., Horisberger, B., Havas, L. und Abt, K. 1959, Arbeitsphysiologische Untersuchungen mit verschiedenen Beleuchtungssystemen an einer Feinarbeit. Ind. Organisation, 28, 231–239.
Grandjean, E., Nakaseko, M., Hünting, W. und Läubli, Th., 1981, Ergonomische Untersuchungen zur Entwicklung einer neuen Tastatur für Büromaschinen. Zeitschrift für Arbeitswissenschaft, 35, 221–226.
Grandjean, E. und Hünting, W., 1981. „Sitzen Sie richtig?" Herausgeber: Bayerisches Staatsministerium für Arbeit und Sozialordnung. 4. Auflage. Reg. No. 10/77/12.
Hosokawa, M., 1979, Occupational cervicobrachial disorder. Nihon Rodosha anzen senta, Tokyo.
Hünting, W., Läubli, T. und Grandjean, E., 1980, Constrained postures of VDT-operators. In: Ergonomic aspects of VDTs. Taylor & Francis, London, p. 175–184.
Hünting, W., Läubli, Th. und Grandjean, E., 1981, Zwangshaltungen an Bildschirmarbeitsplätzen. Zentralblatt für Arbeitsmedizin, Arbeitsschutz, Prophylaxe und Ergonomie Bd. 31, Nr. 8, 316–325.

Hünting, W., Grandjean, E. and Maeda, K., 1980, Constrained postures in accounting machine operators. In: Applied Ergonomics, 11, p. 145−149.

Hünting, W., Grandjean, E. and Pidermann, M., 1982, The adjustability of VDT workstations; a field and laboratory study on the effects of various workstation dimensions. Wird publiziert.

Hünting, W., Maeda, K. und Grandjean, E., 1979, Körperhaltung und Muskelermüdung bei Arbeiten an Buchungsmaschinen. Sozial- und Präventivmedizin Vol. 24, 284−285.

Hünting, W., Läubli, Th. and Grandjean, E., 1981/12, Postural and visual loads at VDT workplaces. I. Constrained postures. Ergonomics 24, 917−931.

Komoike, Y. und Horiguchi, S., 1971, Fatigue assessment on key punch operators, typists and others. Ergonomics, 14, 1, 101−109.

Kuorinka, I. and Kosinen, P., 1979, Occupational rheumatic diseases and upper limb strain in manual jobs in a light mechanical industry. Scand. J. Work Environ. & Health 6: Suppl. 3, 39−47.

Läubli, Th., 1981, Das arbeitsbedingte cervicobrachiale Überlastungssyndrom. Dissertation an der Med. Fakultät der Universität Zürich.

Läubli, Th., Nakaseko, M. and Hünting, W., 1980, Arbeitsbedingte cervicobrachiale Beschwerden bei Büroarbeiten. Sozial- und Präventivmedizin 25, 407−412, 6.

Läubli, Th., Hünting, W., Grandjean, E., Fellmann, Th., Bräuninger, U. und Gierer, R., 1982, Belastungsfaktoren an Bildschirmarbeitsplätzen. Klinische Monatsblätter für Augenheilkunde 180, 361−366.

Läubli, Th., Hünting, W. und Grandjean, E., 1981/12, Postural and visual loads at VDT workplaces. II. Lighting conditions and visual impairments. Ergonomics 24, 933−944.

Läubli, Th., Hünting, W. und Grandjean, W., 1980, Visual impairments in VDT operators, related to environmental conditions. In: Ergonomic aspects of VDTs. Taylor & Francis, London, p. 85−94.

Laville, A., 1980, Postural reactions related to activities on VDU. In: Ergonomic aspects of VDTs. Taylor & Francis, London, p. 167−174.

Luopajärvi, T., Kuorinka, I., Virolainen, M. und Holmberg M., 1979, Prevalence of tenosynovitis and other injuries of the upper extremities in repetitive work. Scand. J. Work Environ. Health 6: Suppl. 3, 48−55.

Maeda, K., 1977, Occupational cervicobrachial disorder and its causative factors. J. Human Ergol. 6, 193−200.

Maeda, K., Hünting, W. und Grandjean, E., 1980, Localized Fatigue in Accounting-Machine Operators. In: Journal of Occupational Medicine, 22, 810−816.

Maeda, K., Hünting, W. und Grandjean, E., 1981, Factor Analysis of Localized Fatigue Symptoms in Accounting Machine Operators. Wird veröffentlicht.

Martin, E., Ackermann, U., Udris, I. und Oegerli, K., 1980, Monotonie in der Industrie. Verlag Hans Huber, Bern, Stuttgart, Wien.

Miller, I. and Suther, T.W., 1981, Preferred height and angle settings of CRT and keyboard for a display station input task, Proc. Human Factors Soc. 25th Annual Meeting.

Nakaseko, M., Nishiyama, K. und Hosokawa, M., 1975, Problems of reducing work loads in cash register operation: 1. Comparisons of work loads in usual cash register and electronic cash register operations. Jap. Ind. Health, 17: 168−170

Nakaseko, M., 1975, Thermografical study of skin temperature of fingers and hands on the young female workers. Osaka City University Japan.

Östberg, O., 1980, Accommodation and visual fatigue in display work. In: Ergonomics aspects of VDTs, Taylor & Francis, London, p. 41−52.

Smith, M., 1980, Job stress in video display operations. In: Ergonomic aspects of VDTs, Taylor & Francis, London, p. 201−210.

Videman, T., Eronen, I., Candolin, R., 1979, Effects of motion load changes on tendon tissues and articular cartilage. Scand. J. Work Environ. & Health 6: Suppl. 3, 56−67.

Waris, P., 1979, Occupational cervicobrachial syndromes. Scand. J. Work Environ. & Health 6: Suppl. 3, 3−14.

Schallschutz und akustische Gestaltung im Büro (Technische Möglichkeiten, Planungsempfehlungen)

E. SCHAFFERT

1. Einleitung und Übersicht

In den hochindustrialisierten Ländern nimmt die Belästigung des Menschen durch Lärm ständig zu. Schwerhörigkeit bei langjähriger Exposition in Bereichen mit Schalldruckpegeln von mehr als 90 dB(A) — und Störungen des vegetativen Nervensystems auch bei Schalldruckpegeln unter 90 dB(A) — können die Folge sein.

Es ist seit langem erwiesen, daß eine erhöhte Lärmeinwirkung die Konzentrations- und somit die Arbeitsfähigkeit des Menschen mindert und das Wohlbefinden beeinträchtigt; hoher Krankenstand, starke Fluktuation der Mitarbeiter oder schlechtes Betriebsklima sind meist die Folgen. Neben den lärmintensiven Bereichen der Industrie gewinnt daher die Lärmminderung und Schallschutzplanung in Büros zunehmend an Bedeutung. Der Arbeitsplatz im Büro ist durch eine Vielzahl von verschiedenen Geräuschen belastet, die sowohl aus der Nachbarschaft wie auch aus benachbarten Büros eindringen oder in der direkten Umgebung des betreffenden Arbeitsplatzes entstehen oder auch selbst erzeugt werden.

Die Lärmimmission am Büroarbeitsplatz wird als Beurteilungspegel L_r nach der Norm 45 645 [1] ermittelt, und gemäß der VDI-Richtlinie 2058 [2] angegeben.

Die Gleichung (1) gibt den Zusammenhang zwischen dem innerhalb eines Zeitabschnittes T_j herrschenden mittleren Schalldruckpegel L_{mj} und der Einwirk- bzw. Beurteilungszeit T an (k_j Zuschlag für die Anfälligkeit des Geräusches).

$$L_r = 10 \lg \frac{1}{T} \sum_{j=1}^{n} 10^{0,1\,(L_{mj} + K_j)} \cdot T_j \; [\mathrm{dB}] \tag{1}$$

In der seit Mai 1976 in Kraft getretenen Arbeitsstättenverordnung werden drei, nach Tätigkeiten gestaffelte höchstzulässige Beurteilungspegel festgelegt:

$L_r \leqq 55$ dB(A) für überwiegend geistige Tätigkeiten

$L_r \leqq 70$ dB(A) für einfache und überwiegend mechanisierte Bürotätigkeiten sowie vergleichbare Arbeiten

$L_r \leqq 85$ dB(A) für alle übrigen Tätigkeiten.

Für die Beurteilung des Lärms am Büroarbeitsplatz gelten fast ausnahmslos die höchstzulässigen Beurteilungspegel für geistige und überwiegend mechanisierte Bürotätigkeit. Ganz zwangsläufig hat diese Verordnung erhebliche Konsequenzen auf die Gestaltung, Organisation und den Betriebsablauf innerhalb eines modernen Büros. Es werden hohe Anforderungen an die Geräuscharmut der in den Büros betriebenen Maschinen gestellt. Der Einsatz lärmgeminderter Maschinen stellt aber nur ein Element günstiger Schallschutzplanung im Büro dar. Ebenso wichtig ist die Standortfrage eines Bürogebäudes — wenn hier überhaupt Alternativen bestehen —, die architektonische Zuordnung einzelner Büros im Gebäude und die Arbeitsorganisation innerhalb des Büros.

Durch vielfältige Bemühungen nicht zuletzt aufgrund von verschiedenen Forschungsvorhaben, die sowohl vom Bundesministerium für Forschung und Technologie als auch von der Bundesanstalt für Arbeitsschutz und Unfallforschung gefördert wurden, ist es zwischenzeitlich der Büromaschinenindustrie gelungen, Lärmminderungsmaßnahmen an ihren Produkten durchzuführen, die nennenswerte Schallpegelsenkungen zur Folge hatten. Entwicklungstendenzen lassen weitere Schallpegelabnahmen erwarten, insbesondere dann, wenn auf ganz andere Verfahren übergegangen wird.

Den Betreibern von Büros oder deren Beratern steht mit dem Entwurf der VDI-Richtlinie 2569 „Schallschutz und akustische Gestaltung im Büro", der im Jahre 1981 der Öffentlichkeit vorgestellt wurde, ein auf die speziellen Probleme der Schallschutzplanung im Büro abgestimmtes Richtlinienwerk zur Verfügung.

2. Geräuschsituation im Büro

Die Lärmempfindung eines in einem Büro arbeitenden Menschen läßt sich nach [4] in drei Faktorengruppen aufteilen:

- Die erste Gruppe umfaßt die physikalisch objektivierbaren Tatbestände wie Intensität und Frequenz des Lärms, seine zeitliche Änderung und die Informationshaltigkeit der am Büroarbeitsplatz ankommenden Geräusche. Eine wesentliche Rolle spielen hierbei neben der Art des Bürobetriebes auch die baulichen sowie räumlichen Gegebenheiten.
- Die zweite Gruppe läßt sich als berufliche Einflußfaktoren kennzeichnen, die die unterschiedlichen Ansprüche an die einzelnen Arbeitnehmer, d.h. die Anforderungen an ihre Leistungsbereitschaft berücksichtigt. Diesen Tatbestand versucht die Arbeitsstättenverordnung mit ihren drei (bzw. zwei) nach Tätigkeiten gestaffelten Beurteilungspegeln gerecht zu werden.
- Als dritter Faktor schließlich läßt sich das individuelle Empfinden des Arbeitnehmers, seine momentane physische und psychische Verfassung, angeben.

Aufgabe von Planern, Akustikern und den Betreibern der Büros muß es sein, unter Berücksichtigung der beruflichen Anforderungen der einzelnen Arbeitnehmer die physikalisch beeinflußbaren Faktoren so zu optimieren, daß sich eine für das physische und psychische Wohlbefinden der meisten Arbeitnehmer günstige Geräuschsituation ergibt.

2.1 Einwirkende Geräuschqeullen

Wie einleitend bereits festgestellt wurde, wirken auf den Arbeitsplatz in einem Büro eine Vielzahl von verschiedenen Geräuschen ein:

- Lärm aus der Nachbarschaft, z. B. von benachbarten industriellen oder gewerblichen Anlagen, aber auch Verkehrsgeräusche;
- Lärm aus benachbarten Räumen, wie z. B. Arbeitsräumen, Maschinenräume, Fahrstühle, Flure etc.
- Lärm, der innerhalb des Büros selbst erzeugt wird, z. B. durch Gespräche der Kollegen, Bewegungsgeräusche, Telefonklingeln und den Lärm der in dem Büro eingesetzten Maschinen.

Abgestimmt auf die verschiedensten Lärmquellen lassen sich – wie nachfolgend beschrieben – Schallschutzmaßnahmen ergreifen.

3. Anforderungen, Planungsempfehlungen

In Arbeitsräumen ist der Schallpegel so niedrig zu halten, wie es nach Art des Betriebes möglich ist. Diese Aussage in § 15 der Arbeitsstättenverordnung in Verbindung mit den bereits in der Einleitung angegebenen höchstzulässigen Beurteilungspegeln stellt die akustische Anforderung an die zu ergreifenden Maßnahmen dar. Die Zuordnung der einzelnen Bürotätigkeiten sollte nach den Vorschlägen der VDI-Richtlinie 2058 Blatt 3 erfolgen. Bei Einordnungsschwierigkeiten einzelner Tätigkeitsbereiche empfiehlt sich eine Orientierung an dem Arbeitsabschnitt, der die höchsten Anforderungen an den Arbeitnehmer stellt.

Darüber hinaus soll der Lärm, ausgehend von haustechnischen Anlagen, gemäß den Angaben in Teil 5 des Normentwurfs DIN 4109 [5], in Büroräumen einen Schalldruckpegel von 40 dB(A) nicht überschreiten. Eine Überschreitung dieses Wertes um maximal 5 dB kann toleriert werden, wenn es sich um Dauergeräusche von Lüftungsanlagen ohne auffällige Einzeltöne handelt.

Quasi frei wählbar ist der Pegel des Hintergrundgeräusches. In jedem Büro stellt sich aufgrund der zuvor erwähnten Geräusche und des von außen eindringenden Lärms ein Hintergrundgeräuschpegel ein. Je niedriger dieser Hintergrundgeräuschpegel sein soll, desto höher werden die Anforderungen an die Bauteile, die Raumgliederungssysteme und an die Geräuscharmut der Büromaschinen. Je nach Anforderung sollte der Hintergrundgeräuschpegel zwischen 30 und maximal 45 dB(A) liegen. Je höher der Geräuschpegel ist, desto eher werden Geräusche aus Nachbarbereichen verdeckt. In der Öffentlichkeit werden daher, ausgehend von amerikanischen Publikationen, Beschallungsanlagen diskutiert, die ein Hintergrundgeräusch einspielen, das im Spektrum in etwa dem Rauschen einer etwas zu lauten Klimaanlage entspricht. In der Fachwelt sind die Ansichten über solche Anlagen geteilt.

Entsprechend der Anforderung an die einzelnen Arbeitsplätze unter Berücksichtigung des vorhandenen oder gewünschten Hintergrundgeräusches ergibt sich die Festlegung des Büroraumtypes. Der Entwurf der VDI-Richtlinie 2569 unterscheidet, etwas abweichend vom allgemeinen Sprachgebrauch, in Einzelbüros und Mehrpersonenbüros. Da verbindliche Definitionen für das sogenannte Großraumbüro fehlten, wurde der Bürotyp Merhpersonenbüro nicht mehr weiter unterteilt. Aufgrund der akustischen Anforderung an die Arbeitsplätze ist auch eine solche Unterteilung nicht sinnvoll. Sicherlich stellt das klassische Mehrpersonenbüro (z.B. 4 Personen in einem Raum mit ca. 30 m² Grundfläche) akustisch die größten Probleme dar. Der Unterschied zu einem sogenannten Großraumbüro ist jedoch − wohl gemerkt aus akustischer Sicht − nur ein gradueller und kein prinzipieller.

3.1 Schallschutz gegenüber von außen eindringende Geräusche (Nachbarschaftslärm)

Bei der Neuplanung eines Bürogebäudes sollte nach Möglichkeit der Standort des Gebäudes so gewählt werden, daß genügend Abstand zu besonders geräuschintensiven Quellen besteht. Geräuschintensive Quellen in diesem Zusammenhang sind größere Verkehrsflughäfen, Autobahnen, aber auch Produktionsstätten auf dem eigenen Gelände. Gerade der Lärm von eigenen Betriebsstätten muß bei der Grundrißanordnung eines Bürogebäudes berücksichtigt werden. Grundsätzlich ist darauf zu achten, daß Büroräume mit hohen Anforderungen nicht auf der dem Lärm zugewandten Seite angeordnet werden. Falls sich eine Anordnung auf der dem Lärm zugewandten Seite nicht vermeiden läßt, ist in jedem Falle eine mechanische Lüftung erforderlich, da sich ansonsten bei offenen Fenstern die geforderte Schalldämmung nicht einhalten läßt. Zu beachten ist, daß neben den Produktionsstätten auf dem eigenen Gelände auch Kantinen, Auslieferungsrampen, Maschinenräume, Energiezentralen, aber auch Trafostationen schalltechnische Probleme aufwerfen können. Der schalltechnische Aufwand wird unverhältnismäßig groß, wenn z.B. ein Sitzungszimmer in unmittelbarer Nachbarschaft zurWerkskantine konzipiert wird.

Grundsätzlich lassen sich die von außerhalb des Gebäudes auf die Büroarbeitsplätze einwirkenden Geräusche mit den zur Verfügung stehenden bauakustischen Möglichkeiten auf die erforderlichen Werte begrenzen.

Die Schalldämmung von massiven Wänden nimmt prinzipiell mit Zunahme des Flächengewichts der Bauteile zu. Im Teil 3 der Norm DIN 4109 [5] sind verschiedene Beispiele für Außenwandkonstruktionen zu finden. Als Wert für die Schalldämmung wird allgemein üblich ein sogenanntes bewertetes Schalldämmmaß R_w, angegeben. Die Schalldämmung der Außenwand eines Büroraumes setzt sich aus den Schalldämmaßen der einzelnen Bauteile zusammen. Das am schlechtesten dämmende Bauteil bestimmt im wesentlichen die gesamte Schalldämmung.

Das Schalldämmaß der Außenbauteile ergibt sich aus der Differenz zwischen dem über einen längeren Zeitraum gemittelten Schalldruckpegel (oder zu erwartenden Schalldruckpegel) vor der Fassade und dem zulässigen Schalldruckpegel im Inneren des Büros. Hinsichtlich der Details wird wiederum auf [6] verwiesen. Als Beispiel sei der besonders häufig vorkommende Fall eines Büros im Innenstadtbereich erwähnt. Der gemittelte Schalldruckpegel vor der Fassade beträgt 75 dB(A); das zu schützende Büro sei die Praxis eines Arztes, d.h. ein Einzelbüro mit hohen Anforderungen; der Hintergrundgeräuschpegel sollte 30 dB(A) nicht überschreiten. In diesem Falle ergibt sich ein sog. Bauschalldämmaß für die gesamte Außenwandkonstruktion von mindestens 50 dB, was auch technisch erreichbar ist.

3.2 Schallschutz gegenüber dem Lärm aus benachbarten Räumen

Ebenso wie bei der Schalldämmung gegenüber von außen eindringenden Geräuschen ist bereits bei der Vorplanung hinsichtlich der Grundrißanordnung von Büroräumen darauf zu achten, daß insbesondere bei Büros mit hohen akustischen Anforderungen weder auf derselben Etage noch darüber oder darunter extrem laute Räume unmittelbar angrenzen. Sanitäre Einrichtungen und haustechnische Anlagen wie z. B. Fahrstühle sollten bei solchen Büroräumen keine direkte bauliche Verbindung aufweisen. Prinzipiell besteht kein Unterschied zwischen der Schalldämmung der von außen eindringenden Geräusche oder der aus benachbarten Büroräumen in den zu schützenden Büroraum gelangenden Geräusche. Häufig werden jedoch innerhalb der Gebäudeumschließungselemente aus Gründen der leichten Veränderbarkeit demontierbare Wände vorgesehen. Die im Labor gemessenen Schalldämmaße solcher Wände sind durchaus vergleichbar mit den Werten schwerer, massiver Außenbauteile, da besondere Konstruktionen (Doppelwand) zur Anwendung kommen. Entscheidend für die schalldämmende Wirkung solcher leichten Trennwände ist jedoch die Qualität der Montage. Häufig liegen die reell, d. h. am Bau erzielbaren Schalldämmaße um bis zu 10 dB unterhalb der im Labor gemessenen Werte. Beim Innenausbau ist − und dies ist eine ganz wesentliche Feststellung − der Ausbauqualität große Aufmerksamkeit zu schenken.

Darüber hinaus entstehen in modernen Bürogebäusen mit meist durchgehenden Massivdecken und untergehängten, relativ weichen Deckenverkleidungen häufig Nebenwege dergestalt, daß Geräusche in dem Deckenzwischenraum weitergeleitet werden. Es muß gewährleistet sein, daß aufgrund einer untergehängten Deckenkonstruktion die Schalldämmung der Trennwand nicht unzulässig verringert wird.

Türen sind meistens die Elemente einer Wand, die die geringste Schalldämmung aufweisen. Zwar werden in den Prospekten von Türherstellern häufig bewertete Schalldämmaße von über 40 dB angegeben, jedoch beziehen sich die nahezu ausschließlich auf die Schalldämmung des Türblattes allein. Ganz wesentlich zur Beurteilung der Schalldämmung einer Tür ist deren Einpassung in die Raumtrennwand. Zwangsläufig ergeben sich Undichtigkeiten, die die Schalldämmung erheblich reduzieren. Auch hier sind Differenzen von teilweise mehr als 10 dB gegenüber dem im Labor ermittelten Meßwert häufig festzustellen. Es empfiehlt sich bei beonders hohen Anforderungen an die Schalldämmung der Türen, diese gesondert in Auftrag zu geben und sowohl Lieferung des Türblattes wie Einbau und Einpassen der Türe einer einzigen Firma zu übertragen.

Hinsichtlich der Schalldämmaße von Decken wird wiederum auf die Norm DIN 4109 [5] verwiesen. Ergänzend sei hierzu angemerkt, daß durch die häufige Verwendung von sog. Unterdecken (biegeweiche Konstruktion) die Schalldämmung von massiven Decken verbessert wird, so daß in aller Regel herkömmliche Konstruktionen die Forderungen, die an einen Büroraum gestellt werden, einhalten lassen.

Ebenso ist in aller Regel ein ausreichender Trittschallschutz von oben nach unten, d. h. in vertikaler Richtung, dann gewährleistet, wenn untergehängte Decken und — was meist heute zur normalen Büroausstattung gehört — textile Bodenbeläge Verwendung finden. Bei Verzicht auf solche textilen Bodenbeläge muß geprüft werden, ob der erforderliche Trittschallschutz nur durch einen sog. schwimmenden Estrich erreicht werden kann. Hierbei handelt es sich um einen zweiten, körperschallisoliert auf der Decke aufgebrachten Fußboden.

In horizontaler Richtung kann die Anwendung schwimmender Estriche aufgrund der verbesserten Schallängsleitung kritisch werden, wenn leichte Bürotrennwände Verwendung finden. Keinesfalls dürfen solche Wände auf einen solchen Estrich gestellt werden. Es empfiehlt sich, entweder den Estrich an der Trennwand zu unterbrechen, d. h. die Trennwand auf der massiven Decke zu errichten, oder textile Bodenbeläge mit hohem Trittschallschutzverbesserungsmaß [6] zu verwenden.

Nicht unerwähnt bleiben sollte hier ein häufig vernachlässigter Gesichtspunkt bei der Gestaltung von Büroräumen. Es ist widersinnig — um wieder das Sitzungszimmer aufzugreifen —, daß ein solches an einem Flur konzipiert wird, der für viele Mitarbeiter den einzigen Weg zur Werkskantine darstellt. Jeder Planer sollte heute bereits bei der Konzeption eines Bürogebäudes Tatbestände des täglichen Betriebes berücksichtigen. Es ist jedoch leider bis heute eine läßliche Sünde, daß die Ausstattung der Flure hinsichtlich der Bodenbeläge keinesfalls mit der Ausstattung der eigentlichen Büroräume zu vergleichen ist. In jedem Falle ist der Trittschalldämmung von Fluren erhöhte Aufmerksamkeit zu schenken.

3.3 Lärmemission von Büromaschinen

Werden innerhalb von Büros Maschinen betrieben, so stellen diese meist die dominierenden Geräuschquellen dar. Sieht man von den nachfolgend und in dem Vortrag von Herrn Dipl.-Ing. BERGMANN beschriebenen Möglichkeiten ab, so hat der Betreiber nur einen sehr geringen Einfluß auf die Geräuschemission von Büromaschinen. Es sei hier nochmals darauf hingewiesen, daß zwischen Schallemission und Schallimmission oder Geräuschemission und Geräuschimmission unterschieden werden muß. Mit Emission wird die Schallentstehung und Abstrahlung von einer Geräuschqeulle bezeichnet. Der Emissionsort ist die Geräuschquelle. Die kennzeichnende Größe ist die Schalleistung.

Mit Immission wird die Einwirkung von Schall an einer bestimmten Stelle bezeichnet. Auf einen Immissionsort, beispielsweise einen Büroarbeitsplatz, können mehrere Schallquellen einwirken. Die kennzeichnende Größe ist ein Schalldruckpegel. Der in Gleichung (1) angegebene Beurteilungspegel ist eine Immissionsgröße. Die Immission ist abhängig von der Schalleistung der Emittenten und den Bedingungen, unter denen sich der Schall ausbreiten kann, während die Emission, d. h. die Schalleistung, eine die Geräuschquelle kennzeich-

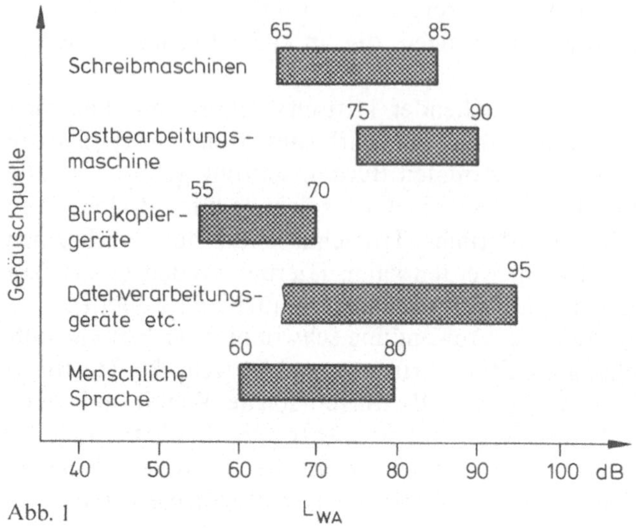

Abb. 1

nende akustische Größe darstellt, die unabhängig von den Umgebungsbedingungen ist. Vernünftigerweise kann daher von Büromaschinenherstellern lediglich die Schalleistung, niemals jedoch ein eventuell zu erwartender Beurteilungspegel am Aufstellungsort der Maschine angegeben werden.

Lärmminderung im Büro beginnt bei dem Einkauf lärmarmer Büromaschinen. Einen Überblick über den Dynamikbereich üblicher Büromaschinen gibt Abb. 1 [7].

Dem Betreiber bleiben lediglich sekundäre Maßnahmen zur Minderung der Geräusche vorbehalten. So sollten auf jeden Fall die häufig heute von Schreibmaschinenherstellern gelieferten, bereits in die Maschinenkonstruktion integrierten Abdeckungen der Gehäuseöffnungen-Verwendung finden. Eine Minderung in der Größenordnung von 3 bis 8 dB im A-bewerteten Schalldruckpegel am Bedienerplatz sind nicht unrealistisch. Häufig ist der subjektive Eindruck der Minderung wesentlich größer. Die ergonomische Gestaltung solcher Abdeckungen läßt jedoch häufig zu wünschen übrig, so daß eine Entfernung dieser Abdeckungen nicht selten zu beobachten ist. Verbesserungen seitens der Büromaschinenhersteller sind daher durchaus denkbar. Körperschallisolierende Unterlagen lassen nur bei sehr anregungsintensiven Büromaschinen Minderungen erwarten.

Bei Büromaschinen, die entweder keiner ständigen Bedienung bedürfen, oder aber bei denen der Bedienungsteil von dem geräuschintensiven Teil getrennt ist, können mit Schallschutzhauben Pegelminderungen von 10 bis 15 dB erreicht werden.

Entscheidende Pegelsenkungen können nur erreicht werden, indem die Konstrukteure von Büromaschinen Grundregeln des lärmarmen Konstruierens beachten, die da sind: Vermeiden von Stößen, diskontinuierlichen Kraftübertragungen, zu große Toleranzen der Bauteile, und keinesfalls sollte an den Stellen der Leichtbauweise Vorrang gegeben werden, an denen große Kräfte in die gesamte Maschinenstruktur eingeleitet werden [7].

3.4 Schallschutz innerhalb von Büroräumen

Zwischen zwei innerhalb eines gemeinsamen Büroraumes befindlichen Arbeitsplätzen sollte dann eine ausreichende Schalldämmung bestehen, wenn aufgrund der Tätigkeitsmerkmale große Unterschiede bestehen.

3.4.1. Raumakustische Maßnahmen. Jeder Raum weist in Abhängigkeit von seiner Ausstattung, der Ausgestaltung seiner Wände unterschiedliche raumakustische Eigenschaften auf. Diese Eigenschaften werden bestimmt durch die Absorption an diesen Elementen. In kleineren Büroräumen wie in Einzelbüros und nicht zu großen Mehrpersonenbüros wird die Absorption des Raumes durch die sog. Nachhallzeit gekennzeichnet. Diese Nachhallzeit, gemessen in Sekunden, in Abhängigkeit von der Frequenz gibt an, in welcher Zeit die Schallenergie auf 1 Millionstel des ursprünglichen Wertes abgesunken ist. Je kürzer diese Zeit ist, desto größer ist die Absorption. Lange Nachhallzeiten, d.h. der Raum weist eine geringe Absorption auf, haben meist Unbehaglichkeitsgefühle zur Folge. In kleinen Mehrpersonen- und Einzelbüros sollte eine Nachhallzeit von etwa 0,5 Sekunden angestrebt werden. In aller Regel ist diese Nachhallzeit bereits ohne besondere akustische Verkleidungen an Decken und Wänden nur durch das in dem Raum befindliche Mobiliar, die Vorhänge, Teppichböden, Aktenordner, Einrichtungsgegenstände etc. erreichbar. Kann in etwas größeren Mehrpersonenbüros diese gewünschte Nachhallzeit nur durch zusätzliche akustische Maßnahmen erreicht werden, so empfiehlt sich als Fläche zur Anbringung von Absorptionsmaterial in aller Regel die Decke. Als Absorptionsmaterial empfiehlt sich eine im Abstand von ca. 10−15 cm von der massiven Decke abgehängte gelochte oder geschlitzte Unterdecke aus Metall, Gips oder Holz, die mit ca. 30 mm dicken Mineralfaserplatten hinterlegt ist, anzubringen. (Hierzu kann natürlich die eventuell ohnehin montierte Unterdecke Verwendung finden.) Wesentliche ist, darauf zu achten, daß im Frequenzbereich zwischen 125 und ca. 2500 Hz ein Schallabsorptionsgrad von $\leqq 0,8$ erreicht wird [6].

In großen Mehrpersonenbüros, bei denen in der Regel die Länge oder Breite groß gegenüber der Höhe ist, − man kann sie daher auch als Flachräume bezeichnen − ist als Kriterium für die Beurteilung der raumakustischen Eigenschaften die Abnahme des Schalldruckpegels mit Zunahme der Entfernung heranzuziehen. Im Freien ergibt sich eine Schallpegelabnahme bei Verdoppelung der Entfernung um 6 dB. Eine solche Abnahme sollte auch in großen Mehrpersonenbüros angestrebt werden. Dies ist allerdings nur durch zusätzliche akustische Maßnahmen erreichbar. In jedem Falle ist die schallabsorbierende Auskleidung der Decke bzw. die schallabsorbierende Gestaltung der untergehängten Deckenkonstruktion erforderlich. Darüber hinaus sind meist noch zusätzliche Maßnahmen wie Stellwände und die absorbierende Gestaltung von Einrichtungsgegenständen notwendig.

Stellwände bzw. Schallschirme können in Mehrpersonenbüros darüber hinaus noch als Element zur Raumgliederung verwendet werden. Insbesondere sollten Bereiche, in denen Büromaschinen betrieben werden, durch auf der Innenseite absorbierend ausgebildete Schallschirme umgeben werden. Die Pegelabnahme mit Zunahme der Entfernung wächst mit der Schirmwirkung der

Raumgliederungselemente und der Absorptionsfähigkeit ihrer Oberflächen [9]. Die akustische Schirmwirkung ist um so höher, je höher der Schirm im Vergleich zur Raumhöhe ist, je besser die Absorptionsfähigkeit der Decke ist, je größer die zusammenhängende Schirmfläche ist, je besser die Schirme an Wänden und Fenstern oder an benachbarten Stellwänden oder Schränken abschließen und je kleiner der Abstand zur Schallquelle oder zum Empfänger ist.

Eine Pegelminderung von 5−10 dB zwischen direkt benachbarten Arbeitsplätzen läßt sich nur dann erreichen, wenn eine Mindesthöhe von ca. 1,5 m über dem Fußboden erreicht wird. Schallschirme in Mehrpersonenbüros ohne absorbierende Ausgestaltung der Decke sind nahezu wirkungslos.

3.4.2. Organisatorische Maßnahmen. Bei der Planung von Büros sollten die Betriebsabläufe bereits berücksichtigt werden. Unabdingbar ist eine an den Tätigkeitsmerkmalen orientierte Planung der einzelnen Büroräume bzw. Arbeitsplätze. Die Betriebsabläufe sollten − neben den akustischen gibt es sicherlich auch noch andere Forderungen − so zusammengefaßt werden, daß besonders lärmintensive Bereiche lokal begrenzt werden können. Demnach ist eine räumliche Trennung von lauten Maschinen und nicht geräuschverursachenden Arbeitsplätzen anzustreben. Schreibarbeitsplätze oder EDV-Einrichtungen sollen nach Möglichkeit zusammengefaßt werden. Kopiergeräte oder ähnliches sind außerhalb von schutzbedürftigen Arbeitsbereichen oder hinter Stellwänden aufzustellen.

Generell ist eine räumliche Trennung von Räumen mit maschinellen Einrichtungen und nicht geräuschverursachenden Arbeitsplätzen anzustreben.

Literatur

[1] DIN 45 645 Einheitliche Ermittlung des Beurteilungspegels für Geräuschimmissionen
[2] VDI 2058 Blatt 3 Beurteilung von Lärm am Arbeitsplatz unter Berücksichtigung unterschiedlicher Tätigkeiten
[3] Verordnung über Arbeitsstätten (ArbStättV) Bundesgesetzblatt 1, 1975
[4] Nemecek, J.: Auswirkungen von Bürolärm auf die Leistung − Arbeitsphysiologische Gesichtspunkte; VDI-Bericht Nr. 329
[5] DIN 4109 Schallschutz im Hochbau (Entwurf)
[6] VDI 2569 Schallschutz und akustische Gestaltung im Büro (Entwurf)
[7] VDI 3729 Emissionswerte technischer Schallquellen − Büromaschinen
[8] Schaffert, E.: Lärmminderung im Büro − Systematische Vorgehensweise; VDI-Bericht Nr. 329
[9] Kurtze, U.: Schallschutz durch Abschirmung − Grundlagen zum Entwurf der VDI-Richtlinie 2720 Forschungsbericht Nr. 164 der Bundesanstalt für Arbeitsschutz und Unfallforschung

Über den möglichen Einfluß der kognitiven Ergonomie auf die Software-Produktion

W. Dzida

1. Einleitung

Mit der Einführung von Bildschirmgeräten an Arbeitsplätzen in Verwaltungen, Ingenieurbüros, Banken und Versicherungen wird davor gewarnt, die Fehler von damals zu wiederholen, als im Zuge der Mechanisierung menschlicher Arbeit Formen der Arbeitsteilung durchgesetzt wurden, die heute mit einem „Humanisierungsprogramm" rückgängig gemacht werden sollen. Werden wir eines Tages auch für Büroarbeitsplätze solch ein Programm brauchen, um die „Taylorisierung" der Arbeit rückgängig zu machen?

Da man mit den Erkenntnissen der traditionellen Arbeitswissenschaft kaum für die Probleme der intellektuell anspruchsvollen Büroarbeit gerüstet ist, sind diese Befürchtungen nicht unberechtigt. Denn Arbeitsphysiologie und Arbeitsmedizin als Teilgebiete der Ergonomie geben zwar Gestaltungshinweise, welche Körperstellung bei der Arbeit günstig ist oder wie Augen, Arme und Finger vor unnötiger Belastung zu bewahren sind; hingegen erfahren wir kaum etwas darüber, worauf (unnötige) mentale Beanspruchung zurückgeführt werden kann.

Beispielsweise ist in der „Arbeitswissenschaft für die Büropraxis" (Peters 1976) nachzulesen, welchen Einfluß Lärm, Licht, Luft und Arbeitsraum auf den „Büromenschen" haben. Dies sind traditionelle Gegenstände der Arbeitswissenschaft. Der Schwerpunkt der Anforderungen an den arbeitenden Menschen hat sich jedoch von der effektorisch-motorischen hin zur kognitiv-regulativen Seite verlagert (Triebe 1981). Die Planung arbeitsteilig zu bewältigender Arbeitsinhalte, die Repräsentation und Speicherung von Daten, ihre Aufbereitung in Form von Nachrichten oder die anforderungsgerechte Reproduktion von Wissen sind bis heute noch nicht als Forschungsgegenstände der Arbeitswissenschaft aufgegriffen worden, abgesehen von einzelnen Ansätzen hierzu (vgl. z. B. Picot und Reichwald 1979, 1980; Frieling et al. 1979; Schönpflug 1982).

Daß diese Forschungslücke entstehen konnte, liegt auch an der mangelnden Zusammenarbeit zwischen Arbeits- und Kognitionspsychologen. Menschliches Problemlösen ist fast ausschließlich für nur eine Klasse von Problemen erforscht worden: solche Probleme, die man mit Hilfe von Regeln und Heuristiken lösen kann, etwa ‚Turm von Hanoi', Go-Spiel oder Schach (vgl. Klix 1976; Newell und Simon 1972). Menschen lösen Probleme aber auch unter Einsatz von Werkzeugen. Diese Klasse von Problemen ist nicht unterschieden worden von Problemsituationen, in denen man nur Regeln anwenden oder herausfinden muß, aber keine Werkzeuge braucht. Es ist jedoch ein Unterschied, ob z. B. für eine technische Zeichnung, die nach bestimmten Regeln anzufertigen ist, als Werkzeuge Bleistift und Zeichenbrett oder Bildschirmgerät und Drucker zur Verfügung stehen.

Heuristiken, die ein erfahrener Arbeiter bei Auswahl und Einsatz von Werkzeugen benutzt, sind eigenständige Untersuchungen wert. Ein Vergleich dieser Heuristiken mit denen, die in der traditionellen Kognitionspsychologie gefunden wurden, steht noch aus. Deshalb ist es heute schwer zu sagen, was aus der Kognitionspsychologie für das Problemlösen am Arbeitsplatz gelernt werden kann.

Um einen Begriff zu haben, mit dem man auf das neue Teilgebiet der Arbeitswissenschaft verweisen kann, haben sich inzwischen „Software-Ergonomie" oder „Kognitive Ergonomie" als Synonyme eingebürgert (vgl. DZIDA 1980; GRIESE 1982). Unter Kognitiver Ergonomie wird die Anpassung der Arbeitsbedingungen an die kognitiven Prozesse des Menschen verstanden (vgl. SHACKEL 1980); besonders wird dabei das Arbeiten am Bildschirmgerät untersucht, etwa das Speichern und Abrufen von Information mit Hilfe der dort verfügbaren Werkzeuge, das Lernen beim Umgang mit Werkzeugen, das Planen von Arbeitsschritten in Form von Dialogschritten und die technisch unterstützte Kommunikation in leistungsorientierten Arbeitsgruppen. Da diese kognitiv regulierten Prozesse durch Software-Systeme unterstützt werden (sollen), konzentrieren sich die Gestaltungsempfehlungen von Ingenieuren und Arbeitswissenschaftlern auf die Software, nicht auf die Hardware; deshalb ‚Software-Ergonomie' im Unterschied zur traditionellen Ergonomie, die z. B. mit Gestaltungsvorschlägen für Tastatur, Zeichenleuchtdichte, Tischhöhe und Raumbeleuchtung wichtige Beiträge geleistet hat (vgl. ÇAKIR et al. 1980).

Kognitive Ergonomie versteht sich aber auch als Arbeitswissenschaft, die sich kritisch mit den Ideen eines der ersten Arbeitswissenschaftler auseinandersetzt: FREDERIC TAYLOR. Was kann aus seinen ‚Grundsätzen wissenschaftlicher Betriebsführung' (siehe Ausgabe von 1977) für die Neugestaltung der Büroarbeit beim Einsatz von DV-Werkzeugen gelernt werden? Wie zur Zeit Taylors sind es auch heute Ingenieure, die Arbeitsplätze umgestalten, indem sie eine gegebene Arbeitssituation analysieren, dann die hierfeür geeigneten Werkzeuge entwickeln und schließlich den Arbeitenden vorschreiben, wie die neuen Werkzeuge einzusetzen sind. Im Unterschied zu damals haben wir heute die Chance, die zukünftigen Benutzer bereits beim Entwurf der Werkzeuge so zu beteiligen, daß diese sich über ihre Anforderungen äußern können.

Im vorliegenden Aufsatz wird untersucht, inwieweit auch durch die Software-Produktion „taylorisierte" Arbeit in Büros (im weitesten Sinne) hineingetragen werden kann. Ein Vorschlag wird diskutiert, wie die Arbeitenden in den Büros an der Entwicklung neuer Werkzeuge und Arbeitsabläufe beteiligt werden können und wie man das hierbei gesammelte Wissen so aufbereiten kann, daß es denen zurückgegebn wird, die es zur Verfügung gestellt haben, nämlich den späteren Benutzern der Werkzeuge. Insofern enthält Kognitive Ergonomie den arbeitswissenschaftlich begründbaren Anspruch, gesammelte Kenntnisse über die Arbeit anderer nicht nur als Expertenwissen den Ingenieuren verfügbar zu machen, sondern auch für die Arbeitenden aufzubereiten, damit sie ihre neue Arbeitssituation kritisch überprüfen können. Aus der Evaluierung dieses Wissens durch die Arbeitenden oder deren Vertreter (z. B. Arbeitswissenschaftler) können wertvolle Hinweise für eine bessere Anpassung der Werkzeuge an Benutzer-Anforderungen gewonnen werden. Einige methodische Voraussetzungen für die Realisierung dieses Anspruchs werden dargestellt.

2. Die Vermeidung taylorisierter Arbeit

Um die Fehler von damals zu vermeiden, ist es wünschenswert, die Ideen und das Menschenbild FREDERIC TAYLORS nochmals kritisch zu würdigen und mit Software-Entwicklern gemeinsam zu diskutieren. Insbesondere kann empfohlen werden, den von VOLPERT und VAHRENKAMP neu herausgegebenen Text „Die Grundsätze wissenschaftlicher Betriebsführung" (zit. unter TAYLOR 1977) zu lesen.

2.1 Ist Taylorismus heute noch aktuell?

Unter Taylorisierung der Arbeit wird häufig eine extreme Arbeitsteilung verstanden. Zusammenhängende Arbeitshandlungen werden in „elementare" Verrichtungen zerlegt; jede dieser Verrichtungen wird hinsichtlich Bewegungsfolge und Zeitablauf festgelegt.

Dieser Sachverhalt allein reicht noch nicht aus, um von Taylorismus sprechen zu können, denn es fehlt ein Merkmal, das TAYLOR zum Grundsatz ‚wissenschaftlicher Betriebsführung' erklärt: Die Zerlegung einer Arbeitsaufgabe und die Festlegung von Arbeitsprozeduren nimmt der beaufsichtigende Ingenieur vor; eine vormals autonom durch den Arbeitenden selbst geplante Zergliederung und die von ihm selbständig geplante Verrichtung wird nunmehr von anderen vorbereitet und festgelegt; der Arbeitende hat fortan nur noch auszuführen. Taylorismus ist also Fremdbestimmung der Arbeitsausführung. Der Arbeitende nimmt nicht an der Planung teil und braucht hierfür auch keine Kenntnisse mehr zu besitzen. Insofern trägt Taylorismus zur Dequalifizierung des Arbeitenden bei.

Wir sollten heute nicht so tun, als sei Taylorisierung der Arbeit keine Gefahr für Büroarbeitsplätze. Denn eigentlich wird heute so ähnlich argumentiert wie vor 80 Jahren: Der Benutzer eines Software-Systems benötige keine Kenntnisse vom System; er brauche nur die festgelegten Arbeits-(Dialog)Schritte zu beachten, dann werde er schon keine Fehler machen. Nicht alle Gestaltungsvorschläge, die wohlgemeint als „Benutzerführung" bezeichnet werden, verdienen diese Bezeichnung. Denn Fremdbestimmung im Sinne des Taylorismus kann sich auch darin äußern, daß der Arbeitende zu einem „Anhängsel" der Maschine gemacht wird.

Software-Ingenieure neigen dazu, Arbeitsabläufe in Mechanismen (‚Prozeduren') umzusetzen. Wenn die Arbeitenden hierauf keinen Einfluß nehmen können, z. B. durch selbständiges Zusammenbauen und Verändern, kann ihnen die Rückkopplung zu den Zwischenergebnissen einer Prozedur verloren gehen; infolgedessen werden auch keine Kenntnisse mehr über die Begründungszusammenhänge abverlangt; diese hat der Ingenieur, der Arbeitende braucht nur noch auszuführen, was als Arbeitsablauf vom Ingenieur geplant und festgelegt worden ist. Taylor sieht die Aufgabe des Ingenieurs darin, „all die überlieferten Kenntnisse zusammenzutragen, die früher im Alleinbesitz der einzelnen Arbeiter waren, sie zu klassifizieren und in Tabellen zu bringen, aus diesen Kenntnissen Regeln, Gesetze und Formeln zu bilden" (Taylor, S. 38). Während der Systemanalyse, zu Beginn der Softwareproduktion, wird heute in vergleichbarer Weise vorgegangen. Die Gefahr bei der Systemanalyse besteht darin, daß wegen der dort eingesetzten Methoden von nebensächlich erscheinenden Eigenschaften der Arbeitsstrukturen abgesehen wird. Man betrachtet meist nur den Regelfall, vernachlässigt die Erfahrungen der Arbeitenden und ihre Arbeitswegvarianten und kommt somit zu einer unzureichenden Bestandsaufnahme.

Auch Taylor störte es, daß er eigentlich viel zu wenig Einblick in die Arbeitsweisen der Handwerker hatte, so daß die Beaufsichtigung schwierig war. Zwar weiß der Handwerker am besten, wie man mit Geschicklichkeit und Kenntnissen über die Arbeitsmittel zu den geplanten Arbeitsergebnissen kommt. Aber Taylor wollte dieses Wissen systematisch erfassen, um Leistungssteigerungen bei den Handwerkern zu erzielen. Sie sollten in die von ihm ausgedachten rationelleren Vorgehensweisen unterwiesen werden. Die methodische Grundlage hierfür waren Zeit- und Bewegungsstudien. Aus ihnen ergaben sich Richtwerte, um ein Arbeitssystem einzurichten und ein individuelles Arbeitspensum zu berechnen (vgl. REFA-System).

In der modernen Software-Technologie wird über diese Methoden erneut nachgedacht. Ein eindrucksvolles Beispiel hierzu ist das von Card et al. (1980) publizierte „Keystroke-Level Model". Streng genommen handelt es sich hierbei um eine klassische Zeit- und Bewegungsstudie. Denn es wird die Zeit gemessen, die der Arbeitende am Bildschirmgerät braucht, um eine sog. Einheits-Aufgabe zu erledigen; dabei wird schlicht die Zeit gemessen, die man zum Drücken der Tasten einer Tastatur braucht. Diese Zeit wird errechnet aus der Summe einiger unabhängiger Bewegungs-Komponenten, z. B. der verbrauchten Zeit, um die Hand an der Tastatur richtig zu positionieren. Die Autoren empfehlen ausdrücklich, diese Messungen während des Software-Entwurfs durchzuführen, um Entwicklungen zu produzieren, die von den Benutzern minimale Benutzungsdauer abverlangen. Die Autoren behaupten, das Modell helfe dem System-Entwickler, besser zu verstehen, wie der Benutzer mit dem Computer zusammenarbeitet. Nimmt der Entwickler den Zeit-Minimierungsauftrag ernst, so könnte er z. B. folgende Lösung vorschlagen: Man fasse Elementaraufgaben so zusammen, daß sie eine Prozedur ergeben; mit Hilfe dieser Prozedur kann der Benutzer (sozusagen per Knopfdruck) ein komplexes Arbeitsergebnis herstellen. Von den in der Prozedur zusammengestellten Zwischenschritten braucht der Benutzer dann nichts mehr zu verstehen. Dieses Zusammenhangswissen hat der Ingenieur, der die Prozedur entworfen hat.

Die Fremdbestimmung der Arbeitsausführung ist ein wesentliches Kennzeichen des Taylorismus: ursprünglich autonome Tätigkeit wird in heteronomes Arbeiten umgeformt. „Arbeit ist heteronomes Tun, wobei die Abhängigkeit sowohl von der Notwendigkeit des Überlebens als auch von der Macht anderer herrühren kann ... Autonomes Tun ist in Ziel und Methode selbstgewählt ... In der Tat ist heute die Frage wichtiger, in welchem Maße Arbeit zu Tätigkeit werden kann, zu Arbeitstätigkeit zumindest, also zu heteronomem Tun mit einem kräftigen Schuß Autonomie" (DAHRENDORF 1982).

Diese wichtige Frage soll im folgenden für Arbeitsplätze beantwortet werden, an denen Planen und Ausführen von Arbeit durch Software-Werkzeuge unterstützt werden kann.

2.2 Ein taylorisiertes Mensch-Maschine-System

Die Wertschätzung Taylors für die Fremdbestimmung der Arbeit wird besonders deutlich in folgendem Zitat: „Eine erste Kraft ist ein Arbeiter, der genau tut, was ihm gesagt wird, und nicht widerspricht" (TAYLOR, S. 49). Es entsprach dem Zeitgeist, den Menschen als reaktives Wesen einzuschätzen, das durch Einwirkungen von außen gesteuert wird. Dieser Zeitgeist hat vermutlich auch das Menschenbild geprägt, auf dem die psychologische Theorienbildung des Behaviorismus aufbaut. Dort haben Konzepte wie „Bewußtsein" oder „kognitive Beeinflussung des Verhaltens" keinen Platz. Es gab keine untersuchenswerte „geistige Aktivität". Der Mensch wurde nicht als aktives Wesen gesehen, das „bewußt" Aufgaben im Arbeits- und Kulturleben übernimmt und selbständig oder zusammen mit anderen daran arbeitet. Der Behaviorismus war nur an den wahrnehmbaren Ursachen und Ergebnissen von Verhalten interessiert: den Reizen (Stimuli $= S$), die auf den Menschen einwirken, und den Reaktionen (Responses $= R$), die aus der Einwirkung resultieren.

Faßt man die Stimuli als Einflüsse der Arbeitsumgebung (z. B. der Maschine) auf, die das Arbeitsverhalten determiniert, so läßt sich aus behavioristischer Sicht das Modell eines Mensch-Maschine Systems wie folgt formulieren:

$$S \rightarrow R \qquad (1)$$

TAYLOR war Anhänger einer bestimmten Kultur, in der die Beherrschung technischer Fertigkeiten als dominierender Wert angesehen wurde, eine Kultur, die als technokratisch bezeichnet werden kann. Die Entwicklung der gewünschten Fertigkeiten wollte er jedoch nicht der Initiative des einzelnen oder der Arbeitsgruppe überlassen. Der Ingenieur sollte ein effizientes Arbeitssystem entwerfen, dem sich der hiervon Betroffene anzupassen hat. Denn TAYLOR mißtraute den planerischen Fähigkeiten des Arbeiters; er schätzte ihn als „Drückeberger" ein, der seinen Planungsspielraum dazu mißbraucht, möglichst langsam und ohne Anstrengung arbeiten zu können.

TAYLORS Modell von einem Mensch-Maschine-System wird vermutlich nicht mit dem einfachen behavioristischen Modell übereingestimmt haben. Folgt man seinen Äußerungen über die Rolle des Arbeiters im Arbeitssystem, so geht daraus zweifelsfrei hervor, daß er zwischen den Stimuli der Arbeitsumgebung (S) und den Responses der Arbeiter (R) die Arbeiter selbst als vermittelnde Instanz sieht; nur daß er die vermittelnde Instanz (Organismus $= O$) als wenig effizient einschätzt. Das Mensch-Maschine-Modell muß entsprechend erweitert werden:

$$S \rightarrow O \rightarrow R \qquad (2)$$

Der vermittelnden Instanz will TAYLOR keinen Einfluß auf die Gestaltung des Arbeitssystems zugestehen. Nach den „Grundsätzen der wissenschaftlichen

Betriebsführung" sollen in diesem System alle Komponenten vom Ingenieur geplant werden (vgl. TAYLOR S. 89). Entsprechend kann das tayloristische Mensch-Maschine-Modell wie folgt durch Symbole illustriert werden:

$$S \underset{p}{\to} O \underset{p}{\to} R \tag{3}$$

Die mit „p" gekennzeichneten Pfeile zeigen an, daß alle Einflüsse, die das Arbeitsverhalten (R) hervorbringen, „geplant" sind. In der praktischen Durchführung des Planens stimmen TAYLOR und der Behaviorismus wieder überein: das Verhalten wird in kleinstmögliche Verhaltenseinheiten zerlegt, um es zuverlässig beschreiben zu können, um Regeln festzulegen und die Einhaltung der Regeln zur Gewohnheit des Arbeiters werden zu lassen.

2.3 Ein nicht-taylorisiertes Mensch-Maschine-System

Für die Realisierung eines nicht-taylorisierten Mensch-Maschine-Systems könnte gefordert werden, alle fremdbestimmte Planung durch Ingenieure aufzugeben. Diese Forderung erweist sich angesichts der komplizierten Technologien, die für moderne Arbeitssysteme angeboten werden, als utopisch. Niemand wird vom Benutzer eines Bildschirmgeräts erwarten, daß er sich die Benutzerschnittstelle vollständig selbst herstellt. In gewissem Ausmaß ist aber die autonome Gestaltung der Arbeitsmittel durch Benutzer bereits möglich und je nach Übungsgrad sogar erweiterbar. An die Software-Technologie sollte deshalb die Forderung gerichtet werden, solche Konzepte bevorzugt voranzutreiben, die möglichst viel autonome Arbeitsmittelgestaltung durch Benutzer ermöglichen.

Um taylorisierte Arbeitssysteme zu überwinden, müßte man die Vorstellung aufgeben, Arbeitsabläufe sollten in elementare Verrichtungen zerlegt werden und es sei zweckmäßig, diese linear aneinanderzureihen, so daß der Arbeitende nicht mehr vom Arbeitsweg abkommen könne. Die Planung von Benutzer-Reaktionen ($O \underset{p}{\to} R$) an Bildschirmgeräten für die Datenerfassung kann als schlechtes Beispiel herhalten, um zu verdeutlichen, daß diese software-gestützten Arbeitssysteme getreu dem tayloristischen Mensch-Maschine-Modell entworfen wurden: ein extrem kleiner Ausschnitt aus der Reihe der aufgeteilten Arbeitstätigkeiten wird von einer Person bearbeitet, die Reaktionen des Arbeitenden sind fast vollständig festgelegt, Eingabefehler sollen teilweise nicht einmal vom Arbeitenden selbst korrigiert werden.

Nicht nur für Datenerfassungs-Arbeitsplätze, sondern für alle Bildschirmarbeitsplätze ist zu fordern, daß die Dialogfähigkeit von Software-Werkzeugen besser genutzt wird. Die Entwicklung einer Norm über Grundsätze der Dialoggestaltung (vgl. Entwurf DIN 66 234, Teil 8) wird dazu beitragen, daß sich mit Bildschirmarbeitsplätzen keine taylorisierten Arbeitssysteme etablieren können. Diese Norm sieht im Gegensatz zu TAYLORS Grundsätzen z. B. Flexibilität und Fehlertoleranz beim Arbeits-(Dialog-)Ablauf vor. Unter Flexibilität wird die freie Wahl von Arbeitsmitteln, Arbeitsobjekten und Arbeitsweg-Varianten während des Dialogs mit dem technischen System verstanden. Mit OBERQUELLE (1976) läßt sich für die meisten Arbeitsaufgaben der Dialog „als eine adäquate

Technik für nicht-prozedurales Problemlösen auffassen" (S. 12). Hierin kommt zum Ausdruck, daß Dialoge nicht reproduziert werden können, weil sie eine Problemlösungstechnik des Benutzers sind. Die vollständige Planung und Festlegung durch den Designer ist deshalb nicht möglich. Im nicht-taylorisierten Mensch-Maschine Modell wird aus $(O \overrightarrow{p} R)$ einfach $(O \rightarrow R)$.

Nach dieser Korrektur verändert sich auch die Bedeutung der Symbole O und R; denn die psychologisch relevanten Prozesse des „Organismus" heißen jetzt: Dialogschritte definieren, planen, neugierig sein und lernen. Das hieraus resultierende Verhalten wird man nicht mehr nur als Reaktion (R) interpretieren können. Für zielgerichtetes, motiviertes Verhalten kann man Handeln setzen. Handeln und Lernen sind eng aufeinander bezogene Prozesse. Handeln ist eingreifende Veränderung; Lernen ist Selbstveränderung des Lernenden, d.h. Ausbildung von kognitiven Ordnungsstrukturen wie Erwartungen, Pläne, Voraussagen, Einstellungen und Werte (vgl. TRIEBE 1981). Um den Einfluß zielgerichteten Verhaltens auf den Menschen symbolisch zum Ausdruck zu bringen, wird $O \rightarrow R$ mit einem Rückkopplungspfeil versehen. Im nichttaylorisierten Modell der Mensch-Maschine-Interaktion bestimmt der Mensch relativ autonom, in welcher Weise beim Arbeiten vorzugehen ist und welche Erfahrungen (z.B. Fehler) besonders auszuwerten sind.

$$S \overrightarrow{p} O \rightleftharpoons R \tag{4}$$

Würden wir die Revision des tayloristischen Mensch-Maschine-Modells dabei bewenden lassen, wäre noch nicht viel erreicht. Denn die strikte Trennung von Planung und Ausführung der Arbeitstätigkeiten bestünde weiter; der Arbeitende hätte eigentlich keinen Einfluß auf die Gestaltung der Arbeitsmittel und Arbeitswege, ihm bliebe nach wie vor nur die Ausführung übrig. Nimmt man die im Handeln des Menschen begründete Wechselwirkung von Umwelt- und Selbstveränderung ernst, so muß dem Arbeitenden Einfluß auf die Gestaltung der Arbeitsmittel ermöglicht werden. Um dies zum Ausdruck zu bringen, wird ein weiterer Rückkopplungskreis in das Modell eingebracht.

$$S \overrightarrow{p} O \rightleftharpoons R \tag{5}$$

Aus dem Modell folgt, daß das Verhalten von S kontrollierbar geworden ist. Bei der Dialoggestaltung von Bildschirmgeräten wird unter „Kontrollierbarkeit" die Beeinflussung des Arbeitsablaufs am technischen System durch den Benutzer verstanden (vgl. die Entwicklung der DIN 66 234, Teil 8). In der zitierten Norm werden einige Gestaltungsempfehlungen berücksichtigt, die sich klar von tayloristischen Grundsätzen unterscheiden.

Beispiele: Der Benutzer soll den zeitlichen Verlauf des Dialogs beeinflussen können; er soll die Auftragsbearbeitung unterbrechen können; er soll die Geschwindigkeit des Dialogablaufs an seine individuelle Arbeitsgeschwindigkeit anpassen können.

Der Zusammenhang $S \overrightarrow{p} O$ wird nach wie vor vom Ingenieur geplant werden müssen, was bedeutet, daß er die von den Arbeitsmitteln auf die Benutzer (O) ausgehenden Stimuli (S) im Prinzip festlegen muß. In dem revidierten Modell bleibt die Beziehung zwischen S und R deshalb asymmetrisch: Wenn O mittels R auf S Kontrolle ausübt, verhält sich S stets nach Plan (p). Die entscheidende Veränderung des taylorisierten Mensch-Maschine-Systems wird erreicht, wenn O auch auf das planmäßige Verhalten von S Einfluß nehmen kann. Das setzt aber voraus, daß der Benutzer Kenntnisse darüber hat, wie der Plan zustande gekommen ist, den der Ingenieur entworfen hat. Für die Gestaltung von Bildschirmgeräten bedeutet dies, daß die Benutzer an der Entwicklung der Benutzerschnittstellen und der Software-Werkzeuge beteiligt werden müssen. Folglich ist die Produktion von Software an diese Erfordernisse anzupassen. Partizipative Systementwicklung wird zwar allenthalben gefordert; schließlich muß aber auch gesagt werden, wie dieser Anspruch methodisch erfüllt werden kann. Um dies zu verwirklichen, ist es notwendig, die Bedingungen für die Zusammenarbeit von Arbeitswissenschaftlern, Benutzern und Software-Ingenieuren zu verbessern. Dies gilt besonders für die Analyse von Benutzer-Anforderungen.

3. Die Analyse von Benutzeranforderungen

Wie zu TAYLORS Zeiten steht auch heute der Ingenieur vor dem Problem, sich einen möglichst genauen Einblick in die aktuelle Arbeitssituation von Arbeitenden verschaffen zu müssen, für die er Arbeitsmittel herstellen soll. Um die Arbeitssituation kennenzulernen, müssen der Entwicklungs-Ingenieur und die potentiellen Benutzer der Arbeitsmittel miteinander kommunizieren. Im Rahmen der Software-Produktion hat man hierfür Methoden der Anforderungs-Analyse eingeführt, die nun aus arbeitspsychologischer Perspektive betrachtet werden.

3.1 Kommunikation zwischen Benutzer und Entwickler

Die potentiellen Benutzer eines Bildschirmgeräts haben gute Kenntnisse über ihr momentanes Arbeitsgebiet, aber ihre Einarbeitungsphase liegt wahrscheinlich schon lange zurück; sie haben lange nicht mehr über inzwischen ‚selbstverständlich' gewordene Arbeitszusammenhänge nachgedacht. Deshalb fällt es ihnen schwer, diese für andere verständlich zu machen. Sie sind jedenfalls nicht darin geübt. Darüber befragt, ‚was' sie in ihrem Büro eigentlich tun, geben sie eine Fülle von Beschreibungen auf unterschiedlichen Abstraktions-Ebenen, natürlich in ihrer jeweiligen Fachsprache. Man kann sich nicht darauf verlassen, daß diese Darstellungen vollständig sind.

Wenn der Entwicklungs-Ingenieur aufgrund dieser fragmentarischen Darstellungen ein Arbeitssystem entwerfen wollte, müßte er später sicher den Vorwurf hinnehmen, er habe das Arbeitsgebiet nicht richtig verstanden. Deshalb führt der Entwickler die Problemanalyse mit Hilfe von Analysemethoden durch. Er benutzt hierbei symbolische oder formale Darstellungsmittel. Wenn die Arbeitenden aufgrund dieser Beschreibungen nachprüfen wollten, ob ihre Arbeitssituation zutreffend dargestellt ist, würden sie i. d. R. feststellen, daß sie die Beschreibungen kaum verstehen.

Anhand der herkömmlichen Darstellungsmittel können Entwickler und zukünftige Benutzer nicht miteinander kommunizieren; es bestehen fast unüberwindliche Kommunikationsbarrieren. Deshalb ist es notwendig geworden, „Systemanalytiker" mit der Analyse der Arbeitssituation zu betrauen. Wenn wir die in der Literatur dargestellten Grundlagen der Systemanalyse studieren (z. B. WEDEKIND 1973), können wir feststellen, daß der Einfluß arbeitswissenschaftlicher Erkenntnisse auf die Analysergebnisse sehr gering ist.

Man kann es dem Entwickler nicht übelnehmen, wenn er sich schließlich auf eigene Erfahrungen im Umgang mit Software-Werkzeugen verläßt und seine hierbei erprobten Heuristiken (Arbeitsstrategien) auch für andere Benutzergruppen als nützlich einschätzt. Somit verbleiben das in der Systemanalyse gewonnene Wissen und die Erfahrungen über den Einsatz von Software-Werkzeugen beim Ingenieur. Solange sich Arbeitspsychologen scheuen, die Entwickler bei ihrer praktischen Arbeit zu beobachten und zu unterstützen, wird sich auch nichts an der herkömmlichen Vorgehensweise ändern.

Mit dem Hinweis auf die Arbeitspsychologie sollte auf ein wichtiges, neues Arbeitsfeld aufmerksam gemacht werden, das am besten von Vertretern dieser Disziplin betreut werden könnte. Kognitive Ergonomie könnte ihre arbeitswissenschaftlich ausgerichtete Teildisziplin genannt werden; es geht hierbei um die Anwendung von Analysemethoden, die arbeitspsychologisch fundiert sind, und um die Gestaltung von Benutzerschnittstellen und Software-Werkzeugen, bevor sie am Arbeitsplatz eingesetzt werden. ULICH (1980) hat hierfür eine treffende Bezeichnung gefunden: prospektive Arbeitsgestaltung. Hiermit ist gemeint „die bewußte Vorwegnahme von Möglichkeiten der Persönlichkeitsentwicklung bereits im Stadium der Planung bzw. des Entwurfs von Arbeitssystemen durch Schaffung objektiver Handlungsspielräume" (S. 12). Werden am Bildschirmarbeitsplatz grundsätzlich mehrere Strategien für die erfolgreiche Aufgabenbewältigung zugelassen, so schafft man „Qualifizierungsspielraum" (TRIEBE 1981) für die Benutzer. Bei der Dialoggestaltung kann dafür gesorgt werden, daß die Benutzer diesen Spielraum auch nutzen können.

Die Rolle des Arbeitspsychologen in der Software-Produktion könnte die eines ‚change agent' sein. Er könnte die Kommunikations-Barrieren zwischen Entwicklungs-Ingenieuren und zukünftigen Benutzern überwinden helfen. Der change agent könnte dazu beitragen, daß die Entwicklung von Software-Werkzeugen zum Anlaß genommen wird, wünschenswerte Änderungen herbeizuführen.

Zunächst müßte er sich mit Hilfe der ‚subjektiven Tätigkeitsanalyse' (EMERY und EMERY 1976, sowie ULICH 1981) Einblick verschaffen in inhaltlich zusammengehörende Tätigkeitsstrukturen und deren Bewertung durch die Arbeitenden. Zusammen ist zu beraten, was geändert werden könnte. Auf die unterschiedlichen Bedürfnisse der Arbeitenden ist zu achten (vgl. Prinzip der differentiellen Arbeitsgestaltung, ULICH 1978). Bei komplexen Tätigkeiten ist die Analyse individueller Handlungsstrategien ein wichtiger Zugang zur Erfassung von Arbeits-Effizienz (TRIEBE 1981). Leicht erliegt man der Versuchung, die Analyse abzubrechen, wenn man eine effiziente Strategie ermittelt hat. Die Beschränkung auf eine Art prozeduralen Vorgehens kann jedoch im Ergebnis bedeuten, „Dienst nach Vorschrift" einzuführen.

ULICH weist darauf hin, daß die subjektive Tätigkeitsanalyse nicht als Ersatz oder Konkurrenz für die objektive Tätigkeitsanalyse angesehen wird. Der

Arbeitspsychologe müßte deshalb zusätzlich eine Methode entwickeln, die gestattet, die Bestandsaufnahme und die Anforderungs-Analyse nachprüfbar zu machen. Arbeitsstrukturen und Abläufe sind so zu beschreiben, daß die künftigen Benutzer die Darstellungen leicht nachvollziehen können. Dabei sollen die Beratungsergebnisse der subjektiven Tätigkeitsanalyse wiedererkannt werden können.

Die Analysemethode muß jedoch auch zu Darstellungen führen, die der Entwicklungs-Ingenieur verstehen und verwerten kann. Er wird mit den künftigen Benutzern und dem Arbeitspsychologen mögliche Realisierungsvorschläge beraten. Hierbei werden ‚Benutzeranforderungen' technisch konkretisiert. Notwendig ist, daß sich der Arbeitspsychologe in den technologischen Konzepten auskennt. Denn er muß auch auf die Bedürfnisse der Ingenieure eingehen können, soll die Kommunikation zwischen Benutzern und Entwicklern wirklich stattfinden. Deshalb ist es wichtig, die herkömmlichen Methoden der Anforderungs-Analyse kennenzulernen, um herauszufinden, wie der Arbeitspsychologe dem Ingenieur gegenüber Benutzeranforderungen artikuliert.

3.2 Einige herkömmliche Methoden der Anforderungs-Analyse

Folgende sog. Methoden der Anforderungs-Analyse wurden untersucht: (1) SADT (Ross 1977); (2) HIPO (IBM 1974) und (3) Jackson Design Methodology (Jackson 1976).

Beim Studieren dieser Methoden der „Anforderungsanalyse" fällt auf, daß Arbeitswissenschaftler und Entwicklungs-Ingenieure unterschiedliche Auffassungen davon haben, was „Anforderungen" sind, und daß unterschiedliche Kommunikations-Partner bevorzugt werden. Arbeitswissenschaftler interessieren sich mehr für die zukünftigen Benutzer, während sich Ingenieure auf die Bedürfnisse der Anwender konzentrieren. Dieser Unterschied kommt auch in der oft geäußerten Auffassung zum Ausdruck, Anforderungen der Benutzer an eine ‚benutzerfreundliche' Mensch-Maschine-Schnittstelle seien nicht so wichtig; Hauptsache sei, daß die Maschine funktional das leiste, was „man" (d. h. der Anwender) von ihr erwartet.

Als ‚Benutzer' werden meist Personen bezeichnet, die am Bildschirmarbeitsplatz arbeiten, während mit ‚Anwender' Personen oder Einrichtungen gemeint sind, die Bildschirmarbeitsplätze für Benutzer zur Verfügung stellen. Arbeitswissenschaftler interessieren sich hauptsächlich für Benutzer-Anforderungen; Ingenieure für Anwender-Anforderungen. Es muß betont werden, daß sich beide Anforderungs-Beschreibungen nicht gegenseitig ausschließen, daß aber verschiedene Interessen und Akzente in den Beschreibungen zum Ausdruck kommen können.

Beim Studieren von Analysemethoden fällt ferner auf, daß sich Informatiker uneinig sind, ob ihre Methoden wirklich als solche der Anforderungsanalyse bezeichnet werden können. Hesse (1981) ordnet diese Methoden in die „Techniken der Programmentwicklung" ein. Einige davon werden zwar in erster Linie zur Analyse und Definition von Anforderungen eingesetzt, streng genommen wird aber vorausgesetzt, daß eine Problembeschreibung einschließlich der Sammlung von Anforderungen bereits vorliegen. Unklar bleibt, woher diese kommen; das gilt mindestens für Benutzeranforderungen, wenn nicht sogar für Anwenderanforderungen.

Betreibt man „Anforderungsanalyse" jedoch mit „Techniken der Programmentwicklung" (z. B. BALZERT 1981), so muß kritisch untersucht werden, inwieweit wegen der Eigenschaften dieser Techniken einige Anforderungen bevorzugt beachtet werden. Die Gefahr besteht, daß die Perspektive des Konstrukteurs dominiert und daß Benutzeranforderungen gegenüber denen der Anwender vernachlässigt werden.

HESSE (1981) beschreibt einen konventionellen und einen empfohlenen Weg des Systementwurfs: (1) Konventionell: „.. schon im Ideen-Anfangsstadium marschiert man mit Siebenmeilenstiefeln auf die Maschine zu, visiert technische Details der Realisierung an und programmiert möglichst schon am ersten oder zweiten Tag" (S. 232); (2) Empfohlen: „.. zunächst auf noch sehr maschinenfernem Niveau (‚very high level') eine möglichst formale Problembeschreibung erstellen, ehe man sich den spezifischen Fragen der technischen Realisierung zuwendet..." (S. 232). Empfohlen wird also eine möglichst abstrakte, noch nicht algorithmische Beschreibung des Entwurfs. Aber Abstraktion heißt immer: „absehen von etwas". Selbst wenn man – wie HESSE empfiehlt – von den konkreten Maschinen abstrahiert, besteht die Gefahr, daß bei der formalen Problembeschreibung einige, für die Benutzer wichtige, Arbeitszusammenhänge übersehen werden.

Mit den herkömmlichen Analysemethoden werden folgende Komponenten eines Anwendungsgebiets untersucht: Objekte (Daten) und Strukturen von Objekten (z. B. Hierarchien von Objekten), Tätigkeiten, Strukturen von Objekten und analoge Programmstrukturen, funktionale Zusammenhänge zwischen Ein- und Ausgaben, Kontrollstrukturen (z. B. zeitlicher Ablauf, Verzweigung, Iteration). Die Beschreibung eines Anwendungsfalls mit Hilfe der genannten Methoden ist bereits algorithmisch; auch aus SADT-Diagrammen ergibt sich implizit eine Sequenz von Tätigkeiten. Zusammenfassend läßt sich feststellen, daß die hier untersuchten Methoden der „Anforderungsanalyse" lediglich Zusammenhänge zwischen Eingaben, Tätigkeiten und Ausgaben erfassen. Dies sind die wesentlichen, den Software-Entwickler interessierenden Teile einer Problembeschreibung. Er beschränkt sich auf diese Konstrukte, wegen des von ihm zu erfüllenden Entwicklungsauftrags, nämlich, ein ablauffähiges Programm zu schreiben.

Eine kritische Würdigung herkömmlicher Analysemethoden soll an folgendem Beispiel deutlich gemacht werden.

Den in Abb. 1 dargestellten einfachen Zusammenhang kann man z. B. mittels HIPO weiter verfeinern, denn der Prozeß „ausliefern" impliziert zumindest folgende Sub-Prozesse: Lieferschein und Bestellschein vergleichen, eingetragene und tatsächliche Warenmenge vergleichen, Ware verpacken, Ware zum Transporter bringen, Lieferschein und Ware koppeln, Auslieferung verbuchen.

Die herkömmlichen Analysemethoden gehen nur unwesentlich über den Umfang dieser Bestandsaufnahme hinaus. Man müßte aber zusätzlich über Kompetenzbereiche und Arbeitsverteilung Klarheit gewinnen; ferner sind Zusammenhänge mit anderen Prozessen zu untersuchen (z. B. Lagerverwaltung); auch benötigte Werkzeuge, die die Aufgabenerledigung unterstützen, sind zu analysieren. Dann sind individuelle Vorgehensweisen zu ermitteln. Wenn man nicht nur den Regelfall durchspielen will, muß man auch Störfälle analysieren (z. B. Ware verdorben, Nachschub klappt nicht). Der Systementwurf muß darauf ausgerichtet sein, daß prinzipiell unvorhersehbare Störfälle im Arbeitsablauf berücksichtigt werden können. Schließlich sind noch wünschenswerte Eigenschaften von Nachbedingungen zu untersuchen, z. B. „beschleunigte" Auslieferung oder Teillieferungen mit getrennten Lieferscheinen.

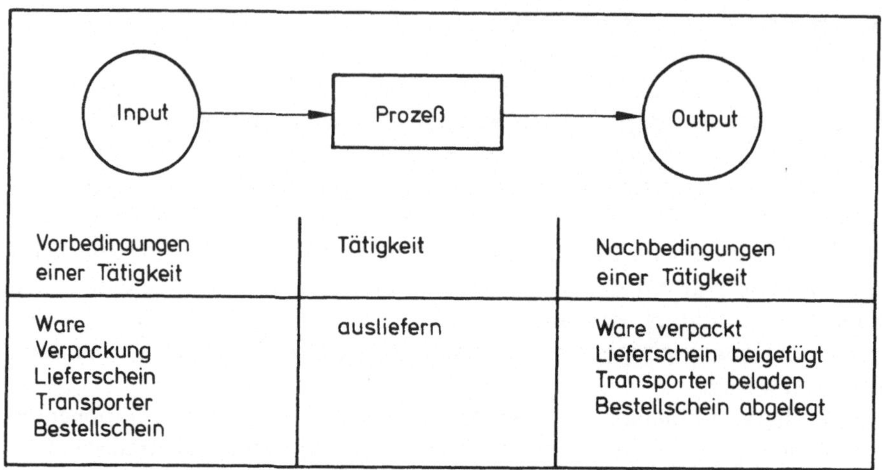

Abb. 1. Schaubild für eine ‚Input-Prozeß-Output'-Analyse

Es ist leicht zu sehen, daß nicht alle der aufgeführten Tätigkeiten am Bildschirmgerät ausgeführt werden können (sollen). Vernachlässigt man jedoch die Analyse dieser Tätigkeiten, da sie für die Entwicklung eines lauffähigen Programms nicht relevant zu sein scheinen, besteht die Gefahr, die Zusammenhänge zwischen computer-unterstützten und anderweitig unterstützten Tätigkeiten zu ignorieren. Besonders die selten vorkommenden, aber hin und wieder wünschenswerten Eigenschaften von Nachbedingungen, werden leicht übersehen. Die Arbeitenden müssen dann u. U. zusätzlichen vorbereitenden oder nachbereitenden Arbeitsaufwand in Kauf nehmen oder schlicht feststellen: „Was früher möglich war, geht jetzt nicht mehr." Ursache hierfür ist die mangelnde Beachtung von Konstrukten einer mehr benutzer-orientierten Anforderungsanalyse wie „Störfall", „wünschenswertes Nebenergebnis", „Verfahrensweise", „Beitrag eines Ergebnisses zu übergeordneten Zielen", „relationale Beziehung zu anderen Aufgaben", „Vorsorgemaßnahme", „Initiative".

Im folgenden Abschnitt werden Grundlagen für eine benutzer-orientierte Anforderungs-Analyse dargestellt. Die hieraus zu entwickelnde Arbeitsanalysemethode ist als Ergänzung zu der in Abschnitt 3.1 erwähnten subjektiven Tätigkeitsanalyse gedacht, bei der es u. a. darauf ankommt, individuell gewählte Handlungsstrategien zu beobachten, die sich nicht mit Hilfe eines nur für den Regelfall geltenden Algorithmus beschreiben lassen.

3.3 Computer-unterstützte Arbeitsanalyse

Neben der Analyse von Arbeitsabläufen muß sich die psychologische Arbeitsanalyse stärker als bisher auf Arbeitsstrukturen konzentrieren. Strukturbetrachtungen setzen voraus, daß man ein geeignetes Beschreibungsmittel einsetzen kann. Bei den Vorbereitungen zur Software-Produktion fehlt eine Problemformulierungs-Sprache, die sowohl für die Benutzer und Anwender als auch für die Entwicklungs-Ingenieure verständlich ist. Benutzer und Anwender bevorzugen eine anschauliche Darstellung der Arbeitsstrukturen, während Ingenieure eine formale Beschreibung wünschen.

C. A. PETRI hat gezeigt, daß ‚Netze aus Instanzen und Kanälen' zur Darstellung von Strukturen eines Arbeitsplans oder eines Produktionsschemas geeignet sind (vgl. PETRI 1980, S. 2). Netze sind anschaulich und formal. Der Benutzer, der keine Kenntnisse über die mathematischen Grundlagen der Netz-Theorie zu haben braucht, kann sich auf die intendierte Interpretation eines Netzes konzentrieren. Zusammen mit dem Arbeitspsychologen kann er die kritischen Teile eines Netzes überprüfen. Für komplexe Netze sind Strukturierungs-Techniken vorgeschlagen worden, so daß man kritische Teile besser fokussieren kann (OBERQUELLE 1981). Einige psychologisch relevante Aspekte von Arbeitsstrukturen sind bereits mit Hilfe von Netzen dargestellt worden (DZIDA 1982).

Um Arbeitsstrukturen besser untersuchen zu können, wird das Konzept der herkömmlichen Anforderungsanalyse (vgl. Abb. 1) erweitert. Sowohl die Struktur des ‚Input' als auch die des ‚Output' wird differenzierter betrachtet (vgl. Abb. 2). Struktur-Komponenten kommen hinzu, die besonders den Benutzer interessieren, nämlich „Werkzeuge" (W), „Verfahrensparameter" (P) und „Nebenergebnisse" (NE), die durch eine bestimmte Verfahrensweise des Benutzers hergestellt werden können. Dies soll sicherstellen, daß nicht nur charakteristische Ergebnisse des Werkzeuggebrauchs betrachtet werden, sondern auch solche, die wünschenswerte Attribute eines Ergebnisses sind und sich durch eine besondere Vorgehensweise erreichen lassen. Beispiel: Mit Hilfe des Werkzeugs Kamera kann man Bilder herstellen. Um eine besondere Tiefenschärfe als wünschenswertes Attribut zu erzielen, kann eine geeignete Blende gewählt werden; die Blendenwerte sind Parameterwerte, mit denen man eine bestimmte Verfahrensweise wählen kann. Würde man die Blendeneinstellung automatisieren, wä-

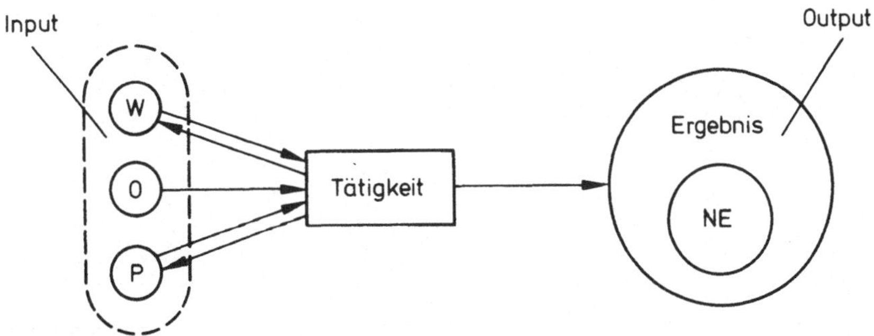

Abb. 2. Komponenten einer Arbeitstätigkeit; W – Werkzeug, O – Objekt, P – Verfahrensparameter; NE – Nebenergebnis.

re der Benutzer in seiner Verfahrensfreiheit eingeschränkt und könnte auch
kaum Erfahrungen mit dem Einfluß der Blendeneinstellung auf die Tiefenschärfe produzierter Bilder machen.

In der Struktur einer Arbeitstätigkeit sind einige Zusammenhänge für den
Arbeitenden wichtig, die er verstanden haben muß, die jedoch nach der Einführung von Software-Werkzeugen schwer durchschaubar sein können. Der
Zusammenhang zwischen Objekt und Ergebnis wird Herstellrelation genannt;
diese kennzeichnet das Ausmaß an Veränderung, das ein Objekt (Material)
durch Bearbeitung erfährt. Der Zusammenhang zwischen Werkzeug und Ergebnis wird instrumentelle Relation genannt; hiermit wird die charakteristische
Wirkung eines Werkzeugs angezeigt. Eine instrumentelle Relation existiert
auch zwischen Parameter und Nebenergebnis. Die instrumentelle Relation
bringt ferner zum Ausdruck, wieviel Initiative vom Arbeitenden ausgeht; denn
er ist es, der das Werkzeug führt und Parameter einstellt. Zwischen den Komponenten des Input und des Output existiert außerdem ein kausaler Zusammenhang; diese Relation zeigt an, inwieweit sich der Arbeitende als Verursa-

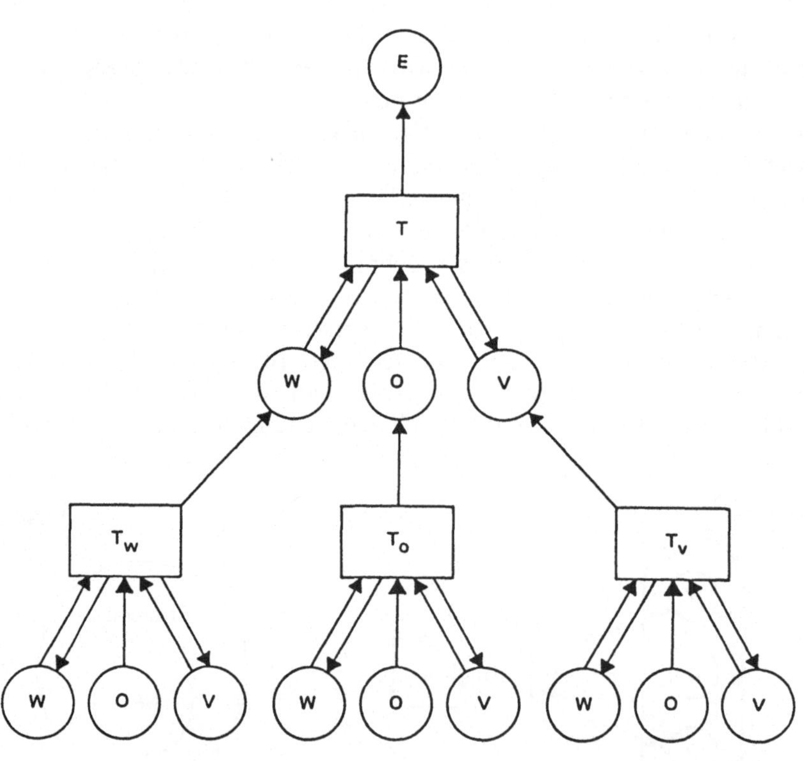

Abb. 3. Hierarchische und sequentielle Organisation von Arbeitstätigkeiten; E – Ergebnis,
T – Tätigkeit, W – Werkzeug, O – Objekt, V – Verfahrensparameter

cher einer Arbeitstätigkeit sehen kann. Schließlich kann noch ein vierter bedeutsamer Zusammenhang genannt werden: die hierarchisch-sequentielle Organisation von Arbeitstätigkeiten (vgl. Abb. 3). Dieser Zusammenhang beschreibt, welche vorbereitenden Arbeitstätigkeiten erledigt sein müssen und inwieweit Arbeitsergebnisse zu übergeordneten Zielen beitragen. Auch arbeitsorganisatorische Zusammenhänge werden in einer hierarchisch-sequentiellen Beschreibung von Arbeitstätigkeiten deutlich: eine horizontale Zusammenfassung von Arbeitstätigkeiten führt zu „job-enlargement", während eine vertikale Zusammenfassung zu „job-enrichment" führt. Die hierarchisch-sequentielle Organisation ist von VOLPERT (1974) und HACKER (1978) beschrieben worden.

Diese Struktur-Komponenten und Arbeitszusammenhänge sollten im Rahmen einer Anforderungsanalyse mit den zukünftigen Benutzern erörtert werden. Das in Abb. 2 dargestellte Netz kann als Hilfsmittel bei der Befragung von Benutzern verwendet werden. Man kann in die Kreise und Rechtecke Komponenten einer Arbeitstätigkeit eintragen, und zwar in der Sprache der Benutzer. Das bei Netzdarstellungen übliche Verfahren der Verfeinerung oder Vergröberung kommt der Interview-Realität entgegen; denn Benutzer beschreiben ihre Arbeit auf unterschiedlichem Abstraktions- oder Konkretions-Niveau. Abbildung 4 illustriert ein Beispiel: Die für einen Giro-Sachbearbeiter typische Arbeitstätigkeit „Daueraufträge zu bearbeiten" (Abb. 4a), kann in vier elementare Arbeitstätigkeiten verfeinert werden (Abb. 4b); hierbei ist bemerkenswert, daß das relativ mächtige Bearbeitungs-Werkezug „b" in weniger mächtige Werkzeuge zerlegt werden kann (ü, v, l und a).

Außerdem fällt bei der Verfeinerung auf, daß in Abb. 4a das Ergebnis E1 unklar definiert war; denn genau besehen erweist sich E1 als Ergebnis der vorbereitenden Tätigkeit „anlegen". Erst dann wird E1 Objekt der Bearbeitung für alternative Tätigkeiten. Zweck der Verfeinerung ist, herauszufinden, was der Benutzer mit „Dauerauftrag bearbeiten" wirklich gemeint hat.

Eine Darstellung in Netzen kann leicht unübersichtlich werden. Als Diskussions-Grundlage sollten deshalb nur Netz-Teile verwendet werden. Um alle komplizierten Zusammenhänge unter Kontrolle zu behalten und überprüfbar zu machen, sollte eine andere Repräsentationsform gewählt werden, z.B. eine Darstellung in Form von Produktions-Systemen (vgl. NEWELL und SIMON 1972; DAVIS und KING 1977). Die ‚Input-Komponenten' einer Arbeitstätigkeit werden als ‚Fakten' aufgefaßt, die ‚Output-Komponenten' und Tätigkeiten als ‚Konsequenzen'. Fakten und Konsequenzen kann man in Beziehung setzen, z.B. in Form von Regeln. Die Repräsentation der Zusammenhänge zwischen Werkzeugen und Arbeitsergebnissen kann Grundlage für den allmählichen Aufbau einer Wissensbasis sein. Man kann durch computer-unterstütztes Inferieren Übersicht über Arbeitszuammenhänge herstellen, die für den Benutzer selbstverständlich sein mögen, aber vielleicht deshalb nicht ausdrücklich mitgeteilt worden sind. Durch Inferieren kann versucht werden, die Beschreibung von Arbeitstätigkeiten mit Unterstützung der Benutzer nach und nach zu validieren. Hierbei werden zusätzlich bemerkte Fakten eingegeben und Anforderungen aufgedeckt, die man leicht hätte übersehen können.

Beispiele für die Darstellung der in Abb. 4 dargestellten Zusammenhänge in Form von Regeln:

Fakten			Konsequenzen		
Werkzeug	Objekt	Parameter	Ergebnis	Nebenergebnis	Tätigkeit
b	O	p	$\rightarrow E_1$	ne	‚bearbeiten'
a	O	p	$\rightarrow E_1$	ne	‚anlegen'
ü	E_1	p	$\rightarrow E_1 \cdot {}_1$	ne	‚überwachen'
v	E_1	p	$\rightarrow E_1 \cdot {}_2$	ne	‚verändern'
l	E_1	p	$\rightarrow E_1 \cdot {}_3$	ne	‚löschen'

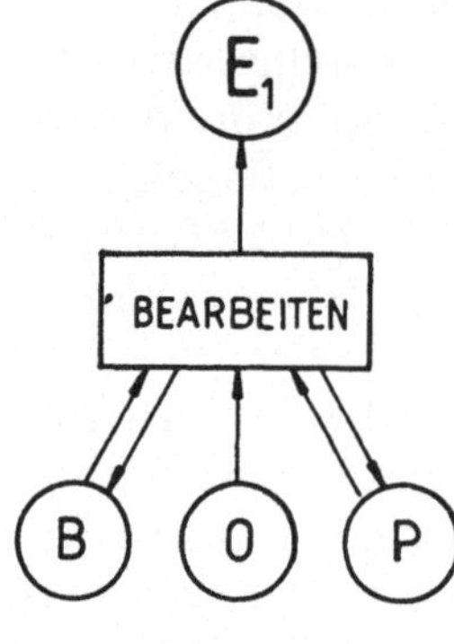

Abb. 4a. Arbeitstätigkeit „Dauerauftrag bearbeiten"; b – Bearbeitungswerkzeug, p – Verfahrensparameter, O – Objekt der Bearbeitung, E – Ergebnis

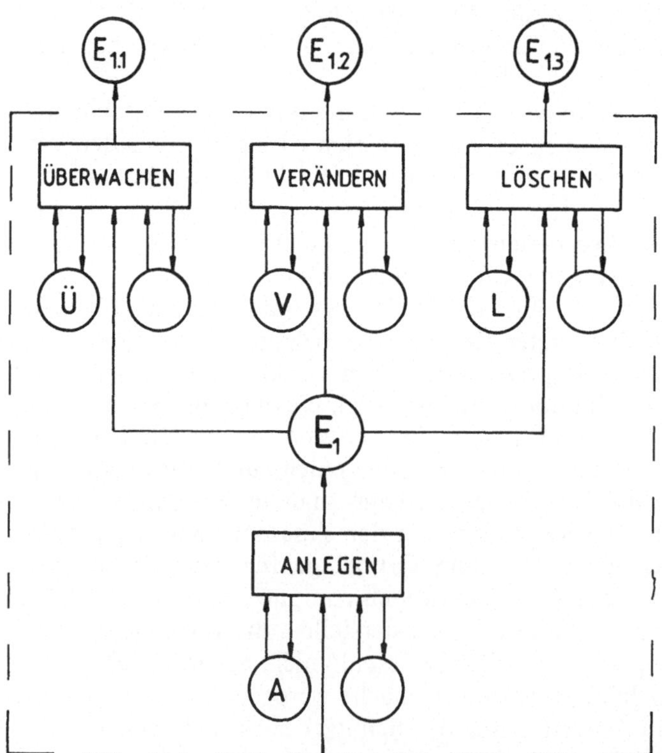

Abb. 4b. Arbeitstätigkeit „Dauerauftrag bearbeiten" zerlegt in: „Dauerauftrag anlegen und verändern oder überwachen oder löschen"; das glöschte Objekt E 1.3 wird abgelegt, nicht zerstört

Diese Relationen zwischen Fakten und Konsequenzen können aus dem Interview mit einem Giroverkehr-Sachbearbeiter gewonnen werden. Dies ist Basiswissen, das z.T. mit herkömmlichen Methoden der Anforungsanalyse auch gewonnen werden kann. Der Benutzer kennt darüber hinaus Zusammenhänge zwischen Tätigkeiten, die mit Regeln höherer Ordnung zusätzlich erfaßt werden müssen. Zwei Beispiele hierzu:

Regeln höherer Ordnung sind:
‚bearbeiten'→‚anlegen' und ‚überwachen'
‚bearbeiten'→‚überwachen' oder ‚verändern' oder ‚löschen'

Die Abhängigkeit der relativ einfachen Tätigkeiten in Abb. 4 ist nicht trivial. Für den Sachbearbeiter bedeutet Dauerauftrag „bearbeiten", daß er ihn überwacht oder hin und wieder verändert oder ihn schließlich löscht, wenn es der Kunde wünscht. Bearbeiten heißt aber wohl kaum: anlegen und gleich wieder löschen. Diese feinen Nuancen kann man sofort festhalten, indem man Regeln dafür aufschreibt, die verschiedene Arbeitszusammenhänge in der Sprache des Benutzers widerspiegeln.

Es entsteht ein Baum von Regeln, die für effizientes Inferieren sorgen. Weitere Regeln höherer Ordnung können formuliert werden, wenn der Arbeitswissenschaftler Begriffe findet, mit denen er abstraktere Arbeitszusammenhänge darstellen kann. Wenn er z.B. für den in Abb. 4b illustrierten Sachverhalt sagen kann, daß eine „einheitliche Herstellbeziehung" gegeben ist, weil es sich um verschiedenartige Veränderungen *desselben* Objekts handelt, so wird er dies auch in Form einer Regel ausdrücken können: „Wenn ein Objekt „E" existiert, woraus alternative E_i entstehen können, dann existiert ein einheitlicher Herstellungszusammenhang." Durch Inferenzprozesse kann erschlossen werden, für welche Ergebnisse (Objekte) der fragliche Zusammenhang gilt: z.B. für E_1 und $E_1._1$ oder $E_1._2$ oder $E_1._3$.

Wären für das Beispiel in Abb. 4 die Parameter und die hiermit zusammenhängenden Nebenergebnisse näher spezifiziert, könnten weitere Regeln ermittelt werden, die für die Anforderungsdefinition wichtig sind. Der Sachbearbeiter könnte z.B. verschiedene Verfahrensweisen zum Ausdruck bringen, die man in Form von heuristischen Regeln erfassen kann. Beispiel: „Wenn ein Konto gelöscht werden soll, dann müssen alle Daueraufträge gelöscht sein"; „Wenn ein Dauerauftrag gelöscht wird, dann müssen dafür Gebühren berechnet werden"; „Wenn für berechnete Geführen keine Deckung auf dem zu löschenden Konto ist, dann hat der Sachbearbeiter eine Ermessensentscheidung zu treffen." Das in Abb. 4b genannte Werkzeug „l" (wie „löschen") muß einen Parameter erhalten, um dem Sachbearbeiter die Ausnutzung des Ermessensspielraums zu ermöglichen; der Parameter soll bewirken, daß ein gelöschter Dauerauftrag u.U. die Eigenschaft haben kann, „gebührenfrei" gelöscht zu sein.

Diese Regeln erwecken den Eindruck, unübersichtlich zu werden. Durch automatisches Inferieren können jedoch komplizierte Zusammenhänge transparent gemacht werden. Die Güte dieser Analyse hängt wesentlich davon ab, ob man für benutzerrelevante Arbeitszuammenhänge Abstraktionen findet, die in Form von Regeln (Heuristiken) dargestellt werden können.

Die technischen Voraussetzungen für eine computer-unterstützte Arbeitsanalyse sind vorhanden. In der KI-Forschung (KI = Künstliche Intelligenz)
werden für diffus strukturierte Wissensbereiche sog. Experten-Systeme entwik-
kelt (vgl. z. B. RAULEFS 1981). Die Arbeitssituation potentieller Benutzer kann
für den Entwickler als diffuser Wissensbereich angesehen werden; denn hierfür
existiert keine Beschreibung, aus der ein effizienter Algorithmus gewonnen
werden könnte. Nur für Teilbereiche ist dies möglich. Bevor jedoch für algo-
rithmisierbare Teilbereiche Werkzeuge entwickelt werden, muß man einen
Überblick über den Gesamtbereich haben.

Die Mühe, die man auf die Arbeitsanalyse verwendet hat, wird sich auszah-
len. Der Entwicklungs-Ingenieur profitiert, da er eine gründlich vorbereitete
Anforderungsdefiniton erstellen kann, bevor er den Entwurf für ein Software-
System macht. Aber auch die späteren Benutzer ziehen Gewinn aus ihrer Mitarbeit bei der Arbeitsanalyse. Das Wissen, das gesammelt und geordnet wurde,
wird ihnen zusammen mit dem Software-System wieder zur Verfügung gestellt.
Sie können die Wissensbasis im Dialog mit der Maschine befragen, für welche
Aufgaben Werkzeuge existieren, ob Erfahrungen mit einer bestimmten Vorgehensweise vorliegen, warum eine Fehlersituation entstanden ist usw. Daß dies
prinzipiell realisierbar ist, wurde von HOFFMANN und VALDER (1982) nachgewiesen. Somit kann eine der wichtigsten Anforderungen an die Dialoggestaltung, nämlich die ‚Selbsterklärungsfähigkeit‘ (DZIDA et al. 1978), erfüllt werden.

4. Diskussion und Ausblick

Arbeitswissenschaftler und Informatiker haben sich auf den Weg gemacht, eine
Neuauflage taylorisierter Arbeitssysteme zu vermeiden. Sie werden ihr Ziel nur
erreichen, wenn eine geeignete Form der Zusammenarbeit auch mit Anwen-
dern und Benutzern erreicht werden kann. Um die Beteiligung der Benutzer zu
unterstützen, müssen Methoden entwickelt und eingesetzt werden. Anwender
müssen davon überzeugt werden, daß es sich lohnt, nicht nur eigene Anforderungen, sondern auch die der Benutzer besonders zu untersuchen.

Der herkömmlichen Anforderungs-Analyse liegen vornehmlich Anwender-
Anforderungen zugrunde. Diese wiederum basieren auf Wirtschaftlichkeitsrechnungen, die einen steuernden Einfluß auf Entwurf und Einsatz von Soft-
ware-Systemen haben. REICHWALD (1981) befürchtet, daß ein verkürztes Wirtschaftlichkeitsdenken die Nutzungskonzepte von Technik beeinflußt. Er plä-
diert für ein Wirtschaftlichkeitsdenken, das unter anderem arbeits- und organi-
sationswissenschaftliche Aspekte einbezieht, z. B. die Tätigkeitsstruktur und die
Bearbeitungsqualität, die Flexibilität der Bearbeitung und die Qualifikation
der Arbeitenden.

Mit der Einführung computer-unterstützter Arbeitsanalysen in die Software-Produktion wird auch der empirischen Benutzerforschung ein neuer me-
thodischer Zugang eröffnet. Anders als bei Zeit- und Bewegungsstudien wird
man wirklich besser verstehen lernen, wie Benutzer und Maschine zusammen-
arbeiten. Erkenntnisse hieraus können auch zu einer Belebung der „Psychologie

des Problemlösens mit Hilfe von Werkzeugen" führen. Die Arbeitsanalysen dienen dann als empirische Fallstudien. Aus ihnen können Anregungen entnommen werden für Modellbildungen und ausgefeilte experimentelle Untersuchungen.

Der Zuspruch für diesen methodisch vielversprechenden Ansatz ist jedoch nicht frei von Skepsis. Analyse von Benutzer-Anforderungen impliziert, daß den Arbeitenden sehr genau „auf die Finger gesehen" wird. Die Beobachtung von Benutzerverhalten wirft ethische und arbeitspolitische Probleme auf, wenn die Benutzer vorher nicht gefragt worden sind, ob sie sich beobachten lassen wollen. Skepsis wird vor allem von den Arbeitenden geäußert, wenn sie befürchten, selbst Opfer einer Rationalisierung zu werden, an deren Vorbereitung sie mitwirken sollen. Erste Erfahrungen weisen darauf hin, daß man die ethischen und arbeitspolitischen Bedenken nicht auf die leichte Schulter nehmen darf; denn es gibt Anwender und Ingenieure, die hierfür noch kein geschärftes Problembewußtsein besitzen.

Aber es scheint keine Alternative zu dem gewählten Ansatz zu geben. Partizipation von Benutzern wird heute immer noch verstanden als Beteiligung und Interessenberücksichtigung erst bei Einführung der neuen Technik (KUBICEK 1979). In diesem Rahmen sind dann nur noch kosmetische Korrekturen an den Benutzerschnittstellen möglich. Für prospektive Arbeitsgestaltung ist es zu spät; von den „fertigen" technischen Lösungen gehen „Sachzwänge" aus. Die Kognitive Ergonomie fühlt sich jedoch der Tradition der klassischen Ergonomie verbunden und will an der qualitativen Verbesserung der Arbeitsmittel schon in der Phase des Entwurfs mitwirken.

5. Literatur

Balzert, H.: Methoden, Sprachen und Werkzeuge zur Definition, Dokumentation und Analyse von Anforderungen an Software-Produkte, Teil 1. Informatik-Spektrum, 4, 1981, S. 145—163

Çakir, A.; Hart, D.J. und Stewart, T.F.M.: Bildschirmarbeitsplätze. Springer, Berlin-Heidelberg-New York, 1980

Card, S.K.; Moran, T.P. and Newell, A.: The Keystroke-Level Model for user performance time with interactive systems. Communications of the ACM, 23, 1980, pp. 396—410

Dahrendorf, R.: Wenn aus Arbeit sinnvolles Tun wird. Die Zeit, Nr. 49, 3. 12. 1982, S. 44

Davis, R. and King, J.: An overview of production systems. In: E.W. Elcock and D. Michie (eds): Machine Intelligence 8, Ellis Horwood, New York London Sydney Toronto, 1977, S. 300—332

Dzida, W.; Herda, S. and Itzfeldt, W.D.: User perceived quality of interactive systems. IEEE Transactions on Software Engineering, Vol. SE-4, No. 4, 1978, pp. 270—276

Dzida, W.: Kognitive Ergonomie für Bildschirmarbeitsplätze. Humane Produktion/Humane Arbeitsplätze, 10, 1980, S. 18—19

Dzida, W.: Dialogfähige Werkzeuge und arbeitsgerechte Dialogformen. In: H. Schauer und M.J. Tauber (Hrsg.): Informatik und Psychologie. R. Oldenbourg, Wien-München, 1982, S. 54—86

Emery, F.E. and Emery, M.: Participative Design: Work and Community Life. In: F.E. Emery and E. Thorsrud (Hrsg.): Democracy at Work. Martinus Nijhoff, Leiden, 1976, S. 158—177

Frieling, E.; Maier, W.; Michallik, V. und Schwan, R.: Belastung, Beanspruchung und Zufriedenheit bei unterschiedlich organisierten Schreibtätigkeiten. Zeitschrift für Arbeitswissenschaft, 4. 1979, S. 216—224

Griese, J.: Software-Ergonomie. Angewandte Informatik, 4, 1982, S. 230—235

Hacker, W.: Allgemeine Arbeits- und Ingenieurpsychologie. Huber, Bern, 1978, 2. Auflage
Hesse, W.: Methoden und Werkzeuge zur Software-Entwicklung — Ein Marsch durch die Technologie-Landschaft. Informatik-Spektrum, 4, 1981, S. 229–245
Hoffmann, C. und Valder, W.: Expertensysteme — Ein Beitrag zur Benutzerfreundlichkeit von Dialogsystemen. Als Veröffentlichung geplante Diplomarbeit, Institut f. Informatik der Universität Bonn und Gesellschaft f. Mathematik und Datenverarbeitung, Bonn, 1982
IBM: HIPO — A design aid and documentation technique. IBM Report No. GC 20-1851-0, 1974
Jackson, M.A.: Constructive methods of program design. Lecture Notes in Computer Science, 44, 1976
Klix, F.: Information und Verhalten. Huber, Bern, 1976, 3. Auflage
Kubicek, H.: Interessenberücksichtigung beim Technikeinsatz im Büro- und Verwaltungsbereich. Bericht Nr. 125 der GMD. R. Oldenbourg, München, Wien, 1979
Newell, A. and Simon, H.A.: Human Problem Solving. Englewood Cliffs, N.J., Prentice Hall, 1972
Oberquelle, H.: Grundlagen zur Beschreibung von Dialogen und dialogfähigen Systemen. Universität Hamburg, Institut für Informatik, IFI-HH-B-28/76, Bericht Nr. 28, 1976
Oberquelle, H.: Communication by Graphic Net Representations. Bericht Nr. 75 des Fachbereichs Informatik, Universität Hamburge, 1981
Peters, Th.: Arbeitswissenschaft für die Büropraxis. F. Kiehl, Ludwigshafen, 1976
Petri, C.A.: Introduction to General Net Theory. In: W. Brauer (ed.): Net Theory and Applications (Lecture Notes in Computer Science, Bd. 84). Springer, Berlin-Heidelberg-New York 1980
Picot, A.; Reichwald, R. et al.: Untersuchung zur Wirtschaftlichkeit der Schreibdienst in Obersten Bundesbehörden. Forschungsbericht im Auftrag des Bundesministeriums für Forschung und Technologie, Hannover-München, 1979
Picot, A.; Reichwald, R.: Chancen für eine qualitative Verbesserung der Büroorganisation — Zum Teletex-Feldversuch „Bürokommunikation" aus organisations- und arbeitswissenschaftlicher Sicht. Forschungsbericht, Hochschule der Bundeswehr, Hannover-München, 1980
Raulefs, P.: Expert Systems: State of the Art and Future Prospects. In J.H. Siekmann (ed.): GWAI-81, German Workshop on Artificial Intelligence. Springer, Berlin-Heidelberg-New York, 1981, S. 98–111
Reichwald, R.: Neue Technik im Büro und das Problem der Zentralisierung — Wirtschaftlichkeitsüberlegungen am Beispiel der Bürokommunikation. In: ERGONOMIC, Inst. f. Arbeits- und Sozialforschung Berlin (Hrsg.): Humanisierung und Technisierung im Büro, Berlin, 1981, S. 105–120
Ross, T.D.: Structured analysis (SA): A language for communicating ideas. IEEE Transactions on Software Engineering, Vol. SE-3, No. 1, 1977
Schönpflug, W.: Handlungstheoretisch orientierte Untersuchungen an Datensichtgeräten. In: A & B 82, Fachtagung: Anwendungsbezogene Forschung und theoretisch fundierte Praxis in der Arbeitspsychologie, herausgegeben von der Sektion Arbeits- und Betriebspsychologie im Berufsverband Deutscher Psychologen, 1982, S. 373–386
Shackel, B.: Dialogues and Languages — Can Computer Ergonomics Help? Ergonomics, 23, 1980, pp. 857–868
Taylor, F.W.: Die Grundsätze wissenschaftlicher Betriebsführung. Neu herausgegeben und eigeleitet von W. Volpert und R. Vahrenkamp. Beltz Monographien, Weinheim, 1977
Triebe, J.K.: Aspekte beruflichen Handelns und Lernens. Dissertation, Philosophisch-historische Fakultät der Universität Bern, 1981
Ulich, E.: Über das Prinzip der differentiellen Arbeitsgestaltung. Industrielle Organisation, 47, 1978, S. 566–568
Ulich, E.: Veränderungen in der Arbeitswelt — eine Herausforderung für die Arbeitspsychologie. Humane Produktion/Humane Arbeitsplätze, 11, 1980, S. 10–14
Ulich, E.: Subjektive Tätigkeitsanalyse als Voraussetzung autonomieorientierter Arbeitsgestaltung. In: F. Frei und E. Ulrich (Hrsg.): Beiträge zur psychologischen Arbeitsanalyse. Huber, Bern, 1981, S. 327–347
Volpert, W.: Handlungsstrukturanalyse. Pahl-Rugenstein, Köln 1974
Wedekind, H.: Systemanalyse. C. Hanser, München, 1973

Autorenverzeichnis

Lothar Altvater
ÖTV-Hauptvorstand
Theodor-Heuss-Str. 2
7000 Stuttgart 1

Dr. Martin Balleer
Gothaer Versicherungen
Gothaer Platz 8
3400 Göttingen

Klaus Buhmann
Verwaltungsberufsgenossenschaft
Überseering 8
2000 Hamburg 60

Reiner Burger
c/o Deutsche Angestellten
Gewerkschaft
Bezirksleitung
Postfach 17 41 49
6000 Frankfurt/Main

Dr. Ahmet Çakir
ERGONOMIC Institut
für Arbeits- und Sozialforschung
Forschungsgesellschaft mbH
Kaiserdamm 12
1000 Berlin 19

Peter Danielsen
Tandberg Data GmbH
Feldstr. 81
4600 Dortmund 1

Wolfgang Dzida
GMD
Postfach 12 40
Schloß Birlinghoven
5205 St. Augustin 1

Bernhard Edel
Siemens AG
Bereich Basisinformationssystem
DWS TT 23
Postfach 80 17 01
8000 München 80

Dr. Marita Estor
Bundesministerium f. Arbeit
und Sozialordnung
Rochusstr. 1
5300 Bonn 1

Eckhard Fuchs
Landesamt f. elektr.
Datenverarbeitung
Berliner Str. 112
1000 Berlin 31

Prof. Jochen Fuhrmann
Zikadenweg 45
1000 Berlin 19

Theo Gronenborn
Siemens AG
Hauptbereich Werbung und Design
ZVW 32
Hellabrunner Str. 1
8000 München

Wilhelm Hünting
Institut f. Hygiene
und Arbeitsphysiologie
der ETH
Clausiusstr. 26
CH-8006 Zürich

Inge Jahnke
Kalenbarg 32
2000 Hamburg 53

Thomas Kiesmüller
BMW AG
Postfach 40 02 40
8000 München 40

Dr. Peter Knevels
Bundesvereinigung der
Deutschen Arbeitgeberverbände
Gustav-Heinemann-Ufer 72
5000 Köln 51

Dr. Harald Koch
Zentrallaboratorium für
die Kommunikationstechnik
– Referat Ergonomie –
Siemens AG
Postfach 70 00 70
8000 München 70

Friedrich Nolle
IBM
Pascalstr. 100
7000 Stuttgart 80

Prof. Dr. Ralf Reichwald
Hochschule der Bundeswehr
Fachbereich Wirtschafts- und
Organisationswissenschaften
Werner-Heisenberg-Weg 39
8014 Neubiberg

Edelbert Schaffert
BSB GmbH
Helmholtzstr. 2–9
1000 Berlin 10

Armin Schulte
Bundesministerium f. Arbeit
und Sozialordnung
Rochusstr. 1
5300 Bonn 1

Heinz Voigtländer
Bundesvereinigung der
Deutschen Arbeitgeberverbände
Gustav-Heinemann-Ufer 72
5000 Köln 51

Rolf Walther
IG Druck und Papier
Hauptvorstand
Postfach 12 82
7000 Stuttgart 1

Namen- und Sachverzeichnis

Informationstechnik und Datenverarbeitung

In dieser Fachbuchreihe werden Themen behandelt, die den DV-Praktiker ansprechen, also Fragen der Programmierung und des Einsatzes von Rechnern. Darüber hinaus werden aber auch Themen aus dem weiteren Umfeld der Informatik behandelt. Zeil der Reihe ist es, neue Entwicklungen der Informatik aufzuzeigen und dem Praktiker nützliche Hilfen für deren Einsatz zu geben.

M. M. Botvinnik

Meine neuen Ideen zur Schachprogrammierung

Übersetzt aus dem Russischen
von A. Zimmermann

1982. 42 Abbildungen. X, 177 Seiten
DM 48,–
ISBN 3-540-11094-1

In diesem Buch wird erstmals umfassend und aktuell die Arbeit es Ex-Schachweltmeisters und Mathematikers M. M. Botvinnik an den Grundlagen und der Realisierung eines Computerschachprogramms vorgestellt. Aus dieser Arbeit entstand das Schachprogramm PIONIER, dessen zugrundeliegende Spielkonzeption sich völlig von allen bisher bekannten Lösungsansätzen der Schachprogrammierung unterscheidet. Der intellektuelle Streit entzündet sich an der Fragestellung, ob vorrangig Schnelligkeit, Speichergröße und Zuverlässigkeit von Rechnern auszunutzen seien, oder, wie Botvinnik vorschlägt, die Modellierung menschlicher Denkweisen beim Schachspiel angestrebt werden soll. Mit dieser Arbeit wendet sich Prof. Botvinnik an alle Leser, die sich für Probleme der Steuerung und Planung komplexer Systeme und für das Problem der Schachprogrammierung im besonderen interessieren.

Inhaltsübersicht: Grundlagen der Theorie. – Verfahren zur Beschränkung des Spielbaumes. – Die Suche nach einer Lösung.– Das Schachspiel als Beispiel für eine Problemlösung. – Drei Studien im Experiment. – Die zweiten Weltmeisterschaften im Computerschach. – Anhang 1: Die Spielzonen. – Anhang 2: Die Positionsbewertung. – Anhang 3: Die Endspielbibliothek des Programms „PIONIER". – Anhang 4: Assoziative Bibliothek der Positionsfragmente. – Anhang 5: Terminologisches Wörterverzeichnis. – Literatur. – Nachtrag.

K. L. Bowles

Pascal für Microcomputer

Übersetzt aus dem Englischen von A. Kleine

1982. 107 Abbildungen. IX, 595 Seiten
DM 49,–
ISBN 3-540-11391-6

Das vorliegende Buch gibt eine Einführung in die Programmiersprache Pascal. Dem Lernenden wird anhand von Beispielen und Übungsaufgaben gezeigt, wie er sich dieser Programmiersprache bedienen kann, um damit konkrete Probleme zu lösen. Das Buch basiert auf einem Pascal-Einführungskurs, den der Autor mit großem Erfolg über Jahre hinweg an der Universität von Kalifornien in San Diego durchgeführt hat. Es eignet sich sowohl für den Einsatz im Unterrricht an Schulen und Universitäten als auch für das Selbststudium, da sich das zugrundeliegende UCSD-Pascal-System bereits auf einer ganzen Reihe von Mikrorechnern einsetzen läßt.

Inhaltsübersicht: Einführung. – Der erste Anfang. – Prozeduren und Variable. – Steuerung des Programmflusses, Wiederholung. – Mehr über Prozeduren. – Arbeiten mit Zahlen. – Verarbeitung komplexer Programmstrukturen. – Dateneingabe. – Grunddatenstrukturen – I. Felder. – Grunddatenstrukturen – II. Mengen. – Grunddatenstrukturen – III. Verbunde. – Die GOTO-Anweisung. – Formatierte Ausgabe. – Suchvorgang. – Sortiervorgang – I. Einfache Algorithmen. – Sortiervorgang – II. Schnell-Sortierung (QUICKSORT). – Anhang A: Unterschiede zwischen UCSD-PASCAL und Standard-PASCAL. – Anhang B: Glossar der Fachausdrücke. – Anhang C: Eingebaute Prozeduren und Funktionen. – Anhang D: Index. – Anhang E: Syntax-Diagramme.

Springer-Verlag Berlin Heidelberg New York Tokyo

W. Duus, J. Gulbins
CAD-Systeme
Hardwareaufbau und Einsatz
1983. 41 Abbildungen. IX, 107 Seiten
DM 49,-
ISBN 3-540-11759-8

Thema dieses Buches sind CAD-Systeme mit ihren
Komponenten, ihren Einsatzgebieten und technischen Problemen. Das Buch versucht darüber
hinaus, eine Trendaussage für die technologische
Entwicklung des CAD in den Jahren 83 bis 88 zu
machen. Zu den einzelnen Komponenten werden
Aufbau, Anwendung, Leistungsdaten und der
Preisbereich genannt. Es werden die unterschiedlichen Systemkonfigurationen vorgestellt und diskutiert. Die Einsatzbereiche von CAD werden unter
dem Aspekt der Fähigkeiten heutiger Rechner
betrachtet und an einigen Beispielen demonstriert.
Basierend auf einer umfangreichen Herstellerum-
frage wird ein Überblick zur Entwicklung bei CAD-
Systemen in Deutschland gegeben. Das Buch wendet sich an jenen Personenkreis, der sich ohne spezielle EDV-Kenntnisse mit dem Einsatz von CAD-
Systemen befassen muß. Während dem potentiellen Anwender der Hintergrund zum „Black-Box-
CAD-System" geliefert wird, stehen auch Informationen und Hilfen zur Verfügung, wie sie bei der
Auswahl und Beschaffung von CAD-Systemen
nützlich sind. Hierzu gehören Preise, Leistungsdaten und Überlegungen zur Wirtschaftlichkeitsbe-
trachtung. Durch die systematische Zusammenstel-
lung der Daten zu den Rechnerkomponenten, kann
das Werk durchaus auch EDV-Spezialisten eine
Hilfe sein.

W. Kilian
Personalinformationssysteme in deutschen Großunternehmen
Ausbaustand und Rechtsprobleme
Unter Mitarbeit von T. Heissner,
B. Maschmann-Schulz
1982. XV, 352 Seiten
DM 42,-
ISBN 3-540-11136-0
(Die Erstausgabe erschien in der Reihe „Informatik-
Fachberichte", Band 42, 1981)

Inhaltsübersicht: Projektbeschreibung. – Allgemeine Beschreibung existierender Personalinformationssysteme in Großunternehmen. – Theoreti-
sches Konzept zur Bewertung von Personalinforma-
tionen. – Informationsflüsse. – Arbeitsmedizini-
sches System. – Datenprofile. – Betriebsjustiz. –
Leiharbeitnehmer. – Beteiligung des Arbeitnehmers an der Verarbeitung von Personaldaten. –
Beteiligung des Betriebsrats an der Verarbeitung
von Personaldaten. – Betriebsvereinbarungen. –
Betrieblicher Datenschutzbeauftragter. – Datensi-
cherung. – Qualitative Änderungen durch Personalinformationssysteme. – Zusammenfassung und
Vorschläge. – Summary. – Anhang A: Liste der 220
umsatzstärksten Unternehmen aus den Bereichen
Industrie, Handel und Dienstleistungen, die der
Untersuchung zugrundegelegt wurde. – Anhang B:
Betriebsvereinbarungen, Musterbetriebsvereinba-
rungen, Tarifverträge und Gewerkschaftsbe-
schlüsse. – Literaturverzeichnis.

J. Kwiatkowski, B. Arndt
BASIC
Eine Einführung in 10 Lektionen mit zahlreichen
Programmbeispielen, 95 Übungsaufgaben und
deren vollständigen Lösungen
1983. 25 Abbildungen. XI, 179 Seiten
DM 39,-
ISBN 3-540-11905-1

Dieses Buch führt den Leser in die Programmier-
sprache BASIC ein. Bei konsequentem Durcharbei-
ten der 10 Lektionen, die übersichtlich in Lernziel,
Darstellung des Stoffes, Zusammenfassung und
Übungsaufgaben gegliedert sind, kann auch der
Leser ohne Vorkenntnisse innerhalb kurzer Zeit die
Grundelemente von BASIC lernen. Das Buch ist
besonders zum Selbststudium geeignet, da der
Leser den gelernten Stoff anhand der Übungsaufgaben, deren vollständige Lösung im Anhang angegeben wird, überprüfen kann. Die mathematischen
Voraussetzungen sind sehr gering gehalten. BASIC
ist eine weltweit verbreitete Sprache, die sich
sowohl für die Lösung technischer als auch kom-
merizieller Probleme eignet.

Inhaltsübersicht: Einführung. – BASIC-Grundele-
mente. – Ein- und Ausgabeanweisungen. – Unter-
programme I. – Steueranweisungen. – Schleifenan-
weisung. – Felder/Indizierte Variable. – Unterpro-
gramme II. – Zeichenketten (STRINGS). –
Dateien. – Anhang 1: BASIC-Anweisungen. –
Anhang 2: BASIC-Operatoren. – Anhang 3:
BASIC-Standardfunktionen. – Anhang 4: Kleines
Wörterbuch für EDV-Fachausdrücke. – Anhang 5:
Lösungen der Übungsaufgaben. – Literaturverzeichnis. – Sachverzeichnis.

Springer-Verlag
Berlin
Heidelberg
New York
Tokyo